广西北部湾经济区
协同创新研究

张协奎 等◎著

中国社会科学出版社

图书在版编目（CIP）数据

广西北部湾经济区协同创新研究/张协奎等著．—北京：
中国社会科学出版社，2017.1
ISBN 978 - 7 - 5203 - 0145 - 9

Ⅰ.①广…　Ⅱ.①张…　Ⅲ.①北部湾—经济区—
区域经济发展—研究—广西　Ⅳ.①F127.67

中国版本图书馆 CIP 数据核字（2017）第 070253 号

出 版 人	赵剑英
责任编辑	张　潜
特约编辑	胡新芳
责任校对	刘　娟
责任印制	王　超

出　　版	中国社会科学出版社
社　　址	北京鼓楼西大街甲 158 号
邮　　编	100720
网　　址	http://www.csspw.cn
发 行 部	010 - 84083685
门 市 部	010 - 84029450
经　　销	新华书店及其他书店

印刷装订	北京君升印刷有限公司
版　　次	2017 年 1 月第 1 版
印　　次	2017 年 1 月第 1 次印刷

开　　本	710 × 1000　1/16
印　　张	24.25
字　　数	336 千字
定　　价	99.00 元

前　　言

在科技经济全球化日益深入的新形势下，协同创新已成为整合资源、提高创新效率的有效途径。我国把建设创新型国家作为 21 世纪的重大国策之一。2011 年 4 月 24 日，胡锦涛总书记在庆祝清华大学百年校庆讲话中，提出在"积极提升原始创新、集成创新和引进消化吸收再创新能力"的同时，要"积极推动协同创新"。教育部、财政部出台的以协同创新为主题的高等学校创新能力提升计划（"2011 计划"），于 2012 年启动实施。2015 年 12 月，党的十八届五中全会强调，实现"十三五"时期发展目标，破解发展难题，厚植发展优势，必须牢固树立并切实贯彻"创新、协调、绿色、开放、共享"的发展理念。这五大发展理念，是关系我国发展全局的一场深刻变革，是发展思路、发展方向、发展着力点的集中体现，具有战略性、纲领性、引领性的特点，集中反映了我们党对经济社会发展规律认识的深化，极大地丰富了马克思主义发展观。五大发展理念之间相互贯通、相互促进，是具有内在联系的集合体，为我们党带领全国人民夺取全面建成小康社会决战阶段的伟大胜利，不断开拓发展新境界，提供了强大的思想武器。

协同创新则是五大发展理念中最重要的两个方面——创新与协调的融合，是区域经济发展和创新驱动的高级阶段。广西北部湾经济区发展起步晚，抓住协同创新这一新兴战略将有助于北部湾经济区更快进入内生新增长模式，进而成为中国西部沿海区域发展的后起之秀。

协同创新可分为创新主体协同创新、产业协同创新和区域协同创新。

首先，结合复合系统协调理论，从政府、产业、高校、科研机构四方面对广西北部湾经济区 2008—2014 年创新主体的协同创新协调度进行测算，并从纵向分析北部湾经济区 4 市创新主体协同创新子系统内部的序参量变化和各子系统协调变化的趋势。实证结果显示，2008—2014 年间北部湾经济区政产学研协同创新系统的协调度经历了从不协调到逐渐协调发展的过程，但总体上协同创新程度不高；南宁市政产学研协同创新系统协调值远高于其他三市，北海、防城港、钦州次之，具有城市间发展不均衡的特征。根据评估结果，提出了做好协同创新的顶层设计、建立健全现代企业制度、优化人才培养激励机制、推进协同创新平台建设、建立多元化投融资体系、完善利益风险平衡体系、大力发展科技中介机构等加强北部湾经济创新主体协同创新的对策建议。

其次，从内涵、形式、特点、作用机制以及内外部动力等方面出发构建产业协同创新的理论框架，引出由产业创新子系统和外部创新环境子系统相互作用、相互渗透最终形成的"产业协同创新系统"概念。在分析广西北部湾重点产业现状、外部创新环境现状的基础上，运用耦合协调度数学模型，以工业产业为例，对 2008—2014 年广西北部湾整体以及南北钦防四市各自的产业创新系统—外部创新环境系统耦合协调度进行了实证分析与比较，提出北部湾产业协同创新的可行模式有产业跨越创新模式和产业资源整合结合产业提升创新模式，并提出优化外部创新系统的对策建议。

最后，探讨促进北部湾经济区区域协同创新的对策建议。归纳区域协同创新的内涵、条件、机制等基本理论，分别用基尼系数、Moran'I、空间计量模型分析近四年北部湾六市（南北钦防、玉林、崇左）创新产出的均衡度、空间相关性和创新产出的协同程度，由此完成对北部湾经济区区域协同创新现状的实证分析，在此基础上提出北部湾区域协同创新的思路、模式和对策建议：（1）近六年北部湾经济区六市的创新产出持续呈空间负相关，高产出城市南宁和玉林分散分布且辐射力不足，各地的局部相关性主要呈"H－L"和"L－H"，未能实现创新活动的集聚；另一方面，各市的创新活动与水平提升存在显著的正向空间依赖性，在其他条件不变的前提下，相邻地区的专利授权量每增加1%，将带来本地专利授权量约0.5%的增加，北部湾区域协同创新机制初步形成。（2）北部湾区域协同创新的主要思路是以政府为主导，以产业为依托，以企业为主体。六市可在中草药行业、生物制药产业和水资源保护领域进行技术联动协同创新，为南宁"腾笼换鸟"强化产业转移协同创新，通过将各市按创新水平定位为知识发源基地、技术研发中心或技术扩散区域实现功能定位协同创新。（3）提出加快北部湾经济区区域协同创新的对策包括全面构建区域协同创新组织体系、促进创新要素的流动与共享、优化区域协同创新环境等。

张协奎

2016 年 5 月

目　　录

第一章

绪　　论

第一节　研究背景

在科技经济全球化日益深入的新形势下，协同创新已经成为大势所趋，成为整合创新资源、提高创新效率的有效途径。我国已经把建设创新型国家作为21世纪的重大国策之一。2011年4月24日胡锦涛总书记在庆祝清华大学百年校庆提出"积极提升原始创新、集成创新和引进消化吸收再创新能力，积极推动协同创新"后，教育部、财政部出台的以协同创新为主题的高等学校创新能力提升计划（"2011计划"），于2012年启动实施，协同创新这一具有跨时代意义的创新范式开始在全国范围进行讨论与尝试。2015年12月，党的十八届五中全会提出"创新、协调、绿色、开放、共享"五大发展理念[①]，协同创新则是五大发展理念中最重要的两个方面——创新与协调的融合，是区域经济发展和创新驱动的高级阶段。

自2008年国务院批准实施《广西北部湾经济区发展规划》以来，广西北部湾经济区（含南宁、北海、钦州、防城港、玉林、崇左六市，以下简称"北部湾经济区"或"北部湾"）开放开发已经上升为国家战略。北部湾经济区总面积不到广西的1/5，人口约占1/4，

---

① 南方宏论：论五大发展理念（http//news.southcn）。

2014 年北部湾 GDP 为 5448.72 亿元，占广西国内生产总值的 34.76%，是国家实施西部大开发重要战略的基地和带动广西经济发展的桥头堡。同时，北部湾经济区背靠祖国大陆腹地，与东盟国家海陆相连，在东盟、华南和西南经济互动发展中发挥着重要作用，显现出参与多区域合作的独特区位优势。[①] 然而，北部湾经济区开放开发的成效不仅取决于主动把握多区域合作机遇，在推动多区域合作中有所作为，更取决于能否实现从传统经济模式向以创新为动力的内生新增长模式的转变。这主要包括了主体之间创新、产业内部创新资源和外部创新环境的整合形成的创新以及区域之间创新。在经济模式转变的道路上，北部湾经济区的区域创新体系建设遇到了诸如创新投入不足、科研队伍落后、中介机构服务水平低、高新技术企业自主创新能力不强等一系列难题；在产业协同创新方面，长期以来北部湾产业发展基础薄弱，与长三角、珠三角地区存在着很大的差距，主要表现在市场发育水平较低、工业内部研发创新率低、优势产业和特色产业的竞争优势不明显、与外部环境协同创新程度弱等；北部湾经济区内的区域协同创新也存在诸多问题，如创新资源分布不平衡，创新龙头辐射力弱，技术吸收能力弱，各市重复建设、资源利用率低，科技合作层次低等。在这样的背景下，如何使政府、企业、高校与科研机构之间形成互利共赢的关系格局，如何提高北部湾产业和区域协同创新能力成为迫在眉睫的问题。

第二节　研究内容与研究方法

一　研究内容

赫尔曼·哈肯（Herman·Hawking）在 70 年代创立的协同学理论

---

① 陆善勇：《沿海欠发达地区经济发展模式新探——以广西北部湾经济区为例》，《广西大学学报》2007 年第 12 期，第 73—77 页。

认为，协同是指在复杂大系统内各子系统的协同行为产生出的超越各要素自身的单独作用，从而形成整个系统的联合作用。① 协同创新，就是围绕创新的目标，多主体、多因素共同协助、相互补充、配合协作的创新行为。本书在前人研究的基础上，将协同创新分为：创新主体协同创新、产业协同创新和区域协同创新三类。在收集整理有关文献的基础上，通过电子传媒、纸质资料和实地调研等渠道和方式，详细考察、收集北部湾经济区协同创新的现状，利用实证分析方法对北部湾经济区协同创新的状况进行分析，了解目前存在的主要问题并提出了相应的对策建议。

在创新主体协同创新方面，研究内容主要包括：第一，在广泛研究国内外相关文献的基础上，从整体上把握协同创新的基本内涵，并明确与之相关的理论（创新理论、协同创新理论、政府职能作用理论等），特别是协同创新各主体及其相互之间的关系。第二，对目前北部湾经济区协同创新的现状及面临问题进行分析，为后续北部湾经济区协同创新的实证研究及对策建议做准备。第三，以复合系统协调理论为基础，建立政产学研协同创新系统协调度评价体系，从政府、产业、高校、科研机构四方面对北部湾经济区2008—2014年创新主体的协同创新协调度进行测算，并从纵向分析北部湾经济区4市创新主体协同创新子系统内部的序参量变化和各子系统协调变化的趋势，讨论协同创新的发展程度、影响因素及各主体存在的问题。第四，根据评价结果，在加强协同创新的顶层设计、现代企业制度、人才激励机制、协同创新平台建设、金融体系等方面提出了提升北部湾经济区为协同创新能力的对策。

在产业协同创新方面，首先通过对已有文献的研究，对产业协同创新的内涵、形式、特点、作用机制以及内外部动力进行归纳和总结，在

———————————

① 陈浩义、葛宝山：《基于知识的信息服务机构发展用户关系研究》，《情报科学》2007年第8期，第32—36页。

阐述产业创新系统与外部创新环境系统协调发展的基础上，构建产业协同创新系统理论框架；其次对广西北部湾重点产业现状、外部创新环境现状进行分析，了解产业创新系统和外部创新环境系统的发展程度；最后根据广西北部湾重点产业发展现状、外部创新环境发展现状，建立产业协同创新系统耦合协调度指标体系，引入耦合协调度数学模型及计算方法，以工业产业为例，对 2008—2014 年广西北部湾产业创新系统—外部创新环境系统耦合协调度进行了实证分析，根据现状分析和实证结果对广西北部湾产业内部创新系统协同创新发展模式和外部创新环境方面提出相应的建议和对策。

在区域协同创新方面，首先在对区域协同创新的内涵、条件、机制等理论分析的基础上，用基尼系数、Moran'I 对广西北部湾经济区六个城市的创新产出的均衡度和相关性进行定量测度，并通过手动修改空间权重矩阵，构建纳入时间维度的北部湾经济区创新的空间计量模型，分析各因素在北部湾创新中的作用和地位，评判北部湾各地创新的协同程度；其次，结合之前所述的区域协同创新的条件和北部湾经济区区域协同创新现状，确定推进广西北部湾经济区区域协同创新的必要性和可行性，阐述北部湾经济区区域协同创新的主要思路，探讨北部湾经济区区域协同创新的三个可行模式；最后，从组织体系、要素流动与共享和协同环境三方面提出加强广西北部湾经济区区域协同创新的对策建议。

二 研究方法

（1）理论分析法：运用区域经济学、系统科学、产业经济学等学科与方向的基本理论和研究方法，梳理、归纳、构建创新主体、产业协同创新、区域协同创新的有关理论框架。

（2）文献资料分析法：运用有机区域经济学、发展经济学、系统科学等学科与方向的基本理论和研究方法。通过搜集相关文献分析我国协同创新特别是北部湾经济区协同创新主体现状与存在的主要问题，从而加强北部湾经济区协同创新的对策建议。通过搜集相关文献分析我国产业协同创新发展特别是北部湾产业创新系统内部重点产业现状、外部创新环境现状与存在的主要问题，从而提出加强北部湾产业协同创新发展的战略建议。参阅文献了解国内外各个时期的学者研究区域协同创新的侧重点、常用实证方法，借鉴目前国内外区域协同创新的成功经验，结合北部湾实况，提出相应的北部湾区域协同创新的可行模式与对策建议。

（3）数理统计与模型分析法：创新主体方面，以复合系统协调理论为基础，从产业、高校、科研机构、政府四方面对广西北部湾经济区2008—2012年创新主体的协同创新协调度进行测算，并从纵向分析北部湾经济区4市创新主体协同创新子系统内部的序参量变化和各子系统协调变化的趋势。产业协同创新方面，主要运用借助SPSS16.0、MSEXCEL统计软件，运用耦合协调度模型对2008—2012年广西北部湾工业产业创新系统—外部创新环境系统整体耦合协调度和4市耦合协调度进行了实证分析。区域协同创新的实证研究，是依据南宁、北海、防城港、钦州、玉林、崇左在2009—2015年的创新投入、产出等数据，用基尼系数评判六市创新的均衡度，用空间计量经济学工具评估六市创新的空间相关性。

第三节 研究目的与研究意义

一 研究目的

在创新主体协同创新方面，探讨在北部湾经济区协同创新的过程中，政府如何发挥作用营造良好环境，协调企业、高校、科研机构之间的互动关系，促进协同创新的顺利进行。基于协同创新是国家新提出的发展战略，目前关于协同创新的研究仍处于探索研究阶段，规范的完善的理论体系还没有形成，对协同创新思路、模式、机制及模型等基本理论的研究还比较零散，学者们较少对协同创新的主体作出全面探讨，较多关注企业、高校和科研机构。将政府、中介服务机构纳入协同创新的研究范畴，并着重探讨政府在协同创新中的作用。在分析北部湾经济区协同创新现状的基础上，以复合系统协调理论为基础，建立政产学研协同创新系统协调度评价体系，从政府、产业、高校、科研机构四方面对北部湾经济区 2008—2012 年协同创新的协调度进行测算，分析北部湾经济区协同创新的发展程度、影响因素及各创新主体存在的问题，提出了提升政府协同创新能力的对策。

在产业协同创新方面，通过借鉴产业协同创新相关理论研究，在构建产业协同创新系统、阐述产业创新系统与外部创新环境系统协调发展理论框架的基础上，根据广西北部湾重点产业发展现状、外部创新环境发展现状，建立产业协同创新系统耦合协调度指标体系，引入耦合协调度数学模型及计算方法，以工业产业为例，对 2008—2014 年广西北部湾产业创新系统—外部创新环境系统耦合协调度进行了实证分析，根据现状分析和实证结果对广西北部湾产业内部创新系统协同创新发展模式和外部创新环境方面提出相应的建议和对策。

在区域协同创新方面，梳理国内外各个时期的学者对区域协同创新的概念界定、研究重点与研究方法，归纳区域协同创新的内涵、条件、机制等，构建区域协同创新理论框架。用计量经济工具分析北部湾区域协同创新的现状与不足，确定区域协同创新的必要性与可行性，探讨在北部湾推进区域协同创新的主要思路和可行模式，最后给出对策建议，试供相关机构部门参考借鉴。

二　研究意义

自上升为国家战略伊始，广西北部湾经济区的发展在经济模式转变的道路上，其区域创新体系建设遇到了一系列难题。在这样的背景下，协同创新在北部湾经济区的区域创新体系建设乃至经济社会发展中凸显其重要性。北部湾经济区若能抓住协同创新这一新型战略，在发展起步阶段便很好地进入以创新为动力的内生新增长模式，北部湾经济区将极有可能成为中国西部沿海区域发展中的"后起之秀"。

理论意义：（1）创新主体协同创新方面。之前学者们关于创新主体在区域协同创新中如何发挥作用的定量研究较少，因此如何准确定位地方政府在协同创新中的地位，使地方政府在协同创新过程中充分发挥引导作用，仍然是协同创新理论研究的挑战性课题。"协同创新中的政府作用研究"正是以此为视角，在分析北部湾经济区协同创新主体现状的基础上，提出提升北部湾经济区政府协同创新能力的对策，为政府针对性的发挥作用提供理论参考。（2）产业协同创新方面。大多数文献主要是集中在对于企业的内部的协同创新的研究，企业外部产学研的协同创新以及供应链主体的协同创新，基本上是针对企业的研究，而对于产业的协同创新研究非常少。运用耦合协调度数学模型，以广西工业产业为例，衡量广西北部湾产业创新系统和外部创新环境系统间的协调程度，并纵向比较了北部湾四个城市产业协同创新系统的协调程度。在充分了解北部湾产业创新系统内部产业发展现状、北部湾产业协同创新系统整体协调性、北部湾四市产业协同创新系统协调性的基础上提出协同创新发展的模式，在理论上补充和完善了协同创新的研究，同时对于国内其他区域产业间或者其他类似产业间的分析具有一定的理论借鉴意义。（3）区域协同创新方面。分析归纳区域协同创新的内涵、条件、机制等，构建区域协同创新的基本理论框架。同时，研究方法不局限于用传统空间计量模型分析区域创新的空间依赖性，而是以面板数据为基础，通过修改空间权重矩阵将时间维度纳入空间计量模型，丰富了空间计量经济学的理论内涵。

实践意义：（1）创新主体协同创新方面。研究主体之间的协同创新对解决北部湾经济区创新主体协同创新中出现的问题、促进经济发展方式向创新为驱动的内生新增长模式转型有一定的实践指导意义。

（2）产业协同创新方面。在我国大力提倡自主创新和产业结构转型的背景下，研究产业协同创新问题不仅可以促进产业结构升级、提升产业竞争力，而且会对整个国民经济的发展产生 1 + 1 > 2 的协同效应，并促进经济增长方式的转变。广西北部湾由于历史、区位和观念等种种原因，产业基础非常薄弱，若能够抓住协同创新这一新型战略机遇，在产业创新系统内部通过相关产业围绕重点特色、优势产业协同创新获得技术和产品的创新，实现自我创新进入以创新为动力的内生新增长模式，探索北部湾产业协同创新发展模式。外部通过不断加大对创新基础环境、经济环境、政治环境的投入，形成对创新系统的大力支持，不断推动生产要素的流动和优化重组，提高整个产业协同创新系统的竞争力，形成整体优势，拉动北部湾地区经济的繁荣健康发展，带动整个广西经济的增长，具有重要的意义。

（3）区域协同创新方面。北部湾经济区发展起步晚，而当前国内学者对长三角、珠三角等地区域协同创新的研究结果并不完全适用于经济欠发达地区。本书对北部湾经济区区域协同创新现状作出实证分析，探讨北部湾经济区协同创新的可行性、主要思路和三个可行模式，最后从组织体系、要素流动与共享和协同环境三方面给出对策建议，为北部湾经济区推进协同创新工作提供参考借鉴。

第四节　技术路线图

本书的技术路线图如图 1—1 所示。

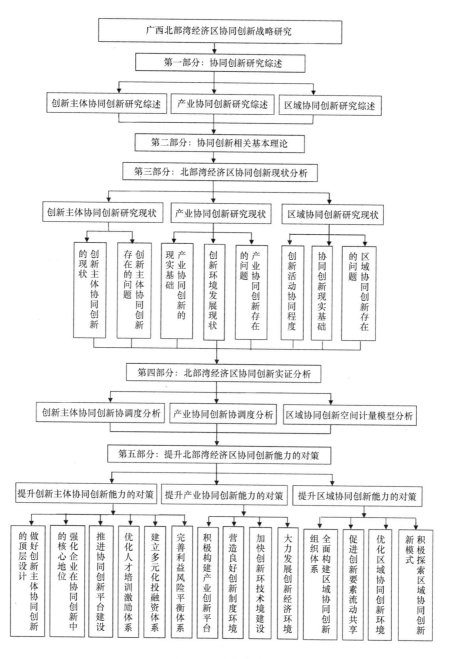

图 1—1　技术路线图

第二章

国内外研究综述

　　"协同"一词是德国学者赫尔曼·哈肯（Hermann H）在系统论中最早提出的概念，是指系统中诸多子系统的相互协调、合作的或同步的联合作用、集体行为，结果是可以产生 1 + 1 > 2 的协同效应。① 协同创新（Synergy Innovation）则是指不同创新子系统的创新要素有机配合，通过复杂的非线性互相作用产生单独要素无法实现的整体协调效应的过程。20 世纪 60 年代美国著名战略管理学家安索夫（Igor. A）将协同理论引入企业管理领域，并把协同作为企业战略的四要素之一，指出这种使公司的整体效益大于各独立组成部分总和的效应就称为协同。② 此后这一思想被管理者用于企业产品开发领域，产品设计、制造、销售的资源共享，上下游企业的协作运营等方面。我国学者陈劲认为协同创新是将各个创新主体要素进行优化、合作创新的过程。③ 但目前国内学术界还没有对于协同创新的基本定义达成共识。从不同的研究视角出发，可以将协同创新大体分为创新主体协同创新、产业协同创新和区域协同创新三种。在三类协同创新中，国内外对创新主体协同创新，尤其是产学研协同创新的研究最为成熟。

---

① ［德］赫尔曼·哈肯：《协同学》，上海译文出版社 2005 年版，第 10 页。
② ［美］安索夫：《新公司战略》，曹德俊、范映红、袁松阳译，西南财经大学出版社 2009 年版。
③ 陈劲：《协同创新》，浙江大学出版社 2012 年版，第 13 页。

第一节　创新主体协同创新国内外研究综述

一　创新主体协同创新国外研究综述

（一）协同创新机制

早在 1912 年，熊彼特（Toseph Schumpeter）就已指出产学研间的合作实际上可以看作是一个创新的过程，企业、高等院校、科研机构等创新主体以科研成果的产业化和市场化为目标，联合彼此优势进行技术开发，在这个合作的过程中实现技术转化、产品生产与销售的一体化，从而使得各创新主体获得的利益最大化。[①] 而产学研合作的真正实施则是在"威斯康星思想"和"硅谷"的启发下大规模地开展起来。其实质是赋予高校教学、科研和社会服务的"三维"职能，建立高校和社会之间的紧密联系。近年来国外对创新主体合作创新的研究主要以企业和高校为主，探讨各方在创新合作中利益最大化的合作机制。如桑托罗（Santoro）和斯洛特（Slotte）认为高校和研究所通过产学研合作可以获得企业的资金支持，不仅能帮助学校就业，还可以实现技术与理论的结合，使双方获益。伊莱亚斯（Elias）认为企业、大学与科研机构间以知识共享为基础开展产学研合作项目，知识的创造机制、传播机制、应用机制对产学研的合作成效有重要影响。维拉妮卡·塞拉诺（Veronica Serrano）和托马斯·菲舍尔（Thomas Fischer）通过整合维度和互动维度对协同创新体系进行了分析，认为在互动维度中通过各个创新主体之间的知识分享、资源优化配置、行动的最优同步可以提升创新系统的匹配度。伊奥姆（Eom）和李（Lee）对韩国企业的实证研究也证实分担成本和风险的动机显著影响企业的产学研合作倾向。[②]

[①]　［美］约瑟夫·熊彼特：《经济发展理论》，商务印书馆 1990 年版。

[②]　Eom, B. Y., and Lee, "K. Determinants of Industry Academy Linkages and Their Impact on Firm Performance: The Case of Korea as A Latecomer in Knowledge Industrialization", *Research Policy*, Vol. 39, No. 5, 2010, pp. 625 – 639.

（二）协同创新模式

从产学研的发展过程可以看出，高校和企业原来是两个相互独立的系统，在后来不断发展中才由单向合作向产学研合作创新转变。近年来国外的产学研合作的实践模式取得了较好的成果，较有代表性的是美国模式、日本模式、德国模式。美国作为产学研合作的发祥地，政府在推进产学研结合的过程中起了关键性的引导和协调作用，使得工业—大学合作研究中心及工程研究中心模式成为产学研合作中最具代表性的模式之一。日本的产学研合作模式属于企业主导型。日本模式注重应用性研究对企业的促进作用，强调企业在合作创新中的主导地位，同时非常注重培养产学研合作的氛围、文化与环境。德国产学研合作的 Fraunhofer 模式强调科研机构与企业、大学、政府在互利互惠而又相互制约的基础上，通过长期合作与规划创造发展机会，实现了长期经济效率的最大化。理论上，学者们也从不同角度对合作创新模式做了深入研究，较有代表性的有：切斯布鲁夫（Chesbrough）提出了开放式创新理论，认为企业应实施开放式创新模式，强调企业可以同时利用内部和外部相互补充的创新资源实现创新，是多种合作伙伴多角度的动态合作创新模式。[1] 埃兹科维茨（Henry Etzkowitz）的三重螺旋理论指出大学除了教学与科研外还存在"第三使命"，即进行产学研研究，大学、企业、政府在创新过程中有着自己独特的作用，三者之间互动创新的好坏对区域创新体系的绩效有重要影响。[2]

（三）协同创新绩效

国外对这部分的研究主要集中在：创新主体协同创新能力指标体系的建立和评价方法方面。伯纳科斯（Bonaccorsi）和皮卡卢加（Piccalugadu）最早提出了评价产学合作绩效的模型，他们通过对比期望与实际

---

① Chesbrough H. , *Open Innovation*: *The New Impeerative for Creating and Profiting for Technology*, Harvard Business School Press, Cambridge, MA, 2003.

② Etzkowita H. , *The Triple Helix*: *University-industry-government Innovation in Action*, London and New York: Routledge, 2008.

成果来评价产学合作的绩效，认为产学研的绩效评价应建立在知识创造、知识传播、知识应用层面上，具体包含技术创新产品数、科研人员数、专利受理数、科研专著数等指标。[①] 莫拉·瓦伦汀（Mora Valentin）等基于创新主体满意度视角设立了产学研合作评价指标表，指出利益分配、知识产权等是合作创新中最关注的几个问题。西蒙·菲尔宾（Simon Philbin）通过建立基于创新要素投入与产出的视角，构建产学研合作评价的指标体系，评价模型考虑了创新主体的功能、知识的扩散，组织合作的长期性、战略目标等问题，但还有待通过实证分析来检验。[②] 范德成（Fan Decheng）从创新主体的合作创新的内外部影响因素出发，认为协同创新受政策环境、合作动力机制、要素投入与产出等方面影响，建立了相应评价指标体系，运用模糊积分法对产学研协同创新的合作绩效进行分析。[③]

（四）协同创新环境

近年来国外对创新主体的合作创新的研究主要集中在对具体区域的定量分析上，验证了创新主体间合作的必要性和巨大影响。安纳利·萨克森宁（Annalee Saxenian）指出硅谷的高科技产业发展遥遥领先于128公路地区的原因在于集聚在一起的企业能否形成网络型的互动关系，既竞争又合作的协同关系和良好的创新环境和机制，则是产业区获取竞争优势的关键。[④] 贝兰迪（Bellendi）等对意大利托斯卡纳地区的区域创新系统进行了研究，发现评估对象的选择、创新网络的空间结构以及组织规模、创新环境等因素对创新政策的实行效果有直接影响，客观环境

---

① Bonaccorsi A., Piccalugadu A., "A Theoretical Framework for The Evaluation of University-Industry Relationships", *R&D Management*, No. 24, 1994, pp. 229 – 247.

② Philbin S., "Measuring the Performance of Research Collaborations", *Measuring Business Excellence*, Vol. 12, No. 3, 2008, pp. 16 – 23.

③ Fan Decheng, Tang Xiaoxu, "Performance Evaluation of Industry-University-Research Cooperative Technological Innovation Based on Fuzzy Integral", *International Conference on Management Science&Engineering*, 2009, pp. 1789 – 1795.

④ ［美］安纳利·萨克森宁：《地区优势——硅谷和128公路地区的文化与竞争》，曾蓬译，上海远东出版社1999年版。

的变化会使创新政策产生不同的效果。①

二 创新主体协同创新国内研究综述

（一）协同创新机制

近年来国内学者对协同创新的机制的探索主要集中在动力机制和运行机制上，其中运用网络理论研究合作创新中的动力机制的成果较为丰富。祖廷勋从制度经济学的角度对产学研合作制度结构、影响因素、制度效率和产权制度的实施机制进行了分析论述。② 汪耀德等提出了区域创新网络中行为主体协同创新机理及协同创新机制，认为可以在输入输出要素、支持要素、竞争协同机制、协同创新机制的强化和维护方面予以完善。③ 徐静认为动力机制能直接影响产学研合作的效果，通过帆船动力机制模型提出了"聚力"、"借力"和"避力"来提升产学研合作效果的政策性结论。④ 程亮分析了我国产学研协同创新机制存在的问题，如产学研协同范围过窄、科技含量低、动力不足、成果转化率不高的问题，提出了发挥政府积极作用、增强产学研内在驱动力、建立有效风险投资体系的对策。⑤

纵观已有相关文献，我们发现学者们早期主要运用交易成本理论对产学研合作的动力进行研究，后期运用组织学习理论对创新主体合作机制进行探索。这说明学者们已经逐渐意识到，企业与大学、科研机构合作不单是为了解决特定时期的技术和资源问题以获得短期利益，而是应

---

① Bellandi M，Caloffi A.，"An Analysis of Regional Policies Promoting Networks for Innovation"，*European Planning Studies*，Vol. 18，No. 1，2010，pp. 67 – 82.

② 祖廷勋、罗光宏、陈天仁、刘澈元、杨生辉：《构建高校产学研合作机制的制度范式分析》，《生产力研究》2005 年第 8 期，第 101 页。

③ 李俊华、汪耀德、程月明：《区域创新网络中协同创新的运行机理研究》，《科技进步与对策》2012 年第 7 期，第 32—36 页。

④ 徐静、冯锋、张雷勇、杜宇能：《我国产学研合作动力机制研究》，《中国科技论坛》2012 年第 7 期，第 74—80 页。

⑤ 程亮：《论我国产学研协同创新机制的完善》，《科技管理研究》2012 年第 12 期，第 16—18 页。

把这种合作提升到战略的高度，通过组织学习来提高各主体间的创新能力以获取长远利益和整体的发展。研究不足在于对协同创新机制的研究在现状分析和总结归纳方面的成果较多，如何系统性地、动态性地、开放性地建立创新行为主体间的关系链条及其互动机制的研究还相对缺乏。

（二）协同创新模式

我国学界从企业视角、网络组织视角、合作联盟视角等不同角度将协同创新分为多种模式。陈晓红、解海涛以合作主体间的协同创新"供给关系"为纽带，"提高分工效率"为基础，将中小企业、高校及科研院所、政府、社会服务纳入创新体系，构建了中小企业技术创新"四主体动态模型"。[①] 结合网络组织视角，王英俊提出了"官产学研"型虚拟研发组织模式，根据创新主体在组织中的优势与作用，将其划分为"政府主导型"、"产业牵引型"和"学研拉动型"三种模式。[②] 吴绍波按照产学研合作的契约关系安排，产学研合作可划分为技术转让、共建研究机构、基于项目的短期合作、共建经营实体等模式，对不同条件下的适用模式进行了研究，提出了产学研合作模式的阶段性推进形式。[③] 何郁冰提出了"战略—知识—组织"三重互动的产学研协同创新模式，战略协同即要求创新主体各方建立战略层面的合作联系，推动企业技术创新向更高层次发展；知识协同即要加强创新主体间的知识创新、知识共享、知识扩散的范围与水平；组织协同就是要加强产学研间的合作与创新效率。[④]

---

① 陈晓红、解海涛：《基于"四主体动态模型"的中小企业协同创新体系研究》，《科学学与科学技术管理》2006 年第 8 期，第 37—43 页。

② 王英俊、丁堃：《"官产学研"型虚拟研发组织的结构模式及管理对策》，《科学学与科学技术管理》2004 年第 4 期，第 40 页。

③ 吴绍波、顾新、刘敦虎：《我国产学研合作模式的选择》，《科技管理研究》2009 年第 5 期，第 90 页。

④ 何郁冰：《产学研协同创新的理论模式》，《科学学研究》2012 年第 2 期，第 165—174 页。

可以看出，国内外对协同创新模式的探讨主要集中于在政府推动下，企业、高校、科研机构等创新主体构成的多元合作模式，基于视角不同，各模式中侧重的主体及其发挥的作用也有所不同。

（三）协同创新绩效

理论评价模型方面，夏凤等建立了平衡记分卡对产学研合作绩效评价模型，从财务、内部流程以及客户等几个角度对创新主体的合作进行评价。[①] 但是，由于项目绩效不等同于企业绩效，把平衡记分卡机械套用在创新主体间合作的绩效评价中是否恰当还需要学者们更多的论证。邓颖翔、朱桂龙在西蒙（Simon）的产学研合作绩效评估理论模型的基础上，把合作创新绩效分为知识共享与创新、合作的附加价值两大部分，针对创新合作的不同主体，设计了两套适用于高校与企业的产学研绩效评价量表。[②] 指标确立方面，较多学者通过计算绩效指数或得分来反映产学研的合作绩效。曹静等从要素和过程两个维度来分析产学研合作创新绩效的影响因素，构建了合作创新的外部环境、合作创新投入、合作创新产出、合作创新运行和合作创新效果 5 个一级指标组成的产学研结合技术创新绩效评价指标体系，采用模糊积分评价方法对各指标进行测算，结果显示，我国产学研结合技术创新情况属于基本良好的状态。[③] 解学梅基于一个较为新颖的视角——结构方程模型，对企业之间以及企业同高校、科研机构、政府等组成的协同创新网络的创新绩效进行了分析，得出处于不同协同创新网络环境中对企业绩效的影响存在差异的结论。[④] 此外还有学者（李梅芳等）从合

---

① 夏凤：《基于平衡记分卡的校企合作绩效评价模型》，《职教论语》2008 年第 5 期，第 48—51 页。

② 邓颖翔、朱桂龙：《产学研合作绩效的测量研究》，《科技管理研究》2009 年第 11 期，第 468—471 页。

③ 曹静、范德成、唐小旭：《产学研结合技术创新绩效评价研究》，《科技进步与对策》2010 年第 4 期，第 114—118 页。

④ 解学梅：《中小企业协同创新网络与创新绩效的实证研究》，《管理科学学报》2010 年第 13（8）期，第 51—64 页。

作开展与合作满意的视角研究了基于合作满意度的产学研合作成效的关键影响因素。[①]

　　综上所述，国内外在绩效评价方面的研究既有相似性，也存在不同。国外研究更注重结合具体案例对政产学研合作绩效进行分析，而我国的主体协同创新绩效评价还处于起步阶段，部分创新主体合作绩效评价体系缺乏实证检验，研究主要集中在单个项目的政产学研合作，对于国家层面和区域层面的协同创新绩效评价的可行性仍有待探讨。

　　（四）协同创新环境

　　王缉慈认为创新环境是大学、科研院所、企业、地方政府等创新主体之间在长期正式或非正式的合作与交流的基础上所形成的相对稳定的系统。[②] 在该区域内创新取得成效的原因在于参与创新的活动主体间形成了良性互动的合作关系，科研资金、技术成果、人才资源、仪器设备等创新要素在关系网中自由流动，使得创新效益得以最大限度发挥。[③] 刘俊杰、傅毓维运用系统动力学对高新技术企业的创新环境进行分析，通过仿真模型发现政府法律环境、市场环境、融资环境因素对高新技术企业的创新过程有重要影响。[④] 李双金等通过构建创新环境的"主体—联系—制度"分析框架，认为解决我国的创新环境建设问题应当从激发主体活力、强化创新联系、完善创新制度和政策等方面展开。[⑤]

　　目前关于创新环境运行机制对企业创新的影响的理论研究取得了一定成果，多数的研究讨论了创新环境对创新主体影响的评价指标体系的

---

　　① 李梅芳、赵永翔、唐振鹏：《产学研合作成效关键影响因素研究——基于合作开展与合作满意的视角》，《科学学研究》2012 年第 12 期。

　　② 王缉慈：《知识创新和区域创新环境》，《经济地理》1999 年第 1 期。

　　③ 王缉慈：《创新的空间——企业集群与区域发展》，北京大学出版社 2001 年版。

　　④ 刘俊杰、傅毓维：《基于系统动力学的高技术企业创新环境研究》，《科技管理研究》2007 年第 12 期，第 24—33 页。

　　⑤ 李双金、王丹：《网络化背景下的创新环境建设：理论分析与政策选择》，《社会科学》2010 年第 7 期，第 36 页。

设计（李婷，董慧芹①；霍研②），但基于实例进行实证分析的较少，尤其是把高校与科研机构作为研究对象，分析外部环境因素对高校与科研机构创新贡献程度的影响的实证研究缺乏。同时，对环境是否对合作创新造成消极影响，以及企业如何适应动态变化的环境调整创新模式方面有待深入开展。

第二节　产业协同创新国内外研究综述

国外学者对协同创新的研究主要侧重于产学研协同方面，但是对于产业协同鲜有研究。

一　产业协同创新国外研究综述

（一）产业协同

国外关于产业协同的研究成果很少。国内一部分学者对产业协同进行分析。李若朋、荣蓉、吕廷杰认为产业是一个复杂的分工网络，产业协同问题其实是复杂分工网络的协调问题。③ 从知识管理理论和交易成本理论出发分析知识交流效率对分工发展的影响，阐述通过降低交易成本来提高知识交流效率的方法，进而得出层级分解（HD）和知识同化（KA）两种产业协同模式。④

（二）产业创新

在创新系统理论中，创新系统分为产业创新系统、区域创新系统、

---

① 李婷、董慧芹：《科技创新环境评价指标体系的探讨》，《中国科技论坛》2005 年第 4 期，第 41—45 页。

② 霍研：《产学研合作评价指标体系构建及评价方法研究》，《科技进步与对策》2009 年第 26 期，第 15—128 页。

③ 赖茂生、阎慧、叶元龄、李璐：《内容产业与文化产业整合与协同理论和实践研究》，《情报科学》2009 年第 9 期，第 34—38 页。

④ 李若朋等：《基于知识交流的两种产业协同模式》，《北京理工大学学报》（社会科学版）2004 年第 6 期，第 42—44 页。

国家创新系统几个层次。如波特所言，国家竞争力的核心是产业竞争力，而创新正在成为影响产业竞争力的重要因素。因此只有把创新提高到产业层次才会对产业竞争力产生决定性的影响。① 国内外学者对产业创新系统中产业创新模式的演变和产业创新最新导向等做出研究，对于产业创新研究主要集中在企业层面上。系统的产业创新理论仍是由英国经济学家弗里曼（Freeman C）最早提出。他认为产业创新是一个系统的概念，系统因素是产业创新成功的决定因素。产业创新包括技能和技术创新、流程创新、市场创新、管理创新和产品创新。② 在如何提升产业竞争力方面，迈克尔·波特（Michael E. Porter）提出了国家钻石模型分析框架，把产业竞争优势的决定因素归纳为要素（尤其是高级要素）条件、需求（尤其是国内的需求）条件、相关辅助产业的支持、企业战略结构和竞争对手四个基本条件，政府与机遇是两个辅助条件。并认为产业创新是产业竞争力最深厚支撑，这就使辅助产业支持基础上的创新，即协同创新对产业竞争力的作用得到了认可。③ 但是波特没有对产业创新和产业协同的作用机制及其如何促进产业竞争力进行深入的研究。普拉哈拉德（C. K. Prahalad④）、加里·哈梅尔（Gary Hame⑤）通过研究发现，企业要在行业中处于不败之地，必须要在联合其他大型企业进行研发活动或通过自身的技术扩散实现产业创新。对于产业创新模式发展研究，最典型的理论是劳斯韦尔（Roy Rothwell）提出的"五代论"，该理论认为，产业创新模式经历了由技术推动模型、需求拉动模型、联结模型、综合模型到系统综合和网络

---

① 赵双琳、朱道才：《产业协同研究进展与启示》，《郑州航空工业管理学院学报》2009年第10期，第11—15页。

② Freeman C. , "The Economics of Industrial Innovation", *Harmondsworth*；*Penguin Books*，1974.

③ ［美］迈克尔·波特：《国家竞争优势》，华夏出版社2002年版，第101页。

④ ［美］加里·哈梅尔、C. K. 普拉哈拉德：《竞争大未来》，昆仑出版社1998年版。

⑤ ［美］加里·哈梅尔：《让股东发财的有效战略（财富专题精粹）》，世界图书出版公司1999年版。

（SIN）模型的演变。① SIN 模型是 20 世纪 90 年代至今的主要创新模型。很多证据表明现在的产业创新过程已经变成了一种产业联结的协同创新过程。

（三）产业协同创新

国内外学者在产业互动及协同发展方面展开了大量的研究。国外学者的相关研究开展得较早，成果也更为丰硕。吉利斯（Gillis）认为服务业，特别是生产性服务业对制造业和其他产业的发展发挥重要的作用。② 汉森（Hansen）从制造业与生产性服务业的互动的角度进行了研究，并对两者互动的机制做出探讨。③ 西格尔（Siegel D.）对生产性服务业和其他产业的互动进行了实证研究，并研究了互动对产业竞争力的影响。④ 菲茨罗伊（FitzRoy F. R.）⑤、保罗·罗伯森和帕里马尔（Paul L. Robertson & Parimal R. Pate）⑥ 对高新技术产业与社会经济中其他产业，尤其是与制造业的互动关系进行了研究。但是这些学者没有从利用高新技术产业提高美国制造业的竞争力的角度，为更好地促进制造业发展提出相应的对策。

二 产业协同创新国内研究综述

（一）产业协同

对于产业协同的实质，以下学者进行过探讨。胡大立认为企业集群

---

① Dodgson M., Rothwell R. (eds), "The Handbook of Industrial Innovation", *Aldershot*, *Elgar*, 1994.

② Gillis, William R., "Can Service-Producing Industries Provide a Catalyst for Regional Economic Growth?" *Economic Development Quarterly*, No. 1, 1987, pp. 249 – 256.

③ Hansen N., "Do Producer Services Induce Regional Economic Growth", *Journal of Regional Science*, Vol. 30, No. 4, 1990, pp. 465 – 476.

④ Fixler D. J., Siegel D., "Outsourcing and Productivity Growth in Services", *Structural Change and Economic Dynamics*, Vol. 10, No. 2, 1999, pp. 177 – 194.

⑤ Acs Z. J., FitzRoy F. R., Smith I., "High-technology Employment and R&D in Cities: Heterogeneity vs Specialization", *Annals of Regional Science*, Vol. 36, 2002, pp. 373 – 386.

⑥ Robertson P. L., Pate P. R., "New Wine in Old Bottles-Technological Diffusion in Developed Economies", *Research Policy*, Vol. 36, No. 5, 2007, pp. 708 – 721.

存在着很多的竞争优势，但是实现这些竞争优势是有条件的：产业间必须是具有关联性和协同性的。其中产业协同是指集群内的企业在生产、营销、采购、管理、技术等方面相互配合、相互协作，形成高度的一致性或和谐性。集群内企业相互协同产生协同效应后能获得更高的盈利能力就是协同效益，即所谓的 1 + 1 > 2 的效果，进而形成竞争优势。① 徐力行、毕淑青认为产业协同是指开放条件下各产业子系统自发相互约束耦合，表现出在时间、空间或功能上有序结合的过程。它是以系统的观点来考察产业之间的联动状态和过程，不仅关注各产业运动在时间和功能上的衔接，同时也关注其在动态变化中运行方向上的一致。强调的是产业之间的自组织，但由于它是一个开放性的系统，也不拒绝外力的作用。当然，产业系统的自组织特性使其具有运动方向上的惯性，这种惯性只有在外力有效作用于系统内有杠杆作用的压力点时才最有可能改变。② 徐力行、高伟凯认为产业协同是指在开放条件下，作为国民经济运行的子系统，各产业或产业群相互协调合作形成宏观有序结构的过程。协同是系统自组织的动态概念，国民经济各产业之间时刻处于动态平衡和失衡的交替当中，已有对产业协同的研究主要反映在产业结构合理化等方面，绝大部分的研究还是静态研究。因此，有必要以动态的分析方法，来探究产业结构在运动中的平衡条件。③ 赖茂生等认为产业协同是相关产业的协同发展，是指多个产业及其下属的相关子产业在发展过程中做到密切配合、互相协调，在日益复杂的分工网络中解决好产业协调发展的问题。产业协同不是一般意义上的产业整合，但是可以看成是一种广义的产业整合。其目的不是简单地将多个产业归并在一起，而是要通过协同发展使这些产业更好地发挥关联作用和聚集效应，节约产

---

① 胡大立：《产业关联、产业协同与集群竞争优势的关联机理》，《管理学报》2006 年第 11 期，第 709—713、727 页。

② 徐力行、毕淑青：《关于产业创新协同战略框架的构想》，《山西财经大学学报》2007 年第 4 期。

③ 徐力行、高伟凯：《产业创新与产业协同——基于部门间产品嵌入式创新流的系统分析》，《中国软科学》2007 年第 6 期。

业管理成本和产业自身发展的成本，避免因无序竞争而导致的高成本和低收益，发挥"1 + 1 > 2"的作用。① 对于产业协同的机制，王传民认为产业协同的机制至少应该包括四种：动力机制、耦合机制、外部环境控制机制和自组织运行机制。通过探讨协同发展机制，有利于理清发展中各要素相互之间的关系，从而有的放矢地抓住主要矛盾，解决主要问题，为产业协同发展扫清不必要的障碍。②

（二）产业创新

国内学者也对产业创新进行了研究。严潮斌认为产业创新是指特定产业在成长过程中或在激烈的国际竞争环境中主动联手开展的产业内企业际的合作创新。并从机制、技术变化规模、动力、主体、产业发展时期、创新目的几个方面对产业创新、企业创新、国家创新进行了区分。③ 张耀辉认为产业创新是用新的产品技术满足需求，从而形成一个崭新的产业。产业创新不是行业的局部创新，而是整体创新，只有在行业内普及了创新的技术，才真正实现了产业创新。它包括企业技术创新和行业内技术扩散两个过程，由技术引起的产业创新有两种途径，一种途径是由一个企业首先进行创新突破，再将技术扩散出去。另一种途径是由多个企业同步创新，分别完成产业创新所要求的技术创新工作，使产业创新得以迅速完成。④ 吴解生认为产业创新是企业突破已有结构化的产业约束，运用技术创新、管理创新、市场创新或组合创新等来改变现有产业结构或创造全新产业的过程，是技术创新、管理创新、市场创新等的系统集成，是企业创新的最高层次和归属。⑤ 赵树宽、姜红认为

---

① 赖茂生、闫慧、叶元龄、李璐：《内容产业与文化产业整合与协同理论和实践研究》，《情报科学》2009 年第 1 期。

② 王传民：《县域经济产业协同发展模式研究》，中国经济出版社 2006 年版，第 39 页。

③ 严潮斌：《产业创新：提升产业竞争力的战略选择》，《北京邮电大学学报》（社会科学版）1999 年第 3 期。

④ 张耀辉：《产业创新：新经济下的产业升级模式》，《数量经济技术经济研究》2002 年第 1 期。

⑤ 吴解生、罗积争：《产业创新：从企业创新到国家创新之间的桥梁》，《经济问题探索》2005 年第 4 期。

从技术的角度,产业创新在产业间的传导可以分为"直接传导"、"间接传导"和"混合式传导"三种传导路径。[①]

(三)产业协同创新

国内学者对于产业协同创新的研究主要集中在以下三个方面:(1)在理论方面,徐力行、毕淑青认为产业协同和产业创新两者存在着很强的良性互动关系。产业协同是通过产业纵向关联和横向关联促进产业创新,产业协同的层次决定产业创新的空间,产业创新是产业协同的重要促进力量,并由此建立了产业创新协同体系的战略的理论框架。[②]李梦学、张治河认为由于产业创新的复杂性、关联性及共享性,仅靠行业内部一个或几个企业的力量无法完成或创新效益不显著,而政府与众多的企业之间又难以建立合作创新关系时,需要通过行业协会,或由相关行业或企业自发进行组织联合,也就是要联合行业内或是相关行业的企业进行协同创新,为产业创新活动搭建起行业层次的行业创新平台,这是从企业的角度来实现跨行业协同创新,而对于如何实现的途径没有进行探讨。[③]张哲基于技术扩散动力构建了产业集群内部动力、外部动力、扩散动力和自组织动力的协同创新动力系统,并论述了各动力要素之间的相互作用及其作用机制。[④]赵树宽[⑤]、姜红[⑥]、陆晓芳[⑦]从技术创新的角度研究工业内部具有纵向或横向关联性产业间的协同创

---

① 赵树宽、姜红:《基于创新结构效应的产业类型划分及判定方法研究》,《中国工业经济》2007年第7期。

② 徐力行、毕淑青:《关于产业创新协同战略框架的构想》,《山西财经大学学报》2007年第4期。

③ 李梦学、张治河:《产业创新机制理论浅析》,《新材料产业》2007年第4期。

④ 张哲:《基于产业集群理论的企业协同创新系统研究》,博士论文,天津大学,2008年。

⑤ 赵树宽、姜红:《基于创新结构效应的产业类型划分及判定方法研究》,《中国工业经济》2007年第7期。

⑥ 姜红:《基于技术关联性视角的产业创新模式与技术选择理论研究》,博士论文,吉林大学,2008年。

⑦ 姜红、陆晓芳:《基于产业技术创新视角的产业分类与选择模型研究》,《中国工业经济》2010年第9期。

新，并将产业协同创新模式划分为产业跨越创新模式、产业提升创新模式、产业联合攻关创新模式、产业资源整合创新模式四种。熊励、孙友霞、蒋定福、刘文通过对国内外文献的归纳，从实现途径的不同将协同创新分为内部协同创新和外部协同创新两种。内部协同创新是产业组织与组织内部要素之间互动实现的创新，外部协同创新则是产业组织与其他相关主体之间的互动。[①]（2）在实证方面，张淑莲、胡丹等将高新技术产业协同创新系统划分为产业创新子系统和创新环境子系统，运用复合系统协调度模型对京津冀三地的电子及通信设备制造业协同创新程度进行研究，实证结果显示，北京产业创新系统与创新环境系统的协同度最高，河北的协同度在三地中最低。[②]顾菁、薛伟贤把高技术产业的协同创新体系划分为创新主体及外部创新环境两个子系统，运用复合系统协调度模型对2005—2011年我国高新技术产业的协同创新程度进行分析，发现整体协调创新程度低且伴有较大波动，但创新主体正逐步成为整体创新体系演进的主要动力。[③] 李海东、马威、王善勇将协同创新系统划分为创新资源子系统、创新成果子系统和辅助子系统，通过复合系统协同度模型，测度2006—2011年我国高技术产业内五个子行业的协同创新程度。实证分析结果表明：高技术产业协同创新程度处于较低水平，有待进一步提高，其中创新环境是制约我国高技术产业协同创新程度的主要因素。[④]（3）对于具体产业间协同创新，主要集中于传统产业与高新技术产业、生产性服务业与制造业、制造业与物流业的协同创新。吴晓波、裴珍珍认为要在深入分析高新技术产业与产业协同发展内

---

① 熊励、孙友霞、蒋定福、刘文：《协同创新研究综述——基于实现途径视角》，《科技管理研究》2011年第14期，第15—18页。

② 张淑莲、胡丹、高素英、刘建朝：《京津冀高新技术产业协同创新研究》，《河北工业大学学报》2011年第6期，第107—112页。

③ 顾菁、薛伟贤：《高技术产业协同创新研究》，《科学进步与对策》2012年第22期，第84—89页。

④ 李海东、马威、王善勇：《高技术产业内协同创新程度研究》，《中国高校科技》2013年第12期，第66—69页。

在机理的基础上，通过生产协同、管理协同和市场协同三种方式实现两者的协同发展。① 綦良群、孙凯应用协同学理论并结合耗散结构理论，分析了高新技术产业和传统产业协同发展机理，并将其应用于东北老工业基地振兴，提出了促进和保障东北老工业基地高新技术产业和传统产业协同发展的机制。② 原毅军、耿殿贺、张乙明用博弈论方法得出，在弱技术关联下，生产性服务业与制造业的技术研发具有相互影响和相互促进的协同创新效应。③ 徐力行、高伟凯认为生产性服务业与制造业的协同创新依赖于这两大创新体系之间的关联性质和整合能力，因此应该要关注服务业与制造业在创新上的区别，同时看到两者的联系。并提出以生产性服务业作为创新政策作用的关键结点，通过推动生产性服务业的组织创新、制造业的技术创新加强二者的协同创新。④ 刘颖等分析了生产性服务业与制造业协同创新的内在机理，并提出了自组织理论应用对提升协同创新能力与绩效的启示。⑤ 耿殿贺、原毅军提出通过生产性服务业减少制造业企业的创新时间和创新成本，利用信息化促进生产性服务业和制造业的融合，使服务业和制造业企业的技术创新产生互动效应。⑥ 以上研究主要是通过生产性服务业的组织创新、制造业的技术创新加强二者的协同创新，国内仅有一位学者对第三方物流业与制造业的协同创新理论进行深入研究，探讨二者协同创新的动机、机制和过程。

---

① 吴晓波、裴珍珍：《高技术产业与传统产业协同发展的战略模式及其实现途径》，《科技进步与对策》2006 年第 1 期，第 50—52 页。

② 綦良群、孙凯：《高新技术产业与传统产业协同发展机理研究》，《科学学与科学技术管理》2007 年第 1 期。

③ 原毅军、耿殿贺、张乙明：《技术关联下生产性服务业与制造业的研发博弈》，《中国工业经济》2007 年第 11 期。

④ 徐力行、高伟凯：《生产性服务业与制造业的协同创新》，《现代经济探讨》2008 年第 12 期。

⑤ 刘颖、陈继祥：《生产性服务业与制造业协同创新的自组织机理分析》，《科技进步与对策》2009 年第 26（15）期，第 48—50 页。

⑥ 耿殿贺、原毅军：《生产性服务业促进制造业企业动态创新能力的机理研究》，《经济研究导刊》2010 年第 24 期。

第三节　区域协同创新国内外研究综述

区域协同创新是指多种知识资源和创新要素在区域间自由流动带来的区域生产技术创新。区域协同创新以不同区域间的深度依赖关系为基础，要求各个区域的知识资源、创新要素不停留在简单的结合过程，而是进一步地有机整合，直至最终融合，由此实现区域创新能力的提高，以及区域核心竞争力的提升。区域协同创新是区域生产、科技合作的高级阶段。

一　区域协同创新国外研究综述

早在1995年至1997年间，来自德国五大科研机构的经济地理学家和区域经济学家组成了一支多学科科研团队，在欧洲的11个不同地区（Alsace，Baden，Barcelona，Gironde，Hannover-Brunswick-Gottingen，Saxony，Slovenia，South Holland，South Wales，Stockholm，Vienna）组织进行了一次对欧洲区域创新的全面调查（The European Regional Innovation Survey，简称ERIS），对各区域的创新能力和创新主体间、创新区域间的创新网络作出定性和定量的了解和评估。之后带来了长期的、大量的国内外各界学者对这次大型调查结果的分析和研究，使得"协同创新"成为学术界的一大研究焦点。克努特·科奥斯茨基和古恩德拉姆（Knut Koschatzky & Gundrum）指出要从三个方面提升区域创新，其中包括构建区域互动平台、提升跨区域合作，将各区域创新系统联动整合为协调性的国家创新系统，政府制定区域创新政策的一大任务便是加强构建创新主体的网络连接，并整合国内国际的知识资源，促进跨区域创新网络的联动。[①] 克努特·科奥斯茨基和罗尔夫·斯腾伯格（Knut

---

① Knut Koschatzky K., Gundrum U., "Technology-Based Firms in the Innovation Process", *Management*, *Financing and Regional Networks*, Vol. 4, 1997, pp. 203 – 224.

Koschatzky Rolf Sternberg）从各方面详细分析总结了 ERIS 的调查结果和研究结果，得出协同创新的空间跨度极大取决于合作伙伴的类型与规模，以及该企业所属产业的 R&D 密度。并指出大企业比小企业更多地参与区域协同创新，中心区域的创新系统更注重于产品创新，外围区域创新系统主要进行生产过程的创新，政府制定区域创新政策要考虑到区域创新系统间的差异性。[①] 迈克尔·弗里奇（Michael Fritsch）以德国的巴登、汉诺威、萨克森州三地的区域创新为案例，具体分析了区域邻近性对不同类型协同创新的影响，得出结论为，区域邻近性对"横向协同创新"（与其他企业、科研机构）的影响比对"纵向协同创新"（与消费者、供给商）的影响大，且比起大型企业，中小企业对协同创新的空间距离因素更加敏感。[②] Isaksen 开创性地提炼出妨碍区域创新系统有效运行的三大壁垒，即组织稀薄（organisational thinness）、断裂（fragmentation）与锁定（lock-in）。断裂是指区域内各主体之间缺乏区域合作和相互信任，没有形成一个运转的区域创新系统。锁定是指虽然区域创新系统存在，但是系统过于封闭并且网络太僵化从而造成的"锁定"状态。[③] 正是这三大壁垒显示出了区域协同创新的欠缺及其重要性。迈克尔·德森（Michael Desens）指出构建一个全球资源和技术的集聚区进行协同创新优于孤立性的创新规划，各级政府（国家政府、州政府和地方政府）要努力降低贸易成本，消除区域投资壁垒，鼓励合作型商业运营模式，促进开放式技术研发。[④] 鉴于安瑟林、瓦格和阿

---

①　Knut Koschatzky, Rolf Sternberg, "R&D Cooperation in Innovation Systems—Some Lessons from the European Regional Innovation Survey（ERIS）", *European Planning Studies*, Vol. 8, No. 4, 2000, pp. 487 – 501.

②　Michael Fritsch, "Co-operation in Regional Innovation Systems", *Regional Studies*, Vol. 35, No. 4, 2001, pp. 297 – 307.

③　Isaksen A., "Building Regional Innovation Systems: Is Endogenous Industrial Development Possible in the Global Economy?" *Canadian Journal of Regional Science*, Vol. 1, 2001, pp. 101 – 120.

④　Michael Desens, "Collaborative Innovation Holds Greatest Potential to Spark Economic Growth", *Hudson Valley Business Journal*, 2004 – 11 – 29（4）.

克斯（Anselin、Varga & Acs）首次将空间经济学分析工具引入经济地理学的研究领域，博德（Bode）用空间计量工具辨析了 20 世纪 90 年代西德的几种区际知识溢出模式，得出知识溢出影响本地知识生产的结论，且研发密度低的地区在知识溢出中的获益大于研发密度高的地区。[①] 莫雷诺、帕奇和乌萨伊（Moreno、Paci & Usai）研究了欧洲 17 个国家 175 个地区创新活动的空间分布和溢出，结合知识生产函数和空间计量模型，探讨了知识的空间依赖性的存在及其运行机制，指出本地的知识产出受邻近区域的知识溢出影响，且影响程度取决于区域间的地理距离和技术水平差距。[②] 纳迪·卡博瑞-博拉斯和塞拉诺-多明戈（Bernardí Cabrer-Borrás & Guadalupe Serrano-Domingo）应用空间计量经济学和面板数据模型，分析了西班牙区域创新的空间模式和空间依赖性，实证表明影响西班牙一地创新能力的因素不仅有本地创新活动，还有区际知识溢出。[③] 马焦尼、乌贝蒂和乌萨伊（Maggioni、Uberti & Usai）以专利数据为指标，用空间计量分析法、社会网络分析法和最小负二项分布估计法研究了意大利 103 个地区间的创新流，包括"知识生产"和"知识应用"的区别与关系。[④] Da-Chang Pai, Chun-Yao Tseng & Cheng-Hwai Liou 对当前高速发展的两大经济体——印度和中国的区域协同创新做了实证分析，比较了印度和中国独立创新、协同创新的现状和发展趋势，印度和中国创新的主要合作伙伴国，及各因素间的相关性，在此基础上得出区域协同创新的产出效应大于独立创新，且与技术先进国家的区域协同创新绩效好于与技术落后国家的协同创新，指出政

① Bode, "The Spatial Pattern of Localized R&D Spillovers: An Empirical Investigation for Germany", *Journal of Economic Geography*, Vol. 4, No. 1, 2004, pp. 43 – 64.

② Moreno, Paci, Usai, "Spatial Spillovers and Innovation Activity in European Regions", *Environment & Planning A*, Vol. 37, No. 10, 2005, pp. 1793 – 1812.

③ Bernardí Cabrer-Borrás, Guadalupe Serrano-Domingo, "Innovation and R&D Spillover Effects in Spanish Regions: A Spatial Approach", *Research Policy*, Vol. 36, No. 9, 2007, pp. 1357 – 1371.

④ Maggioni, Uberti, Usai, "Treating Patents as Relational Data: Knowledge Transfers and Spillovers across Italian Provinces", *Industry & Innovation*, Vol. 18, No. 1, 2011, pp. 39 – 67.

府应在跨国协同创新中承担一个"桥梁"的角色。[①]

二　区域协同创新国内研究综述

在国内，跨行政区创新系统理论由龙开元首次较为全面地提出，该理论包括跨行政区创新系统的特征、基本建设框架、建设障碍与问题，各地区创新三螺旋由行政分割逐渐走向融合的演化过程（见图2—1），以及建立跨行政区创新系统的主要措施。[②]

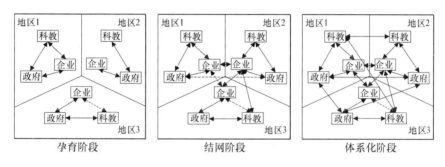

图2—1　跨行政区创新体系发展阶段

张建余和谢富纪以台湾地区创新系统为例，提出了"主动学习型创新系统"理论框架，强调一个地区的创新绩效不仅取决于创新系统的内部效率，还与创新系统的外部联系效率有关。[③] 王维比较分析了长三角区域创新系统的创新实力，指出在开放经济环境下，地方政府要积极实施对外开放政策，开展跨区域、跨国合作，促进区域创新系统与其他地区和全球的资源相融合，吸引创新要素和优质要素的流入，以解决

[①]　Da-Chang Pai, Chun-Yao Tseng, Cheng-Hwai Liou, "Collaborative Innovation in Emerging Economies: Case of India and China", *Innovation: Management, Policy & Practice*, Vol. 14, No. 3, 2012, pp. 467 – 476.

[②]　龙开元：《跨行政区创新体系建设初探》，《中国科技论坛》2004年第15（6）期，第50—54页。

[③]　谢富纪、张建余：《亚洲新兴工业化经济体技术学习模式的比较》，《管理学报》2005年第11（6）期，第1—10页。

本地的区域发展瓶颈；邻近区域的区域创新系统要在相互协调的基础上合理构建。[1] 毛艳华对区域创新系统的概念、内涵、类型和研究方法进行了归纳和总结，然后对区域创新政策制定过程中有关区域边界的界定、区域创新系统内部机制的构建和组织在区域创新系统中的作用等问题进行了详细探讨。[2] 陈天荣在《区域创新系统动力论》中认为，开放式创新就是一个区域在创新过程中，不仅仅局限于区域内部的资源挖掘，还充分引进吸收外部的创新资源来提高本地创新产出、加强本地创新能力。[3] 汤正仁、颜鹏飞提出"创新群"概念，认为"创新群"可以促进创新城市间的技术、人才、观念、管理溢出和区际竞争，通过区域关联效应极大地影响了区域经济的发展，使区域生产力产生质的飞跃。[4] 李兴华指出，近年来广东借助于独联体地区、以色列等国家的"哑铃型"国际科技合作模式，更加高效地完成了国际间先进技术的引进、消化、吸收和再创新。广东接下来还应充分发挥毗邻港澳的独特地缘优势，重点加强与港澳地区开展科技服务合作，进一步深化粤港澳合作。[5]

部分学者从产业发展的角度研究区域协同创新。继弗里奇和弗兰克（Fritsch M. & Franke G.）指出产业联盟和各种技术联盟对跨区域协同网络构建的重要意义后，[6] 我国学者戴卫提出运用产业联盟促进区域创新集群的发展，要促进联盟之间合作与交流，形成区域创新网络和创新

---

① 王维：《开放经济条件下发展中地区的区域创新系统——基于长江三角洲地区的比较研究》，《南京政治学院学报》2006年第22（5）期，第61—65页。

② 毛艳华：《区域创新系统的内涵及其政策含义》，《经济学家》2007年第2期，第84—90页。

③ 陈天荣：《区域创新系统动力论》，社会科学文献出版社2009年版，第276页。

④ 汤正仁、颜鹏飞：《促进区域"创新群"成长——落实区域发展总战略的一个重要着力点》，《发展研究》2009年第6期，第9—13页。

⑤ 李兴华：《协同创新是提高自主创新能力和效率的最佳形式和途径》，《科技日报》2011年9月22日第3版。

⑥ Fritsch M., Franke G., "Innovation, Regional Knowledge Spillovers and R&D Cooperation", *Research Policy*, Vol. 33, No. 2, 2004, pp. 245 – 255.

集群，促进联盟的国际化，包括成员的组成和以产业技术创新为目标的国际合作等。[①] 解学梅、曾赛星指出，协同创新成为创新集群跨区域协作的最有效模式，当今世界现有典型的成功的创新集群如美国硅谷、意大利的时装产业集群和芬兰的 ICT 产业集群等，我国中关村的文化创意产业集群、天津高新区的生物技术产业集群、上海张江高新区的集成电路产业集群等已经开始向创新集群转变。[②] 张玉臣认为区域科技创新体系的协同进化包括技术知识认知系统的协同、组织制度网络的协同和经济能力主体的协同。他在《长三角区域协同创新研究》一书中，对欧盟国家在航空工业上的协同创新载体——欧洲空中客车公司进行案例分析，归纳出区域协同创新的五大条件、推动主体和运行机制等，在此基础上探讨了长江三角洲在某些产业的区域协同创新可行方案，并提出战略导向和政策建议。[③] 汤尚颖和孔雪从区域空间形态创新理论的视角，指出对应于城市集聚、产业分布和区域间联系这三种区域空间形态，区域空间形态创新有城市集聚区（圈、带、群）、产业集聚区（产业园区、开发区等）和产业链（产业集团、产业带）三种表现形式，其中产业链可以优化各区域之间的分工与合作，有效实现区域技术的扩散与积累。[④] 高伟、缪协兴、吕涛等的研究基于区际产业联动的协同创新过程，构建出联动网络的协同创新模型，分析比较学习方式和联动系统能力结构对协同创新的影响，指出区际产业联动要建立人才流动、供应商—客户间的合作互动、不同组织员工间的非正式沟通等联动共享方式，培养区域信息交流平台，并改善区域间产业的链接关系，促进联动区域

---

①　戴卫：《以产业联盟促进中关村创新集群的发展》，《中国高新区》2007 年第 3 期，第 37—38 页。

②　解学梅、曾赛星：《创新集群区域协同创新网络研究述评》，《研究与发展管理》2009 年第 21（1）期，第 9—17 页。

③　张玉臣：《长三角区域协同创新研究》，化学工业出版社 2009 年版，第 10—12 页。

④　汤尚颖、孔雪：《区域空间形态创新理论的发展与前沿》，《数量经济技术经济研究》2011 年第 2 期，第 148—160 页。

的技术循环扩散与升级。①

近些年空间计量分析工具的运用成为国内研究区域协同创新的一大趋势，包括常有学者将空间计量模型与面板数据模型相结合，从空间和时间两个维度研究区域的创新活动。苏方林在 2006 年首先尝试运用空间滞后模型研究我国的省域 R&D 溢出，得出结论为，邻近地区的专利产出每增加 1%，将带来 0.22% 的本地专利增长，且邻近地区的研发活动对本地专利产出有溢出作用。② 吴玉鸣在构建出区域创新生产函数的基础上，把空间关联效应引进创新研究，运用空间面板数据分析方法，检验全国 31 个省域创新活动的空间依赖性和空间邻近创新溢出效应，并对全域创新要素的回归系数进行局域分解，将影响全域创新产出的来源分解成各个地区的局域影响。③ 邓明、钱争鸣沿着这一思路，构造我国省际知识生产函数，构建 2000—2007 年我国省际知识生产的空间面板模型，研究知识生产、知识存量以及知识的空间溢出，实证分析加入知识存量后的知识生产函数，验证了我国省际知识生产空间依赖性的存在。④ 李婧、谭清美、白俊红选择超越对数生产函数为基础，建立了静态与动态两种空间面板计量模型，分别从地理特征和社会经济特征两方面构建空间权重矩阵，考察了我国 1998—2009 年 30 个省市自治区创新的空间相关性和集聚性，指出我国区域创新存在显著的正向空间相关性，且大量集聚于东部沿海地区，地理邻近和组织邻近均对区域创新的空间相关性产生影响。⑤ 万坤扬、陆文聪利用中国各省区 1995—2008

① 高伟、缪协兴、吕涛等：《基于区际产业联动的协同创新过程研究》，《科学学研究》2012 年第 30（2）期，第 175—185 页。

② 苏方林：《中国省域 R&D 溢出的空间模式研究》，《科学学研究》2006 年第 24（5）期，第 696—701 页。

③ 吴玉鸣：《中国区域研发、知识溢出与创新的空间计量经济研究》，人民出版社 2007 年版，第 87—136 页。

④ 邓明、钱争鸣：《我国省际知识存量、知识生产与知识的空间溢出》，《数量经济技术经济研究》2009 年第 5 期，第 42—53 页。

⑤ 李婧、谭清美、白俊红：《中国区域创新生产的空间计量分析——基于静态与动态空间面板模型的实证研究》，《管理世界》2010 年第 7 期，第 43—55 页。

年创新产出的面板数据，从空间计量经济学角度，采用 Moran's I 指数验证了中国区域技术创新的空间特性，用空间滞后模型得出结论为，大中型工业企业研发支出以及创业投资与企业研发结合是影响我国区域技术创新空间格局变化的主要因素，且本地的技术创新会受到相邻地区技术创新的正向影响。[①] 韩宝龙、李琳从隐性知识和地理邻近视角出发，采用柯布—道格拉斯式的知识生产函数结合空间计量模型，对我国医药制造业的相关数据进行实证分析，结果表明，有偿性创新驱动力和邻近区域间外部性创新驱动力对我国医药制造产业创新能力有明显正效应。[②] 孙建、齐建国基于 1998—2008 年中国各地专利申请量的面板数据，扩展知识生产函数，根据面板单位根、面板协整及空间计量研究了中国区域知识溢出的空间距离问题。实证结果表明，中国区域创新空间集聚特征已经形成且有逐年增强趋势；中国区域创新存在着双向溢出情况，正负向知识溢出位于不同圆环区域。[③] 王贤文将地理信息系统（GIS）引入区域科技研究，把空间计量、经典统计和科学计量的分析方法结合起来，以知识图谱的形式分析我国各地科技投入、产出的空间相关性。[④] 王春杨、张超对我国 31 个省域 1997—2009 年专利申请受理数的空间差异和演进进行探索性空间数据分析（ESDA），得出的区位基尼系数和泰尔指数分别表明我国区域创新的集聚增强和差异加大，Moran's I 统计量验证了区域创新的空间依赖性，LISA 和 Moran 散点图则进一步刻画了区域创新的局部空间模式及时空演进态势。[⑤]

---

① 万坤扬、陆文聪：《中国技术创新区域变化及其成因分析——基于面板数据的空间计量经济学模型》，《科学学研究》2010 年第 28（10）期，第 1582—1591 页。

② 韩宝龙、李琳：《区域产业创新驱动力的实证研究——基于隐性知识和地理邻近视角》，《科学学研究》2011 年第 29（2）期，第 314—320 页。

③ 孙建、齐建国：《中国区域知识溢出空间距离研究》，《科学学研究》2011 年第 29（11）期，第 1643—1650 页。

④ 王贤文：《区域科技空间计量》，大连理工大学出版社 2012 年版，第 66—78 页。

⑤ 王春杨、张超：《地理集聚与空间依赖——中国区域创新的时空演进模式》，《科学学研究》2013 年第 31（5）期，第 780—789 页。

第四节　文献评述

自熊彼特于 1912 年首提创新理论后，学术界不断涌现出对创新及其相关理论的研究，使创新生产力、创新系统等理论得以不断完善，对其研究目前已基本成熟。伴随着创新系统理论的构建与发展，国外学者在 20 世纪 80 年代末最先提出了协同创新理论，分析协同创新的过程、作用与意义，并主要从知识经济的角度研究协同创新的产生与其绩效的提升。国内对协同创新的研究起步于 21 世纪初，源于彭纪生对生产要素协同实现技术创新的深入分析，之后的学者将协同创新的参与主体从生产要素扩充到技术、市场、组织制度、经济能力主体等，丰富了协同创新的理论内涵。

目前"协同创新"尚未形成一个基本的理论体系，甚至未在学术界形成一个基本共识，其概念宽泛而模糊。熊励等依据协同创新实现途径的不同，将协同创新分为内部协同创新和外部协同创新两种。内部协同创新是指企业内部诸要素如技术、组织、文化、市场等的协同创新。外部协同创新又分为横向与纵向的协同创新。横向协同创新是指一产业中各主体如企业、大学、研究机构间的协同；纵向协同创新将视角转移到产业链，分析同一功能链不同环节如供应商、制造商、销售商的协同互动。以上属于微观层面上协同创新的分类，本书认为，为更好地研究区域经济问题，应从宏观层面理解与构建协同创新的理论框架，因此将协同创新归纳为创新主体协同创新、跨产业协同创新与跨区域协同创新。

产学研合作是创新主体协同创新的一大基础理论模块，早在熊彼特创新学说诞生的同时便被提出，在 1987 年弗里曼提出"国家创新系统"后成为学者们的研究焦点。对产学研合作的研究内容从早期的动因、机制、影响因素和作用意义逐渐转向合作模式的探究和绩效的评估，研究方法从单一的理论叙述发展为案例实证分析、模型运用和指标体系构建。创新主体协同创新理论大体可借用产学研结合理论，但产、学、研的协同并不能全面反映创新主体协同创新，学者还需将政府、中介服务机构纳入协同创新的研究范畴，分析政、产、学、研、商的协同创新。尽管国内外学者对协同创新的规范性研究取得了一定成果，但现阶段对协同创新的研究方面仍存在几点不足：第一，研究系统性方面。协同创新是各子要素及其关系组成的一个有机体，如果缺乏对各创新主体间互动关系的研究，就不可能完整地把握协同创新的状态和运行。从目前研究成果看，关于协同创新的研究仍处于探索研究阶段，规范的完善的理论体系尚未形成，对协同创新动力机制、运行模式、平台建设等基本理论的研究不够成熟。学者们对协同创新主体和构成要素等研究较多，对协同创新机制的研究大多处在现状分析和总结归纳等表象认识阶段，对不同条件下，如何系统性地、动态性地、开放性地建立创新行为主体间的关系链条及其互动机制的研究还相对缺乏。第二，研究范围方面。大多数研究只对国家创新体系或发达地区的区域协同创新体系进行研究，对于与发达地区科技发展水平、人力资本与物质资本方面有较大差距的西部欠发达地区的创新体系研究成果较为零散，对发达地区政府在协同创新中发挥的作用是否也适用于西部欠发达地区的问题尚无定论，尤其缺乏政府在协同创新过程中的作用的实证研究。第三，研究方法方面。当前大部分关于协同创新内在机制的学术成果还处于表层分析和特征认识阶段，缺乏结合具体案例，对协同创新动力机制、运行模式、绩效评价、利益分配等进行的实证分析。同时，研究大多以创新管理理论为视角，较少运用系统动力学、生态发展学、耗散结构等多学科理论对协同创新机理进行深入分析。

国内外对于产业间的协同创新研究非常少。国外仅仅出现在产业竞争力钻石模型、产业创新"五代论"等系统理论的分支中，还有一些研究主要是集中在生产性服务业与制造业、制造业和物流业两个大类产业间互动或协同关系，与产业协同创新有一些联系，但并不是真正意义上的产业协同创新。国内学者将产业协同创新分成外部协同和内部协同两种。外部协同创新的实现，取决于产业组织和其他相关主体的互动。其中对于内部协同创新的主体是产业组织本身，其实现依赖于组织内在要素之间的互动。对于产业内部协同创新主要是从技术创新的角度研究产业间的协同创新。在外部协同创新主要都是以高新技术产业为例，把协同创新系统划分为两个子系统，并评价两子系统构成的复合系统的协同创新程度，但已有的研究成果都没有对子系统内部构成要素进行细分。可以看出，国内外对于产业协同创新的研究仍未形成一个完整的理论体系，缺乏重要的理论支撑。在当前协同创新引领经济发展的背景下，要对产业协同创新进行深入研究与探索。今后要从以下几个方面对产业协同创新发展进行深入研究：一是要建立完整的产业协同创新系统理论框架，对产业协同创新的内涵、形式、特点、作用机制以及内外部动力进行深入研究。二是要对产业协同创新系统的创新主体——产业进行细化分析，并对细化的产业进行另一种层面的归纳，提高产业协同创新理论的实际应用价值。三是在实证方面要综合前人的研究观点，将产业协同创新系统分成产业创新子系统和外部创新环境子系统，并对外部创新环境子系统内部构成要素从科教环境、技术环境和经济环境三方面进行细分。

国外学者主要站在全球的角度研究区域协同创新，更侧重于实证分析，实证分析的创新区域对象由早先的欧洲地区转向近年来世界上正高速成长的两大经济体——中国和印度。早期主要根据实证数据，分析了企业规模、行业的技术密集度、合作伙伴类型等因素对协同创新区域跨度的影响，研究的一大关键词是"空间距离"。之后的研究内容逐渐扩充到认知、组织、制度、社会等方面，包括区域协同创新的条件、绩效影响、阻碍因素等，也提出了政府在促进区域协同创新中的任务、应有角色和战略对策等。实证分析工具除了社会网络分析法、主成分分析、传统的回归分析等，还包括后期常见的空间计量分析工具。国内对区域协同创新的研究范畴相对较小，主要从区域的角度作定性、概念分析，这部分归因于我国地域辽阔，各地经济、社会发展不平衡，各具体区域创新系统在类型、创新能力等方面参差不齐，对国内各区域创新系统间的协同创新研究比国家范畴的协同创新研究更具现实意义和紧迫性。现有国内创新水平较高的地区——长三角、珠三角、台湾等地是研究区域协同创新的热点对象，但由于区域创新"根植性"、"路径依赖"的特点，这些地区协同创新的成功经验和可行措施不能完全适用于欠发达地区。这是国内对区域协同创新研究的一大不足之处。近些年国内学者渐渐深化对区域协同创新的理解，从产业发展的角度开展研究，包括同一产业在不同区域的协同创新，以及基于技术关联的不同产业在区域间的协同创新。这一视角的转变更深入地分析了区域协同创新的运行机制和有效模式，意味着之前较空泛的区域协同创新概念研究有了具体的落脚点。另一方面，国内对区域协同创新的研究逐渐由早期的规范性分析走向实证性分析，其表现为，有更多学者将空间计量经济学融入面板数据研究国内区域间的协同创新。

目前国内外对区域协同创新问题的研究仍存在一些不足之处。首先，缺乏一个统一、规范的分析框架，特别是国内对这一问题的研究往往有不同的出发点和落脚点，尚未有完善的研究体系支持和整合，这样不利于研究的进一步开展和深入，也不利于我国区域协同创新的整体安排。其次，国内外对这一问题的研究主要还是局限于区域经济学的角度，没有充分运用系统动力学、生态学、统计物理学、复杂性科学等学科理论从不同层面研究区域协同创新中各 RIS 的关系。再次，研究面窄，尚未将区域协同创新理论与集成创新、可持续发展、低碳排放等重要思想融合起来，提高这一理论研究在当下全球经济社会发展的实际意义。最后，对创新绩效的评判仍局限于数量层次而未深入到质量，缺乏一套多维度、复合式的评价指标体系来正确引导和公正考核区域协同创新能力和协同创新绩效。

现阶段，我国对区域协同创新的研究在以下方面还有待完善和提升。首先，构建起一个标准化的综合理论框架，使对区域协同创新的分析系统化。其次，拓展和规范研究工具和方法，强化实证研究，从系统动力学、突变论、自适应等不同角度，运用案例和实证分析来深入探讨区域协同创新的内在运作机制。再次，在从现象到政策建议的经验分析的基础上，加强从经验到理论的升华，全面探讨区域协同创新构建的影响因素和绩效影响机制。最后，拓宽研究视野，针对不同地区的经济、社会、生态发展现状，加强对欠发达地区实行区域协同创新的研究，提高这一理论研究的实践意义。

总体来看，协同创新的内涵还需丰富，协同创新的理论框架亟须完善。在协同创新理论初步成熟之后，对其研究将进一步实证化。学术界和实践界应共同开发一套科学的、合理的协同创新能力和协同创新绩效评价指标体系来测度和衡量协同创新能力和协同创新绩效；与此同时，我国可将协同创新应用于实际，以提高国内自主创新能力，优化产业结构，提升经济区的经济价值。

第三章

协同创新基本概念界定与基本理论

第一节　协同创新基本理论

一　协同理论

协同理论是德国著名物理学家哈肯于 1971 年提出来的。他认为整个自然界和人类社会都处于各个有序或无序的子系统中，这些千差万别的子系统构成了一个复合系统。协同理论主要是研究远离平衡状态的开放系统如何在与外界有能量或是物质交换的情况下，通过内部不同的子系统之间相互协作，使整个系统逐渐由无序状态走向有序，达到一种稳定的结构。系统内部协同与竞争的相互作用构成了系统发展的动力。子系统之间的相互竞争使整个复合系统处于非平衡的状态，而协同是在非平衡的情况下使子系统的运动朝着同一方向，这一作用逐渐明显并最终占据优势地位支配整个系统的演进。哈肯运用序参量来描述大量存在的构成协同系统的子系统运动行为。初始状态时，复合系统内部大量的子系统都处于各行其是、独自运动、无序的状态，没有形成任何的合作关系，在不断运动过程中，子系统相互之间形成关联，使得系统接近临界点，各子系统形成序参量。序参量生动形象地描述了系统非平衡状态下的自组织过程，并支配着子系统的运动，使子系统伺服于序参量的竞争与合作。当序参量之间发展处于相同水平时，彼此之间保持合作的关系，整个系统呈现出有序状态；当外部条件变化使得系统出现微涨落时，序参量间的力量会发生对比变化，导致序参量之间出现竞争，最终只有其中一种序参量保留下来，决定整个系统的发展方向，而其他子系统则按照保留下来序参量所规定的模式发展变化从而最终达到协同一致的局面。在不断的演化过程中，当系统内部或外部环境出现变化时，原来存在的主导系统发展的序参量就会被新的序参量替代，重复前面的演化过程，并不断地进行循环反复，最终向前发展。综上所述，协同是复合系统内部各个子系统之间相互作用、相互协作，最终使得整个系统形成的各微观个体所不存在的特质和结构。

二 创新理论

熊彼特在其著作《经济发展理论》中首次将创新的概念引入经济学中，并创立了以创新为核心的经济发展理论，初步形成了创新理论研究的基本框架。熊彼特将创新定义为通过将新的生产要素或生产条件引入生产体系从而建立一种新的生产函数。创新主要包括以下五种情况：一是生产一种新的产品，也就是产品创新。通过生产一种过去没有的，消费者没有使用过的产品达到创新。二是采取一种新的生产方法，也就是通过技术创新或者工艺创新来进行生产和经营。三是进入一个新的市场，也就是市场创新。通过开辟一个从未进入过的市场进行创新。四是新获得一种半成品或原料的来源，也就是通过开发新的资源实现创新。五是通过形成一种新的企业组织形式，也就是组织管理创新来打破或建立某种垄断。这五种情况大致可以分为三大类创新：第一类是市场创新，主要包括供应市场和销售市场的创新；第二类是技术创新，主要包括新产品、新工艺、新方法的创新；第三类是制度创新，主要通过变革或建立新的组织形式来实现创新。在后来的发展过程中，创新理论逐渐分为两大分支：一是技术创新理论，主要是将市场创新和技术创新作为研究对象，深入研究市场创新和技术创新的内外部环境、动力、实现机制、政策等问题；二是制度创新理论，以组织变革和制度创新作为研究对象，对制度的变革与企业经济效益之间的关系进行了探讨。

三 协同创新理论

协同创新的思想是在哈肯的"协同学理论"基础上发展起来的，是指创新相关要素通过有机配合协作，进而通过复杂的相互作用产生单独要素所无法实现的整体协同效应的过程。在这个过程，通过各相关要素不断调整从而达到创新绩效最大化，从非协同关系达到协同关系。这里并不是指单纯的"$1+1>2$"，而是各种要素通过协同的关系组织起来，根据要素之间的内在联系形成一个互动机制，从而构成一个有机的不可分割的整体，实现一种整体效应。此外，协同创新本身也是一个过程。这个过程通过各相关要素的竞争与合作机制，进行一种优化配置，从而达到创新绩效最大化。这种竞争与合作本身是一个动态过程，是相关要素之间不断调整关系的过程，在此过程中从非协同关系达到协同关系等创新模式，成为高度整合资源、提高创新效率的更有效途径。协同创新主要有三类：创新主体协同创新、产业协同创新和区域协同创新。

创新主体协同创新。区域创新系统包括五大主体：政府、企业、高校、科研机构和中介服务机构。协同创新是指政府、高校、企业和科研机构之间要素进行优化、合作创新的过程，它强调"政"在"产学研"中的主导作用，在宏观层面上对协同创新进行制度设计和政策引导，促进各创新主体的知识共享和资源的合理配置，最终实现整体利益的最大化。不同于开放式创新和单纯的产学研合作，协同创新的内涵更加丰富，是一项更为复杂的创新组织方式。在本质上协同创新已经超越了以往技术、产学研、集群创新。

产业协同创新。产业协同创新是在一定的政治、经济和技术水平下，不同的产业主体间基于产业间的相互关联而进行的、以推动区域经济可持续发展为目标、以生产要素的流动与优化重组为主要内容的产业创新活动或是产业主体与外部其他相关主体间在协同的基础上所形成的创新活动。即开放条件下相互作用的产业子系统之间或产业系统与外部创新环境之间实现相关要素的最优配置，最终实现创新绩效的最大化。

区域协同创新。将区域与协同创新的概念结合起来，便形成区域层次的协同创新。区域协同创新是指在不同区域形成深度依赖关系的基础上，各生产科技资源在区域间自由转移和传递带来的跨区域产业技术创新。跨区域协同创新是区域生产、科技合作的高级阶段。跨区域协同创新的过程是不同区域创新要素由结合到整合再到融合的过程，最终实现创新活力、动力和潜力的有机合成，大幅度提升区域的整体创新能力和核心竞争力。

第二节　北部湾经济区创新主体基本概念界定与基本理论

一　协同创新的构成主体

创新主体间有效的联系和合作是协同创新高效运行的关键因素。目前学界对协同创新的定义虽未下定论，但对于协同创新的构成主体已取得广泛共识，即主要包括政府、企业、高校、科研机构及科技中介等，各创新主体凭借自身的创新优势与资源在协同创新中发挥着不可替代的作用（见图3—1）。

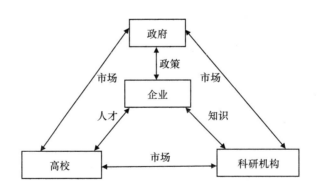

图3—1　协同创新的构成主体

（一）政府：协同创新的政策创新主体

协同创新是在政府支持下，由企业、大学和科研院所组成的利益联合体，主要任务是促进企业技术进行改造与创新，以获得有自主知识产权的技术，进而推动技术成果的市场化。政府在其中充分发挥引导、协调作用，既积极参与到协同创新的具体环节中，又通过制定一系列政策对协同创新的发展进行调控，引导创新资本、技术、人才、知识等创新要素在市场经济中进行合理流动与配置。在遵循市场经济规律转变职能过程中，政府需要发挥两大作用：一是进行协同创新的机制设计，对诸多不适应协同创新发展的政策进行修缮，确立符合时代发展，并具有地区发展特色的科技创新制度与政策。通过财政、金融政策等调控手段保障科研资金顺利到位，制订科学的创新计划，对参与协同创新活动的创新主体进行有效的管理。二是协调协同创新的运行。政府由于处于经济社会管理及运行的中枢，往往掌握着大量并且关键的科技信息资源，因此要充分发挥管理的杠杆作用，从宏观上及总体上对协同创新的主体的行为进行协调，并积极解决创新主体在合作过程中遇到的瓶颈及冲突，促进各方形成利益共识与合作达成。发达地区成功经验表明，企业与区域的经济社会发展不能单单凭借企业、高校、科研机构任何一方的力量，只有充分发挥政府在创新活动中的政策引导作用才能保证协同创新的顺利进行。

（二）企业：协同创新的技术创新主体

协同创新的根本目的是技术革新和技术应用，作为技术创新投入的主体，企业往往决定着技术创新的成败。原因在于，作为社会经济活动的直接行为主体，企业是知识与技术的应用者和最终产品服务的提供者，位于技术与经济的结合点，能快速、准确理解市场需求的变化趋势以及市场未来的走向，以此做出适当反应。一方面，企业能根据战略发展需要，针对性地吸收高校、科研机构的知识资源，提升自身创新能力与核心竞争力，推动产业链的上升。另一方面，企业还能根据市场的变动趋势，融入到大学的创新活动中，为大学的教学、研究指引方向，提升大学创新的社会价值以及专业水平。与此同时，企业的活动还能够提高区域内各组织的创新活动效率，减少合作活动的盲目性。作为协同创新过程中成果转化的主体，企业需要通过市场来检验合作创新的成果的价值，企业一旦通过技术成果的市场应用获利，就会吸引其他企业进行效仿学习，引导其他企业参与到创新成果的应用推广中，形成连锁反应，进而推动创新资源的经济效益和社会效益最大化。发达地区的成功经验显示，企业自主创新能力的提高对区域社会经济发展起着关键作用，后进地区更应该对企业技术创新予以重视，使企业在促进技术革新、产业升级、经济转型方面发挥助推器功能，突出其在协同创新中的核心地位。

（三）高校：协同创新的人才培养主体

高等院校的创新途径是以高素质人才培养和知识传播为主，对于协同创新发挥着重要的辅助作用。高校技术创新活动的本质是提升技术潜力，开发技术，为社会主要是企业提供技术。高等学校具有智力优势、学术优势、多学科综合优势和人才培养优势，高等学校特别是研究型大学，在培养高层次专门人才的同时也是我国基础研究和高新技术研究的重要生力军。作为积累、传播、发现和创造知识的教学和科研的提升是高校在协同创新中的核心定位，获得经济收益只是次要目的和实现途径。高校各类学科、领域的高水平人才济济，人员更新流动快，学术氛围活跃，便于从事多学科交叉的基础研究与应用研究。凭借丰富的藏书及成果文献数据库，依托国家重点实验室、博士后工作站、先进的仪器设备等科研平台，能够产出高质量、有代表性的科研成果。同时，高校间的项目合作、学术访问、人才交流等活动一方面带动了企业的创新效益以及区域内优秀人才的聚集，优化了本地人才的数量与质量，使人才结构日趋合理；另一方面促进了知识的流动，使得知识通过学习和研究得以创新，对联合攻关经济社会的重大创新课题具有重要作用。因此，高校是培养协同创新高层次人才的主要基地，在协同创新中起着人才与知识输送者的角色。

（四）科研机构：协同创新的知识创新主体

科研机构在协同创新中承担起了知识创新与知识传播的作用。科研机构在政府引导下，围绕市场与企业的需求，为企业提供有较强应用性的知识和技术，凭借在基础研究方面具有独特优势，在专业化方面有较深的研究积累，科研机构的活动多涉及战略性、前沿性、关乎国计民生的主要领域，并承担部分研究型人才的培育工作。一方面，科研机构的理论研究成果、技术创新成果构成了成果转化的理论基础，为企业的高技术成果转化提供了有力的理论支撑，拓展了企业的创新空间，对企业进行技术改造起了积极作用，同时有助于企业对合作创新的成果的直接应用，进而提高企业自主创新能力和生产力水平；另一方面，科研机构与高校共同培养了一支由多个专业组成的科研和工程队伍，对提高全社会的素质、提高科技创新水平至关重要。此外，一些具有研发实力和经济实力的科研机构除了向企业提供技术咨询、项目承接、成果转化等服务外，还会改办成技术研发型的企业，成为创新市场的新鲜血液。科研机构长期以来通过承担国家、地方政府以及来自市场的各类研究任务，加之拥有专业化的设施平台和一定的知识工程化能力，以及相应的设施平台，因此科研机构是构建协同创新体系的综合性创新主体。

二 创新主体协同创新的相关理论

（一）三重螺旋理论

三螺旋理论是 1996 年在荷兰阿姆斯特丹召开的"大学与全球知识经济"国际研讨会上提出的。其核心思想在于推动价值创新，大学、企业、政府在合作创新的过程中良性互动，是国家创新体系的重要组成部分。三螺旋理论的产学研合作不单是企业与大学间的单向交流，还强调了政府在其中的推动作用。该理论认为，政府、企业、高校及科研院所是创新要素诞生的必要环境，而政府、企业、高校及科研院所等环境因素必须与市场的需求相联系，从而形成一种相互影响、交叉互动的三螺旋关系。[①] 在三螺旋模式中，大学、企业以及政府依靠自身优势在合作创新中发挥不可替代的作用，三者之间保持互利共赢的关系。政府通过决策权力制定一系列政策，对企业和大学的经营、科研活动起导向作用；企业具有强大的经济和市场的影响力，通过其产品、经营、社会影响对政府政策及大学研发反馈效果和建议；大学和科研机构是人才培养与输送的主体，主要工作是教学与科学研究，即便是在参与产学研合作的过程中，大学依然肩负着培养人才和创造知识的特殊使命，二者通过在科学研究、成果转化方面的强大优势，与市场经济紧密相连，能够在区域经济中发挥作为创新源泉的技术向环境辐射的作用。由此可以看出，产学研间的合作要紧紧围绕企业需求，需要政府在宏观层面上进行协调，大学与科研院所要在合作创新中发挥人才培养和知识创新的作用，三者齐力发挥作用，三个创新主体间保持互相螺旋的状态才能使合作创新的效应最大限度发挥。

（二）创新网络理论

20 世纪 80 年代后期，随着技术创新的不断发展，人们发现技术创新是在内外部环境影响下创新子要素相互作用的过程，由于行业的分工限制创新主体分布在不同领域，而企业的创新不可能单凭某一方独立完成。因此，创新主体间的合作与交流就显得格外重要，创新网络的形成正是顺应了企业、大学、研究机构等创新主体间进行资源共享与技术合作的需求。率先将这一负责过程归纳为网络化模式的美国经济学家罗斯韦尔（Rothwell）指出，随着技术创新方式的变革、电子信息化对创新范式的影响，创新研究向网络化时代发展。[②] 创新网络可以看作是由政府、企业、大学、研究机构、科技中介等创新主体在长期的合作过程中

---

① 王成军：《大学—产业—政府三重螺旋研究》，《中国科技论坛》2005 年第 1 期，第 89—90 页。

② Rothwell, R., "The Changing Nature of The Innovation Process: Implication for SMEs", In: Oaakey, R. (Ed.), *New Technology Based Firms in the 1990s*, London: Paul Chapman Publishing, 1994.

形成的有相对稳定互动关系的组织系统。它具有市场的灵活机制，同时又十分注重网络组织的要素协同与创新特征和多赢的目标，并建立在社会、经济、技术平台等特点上的组织形态。[①] 创新网络理论关注的重点是创新资源如何流动的问题，网络组织的内部成员关注的焦点是创新资源如何利用；对于创新网络这个整体来说，网络成员间协同互动的好坏、资源共享与否等问题对创新网络整体效应的发挥有重大影响。由于企业技术创新处于一个不断变化发展的过程，技术研发组织也在随之改变，创新过程逐渐使用技术战略与企业间联系，即纵向的客户和供应商联系以及横向的战略伙伴联系，这样的联系加快了企业与外部信息的交换和协调，对创新具有重要作用。由此可以看出，技术与知识在创新网络成员间的流动不仅丰富了本身的知识链，也加速了技术成果的市场化过程，产生了应有的经济价值，使参与成员受益。因此，产学研创新网络不仅加强了创新主体间深层次的交流与合作，在一定程度上也提升了组织成员的创新能力，为组织的长远发展奠定基础。

第三节　北部湾经济区产业协同创新相关理论概述

一　产业协同创新理论

（一）产业协同创新的内涵及形式

1. 产业协同创新的内涵

目前对于产业协同创新还没有完整的定义。根据对以往学者在产业协同创新方面的研究，将产业协同创新定义为在一定的政治、经济和技术水平下，不同的产业主体间或产业主体与外部其他相关主体间在协同的基础上所形成的创新活动，即开放条件下相互作用的产业子系统之间或产业系统与外部创新环境之间实现相关要素的最优配置，最终实现创

---

① 孙全福、王伟光、陈宝明等：《产学研合作创新：理论、实践与政策》，科学技术文献出版社 2103 年版，第 8 页。

新绩效的最大化。可以将产业协同创新活动归纳为两个方面：第一个方面是产业内部要素间的互动关系，也就是不同产业基于产业间的相互关联而进行的、以推动区域经济可持续发展为目标、以生产要素的流动与优化重组为主要内容的产业创新活动；第二个方面是产业组织作一个主体与其他相关主体之间的创新协作活动，也就是产业创新系统与创新支撑环境系统在协同发展的基础上所实现的创新活动。即在开放的条件下，产业创新子系统与外部创新环境子系统通过相互作用实现相关资源的最优配置，最终实现创新绩效的最大化。在这个过程中，外部创新环境子系统要为产业子系统的创新营造一个良好的制度环境和提供各种技术资源，降低产业创新的成本；产业子系统通过创新带动外部创新环境系统向着更加规范合理的方向发展，这两方面的创新活动相互渗透、相互交融，最终形成产业协同创新复合系统。

2. 产业协同创新的形式

从产业协同创新实现主体的不同，可以将产业协同创新分为内部协同创新和外部协同创新两种。内部协同创新的主体是产业组织本身，其实现依赖于组织内各产业间的互动。创新是以产业链为载体进行的，针对产业链上的技术节点进行技术创新，使产业相互协同，互为一体，提高创新的水平和效率；外部协同创新的实现主要取决于产业组织与其他相关主体之间的互动，主要包括经济、政治、技术外部创新环境与产业主体之间的协同创新。

（1）产业内部协同创新。

产业内部比上述主体更了解市场的需求，可以通过研发附加值高、技术创新能力强的新产品，提高行业的竞争力。但是当代的发展都是将多学科的科技进行融合，导致众多的科技研发必须在跨行业里面进行，因此只有在不同但是相关的行业内进行联合技术创新，才能够实现协同创新的作用。按照协同主体之间的关系和地位的不同，产业内部协同创新可以分为纵向产业协同创新、横向产业协同创新和交叉产业协同创新。

①横向产业协同创新。

横向产业协同创新是指在同一大类产业中的具有平行关系的细分产业主体之间的创新。这些处于同一大类产业中的细分产业间由于存在替代关系而产生横向关联，在此基础上两大产业通过直接传导创新，使得创新在两产业中进行转移并最终实现协同创新。

②纵向产业协同创新。

纵向产业协同创新是指在同一产业链上具有上下游关联的产业主体之间的协同创新，这种关联导致了产业之间通过产品和服务的投入产出创新来实现产业间的协同创新。

③交叉产业协同创新。

交叉产业协同创新是指处于两个产业价值链环节中不同位置的产业主体之间的协同创新。产业间的创新是通过间接传导完成的，传导过程都要经过中间环节产业的转移和吸收，再传到另一个产业。其依据创新经过中间产业的数量可分为：一次间接传导、两次间接传导和多次间接传导。

（2）产业外部协同创新。

产业外部协同创新是指产业主体与其他相关主体之间的互动创新。产业外部协同创新把产业创新系统作为一个主体，它的创新协同实现需要一系列与之相关的条件，比如产业内部协同创新需要各类资源、信息平台、政府的相关政策支持以及经济方面的支持，产业子系统和外部创新环境子系统通过各种相互作用而彼此影响的现象构成了产业外部协同创新。一个区域的产业创新系统要进行生产以及创新活动，都需要使用各种资源，产业创新系统是建立在政治、经济、技术支持等外部创新环境基础之上的，外部创新环境子系统为产业子系统的创新营造一个良好的制度环境和提供各种技术资源，降低产业创新的成本；产业子系统通过创新带动外部创新环境系统向着更加规范合理的方向发展。因此，产业创新系统与外部创新环境系统存在天然的耦合关系。产业协同创新耦合系统是反映产业创新系统和外部创新环境两个子系统通过内部序参量间的相互作用、相互影响实现相关资源的最优配置，系统由无序走向有序，最终实现创新绩效的最大化的过程。而耦合度和耦合协调度正是这种协同创新作用关系的度量，其大小反映了二者协调发展的程度。

（二）产业协同创新系统的特点

产业协同创新系统是由产业创新子系统和外部创新环境子系统相互作用、相互渗透最终形成的创新整体。其主要具有以下几个特点：

1. 开放性

产业协同创新系统的首要特点是开放性。在开放的情况下，产业创新系统不断地与外界进行信息、物质和能量的交换，系统内部产业通过创新系统获得技术、市场战略、管理方式的创新与变革，使得创新产业系统主体不断地适应环境的变化，在吸收和扩散技术的过程中，增强了创新产业系统的创新能力，同时在开放的条件下，通过相互作用的过程中也改变着创新环境向着有利于产业创新系统发展的方向发展。

2. 非线性

产业协同创新系统是由彼此间具有一种或几种复杂的非线性作用关系的多个主体构成。这种非线性作用关系主要表现在各主体间不是通过线性的相互依赖或是简单的因果关系而产生作用，而是彼此间通过主动的适应，相互缠绕、正负反馈机制相互交替而形成的复杂关系。各种主体间的非线性作用关系导致了整个复合系统不断地发生变化，从而呈现出一种新的结构和性质。

3. 自组织性

复合系统自组织性就是系统在没有外部张力作用的情况下，系统主体根据内部创新以及环境的变化，自发地调整自身向着适应系统协同的方向发展，形成多层次、多功能的结构，在发展过程中能够不断地学习并对其层次结构与功能结构进行重组和完善，使系统自动形成有序的结构，达到新的、有序的状态。

4. 多层次性

产业协同创新系统的各创新主体、创新投入和创新产出的差异导致了整个复合系统具有多层次性，是一个由点到面、从上至下的多层次、多功能、多结构的空间系统。产业协同创新活动不仅涉及内部产业创新系统，还包括外部创新环境的发展与变化。因此在开展创新活动的过程中要分层进行，理清不同层次的多种要素组合，创造更好的协同创新效果。

（三）产业间协同创新传导机制及发展模式

1. 产业间协同创新传导机制

创新在产业间的传导通常不是单独通过一种媒介进行的，而是几种媒介综合作用的结果。其主要包括以下几大类：一是创新产品，来自不同产业的创新产品代表了不同产业的技术创新，蕴含其中的创新成果能够将上一级产业（生产创新产品的产业）的创新成果传递到当前产业之中，进而推动当前产业的技术创新；二是技术，本身对于创新在不同产业间的传导，通常体现在处于不同产业当中的企业通过对其供应商和购货商产生的影响，可以分为前向传导和后向传导；三是效益（制度安排），不同的产业政策可以通过具体的税收政策、价格管制政策等手段，导致社会效益在不同产业间的分配，并通过这种创新资源的流动，实现技术所带来效益在不同产业之间的转移，进而为资源流入产业的技术创新提供必需的物质基础；四是学习效应，通常的技术贸易（商业行为）可以解决系统知识的转移，而通用知识和企业特有知识的转移往往不能通过这些商业行为来完成，而必须依靠企业自身的投入和积累，强调引进技术的企业具备一定的知识水平，即能够通过自身的学习实现通用知识的转移，这也就是学习效应在产业间技术创新传导过程中所具有的关键地位；五是创新资本，主要是指人力资本和资金。创新成果会随着创新资本的流动而在不同产业间实现传导。不同产业的企业之间的创新传导，往往是以创新产品的流动为主要媒介，并同时在技术推动、效益分配、学习效应和创新资本的综合作用下，实现技术创新的网络式传导效果的产生，推进产业技术创新的不断扩散，进而提高整个产业系统的创新水平。

2. 产业间协同创新模式

无论从发展规模、创新程度，还是从产业所处重要地位及发展前景考虑，产业差异都是选择产业技术创新发展模式的客观基础。根据其技术创新对相关产业创新所产生的效应，应将产业划分为以下 5 类：第一类是创新源产业，也就是创新在不同产业间转移与吸纳的源头产业，它们技术水平较高，有着大量 R&D 经费和高素质研发人才，研发势力较强，技术创新能力强，产品的更新换代速度快。这些产业或部门一般有很大的技术优势，与其他产业有着很大的技术差距，但由于它们一般是新兴产业，所以在整个经济系统中所占份额不大或不高。第二类是创新通径产业，是在各产业间创新转移与吸纳过程中起着重要的传导作用的产业。它主要为创新源产业和技术创新传导的效益产业间的技术传输发挥作用，在产业系统的创新传导过程中起着"催化和传递"作用。这些产业一般是在整个产业系统中有着较强的前、后向关联效应，其感应度系数和影响力程度比一般产业要大，与其他产业有着重要的技术经济联系。第三类是创新传导的效益体现产业，是在国民经济中所占比重较大，对国民经济总量的增长起着举足轻重影响的产业。这些产业只要从创新源产业中吸纳到新的技术或工艺，就会给整个国民经济的发展带来很大影响。技术创新产业的技术只有向这些产业转移，才能使得国民经济获得较大的发展。第四类是创新传导的瓶颈产业，创新在产业间传导过程中，有一些产业与创新通径产业一样，与其他产业有着较强的技术经济联系，但是，由于这些产业较其他产业滞后，在目前的产业系统中对技术创新扩散或吸纳所起的作用不大，或未起到应有的传导作用，制约了技术创新在整个产业系统中的传导。第五类是创新的无贡献产业，即对整个工业产业技术创新贡献很小，创新传导效应很不明显。这些产业对于国民经济并没有起到至关重要的作用，属于基本没有贡献的产业。

基于不同产业创新对相关产业创新所产生的主导效应不同，结合产业创新视角下的 6 类产业，产业间的协同创新大体有四种模式：一是产业跨越创新模式，这是针对需求拉动效应及创新源产业所采取的产业创新模式。它主张支持核心应指向产业系统中的"创新源"产业，提供最强有力的资金援助，以实现由"创新源"带动整个产业技术改革和发展。因为，重大技术突破和技术创新往往能够创生一个新产业，或者在原有产业中通过创新促使主导技术跳跃到国内国际一流的水平之上，从而带动整个产业技术系统的大幅度跨越，最终使得某一个产业达到或超过世界领先水平。这种创新模式主要是通过先进技术的扩散，寻找到新的应用市场，在两个或两个以上产业的交集区产生重大突破实现的。二是产业提升创新模式，这是针对具有利润驱动效应的产业所采取的产业创新模式。它认为单一的生产技术不能实现生产目的，它必须与一系列生产技术匹配、整合在一起，形成一个系统化的整合体才能最终实现产业技术创新的目的。而产业技术是以一定的主导技术为核心，多种生产技术与之匹配，具有特定结构的技术系统。因此，这种创新模式主张将产业技术创新源产生的创新技术导入产业技术系统，促使以主导技术为核心的产业技术系统发生平台式的跃迁。从演进的高度上看，产业技术系统发生平台式跃迁是在创新技术作用下对原有产业技术的提升。这种提升创新模式是指导入创新技术，促使效益体现产业技术系统发生平台式跃迁，进而实现产业结构升级的一种演进框架。三是产业联合攻关创新模式，这是针对技术创新转移促进效应的产业所采取的产业创新模式。这些产业具有的共同特点是，产业技术创新传导能力比较强，能够在产业间起到相应的协调性和联结性，促进产业系统中其他相关产业的加速创新，实现整个国民经济系统的技术创新经济效应最大化。四是产业资源整合创新模式，这是针对具有资源整合效应的产业所采取的产业创新模式。它主张将瓶颈产业资源中与创新相关且能够通过整合实现创新的资源在不同的条件和目的下，对原有组合进行创造性的"解构"而实现资源整合，将解构和结构合二为一。产业通过创造性破坏整合资源，不断积累技术和创新能力。创新资源整合过程是建立在创新资源的流动性和非创新资源的舍弃基础之上的。

（四）产业外部协同创新发展动力

产业外部协同创新发展动力是指存在于产业外部的动力因素，通过支撑、刺激的方式对产业的创新产生推动作用。一个区域的产业创新系统要进行生产以及创新活动，都需要使用各种资源，因此产业创新系统是建立在政治、经济、技术支持等外部创新环境基础之上的，产业外部协同创新系统动力主要有技术支撑推动力、科教政策支持力、经济推动力三种主要的外部动力。公共信息平台、技术水平、基础设施等构成的技术支持推动力是从硬件方面对产业协同创新活动的信息建设、通信网络等提供支持，使得产业间的创新交流更加的顺畅；政府在科教以及产业创新方面的政策支持力度对产业创新具有较大的推动作用，政府通过制定产业创新发展政策、对新产品的研发进行减免税的税收政策、对产业创新制定利率和信贷政策来鼓励产业进行创新提供动力；另外，经济推动力作为产业协同创新活动的资金、资本基础，为产业协同创新的长期稳步发展提供经济基础动力。

外部创新技术动力、创新科教政策动力以及经济基础动力对产业子系统的创新营造一个良好的制度环境和提供各种技术资源，降低产业创新的成本，带来更大的创新产出；产业子系统通过创新产出为外部环境提供更多更好的技术水平，带动外部创新环境系统向着更加规范合理的方向发展，形成良性的相互促进循环。产业创新系统和外部创新环境两个子系统通过内部序参量间的相互作用、相互影响实现相关资源的最优配置，系统由无序走向有序，最终实现创新绩效的最大化的过程。

二　产业协同创新系统耦合协调发展理论框架

产业协同创新的实质是在开放条件下，产业系统以现有的基础设施、技术水平为基础，通过与外部政治、经济环境相互作用形成的创新活动。也就是研究相互之间具有促进、推动作用的产业创新子系统和外部环境子系统所构成的复合系统，如何以自组织的方式实现相关要素的最优配置和创新绩效最大化，从而实现协同创新发展的过程（见图3—2）。从图3—2中可以看到，产业自身作为创新的需求者和供应者，在协同创新系统中居于核心地位。同时产业创新系统在与外界环境进行物质、信息和能量交换的过程中还要依托一系列的外部条件为产业创新活动的顺利开展提供支持。首先公共信息平台、技术水平、基础设施等构成的基础支撑环境为创新活动提供硬件支持，然后政治、经济等环境为产业创新提供软件支持。因此产业协同创新是一个多层级、多要素的共同演化过程，产业创新子系统内部与外部政治、经济、制度创新环境相互关联、相互作用、相互影响、相互协调。由此，可以从三个层面来理解产业协同系统的含义：第一是相关行业的基础设施、技术水平和信息网络平台构成的协同创新支撑环境，为产业系统的发展提供基本的条件，以政治、经济等要素构成的其他协同创新环境，为产业系统提供物质、信息和能量。第二是以产业为主体构成的产业创新系统，产业自身能力提升的基础上，会加大对产业创新投入实现产业创新产出，最终又会形成对产业能力的提升，因此产业自身能力、产业创新投入、产业创新产出是不断形成良性循环的铁三角，是推动产业协同创新发展的主要动力。第三是产业创新子系统和外部环境子系统形成的复合系统，最终构成了产业协同创新系统，这三个层次交互交织在一起构成了演变过程及其复杂的有机整体。由此可见，在今后的研究过程中一方面要关注产业系统内部创新要素作用；另一方面也要关注外部支撑、政治、经济环境与产业创新子系统之间的相互作用、相互影响，从而使整个开放的产业协同创新系统处于一种动态变化中，而复合系统内部各要素之间的非线性相互作用最终使得产业协同创新系统由无序变成有序，最终达到新的稳定的创新状态。

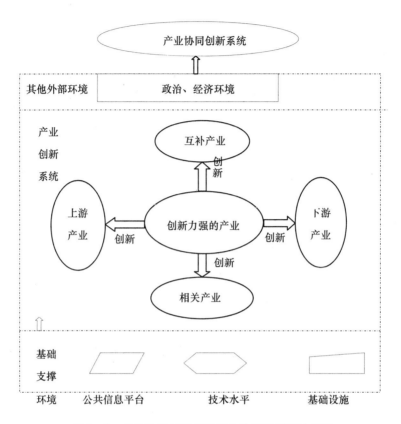

图3—2　产业协同创新系统耦合协调发展理论框架

第四节　区域协同创新的基本理论

一　区域创新的投入与产出

区域协同创新，是不同区域在创新领域的协同投入，带来创新产出的协同。创新投入是实现技术创新的前提和基础。创新投入通常取决于人力资源投入、经费投入、科研机构数量和高新技术企业数量等。其中科研机构数量和高新技术企业数量的实际取值范围小，有的地区取值可能为0，且高新技术企业界定不明确，因此这两个指标不能全面客观地反映一地的创新投入。另一方面，人力资源投入和经费投入存在着较大相关性，这种相关性会导致实证研究中的信息重复使用，降低了实证的科学性和合理性。下文的计量模型将单独选取人力资源投入作为区域创新的投入变量，其具体衡量指标为区域的信息软件业、科技服务业和教育从业人员总数。

创新最先的产出是专利授权与科技论文发表，在此基础上研究开发出新产品，创造了新的市场需求，需求反过来促进技术研发，由此推动区域创新水平的提高。根据这种思路，可从专利申请授权量、论文发表数、新产品销售收入、技术市场成交额等方面评价区域创新产出。论文发表不完全等同于创新，新产品销售收入侧重反映企业而非区域的创新能力，技术市场成交额还取决于一地创新机制的市场化程度，而专利作为研究区域创新的指标，具有悠久的历史和丰富的数据来源，因此下文采用专利授权量表示区域创新产出。

二　区域协同创新的内涵

区域协同创新是区域生产、科技合作的高级阶段，要求各个区域的知识资源、创新要素不停留在简单的结合过程，而是进一步地有机整合，直至最终融合，由此实现区域创新能力的提高，以及区域核心竞争力的提升。

区域协同创新涵盖了多方面的创新协同，包括多地科研项目合作、创新资源的流动与共享、创新交流体制的培养、基础设施的共建、政府科技政策的协调等。区域协同创新的一般过程是：各地达成一般性资源共享协议，随后开展单个或若干研发项目合作，多领域的科研合作催生出设立网络联盟的需要，最终各地建立科技联盟等，开展长久稳定的区域协同创新。区域协同创新不局限于各地创新的简单合作，也有别于引进消化吸收再创新、多地集成创新，其本质上是一种管理创新，从根本上要求各地的利益协调。区域协同创新可以在更高层次和更广领域上整合和优化配置创新资源，使各地的创新能力更为充分地发挥出来，甚至形成某些领域上的超前创新能力。

三 区域协同创新的条件

布鲁塞尔自由大学教授、欧盟经济顾问安德烈·萨佩尔，美国国际经济研究所研究员 C. 冉多·亨宁，日本庆应艺塾大学教授、前大藏省国际事务次官原英资等，分别以欧洲经济一体化、东亚地区合作等为例，分析了不同区域合作组织发展过程中的经验和教训，探讨了区域一体化的前提条件问题。在此基础上可以归纳出，推动成功、持续的区域协同创新需要具备以下条件。

（1）地理邻近与组织邻近。地理邻近的地区可以很方便地展开科研合作的领导会晤、面对面磋商、要素流动和资源输送，比相距较远的地区展开科研合作更具经济性。且地理邻近的区域间存在知识溢出。另一方面，地理邻近的地区往往有着相近的资源环境、社会文化、价值观念和经济发展水平，可能由面临的共性问题催生出共同的技术创新需要，此即组织邻近，为区域协同创新奠定了良好的基础。

（2）一定的技术经济依存度。随着区域经济一体化的日益加深，区域间的行政区划渐渐模糊，技术经济上的相互依存促进不同地区保持密切联系，加强区际知识贸易，相互学习。日渐频繁的科研创新合作，资金、劳动力、技术、信息在区域间的自由流动，激发不同地区的创新主体自发进行协同创新。

（3）明确的政治意愿。政府间有明确的科研合作政治意愿，并制定相应引导性政策，可营造良好的区域协同创新外部制度环境，扩大区域协同创新需求，为原本内生的区域协同创新需求指明方向，提供了便捷高效的实现平台。这是推动区域协同创新的直接力量。

（4）形成创新的龙头区域。相对稳定的创新龙头地区可主导大区域的创新方向，协调剩余城市。剩余城市为从接轨龙头城市中获益，愿意开展区际协同。若缺乏一个龙头城市，不同区域将展开激烈竞争，难以协调，区域协同创新无法持续。

（5）较高且相近的技术经济水平。参与协同创新后的利益增加是催生协同创新的根本原因，利益的公平分配是主体的重要考虑因素。技术经济发展水平较高的区域协同创新，可望产生更大的规模效应，获得更多协同净收益。另一方面，技术经济水平相近的区域对收益分配的影响力相当，分配结果将更公平，从而保持这些区域参与协同的积极性。因此，较高且相近的技术经济水平是维持长期稳定区域协同创新的重要条件。

四 区域协同创新的机制

区域协同创新能给企业乃至区域发展带来诸多利益，但这是一个跨行政区、涉及多个利益主体的复杂过程，包含不同区域企业间、政府间、高校和科研机构间等多个层面的协同创新。区域协同创新战略在具体实施时需要资源配置跨越现有的政治边界，可能遇到制度性障碍、利益冲突等难题，解决这些难题的关键在于建立一套可操作的长效协同机制。以下从运行机制、调控机制和治理机制三个方面展开论述。

（一）市场导向下的运行机制

创新是一个长期的过程，区域的协同创新也是一个持久的过程，要经历十几年甚至几十年的时间才能发展到一个比较高的程度，因此必须建立一个稳定的运行机制，保证协同的连续性和持久性。随着经济自由化和以市场为导向的政策框架的广泛应用，当下的区域一体化和区域协同创新进程越来越倚重市场力量的推动。

（1）企业是最重要的创新主体，离开企业的参与，区域协同创新就无从谈起。以企业为代表的各种独立利益主体之间协同的基本动力主要在于提高创新效益的共同利益和共性技术需求，而科技需求需要依赖市场机制来确定。激励、维持企业建立长久的协同关系的市场机制又分为显性市场机制和隐性市场机制两种。

显性市场机制即根据"利益共享、风险共担"的原则进行利益调节，如通过平等充分协商、集体谈判签订协议，组成一个紧密的互惠互利的创新主体研发合作组织。这种机制以法律的约束力为重要运行基础，利用契约界定研发合作参与者的权利和义务，并制定利益分配和风险分配规则，着眼于对企业外部资源的有效利用，在实践中表现为技术许可、技术交易、研发外包等形式。基于企业合作的共性需求和共同利益，市场持久运行，企业建立稳固的合作关系。

隐性市场机制没有明确规定约束成员的行动，而是通过隐含的规则引导企业协同行为，典型的隐性市场机制有关系资本机制。关系资本为企业之间的强联系和信任。企业间经常交往有利于培养关系资本，进而降低企业间的沟通、协调成本，并带来企业间的互利互惠。关系资本机制无形中促进企业的技术交流与合作，直至最终的区域协同创新。

（2）区域协同创新离不开要素的流动，多方要素资源的渗透、共享与融合，是实现理性化、全方位、深层次合作的前提与保障。不同区域的创新主体协同创新的一大核心就是市场经济通过价格、效益和竞争机制等对资源进行最有效的配置，形成一个资本、人力资源、技术等创新要素自由流动的共同市场，为区域协同创新打造良好的软环境。

①成熟的资本市场有着多样化的融资渠道，资金在区域间的自由流动促进了技术研发和人才培养。②人力资源在要素市场的自由流动带来一个跨区域、跨学科的创新团队，团队成员在市场激励下共同分享创新收益、共同解决创新过程中的困难。这支囊括了多领域优质人才的创新团队的一大特征是动态性，即在保证人力资源的稳定性的同时，使他们具有一定的流动性，面对区域协同创新进程中的问题能作出及时调整，很快适应新情况。③区域一体化的技术交易市场冲破了条块限制，打破了地区对技术的垄断和控制，有效地促进了技术的转移和转化，其本质是高层次发掘和整合区域技术资源，帮助企业获得有竞争力、有市场价值的技术。国内技术市场一体化的成功案例有北京协同创新服务联盟的发展，该联盟的技术交易额在 2010 年达到了 186 亿元，高效组织了诸多行业领域的技术转移，如成功将北京的农业科技研发成果推广到其他省市。

（二）政策导向下的调控机制

区域协同创新是跨行政区合作，具有政治、经济与社会文化多元化的特点，会给协同创新带来一定的障碍，区域间要本着诚信互利的原则加强交流与沟通。因此，在如何引导推动区域协同创新、如何保证区域协同创新的有序运行、如何协调利益、如何打造良好的协同软环境等方面，需要政府发挥调控作用。

正如安德烈·萨佩尔指出的，尽管市场是推动区域合作的基础性力量，但政治意愿一直是推动区域经济科技合作深化发展和实现一体化的基本动力和有效工具。拥有资金和组织调控能力的政府在洞察区域内部产生的共性技术需求的基础上，通过制定导向性的科技政策、产业政策、财经政策、人才政策等来充分调动各地创新主体参与协同创新的热情，推动区域协同创新体制的初步自发形成，而后进一步以规划或行动计划等方式促进区域生产与科技协同创新。

在经济发展的起步阶段，政府是推动区域协同创新的绝对的主导力量。随着经济水平、区域一体化程度由低到高的发展，市场力量将逐步强化，并以其潜在的市场规律决定着区域协同创新的进程和方向。与此同时，政府的角色也应从台前主导力量转变为幕后辅助、保障者。

区域协同创新涉及不同区域的创新系统，各地方政府和部门有各自的中心，有着各异的具体目标和发展状况，因此区域协同创新正常有序的市场化运作需要各地方政府全力合作，以区域整体利益为出发点，建立明确的强制性的制度规则体系和审核监督机制。制度规则体系由多种、多级文件法规组成，明确协同创新参与地的权利义务和利益分配规则等，使区域协同创新有法可依；审核监督机制核定各成员的行为、各个进程的合法性，对非法行为予以处罚，对违规程序、契约判定无效，使区域协同创新有章可循。

区域协同创新中利益关系是根本的实质关系，市场运作不能完全避免利益冲突，而利益冲突是区域协同创新的阻力之一。因此需要政府建立利益调节机制，使分工与合作中的受损方或长期落后地区同样享受到协同效应带来的利益。调节手段包括给予这些地区资金、技术、人才等创新要素支持和政策补偿。

地方政府协调、改善直至消除行政壁垒，降低市场交易的行政成本，保证各个利益群体平等互信的对话，以及及时高效的问题磋商；完善资本、人才、技术等创新要素充分流动的机制，通过科学的规划和合理的政策来有效促进不同区域资源的集中以及集中后的优化配置；建立统一的市场体系，发挥管理结构的协调作用，加强各地的交通、物流、信息、人才交流等网络的一体化建设，打造优良的区域协同创新的软环境。

（三）多层化导向下的治理机制

"多层治理"最初由盖里·马克斯在1993年提出，是"在以地域划分的不同层级上，相互独立相互依存的诸多行为体之间形成的通过协商、执行等方式作出有约束力的决策的过程，这些行为体中没有一个拥有专断的决策能力"。多层治理是治理理论在国际合作或区域合作中的运用。区域协同创新的进程中，高校、科研机构和非政府组织（NGO）等参与的多层治理机制是对市场运行机制和政府调控机制的有效补充。

区域创新包含着多元的、不同层面的行为体，除企业、政府外，还包括高校、科研机构和非政府组织等，决策权由不同层面的行为体共享。尽管不同层面的主体、影响力和决策方式各异，但区域间的协同要求各个层面在功能上相互补充、在职权上交叉重叠、在行动上相互依赖、在目标上协调一致，由此形成新的集体决策模式。这种协同治理机制可以使创新在一种较为宽松、合理、竞争有序的环境下发展，拓宽了创新的渠道和领域。

随着经济一体化进程的加快，单纯依靠政府的行政手段很难实现不同区域的资源整合和协调发展，NGO在区域合作中的重要作用越来越受到重视。具有影响力的跨区域学术组织、行业协会等往往能够代表学术界的人才状况和行业的技术发展需求，用它们的力量加强区域间的协调沟通，能更有效地降低人才流动和技术交易成本，提高协同有效性。

定期或不定期的科技合作论坛等已成为深化区域协同创新的现实推动手段，以论坛为代表的相关会议提供了有力的政府与企业界、学术界、行业协会等 NGO 多方互动平台，促进区域的生产与科技合作创新。

另外，具有公正性和科学性的民间咨询组织可以为解决共同的区域创新问题提供智力支撑；各地的高校、科研机构可自发合作构建高级人才培训基地和人力资源专家库，对人才供需现状制定有针对性的人才培养规划，促进区际人才交流合作平台的成型与扩展；科研专家和企业家代表通过联谊会、民间交流等途径，探讨研究各地需要在哪些方面开展合作、如何开展合作等，并提出具体的政策建议，共同争取政府对区域协同的各种支持政策。

第四章

北部湾经济区协同创新现状分析

第一节　北部湾经济区创新主体协同
创新现状分析

一　北部湾经济区创新主体协同创新的现状

北部湾经济区创新主体是指在该区域从事协同创新的承担者，主要包括在北部湾经济区内的政府、企业、高校和科研机构。在政府的积极引导下，目前北部湾经济区初步形成企业为主体、高校及科研机构协同创新的良好格局。

（一）政府部门协同创新现状

政府部门在协同创新中起着统筹与协调的作用。在政府转换职能，向"服务型政府"转型的背景下，需要充分发挥市场机制的作用，一方面贯彻国家的关于协同创新的宏观指导政策，制订促进当地协同创新发展的科技创新计划；另一方面结合本地的实际情况，积极转变行政职能，为协同创新提供良好的创新环境。

1. 政府财政投入情况

2013 年，自治区共安排科学研究与技术开发计划项目 1879 项，资助经费 5 亿元，组织验收项目（课题）共 1186 项。科技投入持续增加，全年全区研究与试验发展（R&D）经费支出共 1076789 万元，比上年增长 12% 。按执行部门分组，科研院所、大中型企业、高等院校的 R&D 经费支出分别为 129585 万元、716419 万元和 82815 万元，占 R&D 经费支出总额的比重依次为 12%、66.5% 和 7.69%。[①] 其他单位[②]承担项目科技经费 147970 万元，占 13.81%。如表 4—1 所示，北部湾经济区的科学技术拨款占省本级的近 1/2，说明科技创新活动得到了政府的大力支持，科学技术拨款主要用于技术研究开发方面。其中南宁市的科学技术拨款与地方财政支出与北部湾经济区其他三市相比差距明显。近年来，北部湾经济区政府对科技技术的拨款逐年增加（见表 4—2），2011 年为 3.396 亿元，2012 年为 6.0855 亿元，2013 年为 9.9505 亿元，增长幅度都在 60% 以上。持续的财政支持改善了北部湾经济区重点实验室、产学研合作基地、工程技术中心等科技创新平台的环境，是政产学研得以顺利进行的物质保障。

表 4—1　　2013 年北部湾经济区地方财政科技拨款与地方财政支出　　单位：万元

城市	科学技术拨款	科学技术管理事务	基础研究	应用研究	技术研究与开发	科技条件与服务	社会科学	科学技术普及	科技交流与合作	科技重大专项	其他科学技术支出	地方财政支出
省本级	211390	2891	22186	49121	87786	9779	7375	5557	1181	—	25514	7049024
北部湾	99505	3270	32	1322	16373	805	1173	2459	36		4303	7100361
南宁	55203	1397	32	804	47526	288	999	1388	5		2764	3778000
北海	24391	497	—	473	22206	388	4	478			345	996343
防城港	6545	530		4716		20	166	228	24		861	901728
钦州	13366	846	—	45	11657	109	4	365	7		333	1424290

---

① 广西科学技术厅：《2014 广西科技统计数据》，http：//www.gxst.gov.cn/zwgk/kjtj/tjsj/705687.shtml。

② 其他单位包括：（1）除科研院所、大专院校之外的其他事业单位；（2）政府部门；（3）各类中介机构、协会（学会）；（4）其他机构。

表4—2   2008—2013 年北部湾经济区科学技术经费支出   单位：亿元

年份	南宁	北海	钦州	防城港	北部湾经济区
2008	1.9202	0.2223	0.0099	0.0509	2.2033
2009	1.7652	0.2031	0.1246	0.0624	2.1553
2010	2.0311	0.1791	0.3106	0.0733	2.5941
2011	2.8453	0.2486	0.1909	0.1112	3.396
2012	3.6719	1.4049	0.7933	0.2184	6.0855
2013	5.5203	2.4391	1.3366	0.6545	9.9505

2. 政府科技体制改革情况

一方面，为了提高科技服务的效率，转变机关作风，提高行政效能，北部湾经济区自成立以来，广西科技厅相继出台了《广西壮族自治区科学技术厅首问负责制度（试行)》《广西壮族自治区科学技术厅行政过错责任追究办法（试行)》等制度，《关于提高自主创新能力建设创新型广西的若干意见》《关于深化科技体制改革、加快建设广西创新体系的实施意见》及 66 个配套文件。"2 + 66"文件体系是今后一个时期北部湾经济区深化科技体制改革、加快北部湾经济区协同创新建设的指引性文件，体现了政府科技服务职能的重大转变。另一方面，各级政府建立部区会商和厅市会商制度，集成区内外的创新资源，把重大创新计划放入议事日程，对项目实施加强领导，共同对经济社会发展中的重难点科技问题进行联合攻关。同时建立了科技部门之间的沟通与合作机制，对创新项目定期进行跟踪与考核，保证了各市创新计划按质按量完成。

3. 政府制定促进协同创新政策情况

目前，北部湾经济区 4 市已建立厅市会商工作制度，该制度是部区会商制度的重要延伸，从地方经济社会发展的重大科技需求出发，重点在科技工作思路、工作重点和工作措施三个方面对接，有效集成自治区和地市科技资源，发展各市重点产业、特色优势产业，提升地方科技工作的统筹和协调层次，整体推进地方科技工作发展，促进区域经济发展与和谐社会建设。同时自治区及北部湾经济区各市均出台了各自的科技创新政策法规，但基于北部湾经济区这一层面的区域创新顶层设计存在空白，如何根据北部湾经济区的发展定位和战略要求制定有区域特色的协同创新政策，仍值得有关部门继续探索。

第一，扩大融资方面的政策。2009 年，广西壮族自治区人民政府颁布《关于进一步支持中小企业融资的意见》，在落实国家支持中小企业的信贷政策、拓宽中小企业融资渠道、构建中小企业融资激励机制、完善中小企业融资外部环境四方面提出了建议。南宁市在《2012 年南宁市实施抓大壮小扶微工程方案》中提出，重点围绕一批 2011 年工业产值在 1500 万元左右的成长性好、有项目支撑的以及今年新建投产、产值有望进入规模的中小企业，在申报国家和自治区中小企业专项发展资金、贷款贴息、融资服务等各方面给予重点支持，培育中小企业上规模。2014 年《广西壮族自治区科技型中小企业技术创新引导资金管理暂行办法》出台，标志着政府在鼓励金融机构等社会资本加大对科技型中小企业技术创新的支持力度，在帮助科技型中小企业解决融资难题方面，向前迈进了一大步。

第二，技术创新方面的政策。2012 年至今，自治区政府新修订《广西壮族自治区高新技术产业开发区条例》《广西壮族自治区科学技术进步条例》和《广西壮族自治区专利条例》三大条例，新制定《关于提高自主创新能力，加快建设创新型广西若干意见》《广西壮族自治区人民政府关于开展全民发明创造活动的决定》和《广西壮族自治区人民政府关于加快高新技术产业开发区发展的若干意见》三大意见。《广西壮族自治区发明专利技术引进经费管理暂行办法》及《关于加强大学科技园建设的实施方案》等政策为促进技术创新合作增添了动力。同时，北部湾经济区 4 市都制订了符合各自区情的市级创新计划，如《南宁市创新计划（2011—2015）实施方案》等，为地区"十二五"时期的协同创新发展提供了方向。其中，南宁市为加快创新城市建设，加强自主创新营造政策环境，修订出台《南宁市科学技术奖励办法实施细则》，施行《南宁市人民政府关于贯彻落实广西开展全民发明创造活动的实施意见》《南宁市发明专利倍增计划实施方案》。北海市《北部湾电子信息专业孵化器管理办法》和《电子信息产品测试中心管理办法》根据不同的创业主体，在租金、科技项目、投融资、税收、商务及科技服务等各方面制定了配套政策优惠，促进"政府引导、科技部门和经济园区密切联动、龙头企业积极参与"的合作推进局面，为中小企业发展营造良好的创业政策环境。钦州市出台了《钦州市高新技术产业服务中心优惠政策》，鼓励和扶持入孵企业创新产业。

第三，人才引进及激励政策。为解决北部湾经济区科技人才紧缺的问题，自治区制定下发了《关于加快吸引和培养高层次创新创业人才的意见》《关于进一步加快广西北部湾经济区人才开发的若干政策措施》等人才引进相关文件，政策对引进人才的条件、职责、待遇、考核等方面做了详尽规定。新颁布的《广西壮族自治区科学技术奖励办法》规定在广西自治区设立自治区科学技术奖，授予在科学研究、技术创新和促进科学技术进步等方面做出突出贡献的公民、组织，鼓励民营企业进行科研开发与技术创新，高额科研经费等措施对激励北部湾经济区科研创新起了积极作用。《广西壮族自治区八桂学者专项资金管理暂行办法》以及《特聘专家制度试行办法》计划以千万、百万元的资金支持力度，在"十二五"末引进百名八桂学者和特聘专家带培人才团队。这些人才政策为北部湾经济区建立以八桂学者为带动、特聘专家为支撑、人才小高地创新团队为基础、海外高素质人才为补充的人才开发新格局提供了有力的制度保障。①

（二）企业协同创新现状

作为科学技术的创造者和技术成果转化的实践者，企业既是研究的

---

① http：//news. gxnews. com. cn/staticpages/20110427/newgx4db81ef5 - 3766005 - 5. shtml,
2011 - 4 - 27.

主体，又是生产的主体，它位于技术与经济的结合点，能快速、准确理解市场需求的变化趋势以及市场未来的走向，以此做出适当反应，因此在协同创新的过程中处于核心和主导地位，决定着协同创新运行的全过程。

1. 规模以上工业企业基本情况

北部湾经济区近年来工业发展迅速，企业已经意识到自主创新对于提高经济效益及产品竞争力的主要作用，对技术创新与研发的投入逐年增加。2014 年北部湾经济区规模以上工业企业有 1583 家（见表 4—3），规模以上工业总产值 6867.7 亿元，规模以上工业企业属技术科研机构数 272 家，规模以上工业企业 R&D 经费内部支出近 18 亿元，除防城港外，其他城市规模以上工业总产值均超亿元，反映出该地区工业运行整体情况良好。其中南宁市的规模以上工业企业数占北部湾经济区规模以上工业企业数的 59.76%、规模以上工业总产值占北部湾经济区规模以上工业总产值的 41.58%、规模以上工业企业属技术科研机构数占北部湾经济区规模以上工业企业属技术科研机构数的 74%、规模以上工业企业 R&D 经费内部支出占北部湾经济区规模以上工业企业 R&D 经费内部支出的 71.27%，反映出南宁市在北部湾经济区规模以上工业企业发展规模及创新投入方面领先于其他城市，北海、钦州、防城港对企业创新的投入不足。

表 4—3　　　2014 年北部湾经济区规模以上工业企业基本情况

城市	规模以上工业企业数（个）	规模以上工业总产值（亿元）	规模以上工业企业属技术科研机构数（个）	规模以上工业企业 R&D 经费内部支出（万元）
南宁	946	2856.63	201	128324
北海	190	1595.5	47	31725
钦州	285	1283.49	15	10214
防城港	162	1141.08	9	9273

2. 以企业为主导的协同创新发展情况

第一，高新技术企业是指在特定的高新技术领域中进行技术创新以及成果转化，并拥有核心自主知识产权的企业。到 2014 年，北部湾经济区共有高新技术企业 162 家，其中南宁 149 家、北海 21 家、钦州 17 家、防城港 10 家，占广西高新技术企业总数的 41%。[①] 北部湾经济区高新技术产业逐步形成了电子信息、生物医药、机电一体化、有色金属新材料等高新技术产业集群，四个优势产业的高新技术企业总产值占所有高新技术企业的比例达 80%，已经成为北部湾经济区工业发展和经济发展的主要拉动力之一。

第二，创新型（试点）企业是自治区政府为引导企业进行自主创新和各类创新要素向企业集聚而开展的企业培育工作。从 2009 年起，自治区计划未来 5 年内在全区范围内按照不同行业、不同区域选择 100 家企业作为广西创新型试点企业，对获评企业自治区财政将给予 50 万元至 100 万元不等的奖励。至 2013 年年底，广西已认定自治区级创新型试点企业 122 家，自治区级创新型企业 74 家，其中南宁 19 家、北海 4 家、钦州 2 家、防城港 1 家，北部湾经济区创新型企业数占广西创新型企业总数的 35%，完整覆盖广西"14 + 4"千亿元产业及北部湾经济区的特色、优势产业。[②] 组织开展创新型企业培育攻关课题申报，共投入经费 250 万元，支持北部湾经济区近 10 家企业建设，涉及食品、医药、电子信息、材料和有色金属等领域。

第三，产学研用一体化企业是为加快我区创新体系建设，围绕"14 + 10"产业体系进行培养的创新意识、产品竞争力的技术研发型企业，产学研用一体化企业将在产学研用项目与开发新产品方面发挥带动作用。目前北部湾经济区已着手对区域内的 29 家产学研用一体化企业进

---

① 广西科学技术厅：《广西高新技术企业名单》，http://www.gxst.gov.cn/kjfw/kjzy/gxjsqy/gxgxjsqy/614220.shtml。

② 广西科学技术厅：《自治区级创新型企业》，http://www.gxst.gov.cn/kjfw/kjzy/cxxqy/zzqjcxxqysd/index.shtml。

行重点培育，其中南宁 16 家，北海 5 家，钦州和防城港各 4 家。这些项目主要分布在有色金属、食品、电子、机械制造、新材料新能源等北部湾经济区的特色行业，企业的需求项目通过与清华大学、哈尔滨工业大学、美国斯坦福大学、中科院等区外高等院校和科研院所合作，在一些关键技术和共性技术瓶颈上取得了突破，获得了良好的经济效益与社会效益。

3. 企业协同创新平台建设情况

第一，高新技术产业开发区建设。高新技术产业开发区是在本自治区行政区域内实行体制机制改革、集聚科技创新要素、发展高新技术和战略性新兴产业、辐射带动区域发展的特定区域。目前北部湾经济区共有高新技术产业园区 5 家，其中南宁 2 家，北海、钦州、防城港各 1 家。2014 年南宁高新区工业总产值达 800 亿元，连续 3 年进入中国国家级产业园区持续发展竞争力综合排名"百强榜"，在全国 497 家国家级产业园区中，南宁高新区综合排名列第 30 位。① 其中富士康高新园区项目率先成为全市产值超百亿元企业，实现了北部湾经济区、高新区百亿元企业"零"的突破。目前南宁高新区入区科技类型企业 4000 多家，自治区级工程技术研究中心 24 家，国家认可实验室 8 家，院士工作站 9 家。此外，还有国家火炬计划软件产业基地、国家 863 生物产业基地、国家电子商务示范基地、国家广告产业园等一批国家级高科技产业示范基地和孵化器，在生物工程、电子信息、机械制造三大特色主导产业领域拥有一批骨干企业。高新区每年对校企合作项目设立 100 万元的资助资金，积极开展与广西大学、广西科学院等高校、科研院所的科研合作，对科研成果的转化提供技术支持与服务。这对北部湾经济区探索建立大学科技园、"校区一体化"的协同创新模式，推进高校与企业的合作有积极的借鉴意义。

北部湾经济区高新技术产业带已初具规模，区域内已经形成电子信

---

① http://news.gxnews.com.cn/staticpages/20151222/newgx56787e06 - 14136380.shtml。

息、生物工程与制药、新能源新材料、机械制造为特色的主导产业，以南宁、北海两市高新园区为带动，各类工业园区为共同发展的高新技术产业开发格局。到 2015 年，在北部湾经济区高新技术产业带内培育高新技术企业已达 300 家以上。中国电子北海产业园的建成无疑是北海市电子信息产业发展的一个重要"里程碑"，对北海建设北部湾"硅谷"有重大意义。借助中国电子集团的强大实力和影响力，冠捷、朗科、三诺、惠科等电子行业的龙头企业纷纷落户北海工业园区，逐步形成产业集聚效应，2014 年园区工业总产值 360 亿元，电子信息产业产值达 300 亿元。园区内多项技术创新填补了广西电子新产业的空白，拥有第一台笔记本电脑、第一块笔记本电池、第一台电脑电源、第一台海量存储器、第一台 LED 自适应显示器、第一台液晶电视、第一条固态干钽电容器生产线、第一家万级液晶模组无尘车间等八项广西第一。① 实施三年跨越发展工程以来，铁山港（临海）工业园区、北海工业园区、北海出口加工区、北海高新技术产业园区发挥了良好的产业集群效应，电子信息、新材料新能源、石油开采与冶炼三大产业成为园区经济发展的重要引擎。同年，国家软件与集成电路公共服务平台北部湾平台项目在北海高新区建成，该平台将为北海市、北部湾地区乃至广西的软件和集成电路企业提供包括共性技术、人才培训、战略咨询等领域的公共服务。② 目前，北海高新区正在积极推进公共平台、技术平台、金融服务平台建设，为入驻园区的企业提供全方面的信息服务。

第二，科技合作基地建设。高新技术特色产业基地是由当地人民政府主导，依托骨干企业、中小企业群以及各类科技创新服务机构形成的具有一定规模、地方特色优势明显和科技创新能力强的产业集群。其建设和发展方式为：通过政策引导和规划实施，促进创新资源聚集，培育产业促进组织，加强创新载体建设，建立公共服务平台，形成创新网

---

① http://www.bhtv.cc/tv/bhxw/47/5_47571.htm，2014 - 12 - 31.

② 曾俊峰：《锻造北部湾科技园区发展新一极》，《广西日报》2012 年 7 月 11 日。

络，促进产业集群向创新集群发展。经确认的自治区级高新技术特色产业基地（含试点），自治区科技厅将在政策、科技计划项目、科技创新平台、申报国家项目等方面给予重点支持。目前，北部湾经济区共获得1个自治区级高新技术产业化基地的认定，即广西铝及铝金精深加工产业化基地。该基地积极组织实施重大科技专项，从铝金精深加工产品拓展到家电铝制部件、出口IT热传铝部件、加工隔热型材等应用行业，通过打造广西铝及铝金精深加工产业化基地、组建广西铝及铝加工技术创新联盟，带动了北部湾经济区铝加工产业的发展。

同时，积极组织建设南宁国家生物高技术产业基地。2013年，南宁—东盟经济开发区国家生物产业基地生物制造核心区规划获准实施，基地建设重点在于生物产品研发、生物技术创新与成果转化等领域，逐步形成了生物制造产业链及研究发展基地，已成为开发区内食品加工、生物制造、轻纺制鞋三大工业产业集群发展的主要力量。同年底，南宁国家高技术生物产业基地生物制造核心区已引进广投集团维科特生物科技有限公司等企业20多家，年产值20多亿元，从业人员约3000人。①

（三）高校协同创新现状

高校在协同创新过程中以科研成果为主导，依靠自身的知识优势与人才优势直接参与到企业的技术创新中，帮助企业进行成果转化，实现科技活动与经济活动的有机结合。同时，广西大学、广西民族大学、广西民族师范大学、广西医科大学等高校在北部湾经济区中还承担着人才培养、知识创新的作用，这种作用是不可替代的。

1. 高校基本情况

近年来北部湾经济区高等教育建设情况良好，越来越多的高校开始利用自己的人才优势和科研优势与企业开展科学研究与技术创新合作，高校已经成为协同创新中的基础力量。2013年北部湾经济区R&D项目

---

① http：//www.gxnews.com.cn/staticpages/20130625/newgx51c960db － 7886111.shtml，2013 － 6 － 25.

的课题数、参加人员折合全时当量、经费内部支出占广西的近半数（见表4—4），显示出该地区研究与试验发展（R&D）项目开展的活跃情况。其中南宁市在研究与试验发展（R&D）项目的人员、资金投入方面处北部湾经济区中领先地位。2014年，北部湾经济区共有普通高等学校38所（见表4—5），普通高等学校专任教师2.31万人，普通高等学校在校生40.04万人，普通高等学校毕业生10.51万人，反映出南宁市高等教育建设和高素质人才数量在北部湾经济区中的明显优势。北海以及钦州的高等教育实力较弱，防城港市最弱，2012年防城港成立第一所普通高等院校，防城港市普通高等学校在校生数占北部湾经济区普通高等学校在校生数的0.85%。同时，北部湾经济区高等学校在校生数只占该区域总人口比例的2.89%，反映出北部湾经济区高素质人才尚较为缺乏。

表4—4 2013年北部湾经济区研究与试验发展（R&D）项目（课题）情况

城市	项目（课题）数（项）	项目（课题）参加人员折合全时当量（人年）	项目（课题）经费内部支出（万元）
广西	22576	36904.8	873334.5
北部湾	10986	14978.0	314814.5
南宁	10390	12760.1	172351.0
北海	211	1004.0	24372.6
钦州	358	647.7	66097.7
防城港	27	566.2	51993.2

表4—5 2014年北部湾经济区普通高等学校基本情况

城市	普通高等学校数量（所）	普通高等学校专任教师数（万人）	普通高等学校在校生数（万人）	普通高等学校毕业生数（万人）	年末总人口（万人）
广西	70	3.768	70.19	17.41	5475
北部湾	38	2.31	40.04	10.51	1395.21

城市	普通高等学校数量（所）	普通高等学校专任教师数（万人）	普通高等学校在校生数（万人）	普通高等学校毕业生数（万人）	年末总人口（万人）
南宁	32	1.844	35.62	9.07	729.66
北海	3	0.193	2.18	0.74	169.31
钦州	2	0.112	1.9	0.7	402.00
防城港	1	0.161	0.34	0	94.24

2. 高校为主导的协同创新发展情况

目前北部湾经济区的高校拥有了一批素质高、能力强、结构合理的人才队伍，具备一定的协同创新实力，在北部湾经济区的协同创新中发挥了基础性的作用。由于高校科研人员层次高、密度大，并具有学科交叉的优势，对科技含量高、创新难度大、需要联合攻关的科研课题有较强的研究能力。

第一，高层次人才培养情况。"十百千人才工程"人选的评选工作围绕广西经济社会发展的新形势新任务的要求，既是对学术技术带头人的培养，又是高层次人才工作的风向标，鼓励了一大批优秀专业技术人才脱颖而出。2013 年，自治区"新世纪十百千人才工程"共有 30 人入选，当选人员能够获得自治区财政给予的专项研究经费。广西高校人才小高地创新团队的遴选工作于 2005 年开始启动，旨在聚集和培养一批高层次人才和领军人物，进一步提高广西的创新能力和竞争实力，推动广西高水平大学和重点学科建设。至 2013 年底，共选聘自然科学类八桂学者 59 名，共拨付八桂学者专项经费 5272 万元。广西八桂学者团队获得 2013 年国家自然科学基金资助项目近 90 项，资助经费突破 4500 万元。[1] 这些高层次科技人才主要分布在工程机械、生物工程、临床医

_____

① 广西科学技术厅：《2013 年广西科技热点》，http：//www. gxst. gov. cn/zwgk/gxkjgk/kjrd/698729. shtml。

学、糖业、生态工程、现代农业、汽车制造、医药、中药材良种繁殖、作物学科以及软件、水牛、新材料研究开发等产业领域。

第二，与其他创新主体合作创新情况。北部湾经济区各高校能根据社会发展的需求，积极与政府、企业及科研机构进行政产学研项目合作，共同攻克科研项目中的重难点问题，在促进技术成果的市场化方面取得了良好成效。由自治区政府主办的"广西高校服务北部湾行"即是为进一步提高广西高等学校服务北部湾经济区新发展的思想认识和能力水平而开展的一项大型活动。区内 30 余所高校与北部湾经济区四市本着资源共享、合作双赢的原则，在教育、文化、科技、工业、农业、旅游、环境、医药等方面联合开展科研和产业化开发，共建政产学研协同创新的平台。根据协议，高校为各市培养经济社会发展急需的各类专业人才，提供各类专题性技术培训，可聘请各市具有丰富实践经验和具有较高理论水平的人员为兼职教师；各市人民政府可接收高校中层领导干部、技术骨干和优秀教师到有关部门挂职锻炼；高校可选派学生到各市有关单位进行专业实习；同时可向各市人民政府提供决策咨询、项目调研等智力支持服务。此外，2012 年广西大学、广西民族师范大学、广西医科大学等高校共承担国家自然科学基金和国家社会科学基金项目以及国家重大科技项目 400 余项，在克隆牛研究、性别控制牛技术、高大韧稻杂交水稻新品种等方面取得世界领先研究成果。其中，南宁市与广西大学实施市校科技合作科研课题 24 个，科技经费投入 628 万元。其中广西大学与南宁市科学技术情报研究所、广西医科大学、广西科学院、南宁新技术创业者中心签订"南宁市生物制药产业大型科学仪器与设备共享服务平台建设"合作项目，科技经费投入 200 万元。北海市宝珠林海洋科技有限公司、北海市宝珠林珍珠保健品有限公司与广西中医学院完成的"海水无核珍珠产业化养殖关键技术与应用"成功获得了广西科技进步奖一等奖。广西民族大学化学与生态工程学院与中亚石化科技有限公司举行产学研合作基地，广西民族大学是第一个在钦州港区建立产学研合作基地的高校。

广西中医药大学与防城港常春生物技术开发有限公司申报共建的"广西食蟹猴医学应用工程技术研究中心"被列入第八批自治区级工程技术研究中心组建计划。

3. 高校协同创新平台建设情况

第一，大学科技园。大学科技园主要是以高校为依托，为高校与企业的技术成果转化、科技人才培养、创新企业孵化、政产学研项目合作提供交流平台的机构，是高新技术产业化、推动行业技术创新的源泉，是广西高等教育创新系统的重要组成部分。北部湾经济区目前共建立了1个自治区级大学科技园，即广西大学科技园，园区重点建设和发展生物技术、信息技术、精细轻化工、新材料、光机电一体化、现代医药技术等六个孵化平台和产业化基地，未来将整合周边高校资源，吸引更多高校入住，往"一园多校"模式发展，进一步提高自治区大学科技园的自主创新能力和发展水平，争取将自治区大学科技园建设成为国家大学科技园。同时，北海大学科技园、钦州大学科技园也正在筹建中，北海大学科技园重点孵化电子信息、生物与制药、新材料、节能环保等产业，钦州大学科技园重点孵化装备制造、电子信息、食品加工、材料及新材料、生物技术、现代服务业。

第二，国家重点实验室。目前北部湾经济区共有37个国家级和自治区级重点实验室，占自治区重点实验室的半数以上，重点实验室涉及北部湾经济区经济和社会发展密切相关的重点优势领域，如生物、医药、化学与化工、信息、材料、工程等学科。这些重点实验室以高校及科研机构为依托，专利产出效率远高于全区平均水平，取得了一批具有自主知识产权的原始创新成果，提升了北部湾经济区的创新能力。如广西亚热带生物资源保护利用国家重点实验室，是北部湾经济区第一个依托高校和科研院所建设的国家重点实验室，填补了中国亚热带地区无农业生物资源类国家重点实验室的空白，实验室在甘蔗、木薯和广西野生稻种质资源保护与利用等研究领域处于国内领先地位，在单精子显微受

精的转基因水牛、转基因克隆水牛研究方面也处于世界领先水平;① 广
西药用资源化学与药物分子工程重点实验室在配合物型分子基材料领域
获得系列科学发现和重要成果;广西地中海贫血防治重点实验室完成
《广西地中海贫血的防治研究》,填补了国内外在地中海贫血的诊断、
防治方面的空白;国家石油化工品检测重点实验室(广西钦州)成为
我国西南地区第一家国家级石油化工品检测重点实验室。

第三,博士后科研工作站。我国的博士后制度于1985年开始创立,
旨在促进产学研结合,提升企业科研实力和创新能力。目前,广西博士
后站总数达到53个,包括博士后科研流动站16个、博士后科研工作站
37个②,其中北部湾经济区共有博士后科研工作站近20个。博士后
"两站"主要依托农业、制糖、机械制造、冶金、造纸等北部湾经济区
重点产业和领域进行项目研究,已成为北部湾经济区科技创新和高层次
人才培养的重要载体和平台。如广西农科院"芒果ISSR分子标记及果
树LFY同源基因克隆""甘蔗固氮种质资源的筛选及相关应用基础"等
研究项目,为芒果、甘蔗等北部湾经济区优势、特色农产品种植方面提
供了技术支撑,帮助农民增产增收。

(四)科研机构协同创新现状

科研机构是知识创新、知识传播的承担者。凭借在基础研究方面具
有独特优势,在专业化方面具有较深的研究积累,科研机构的活动多涉
及战略性、前沿性,关乎国计民生的主要领域,并承担部分研究型人才
的培育工作。科研机构对合作创新的内容与对象有重大影响,独立承担
技术研发的风险,同时也享有利益分配的优势。

1. 科研机构基本情况

近年来北部湾经济区的科研机构建设取得快速发展。2013年北部
湾经济区科研机构的数量占广西的近40%(见表4—6),反映该地区

---

① 陈江:《我区重点实验室建设连续实现零突破》,《广西日报》2011年4月8日。
② 姚琳:《广西再添7家博士后科研工作站》,《广西日报》2013年9月27日第6版。

的科研机构建设达到一定规模。其中南宁市在 R&D 人员、R&D 经费支出方面优势明显，显示出南宁具有良好的科研条件及能力，而钦州、防城港的科研机构建设缓慢。

表 4—6　　　　　　2013 年北部湾经济区科研机构基本情况

城市	机构数（个）	R&D 人员（人）	R&D 经费支出（万元）	科研用仪器设备原价（万元）
广西	825	22538	483072.9	617008.7
北部湾	327	9196	232641.8	305714.1
南宁	261	7742	170336.0	208199.1
北海	33	871	20162.0	22690.8
钦州	19	287	5797.8	51810.2
防城港	14	296	36346.0	23014.0

2. 科研机构主导的协同创新发展情况

在政府的有力支持下，北部湾经济区科研机构的科研经费逐年增加，科研环境和科研队伍建设取得了一定成绩。目前北部湾经济区共有广西科学院、广西科学院生物研究所、广西科学院应用物理研究所、广西农业科学院、广西农业科学院水稻研究所 5 家自治区级科研机构，其他 200 余家独立科研机构围绕食品、现代农业、机械制造、新能源、新材料、电子信息技术等领域建立了自己的实验室和科研基地，具有进行重难点科技攻关的实力。

第一，科研项目产出情况。2014 年，全市通过自治区级科技成果登记 112 项（不含专利成果），同比增长 8.7%。国际领先水平 1 项，国际先进水平 2 项，国内领先水平 59 项，国内先进水平 46 项，区内领先水平 3 项，其他 1 项[1]。钦州全年 R&D 内部经费支出 2.73 亿元，完

————————

① http://www.nnst.gov.cn/kjgl/kjtj/tjsj/201501/t20150107_242985.html，2014 - 12 - 31.

成市级以上科学研究与开发项目 157 项，获市（地区）级以上科技成果奖励 2 项，评定市本级科技成果奖励 35 项。① 防城港全年共组织实施科技项目 109 项，同比增加 12 项，项目总投资 8.03 亿元，科技经费投入 7137 万元。引进推广农业新品种 26 个，同比增加 6 个；研制开发工业新产品 28 个，同比增加 9 个；推广应用工业农业新技术、新成果 30 项，同比增加 10 项；完成科技成果鉴定 12 项，同比增加 3 项。②

第二，与其他创新主体合作创新情况。目前，北部湾经济区由科研机构为牵头组建单位的自治区级产业技术创新战略联盟 18 家，科研机构在带动企业之间的技术和人才的交流、产业科技成果的有效转化方面起了积极作用。2011 年，广西壮族自治区粮食、奶水牛、松脂、茶叶四大产业技术创新战略联盟成立，北部湾经济区的 30 多家龙头企业与 20 多家科研机构对甘蔗、木薯、松脂、水牛奶产业发展中遇到的技术创新难题合理破解，该技术创新发展联盟有效整合了科研机构和企业的科技创新资源，对推动产业技术转移，提升产业核心竞争力有重要作用。广西杧果产业技术创新战略联盟由广西水果生产技术指导总站、广西亚热带作物研究所、广西农业科学院园艺研究所、广西百色国家农业科技园区管委会等 10 余家广西区内科研单位、高等院校、企业共同组建，现已通过产学研合作、院地合作等多样化、多层次的自主研发与开放合作的联盟形式加强合作创新，实现联盟主体间科研信息、技术人员、设备仪器、技术成果、销售渠道等资源的共享，对杧果产业的技术难题进行联合攻关，加快研究成果的产业化。

3. 科研机构协同创新平台建设情况

第一，广西工程技术研究中心是以企业、科研机构、高校为依托，推动科技成果转产业化、培养工程技术研究人才、提升企业核心竞争力的重要平台，在加强科研开发、技术创新和产业化基地建设方面取得了

---

① http://www.qinzhou.gov.cn/Item/45106.aspx，2015 - 8 - 7.
② http://www.tjcn.org/tjgb/201508/28498_3.html，2015 - 8 - 3.

良好的经济与社会效益。截至 2013 年，共组建广西工程技术研究中心 167 个（其中已建成 104 个、组建待验收 63 个）。[①] 北部湾经济区共有市级以上工程技术研究中心 70 家，其中南宁 57 家，北海 8 家，钦州 1 家，防城港 4 家，占广西工程技术研究中心总数的 41.9%，这些工程技术研究中心研究领域主要集中在石化、有色金属、机械、电子信息、生物制药、新材料、农业种养等北部湾经济区特色行业。如广西内燃机高温热交换工程技术研究中心攻克了铜质硬钎焊 CAC 中冷器耐 600 kPa 高压的世界级技术难题，使铜质硬钎焊工艺技术产品达到了既能承受 290℃ 工作温度又能满足 600 kPa 工作压力的柴油机中冷器必要的双重技术条件要求，使我国的耐高压热交换器技术实现了历史性突破，并达到世界领先水平。

第二，国家科技成果转化服务（南宁）示范基地是集成国家科技成果数据库中的科研成果、科研机构与人才资源，以科技成果转化为目标，围绕生物技术、现代农业、机械制造领域搭建的专业化技术创新综合信息服务平台。2012 年 8 月，南宁市获批建设国家科技成果转化服务（南宁）示范基地，这是继厦门市、济南市之后第二批国家科技成果转化服务示范基地城市，也是自治区首个国家科技成果转化服务基地。目前基地完成国家科技成果转化服务（南宁）信息服务平台框架构建任务，引进国家科学技术奖励成果 75 项、项目成果 118 项，重点筛选出适合南宁市企业转化应用的现代农业、生物与制药、机械与装备等 3 个重点领域科技成果，与企业进行对接。

第三，农业科技园建设。目前广西北海国家农业科技园区已有中国水产科学研究院，中国科学院南海海洋研究所，国家海洋局第一、三海洋研究所，清华大学生命学院，南京大学演化生物学研究所，广西水产研究院等 11 家在国内海洋科研方面占据领军地位的海洋科研机构，同

---

① 广西科学技术厅：《广西工程技术研究中心年度报告（2013）》，http：//www.gxst. gov. cn/zwgk/kjtj/tjbg/694068. shtml。

时入驻建设科研基地①，通过集聚国内外顶尖海洋（水）产业科研机构和高新技术企业，对北海市海洋水产苗种业、南珠产业、海洋生物医药、红树林研究与开发利用等四大领域的技术创新项目进行合作，在关键性技术方面取得了一些成果，推动了北海市海洋产业发展。

二 北部湾经济区创新主体协同创新面临的问题

目前地方政府虽然在推动政产学研协同创新方面取得了一定成绩，开创了有地方特色的政产学研合作的模式和内容，但由于制约创新主体协同创新的因素很多，北部湾经济区受历史因素影响，科技力量薄弱、经济发展不平衡，尤其是创新资源分布不均，政府在促进协同创新中发挥的作用难免有限，各级地方政府在促进政产学研协同创新发展的过程中往往遇到不少的问题和困难。

（一）协同创新机制尚未真正形成

北部湾经济区区域间协同创新层级落差明显，南宁作为核心城市无论是在创新投入及产出上远远高于北部湾其他城市，科研机构与高层次人才高度集中，与其他城市在科研合作、技术创新对接方面存在困难，导致微观层面创新主体间的创新分工协作缺乏现实基础及有效通道，政府尚未促成有效的协同创新机制。第一，由于企业自身对技术创新的知识程度不够，加之企业产权制度改革没有到位，企业在协同创新中的核心地位没有完全确立，一方面影响了技术的研发和转化，另一方面减少了企业与其他创新主体进行合作创新的动力。第二，科技体制改革尚未完成，对与高校与科研机构利益相关的知识产权保护、科研经费管理、技术成果分配、科技人员流动、项目绩效考评等政策没有细化和根据经济发展进行调整，二者的科研成果没有直接反映市场的需求，技术成果市场化存在困难，创新主体进行协同创新的利益驱动机制没有形成，影

---

① 广西科学技术厅：《2013 年广西科技开发与科技成果转化》，http：//www. gxst. gov. cn/zwgk/gxkjgk/kjkfykjcgzh/698735. shtml。

响了高校与科研机构参与政产学研合作创新的积极性。

（二）企业自主创新能力不强

虽然近年来北部湾经济区规模以上工业企业创新实力逐渐增强，但企业自主创新能力整体上不强。具体表现在：第一，在企业技术创新的体制和机制不健全、基础设施建设及各种风险较大的情况下，重模仿引进和短期利益，轻自主研发和人员培训，缺乏技术创新投入主体和研发主体的意识，对技术创新及政产学研合作的需求不足。第二，企业对技术创新与研发的投入较少，规模以上技术开发投入占销售收入的比例远低于国内同类型经济区的水平，使技术成果转化和产业化存在较大的资金缺口。第三，拥有自身所属技术科研机构的企业少，2014 年在北部湾经济区 1583 个规模以上工业企业中，有企业属技术科研机构的企业仅占全部规模以上企业比重的 15.6%，缺乏一批技术研发能力强、辐射带动效益好的高新技术企业。这意味着企业必须转变自身意识，多渠道增加科研投入，建立现代企业体制，加强创新主体间的协同创新，进一步推进企业成为北部湾经济区协同创新的核心主体。

（三）创新资源整合存在障碍

北部湾经济区的科技基础条件整体上较为薄弱，科技基础设施普遍比较落后，在协同创新中要进行创新资源的整合存在一定障碍。具体表现在：第一，北部湾经济区许多科研院所的科研设备、仪器、重点实验室等都各自把持，且主要集中在南宁高校及科研院所，没有对社会进行开发，资源的利用率不高。如广西大学、广西医科大学等高校就拥有一些先进的大型科研仪器设备以及国家重点实验室，其中有一部分处于闲置状态，而校外的研究机构和人员却无法对其加以利用，更无法承担购买费用，影响了技术创新的产出。第二，由于政产学研各方分属政治和经济两大板块，管理体制、职责任务的差别使各主体间的融合存在困难，各单位所积累的科技文献、创新数据、技术成果不能进行共享，影响了科技成果的产出。第三，当前北部湾经济区的政产学研协同创新主要靠政府推动，缺乏一个能调动创新主体积极性的集成联动机制，使政府、企业、高校、科研机构在创新合作过程中找到利益契合点，有效集成各创新主体的科技资源。

（四）高层次人才缺乏

一直以来，广西专业技术人才数量上远低于国家平均水平，北部湾经济区在协同创新的过程中出现科技人才断层现象突出，急需的高层次人才缺乏。具体表现在：第一，高层次人才整体数量少。北部湾经济区高等学校在校生数只占总人口比例的 2.89%，反映出北部湾经济区高素质人才尚较为缺乏，其中大量科技人才集中在南宁，钦州、防城港对高层次人才吸引力弱。第二，人才结构不合理。某些专业的人才供过于求，而在某些领域的学科带头人不多，企业科技人员占总人员比例少，从事创意产业、农业技术应用与推广的技术人员不多，专利代理人缺乏，人才结构性矛盾突出。第三，人才引进力度不够。与东部发达地区相比，人才是第一生产力的观念还没有普及，北部湾经济区在人才引进与管理方面的政策改革力度不大，对科技人才的薪酬绩效、发展平台、经费支持、户籍档案、评奖评优等方面的优惠政策未落到实处，阻碍了人员在区域内的自由流动，制约了区域经济社会的发展。

（五）融资渠道不畅

北部湾经济区协同创新技术产业化和市场化的一大瓶颈在于资金不足。具体表现在：第一，科技投入不足。由于广西资本市场尚未发展成熟，以及民间投资不活跃等原因，北部湾经济区尚未形成以财政投入为引导、企业投入为主体、金融投入为支撑的多元化科技投融资体系，钦州、防城港等市的科研投入远未达到自治区 R&D 经费占 GDP 的 2.2% 的要求。第二，北部湾经济区高校与科研机构的科研资金普遍短缺，许多政产学研合作项目主要依靠企业自身筹集的资金开展，而北部湾经济区内又以中小企业居多，能够用于研究开发的经费很少，用于政产学研合作创新的资金就更加有限。第三，缺乏完善的风险投融资机制，北部湾经济区现有的风险投资机构有很大一部分是由政府管理的，存在市场化运作能力不强、管理体制僵硬等问题，不能根据企业的创新需求及时、便捷地给予资金支持，而银行为避免遭受风险损失，往往对企业贷款进行严格的资格审查，企业作为协同创新的主体在筹集资金过程中陷入了一个尴尬境地，直接影响了政产学研合作的正常开展。

第二节　北部湾经济区产业协同创新发展现状

一　北部湾经济区产业发展现状

创新产业能够较快地吸收先进技术，提高自身的生产技术，并极大地促进上下游产业和其他关联产业的创新，使整个产业系统实现协同创新。因此各地都在加大政策支持力度和建立相应的产业环境发展重点创新产业。

根据北部湾的区位和资源优势、产业在产业链中的影响力、可持续发展原则、国家的产业政策、产业解决就业能力以及竞争力，广西自治区党委、政府确立将石化产业、林浆纸产业、能源产业、钢铁和铝加工产业、粮食食品加工产业、海洋产业、现代服务业、物流产业、高新技术产业作为北部湾经济区九大重点产业，并要求加快建立相关的产业基地。①

1. 物流产业

港口、保税区和经济开发区是形成物流中心或物流园区的必备条件。目前南宁保税物流中心、北海出口加工区以及钦州保税港区等组成的北部湾保税物流体系初步成型。2009 年防城港、钦州港、北海港三港整合为广西北部湾港，通过港口整合可以很便捷地将材料、商品进行进口与发放。2010 年北部湾港口完成货物吞吐量突破 1.2 亿吨，进入全国亿吨大港行列；2011 年完成货物吞吐量 1.53 亿吨，同比增长28.58%。截至 2011 年年末，北部湾港拥有生产性泊位 227 个，其中万吨级以上泊位 56 个，港口吞吐能力 1.37 亿吨，是 2005 年的 4 倍。

---

① 王慧：《广西北部湾经济区九大重点产业紧缺专业研究》，广西大学，2011 年。

2012 年防城港吞吐量超过亿吨，北部湾港拥有集装箱班轮航线 30 多条，与世界 100 多个国家和地区 200 多个港口通航，海运物流网络已伸向全球。[①]

2. 现代服务产业

伴随北部湾经济区的确立，其现代服务业的发展拥有千载难逢的机遇，特别是现代服务业中的会展业和旅游业。自 2004 年中国—东盟博览会永久落户南宁以来，北部湾特别是南宁的会展业持续蓬勃发展。2012 年第九届中国—东盟博览会总展位数 4600 个，参展企业总数 2280 个，参展参会客商总数达 52000 人，国际合作项目签约额 82.04 亿美元，国内合作项目签约额 802.12 亿元，贸易成交 18.78 亿美元。[②] 会展业以会展活动为核心吸引物，吸引各地的参与者参展、参会，拉动吃、住、行、游、购、娱等方面的消费，极大地促进了南宁经济的发展。北部湾的旅游资源也特别丰富，其中南宁具有绿树成荫的亚热带都市风情，"珍珠之乡"北海有全国知名的风景区银滩、红树林及涠洲岛等，防城港有上思十万大山国家森林公园、京岛风景名胜区等，钦州有著名的三娘湾风景区。北部湾积极打造民族风情游、北部湾商务会展游等系列国际旅游线路并带来明显的收入效应，各市积极主动地把旅游业作为重点产业加快发展。2015 年广西共接待入境旅游者 450.06 万人次，同比增长 6.9%。2015 年广西国际旅游外汇收入 19.17 亿美元，同比增长 10.9%。

3. 能源产业

广西北部湾拥有较为丰富的生物、风能和太阳能资源，2006 年国家发展改革委将广西列入可再生能源利用示范省（区），这些都为发展能源产业提供了优越的条件。分别对北部湾四市实施火电二期工程，加

[①] 北部湾东盟经济网：《北部湾港力争年内综合通过能力达》，http：//www.bbwdm.cn/show_info.asp? id=428488。

[②] 中国—东盟博览会官方网站：《第九届中国—东盟博览会专题回顾》，http：//www.caexpo.org/gb/zhuanti/9thhg/。

快四市电网保障建设，同时防城港核电项目在 2010 年开工。在可再生能源方面，积极利用北部湾适宜生长木薯、甘蔗的有利条件，开发合理发展木薯、甘蔗生物能源。

4. 钢铁和铝加工产业

防城港为西南最大港口，区位优势突出，深水码头建设条件好，进口铁矿石成本低，具有发展钢铁和船舶制造业的优越条件。同时在北部湾投资建设大型的钢铁产业，可以提高南方的经济运行效率，减少从北方运送钢铁的压力。2012 年 5 月，武钢钢铁基地项目在防城港市企沙工业园正式全面开工建设，该项目按年产 1000 万吨钢规模规划，总投资 639.9 亿元，建设期 3—4 年。另外广西有色金属资源丰富，铝土矿资源储量 7.8 亿吨，占全国的 25.3%。高技术、高附加值的"双高"精加工的铝产品广泛应用于高铁、地铁、轻轨、航空、汽车等交通领域和建筑、机械、电力等工业领域，为北部湾创造了很多财富。

5. 粮油食品加工产业

食品工业是广西第一个销售收入突破千亿元的产业，同时也是北部湾地区的支柱产业，已经形成一定规模的工业体系。[1] 粮油食品加工产业作为食品工业的基础和重要组成部分，为北部湾经济的发展做出了重要贡献。目前广西成立了粮油食品加工产业技术创新战略联盟，用科技支撑广西食品千亿元产业的发展，该联盟集结了广西的粮油食品加工骨干企业、高等院校和科研院所，以提升产业技术创新能力和延长产业链为目标。[2]

6. 海洋产业

广西海洋资源丰富，海洋第一产业天然海洋渔业产量占海洋总量的 6%，矿产资源丰富并且拥有原生态的海洋旅游资源。随着北部湾经济

---

[1] 王慧：《广西北部湾经济区九大重点产业紧缺专业研究》，广西大学，2011 年。

[2] 广西自治区科技厅：《广西成立粮油食品加工产业技术创新战略联盟》，http://www.most.gov.cn/dfkjgznew/201009/t20100901_ 79234.htm。

区的建立，北部湾的海洋油气业、海滨砂矿业、海洋化工业、海洋生物医药业、海洋船舶工业、海洋工程建筑业等海洋第二产业，海洋交通运输业、滨海旅游业、海洋科学研究教育服务业等第三产业也得到飞速的发展。2014年广西海洋生产总值926亿元，比上年增长9.1%，约占广西北部湾经济区四城市国民生产总值的17.0%。其中，海洋第一产业增加值166亿元，第二产业增加值357亿元，第三产业增加值403亿元，海洋第一、第二、第三产业增加值占海洋生产总值的比重分别为17.9%、38.6%、43.5%。①

7. 林浆纸产业

广西光照充足、雨量充沛，同时用林面积大，具有发展林浆纸业的优良气候和资源条件，被国家指定为发展林浆纸一体化产业的重点地区。为促进林浆纸业的发展，广西先后出台了一系列的优惠政策来吸引大型企业进行投资，例如金光集团 APP、斯道拉恩所、日本王子、香港理文等都已在广西投资布局。目前已逐步形成了以钦州林浆纸和北海林浆纸两大合资项目为龙头的林浆纸产业发展格局。

8. 石化产业

石油化工产业是广西投入产出表影响力系数比较大的产业之一，同时广西钦州港是交通便利的深水良港，海洋资源充沛，港口离中东原油产区比较近，较大程度地降低了产品和原材料的运输成本，这些都为发展大型石化项目、建立产业基地提供了必要条件。钦州石化产业园于2010年启动建设，2012年8月，正式升级更名为"中国石油化工（钦州）产业园"，成为广西第一个国家级石油化工产业园。目前园区现已落户规模以上石化项目36个，投产石化企业14家，在建石化企业21家，洽谈企业5家，涉及投资金额696亿元人民币，工业总产能达955亿元。2013年年底，园区已建成面积12.8平方千米，形成1000万吨/年炼油能力、启动大型芳烃项目建设，建成30万吨级油气码头及航道，

---

① 广西壮族自治区海洋局：《2014年广西海洋经济统计公报》。

年产值能力从建园初期的 221 亿元提升到 1000 亿元。① 目前，皇家荷兰/壳牌公司、美国鑫源等跨国公司以及新加坡胜科、中国电力投资公司、盈德气体等世界著名公用工程公司已落户区内，在谈意向企业如德国赢创德固赛、日本三菱商社、韩国 SK、南非 SASOL 公司、台湾和桐集团、香港理文化工、中海油气电集团、中国化学集团、中化集团等，意向投资总值超 550 亿元。②

9. 高新技术产业

2008 年北部湾经济区开发上升为国家战略，成为中国发展第四极。然而目前广西工业发展仍处于初级阶段，应该走可持续发展道路，发展一批高附加值、出口型、无污染、充满活力的高科技企业，主要引进电子、信息等高新技术产业。作为广西北部湾经济区重点打造的千亿元产业，北海电子信息产业产值从 2006 年的 25.6 亿元猛增至 2014 年的 810亿元，其中规模以上电子信息制造业产值 721.7 亿元，同比增长39.3%，牢牢坐稳广西电子信息产业头把交椅，距离千亿元的目标越来越近。③ 2016 年 1 月，13 家来自东部地区的知名电子企业"抱团"扎堆落户北海工业园区，规划建设包括智慧终端产业园、LCM 液晶屏、手机视窗显示屏、显示器一体机、智能终端产品供应链等 13 个电子信息产业项目，总投资达 12.6 亿元。这些项目均将在 2014 年上半年实现正式投产，达产后年产值将超过 50 亿元、税收超 6000 万元。电子信息产业的快速成长成为北海市工业发展的主要支撑。④

北部湾经济区九大重点产业中由于存在横向或纵向关联，存在协同

---

① 广西新闻网：《钦州石化产业集群逐步形成 预计年底产能达千亿》，http：//qz. gx-news. com. cn/staticpages/20121027/newgx508bf1ed－6337793. shtml。

② 黄宇琨：《中国石油化工（钦州）产业园建设纪实》，http：//www. qinzhou. gov. cn/I-tem/19311. aspx ［EB/OL］. http：//www. gxoa. gov. cn/gxhyj＿tongjixinxi/2015/06/18/f7ae719727674569bf29865029c75a8e. html。

③ 人民网：《北海电子信息产业全力冲刺千亿元目标》，http：//gx. people. com. cn/n/2015/0609/c371368－25178905. html。

④ 新华网：《电子名企"抱团"进驻北海电子信息产业 产值已超千亿元》，http：//www. gx. xinhuanet. com/newscenter/2016－01/16/c＿1117794779. htm。

创新的产业主要有制造业与物流业、制糖业与造纸及纸制品业、石油加工、炼焦及核燃料加工业与化工原料及化学制品制造业。

早在 20 世纪 50 年代，广西贵糖就兴建了广西第一家以甘蔗渣为原料的林浆造纸车间。在后来的发展过程中，广西通过引进国外高科技技术，建设一批以甘蔗渣为原料的造纸厂，使造纸业的技术得到较大的进步，造纸产量大大提高。随着企业的不断完善，生产的扩大，可以促进当地林木产业以及物流、交通运输行业的产生，带动其他产业的发展。目前北部湾制糖业和造纸业协同创新已取得初步成效，通过制糖业和造纸业技术创新，高效地利用制糖业废渣开发林浆纸新产品，延伸产业链，实现两者的协同创新发展。

2009 年广西壮族自治区人民政府在《广西物流业调整和振兴规划》中首次提出推动广西制造业与物流业联动发展，提出要重点支持一批生产性物流服务企业加强与制造企业深度合作，建立战略联盟，促进制造业与物流业有机融合、互动发展。制造业与物流业的协同创新主要体现在制造业通过技术创新为物流业提供物质基础，而物流业为不同的制造业行业提供差异化服务。主要表现在石油化工、钢铁和铝加工产业、粮油食品行业、林浆纸业等制造业行业也建立了专门的物流服务体系、物流节点、物流配送体系。

石油化工产业涉及的行业众多，主要可以看作是石油加工、炼焦及核燃料加工业与化工原料及化学制品制造业协同创新发展的结果。石油是化学工业的重要原料，同时化学原料及化学品制造行业内合成树脂、合成纤维和合成橡胶也是石油化工行业的主要原材料。石油化工行业是广西北部湾投入产出表影响力系数比较大的产业，也是目前北部湾重点产业中协同创新发展比较好的产业。

二　广西北部湾创新环境发展现状

(一) 广西北部湾创新技术环境发展现状

2008 年到 2014 年广西电信业务总量经历着先增加后减少的过程，

由 2008 年的 601.18 亿元增加到 2010 年的 807.81 亿元，然后从 2011 年开始急剧下降为 300 多亿元，后面两年才逐渐上涨至 2014 年的 467.01 亿元。北部湾经济区电信业务总量也呈现出同样的变化，但是北部湾电信业务总量占广西电信业务总量的比例却由 2008 年的 30.62% 上升为 2014 年的 37.64%。这说明北部湾经济区在广西区域内的电信业务发展良好，但是受到广西整体发展规模的限制，电信等基本信息网络建设较为落后。

从 2008 年开始，广西整体和广西北部湾经济区互联网用户数都在逐年增加，特别是 2010 年到 2011 年期间增幅尤为明显，并且全区的互联网用户总量从 2010 年的 1579.6 万户增加到 2014 年的 3186.51 万户，增幅将近 2000 万户。但是近两年来北部湾互联网用户占全区的比例下降趋势明显，从 2012 年的 20.4% 下降至 2014 年的 7.39%（见表 4—7）。这表明北部湾经济区在科技信息普及率以及使用高科技通信手段的人数虽然逐渐增加，但互联网行业建设整体较为落后，未跟上全区的步伐。

可以看出，尽管近年来广西北部湾在电信业务和互联网等技术创新环境方面实现了较快的发展，但是总体仍然处于较低的发展水平，在今后的发展过程中北部湾经济区需要加大对技术创新环境的建设投入，为产业创新提供良好的硬件环境。

表 4—7　　　　　　　　广西北部湾创新技术环境现状

年份	电信业务总量（亿元）			互联网用户数（万户）		
	广西	北部湾	北部湾/广西（%）	广西	北部湾	北部湾/广西（%）
2008	601.18	184.11	30.62	352.3	61.7	17.51
2009	695.96	220.74	31.72	573.3	101.36	17.68
2010	807.81	254.92	31.56	1579.6	131.25	8.31
2011	326.30	102.5	31.41	2071.9	480.34	23.18
2012	342.41	128.15	37.43	2721.8	555.23	20.40

年份	电信业务总量（亿元）			互联网用户数（万户）		
	广西	北部湾	北部湾/广西（%）	广西	北部湾	北部湾/广西（%）
2013	363.25	139.72	38.46	2762.3	227.98	8.25
2014	467.01	175.77	37.64	3186.51	235.31	7.39

（二）广西北部湾创新科教环境发展现状

北部湾经济区处于产业创新发展的初级阶段，创新对于政府在教育、资金等方面具有较强的依赖性，因此政府在科教方面的政策支持力度对产业创新具有较大的推动作用。尽管从 2008 年开始，北部湾教育支出占财政预算支出的比重一直呈现上升的趋势，但是所占比例仍然不超过 20%，这表明政府对于教育的支持力度不够，还没有充分意识到对于创新环境的影响。另外，从广西北部湾图书馆藏书量来看，2014年的藏书总量有了较大幅度的增长，比上年增加了 15%；而且从 2008年开始藏书量数目是先递减后递增的（见表 4—8）。这些都表明广西北部湾创新环境发展现状还不够理想，政府对于教育方面的重视和投入是远远不够的，在今后的发展过程中，需要加大对于教育方面的投入，来驱动创新的发展。

表 4—8　　　　　　　　　广西北部湾创新科教环境现状

年份	教育支出占财政预算支出比重	图书馆藏书量（万册）
2008	0.11185381	546.16
2009	0.1774452	486.8
2010	0.17991416	492.7
2011	0.1815936	528.8
2012	0.19078306	545.16
2013	0.17543646	641.64
2014	0.1898200	707.49

（三）广西北部湾创新经济环境发展现状

从 2008 年开始，北部湾经济区对外贸易额一直呈现大幅度的增长，2014 年北部湾经济区进出口总额为 191.17 亿美元（见表 4—9），是 2008 年的 41.2 多倍，同时占广西进出口贸易总额的 45% 以上，表明随着广西北部湾经济区的建立，对外贸易发展非常迅速，与国外的经济往来变得频繁。但是从总额数值上来看，北部湾经济区甚至整个广西的区域在全国进出口总额中所占的比例都非常小。

近年来北部湾经济区在吸收外商投资方面呈现为缓慢增长的趋势。2014 年北部湾经济区吸收外商直接投资额是 2008 的 1.03 倍。但是，2014 年广西外商直接投资额占全国外商直接投资额的 0.84%，而在 2008 年这一比例却为 0.89%，下降了 0.05 个百分点。这表明随着西部大开发政策和北部湾经济区的成立，在吸收外商投资方面有了较大的提高，并且还处于快速发展的阶段。但是相对于全国来说，北部湾吸引外资的能力还有较大的差距，因此北部湾经济区应该要抓住这一契机，不断完善创新经济环境，提高自身吸引外资的能力。

总地来说，北部湾经济区在创新经济环境方面还处于初级阶段，但是发展非常迅速，在今后的过程中还要加大对外开放的力度，吸引外商投资和进行贸易往来，为产业创新提供良好的创新经济环境。

表 4—9　　　　　　　　　北部湾创新经济环境现状

年份	进出口总额（亿美元）				外商直接投资（亿美元）			
	全国	广西	北部湾	北部湾/广西（%）	全国	广西	北部湾	北部湾/广西（%）
2008	25633	132.42	4.64	16.26	1083	9.71	5.72	58.91
2009	22075	142.06	66.38	46.72	900	10.35	5.9	57.00
2010	29740	177.01	76.93	43.46	1057	9.1	7.92	87.03
2011	36419	233.31	113.11	48.48	1160	10.14	9.07	89.44
2012	38671	294.74	148.89	50.52	1117	7.48	5.42	72.46

年份	进出口总额（亿美元）				外商直接投资（亿美元）			
	全国	广西	北部湾	北部湾/广西（%）	全国	广西	北部湾	北部湾/广西（%）
2013	41590	328.37	149.5	45.53	1176	7	6.43	91.86
2014	43015	405.53	191.17	47.14	1196	10.01	7.95	78.92

三 北部湾产业协同创新存在的问题

目前北部湾经济区的产业协同创新出现的问题有：

1. 大部分重点产业尚处于起步阶段，缺乏大型骨干企业带动

北部湾城市除南宁有一定工业基础外，北海、钦州、防城港工业基础十分薄弱，尽管近年来许多重点项目落户北部湾，经济区的临海工业得到了快速的发展，但是除了钦州石化产业园企业比较大型以外，大部分重点产业都尚处于起步阶段，缺乏大型骨干企业的带动。例如在钢铁产能过剩、钢铁市场持续低迷的大背景之下，防城港钢铁项目基地建设进程缓慢。

2. 没有构筑产业协同创新型系统

政府在规划产业发展时，都只是从单个产业发展的角度来提出具体产业的产值目标和工业增加值目标，产业间协同创新程度弱。同时在设立重点产业园区建设的过程中，也只是孤立地进行考虑，使得北部湾重点产业间、重点产业与非重点发展产业间关联薄弱，同时高新技术产业等具有创新效应的产业也没有与其他产业形成交集，更加没有考虑到有关联的产业间发展水平的差异、供需协调以及协同创新的外部环境等问题，没有构筑协同创新型产业系统。

3. 与周边区域存在产业竞争，优势不明显

海南省作为我国沿海沿边对外发展的重要部分，与北部湾经济开发区存在着相同的地方。近年来，国家在产业扶持上对海南给予了大量的优惠政策。海南省通过举办博鳌亚洲论坛，快速地发展海南省工业。海

南省在钢铁、石化、林浆纸项目上都优先于广西北部湾，早在 2006 年，由中石化投资的 800 万吨海南洋浦炼油厂建成投产，2007 年国务院批复同意设立海南洋浦保税港区。同时，与海南省优势产业滨海旅游业相比，北部湾经济区缺乏竞争优势。同样，与北部湾具有同样区位优势和资源禀赋的广东省，在国家政策和争夺资金、原料工业、运输、市场乃至人才等方面，更具有类似产业发展的比较优势。例如广西防城港和广东湛江都设有钢铁项目建设基地，但是两者相距不过 200 里，规模同为千万吨级别，产品和市场区域定位没有差异，钢铁产能区域的分布不均必定会带来恶性竞争，处于后发展的防城港缺乏竞争力。

4. 科技水平较低，附加值不高

北部湾经济区自主知识产权的品牌少，大部分大型工业企业和服务业企业都是外来的，本地企业都比较小型，导致特色的工业产品竞争力弱，科技水平低。同时小型企业缺乏自主创新的能力和技术，研发力量薄弱，从而其产品科技水平低，附加值不高。而服务业特别是物流产业在创新方面表现也比较弱，企业规模小，专业化程度低，不能够提供高附加值的差异化服务。

第三节　北部湾经济区区域协同创新发展现状

一　北部湾经济区创新活动协同程度

本书选取专利授权量为狭义创新产出的指标，以北部湾经济区六个城市——南宁、北海、防城港、钦州、玉林、崇左的地理数据和在 2009—2015 年的创新投入产出数据为基础，用基尼系数评估六市创新产出的均衡度，用 Moran' I 和 Moran 散点图分析北部湾近年来创新产出的空间布局，用空间计量模型评估北部湾各市创新活动的协同程度。

（一）北部湾经济区创新产出均衡度

基尼系数（G）用一定人口所获得的收入占总人口收入的比例来反映收入分配的均衡度，被广泛应用于收入分配领域实证研究，目前已成为度量收入差距最常用的经济范式之一。之后有学者研究了多种基尼系数的计算方法，并将基尼系数的应用从收入分配拓展到其他领域。

依据克鲁格曼的离散点基尼系数计算法，以南宁、北海、防城港、钦州、玉林和崇左在 2010—2015 年的专利授权量（PAT）为指标，判断北部湾各地在创新产出方面的均衡度。计算公式如下：

$$G = \frac{\sum\limits_{i=1}^{N} \sum\limits_{j=1}^{N} |x_i - x_j|}{2N^2 \overline{X}} \qquad (4-1)$$

其中 N 为样本数，x_i，x_j 为指标值，$\overline{X}$ 为各指标的平均值。G 的值域为 0 到 1，其值随着样本均衡度的上升而减小。计算结果见表 4—10。

表 4—10　　　　六市 2010—2015 年专利授权量的基尼系数

年份	2010	2011	2012	2013	2014	2015
G	0.552658487	0.556387949	0557676591	0.547290117	0.571465033	0.586456075

由表 4—10 可得，北部湾各地创新产出近年来持续处于极不均衡状态，2010—2013 年四年的不均衡程度基本不变，但在 2014 年、2015 年，在创新龙头南宁近 45% 的年均增长率影响下，六市创新产出愈加不均衡。六市创新产出呈现明显的"南宁—玉林—钦州、北海、防城港、崇左"三个级别，六市中仅南宁玉林产出高于平均值且相差极大，剩余四市皆远低于平均水平。

（二）北部湾六个城市创新产出的空间相关性

研究区域的协同创新，首先要分析的是区域创新的现有空间布局。空间计量经济学指出，几乎所有的空间数据都具有空间依赖性或者空间自相关特征，也就是说一个地区单元的某种经济地理现象与邻近地区空间单元的同一现象是相关的，本书先运用 ArcMAP、GeoDA 软件，通过 Moran's I 和 Moran 散点图分析 2010—2013 年六市创新产出的全局空间相关性、局部相关性及其变化。

空间计量经济学引入空间权重矩阵的概念来定义空间对象的相互邻接关系，在此基础上计算 Moran 指数，度量空间的全局自相关性。

空间权重矩阵的形式如下：

$$W = \begin{bmatrix} w_{11} & w_{12} & \cdots & w_{1n} \\ w_{21} & w_{22} & \cdots & w_{2n} \\ \vdots & \vdots & \vdots & \vdots \\ w_{n1} & w_{n2} & \cdots & w_{nn} \end{bmatrix} \tag{4—2}$$

式中，w_{ij} 表示区域 i 与 j 的临近关系，可以根据邻接标准或距离标准来度量。在距离标准下，

$$w_{ij} = \begin{cases} 1, & \text{区域 i 和 j 的距离小于 } d_0 \\ 0, & \text{其他} \end{cases} \tag{4—3}$$

d_0 为某个标准距离值，一个地区与其自身的空间权重为 0。全局 Moran 指数 I 的计算公式如下：

$$I = \frac{\sum_{i=1}^{n} \sum_{j \neq i}^{n} w_{ij}(x_i - \bar{x})(x_j - \bar{x})}{S^2 \sum_{i=1}^{n} \sum_{j \neq i}^{n} w_{ij}} \tag{4—4}$$

式中，$S^2 = \frac{1}{n} \sum_i (x_i - \bar{x})^2$，$\bar{x} = \frac{1}{n} \sum_{i=1}^{n} x_i$

全局 Moran's I 的取值范围为 [-1，1]，大于 0 表示观测值水平相近的区域在空间上集聚，小于 0 表示相邻区域的观测值有差异，水平相近的区域在空间上分散分布。全局 Moran's I 反映了经济活动在空间上的平均差异程度。

以（z，Wz）为坐标点的 Moran 散点图，对 Wz 和 z 数据进行了可视化的二维图示，进一步表示经济活动的局部空间自相关情况。Moran 散点图的 4 个象限，分别对应于区域单元与其邻居之间 4 种类型的空间联系形式。第一象限代表高观测值的区域单元被同是高观测值的区域所包围（H - H）；第二象限代表低观测值的区域单元被高观测值的区域

所包围（L－H）；第三象限代表低观测值的区域单元被同是低观测值的
区域所包围（L－L）；第四象限代表高观测值的区域单元被低观测值的
区域所包围（H－L）。

运用 GeoDA 软件，通过南宁、北海、防城港、钦州、玉林和崇
左在 2010—2015 年的专利授权量（PAT）的 Moran's I 分析各地创新
产出的全局空间相关性，并绘制这四年的 Moran 散点图，以探讨各地
创新的局部空间自相关（见图 4—1）。2010 年与 2011 年的 Moran 散
点图布局基本相同，2012 年至 2015 年的布局也基本不变。图 4—2、
图 4—3 根据 PAT 将各地的创新产出划分等级，并将 Moran 散点图的
结果直观地标识在地图上，颜色由浅到深依次表示 L－L 地区、L－H
地区、H－L 地区和 H－H 地区，"＊＊＊＊"表示该局部自相关性在
1% 水平下显著。

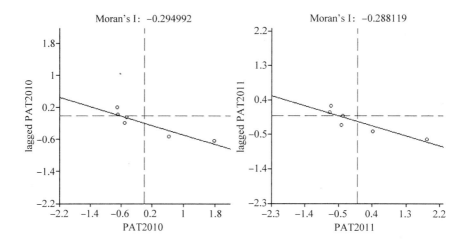

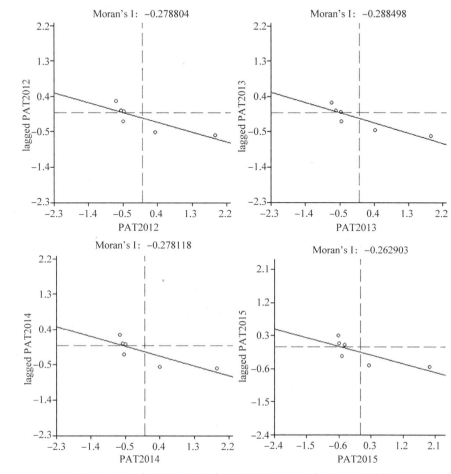

图 4—1　六市 2010—2015 年 PAT 的 Moran's I 与 Moran 散点图

级别	城市	2010—2011 年的 PAT 平均值
1	南宁	1022.5
2	玉林	506
3	钦州	141.5
	北海	125.5
4	崇左	29.5
	防城港	24.5

图 4—2　六市 2010 年、2011 年 PAT 的级别划分与局部空间自相关

级别	城市	2012—2013 年的 PAT 平均值	级别	城市	2014—2015 年的 PAT 平均值
1	南宁	1873.5	1	南宁	3294
2	玉林	815	2	玉林	1296.5
3	钦州	215	3	钦州	339.5
	北海	214.5		北海	263.5
	防城港	139		防城港	184
4	崇左	52.5		崇左	137

图 4—3　六市 2012—2013 年与 2014—2015 年 PAT 的级别划分

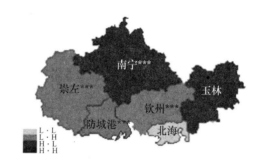

图 4—4　六市 2012—2015 年 PAT 的局部空间自相关

六年的 Moran's I 依次为 -0.294992、-0.288119、-0.278804、-0.288498、-0.278118、-0.262903，北部湾六市近六年的创新产出在空间上维持负相关状态，且负相关程度有小幅减小。从 Moran 散点图来看，无 H-H 区域，L-L 区域不具有统计意义（见表 4—5）。

南宁、玉林是北部湾经济区内稳定的创新高产出城市，优势明显，但两个城市不邻近，同为 H-L 区域。南宁作为北部湾经济区的经济社会发展龙头，集聚了全区的大部分科技资源，创新产出在全区遥遥领先，专利授权量占全区总量的 54% 以上，2015 年增幅更是达到 48.5%，为显著的 H-L 区域。玉林市是北部湾经济相对比较发达的地区，人力、科技资源丰富，有一定的经济实力，有玉柴等大企业和一批外向型的民营企业作支撑，创新产出水平独居全区的第二级别。

与南宁相邻的崇左、防城港连续 6 年为北部湾专利授权量最少的两个城市，都为显著的 L－H 区域。从 2010 年到 2011 年，防城港的经济还处于起步期，投资主要集中在基础设施建设上，科技人才不足，专利授权量与崇左相近，但通过不断的经济社会发展，创新产出在 2012 年实现 464% 幅度的大提升，后由全区的第四级别上升到第三级别。崇左是后期成立的城市，起步晚，科技资源匮乏，专利授权量持续处于全区的最低级别。但从 2013 年起，崇左的专利授权量保持稳定的快增长，最高增幅曾达到 100%。因而崇左近两年的创新产出由独居全区最低级别，上升为第三级别。

钦州、北海的专利授权量在六个城市中的排名稳居第 3 位和第 4 位，但目前尚未整合好科技资源，高科技企业处于起步阶段，创新能力与南宁、玉林差距很大，与低产出城市崇左、防城港相近，创新产出水平低于全区平均水平。北海虽与玉林相邻，但因玉林的创新辐射力较低，持续处于 L－L 区域。2010—2015 年，六市的局部自相关情况发生的唯一变化是，钦州由前两年的显著 L－L 区域变成之后的显著 L－H 区域。原因除了南宁专利授权量的稳步提高外，更重要的是相邻城市防城港的专利授权量在 2012 年大幅度增加。

总体来看，北部湾经济区六个城市的创新产出呈全局的空间负相关；水平较高的南宁与玉林分散分布，二者的辐射力有待提高；剩余四个城市差距逐渐缩小且总体增长幅度小、不稳定。

二　北部湾经济区协同创新现实基础

《广西北部湾经济区发展规划》的提出虽然为北部湾城市群的合作创新提供了指导方向，但北部湾还缺乏相关的法律条文，各市尚未形成明确的协同理念，导致不同城市无序、盲目地开发技术。本着"比较优势"的原则，区位相近、资源禀赋相似的各市构建出的产业结构严重趋同，处于急需投资开发阶段的各地都急于引进外部技术、资金和项目，因而会因地方利益表现出或明或暗的竞争。以上问题导致创新资源利用率低成为北部湾经济区提高创新的重大问题，加强北部湾经济区区域协同创新凸显必要性。

对应于前文所述推进区域协同创新的五大条件，当前北部湾区域协同创新具有的现实基础如下。

（1）南北钦防、玉林、崇左地理上相互毗邻，南宁位于经济区地理中心，市区距玉林、钦州、防城港、北海、崇左分别为220千米、95千米、173千米、204千米和110千米。北部湾全区高速公路总里程706千米，约占全广西的1/2。直线距离不超过300千米的三大港口城市已有高速公路联结；2012年12月20日通车的岑溪至兴业高速公路、建设中的南宁至广州高速公路连通南宁和玉林；南宁至友谊关高速公路连通南宁和崇左。2009年6月23日，南宁至黎塘、钦州至北海、钦州至防城港三条高速铁路同时开建，建成后，从南宁到钦州、北海、防城港的时间可以缩短至25分钟、50分钟和40分钟，"一小时经济圈"真正形成。

（2）各地间存在较高的技术经济依存度。根据南宁、北海、钦州、防城港的"十一五"规划纲要，北海、钦州和防城港三市都选择了冶金化工、电子信息制造、旅游业、港口物流、临海工业作为重点发展产业，趋同的产业结构虽然不可避免导致技术竞争，但也表明彼此之间具有紧密的技术关联性，奠定了区域科技资源整合及协同创新的共同基础。

（3）内部驱动力和外在背景促成三基地一中心强烈的科技合作政治意愿。北部湾经济区加强区域协同创新，是顺应知识和经济全球化的趋势，以区域间科技合作为着力点，整合要素，通过1+1>2的协同效应提高创新产出，进而实现在知识经济时代的高速高质发展。从外在背景来看，随着泛北部湾经济合作的深入和中国—东盟博览会的定期举办，广西各个沿海地区的开放开发程度日益增强，北部湾经济区迎来了前所未有的挑战，也迎来了前所未有的发展机遇，想要在经济和科技发展中赢得先机，就要推进跨区域协同创新，形成强大竞争力，尽可能把机遇转化成现实的生产力，实现地方利益最大化。

（4）南宁成为北部湾经济区的科技龙头。近年来，南宁市开展"百项工业项目大会战"，启动"建设百家亿元工业企业工程"，试以此为突破口加强、稳固工业发展。不单采取了扩大招商引资、倡导资源节约与综合利用等措施，还把创新列为中心议题之一，加大工业技术改革投资，鼓励技术创新，大大提高了在知识经济时代的核心竞争力。成立了二十多年的南宁国家级高新技术开发区近几年发展迅速，初步形成了以电子信息、汽车零配件、机电一体化、现代农业、生物工程与制药为主导的产业体系，是广西发展高新技术的重要基地。

（5）尽管技术关联性强，但北部湾城市群的总体技术创新力量薄弱，企业研发人员匮乏，企业间模仿多、创新少，产品竞争主要采取低价策略，技术创新对经济贡献度极低。如南宁的皮包加工、医药制造等产业集群，企业采用的技术与加工工艺简单粗略，科技含量不高，且生产核心技术多是通过模仿，创新发明极为匮乏，产品仍处于价值链低端。另一方面，六个城市的经济发展水平差距较大。南宁作为广西首府和北部湾经济区的政治、经济、文化中心，在金融、服务、人才和物流等方面的资源都多于其他五市。

由此看出，除技术经济水平低外，北部湾经济区具备了实行区域协同创新的另外 4 个条件，该战略基本可行。但为了提高各主体加入后的净收益，保持长期稳定的区域协同创新，全区还需提高整体技术经济水平，加强经济区技术经济体系的知识配置力。

三　区域协同创新存在的问题

创新资源的区域分布不平衡。北部湾目前的 42 所高校中有 31 所在南宁，占到了将近 73.8%，北海有 4 所，崇左有 3 所，玉林有 1 所，钦州有 3 所，防城港高校数目前为零；60% 以上的科技基础条件平台和大部分科技人力资源集中在南宁市，六市的水平相差悬殊。

1. 南宁、玉林的辐射力不足

旨在为各市提供技术学习与技术集成平台的、位于南宁南部的北部湾科技园仍处于基础设施建设阶段，吸引大批国内外企业入驻、真正推进多元文化融合尚有时日；玉林当前的创新活动也局限于本地的建设中小企业创新孵化平台、制造业信息化、"强柴兴玉"等工作。

2. 崇左缺乏对南宁的技术吸收

南宁和崇左地理相邻，但创新产出分别是北部湾内的最高和最低，差距极其悬殊，重要原因是崇左的技术吸收能力弱。崇左亟须抓住"南、崇同城化"机会，消除行政壁垒，努力与南宁市场对接，积极融入南宁，享受经济区中心城市所具备的设施、信息、人力资源等优势，成为北部湾经济区的技术扩散与应用区域。

3. 各市创新活动协同层次低

由于缺乏有效的利益机制引导，区域联合科技攻关项目一直停留在具有明显共性需求的公共类研发项目，如环境、海洋等领域，难以深入到自主创新的关键点——产业科学技术领域。

第五章

北部湾经济区协同创新实证研究

第一节 北部湾经济区创新主体协同创新的复合系统协调度研究

一 实证分析的框架

本书研究北部湾经济区协同创新中的政府作用，以复合系统协调理论为基础，建立政产学研协同创新系统协调度评价体系，通过构建子系统有序度与系统协同度模型来评价北部湾经济区政产学研协同创新的协同程度，以此来衡量该地区的创新主体协同发展的水平及存在问题，反映出政府作用的发挥状况。首先，从政府子系统、产业子系统、高校子系统、科研子系统四方面对北部湾经济区 2008—2014 年协同创新的协调度进行测算，得出北部湾经济区成立以来至今协同创新的发展程度及其影响因素。其次，纵向分析北部湾经济区 4 市创新主体协同创新子系统内部的序参量变化和各子系统协调变化的趋势，得出北部湾经济区 4 市各自政、产、学、研四大主体存在的问题。最后，根据评价结果，提出提升北部湾经济区协同创新能力的对策，为政府针对性地发挥作用提供科学的依据和可操作的对策。

二 指标体系的设计

根据协同创新体系建设中各创新主体的表现形式与作用功能，设计出一套用于评价北部湾经济区协同创新发展水平的指标体系。通过对北部湾经济区协同创新整体协调度以及该区域内不同城市协同创新发展现状的评价，找出协同创新中各创新子系统的不足和协同创新体系建设的薄弱环节，为政府更好地发挥作用提出建议。

（一）指标体系的功能

评价指标体系的建立是要把协同创新体系建设中所涉及的各创新主体的功能作用简单化，获取量化的指标数据，为地方级政府了解促进地区协同创新体系的建设提供科学的评判依据。同时，完整的评价指标体系还应对协同创新体系建设的各个方面发生的变化趋势及程度进行客观反映，由此发现阻碍和影响协同创新的消极因素，分析其内在原因并采取适当的应对措施，为实现协同发展的目标提供评价、监控和预测等功能。

第一，评价功能。通过指标体系，可以评价区域协同创新的整体协调情况，以及在该区域内不同城市影响其协同创新的因素和各创新主体存在的问题，从而找出地方政府职能作用的定位与行为规律，为政府针对性地发挥作用提供科学的依据和可操作的对策。

第二，监控功能。通过对创新主体在协同创新体系建设中功能作用一定时期内持续的分析和整理，可以从不同的角度反映协同创新体系建设中政府作用的发挥对协同创新体系运行效果的影响、变动趋势，实现监控功能。

第三，预测功能。根据协同创新体系各组成主体的评价结论进行分析处理，就能够预测其发展变化的走向，使政府可以对协同创新活动进行短期预测分析，便于对协同创新体系建设进行动态管理。

（二）指标体系的构建

结合已有研究成果（张序萍[①]；付俊超等[②]），本书侧重从政府支

---

① 张序萍：《区域技术创新能力的指标筛选及评价研究》，《经济研究导刊》2010 年第30 期，第137—140 页。

② 付俊超、杨雪、刘国鹏、鲍杰：《产学研合作运行机制与绩效评价研究》，中国地质大学出版社有限责任公司 2011 年版。

持、产业发展、高等教育、科研水平对政产学研协同创新系统的影响来构建指标体系。鉴于政产学研协同创新系统的微观组成要素复杂，在实践调研中部分地市的科研数据不易大量获得，本着科学性、实用性和可操作性原则，筛选出一些具有代表性的指标来反映北部湾经济区协同创新的协调程度，建立了政产学研协同创新系统协调度评价体系，包括了政府子系统、产业子系统、高校子系统、科研子系统四大子系统，每一子系统包含三个评价指标，以此来衡量该地区的创新主体协同发展的水平（见表5—1）。

表5—1　　　　　　　政产学研协同创新系统协调度评价体系

子系统	评价指标	指标说明
政府子系统	教育支出（亿元）	反映政府对高校子系统的投入
	科学技术支出（亿元）	反映政府对科研子系统的投入
	全社会固定资产投资额（亿元）	反映政府对产业子系统的投入
产业子系统	规模以上工业企业数量（个）	反映产业子系统的发展水平
	规模以上工业企业利润总额（亿元）	反映产业子系统的收益量
	规模以上工业总产值（亿元）	反映产业子系统的总量
高校子系统	普通高等学校数量（个）	反映高校子系统的教育实力
	普通高等学校专职教师数量（万人）	反映高校子系统的人力投入水平
	普通高等学校在校生数量（万人）	反映高校子系统的输出量
科研子系统	政府部门属科学研究及技术开发机构数量（个）	反映科研子系统的发展规模
	政府部门属研究与开发机构课题数（项）	反映科研子系统的输出量
	专利申请受理数量（项）	反映科研子系统的技术创新水平

其中，政府子系统代表着一个地区的政府对科技创新的支持力度。政府部门通过调整政府预算、制度建设，统一规划、加大对创新的政策支持，构筑统一的信息化知识共享平台，营造各主体间协同创新的良好环境。产业子系统代表着一个地区的经济发展水平。企业政产学研协同

创新中直接接触市场的主体，能准确、快速地了解市场需求，并将这种需求与高校和科研机构的技术成果完美结合，转化成生产力，满足市场与顾客的需求，是政产学研协同创新的主要执行者。高校子系统代表着一个地区的高等教育发达程度。高校通过教育和创新双重途径为创新主体的协同创新提供理论和技术支持，其丰富的人才资源和高水平的科技专家是提高企业创新能力的主要因素。科研子系统代表着一个地区的科学技术水平。科研机构主要从事具有较强公共属性的科学知识与技术知识的生产与传播，能够分摊部分科技创新的成本和风险，其目的是为企业、高校、中介机构的协同创新和整个社会协调发展提供知识储备。

（三）指标权重的赋值

由于在指标体系中所有指标都是定量的，本书采用变异系数法来确定权重，它是一种客观赋权的方法，可以在一定程度上避免主观因素的影响。在指标体系中，指标取值差异越大，说明该指标越难以实现，这类指标能很好地反映被评价单位的差距。首先需要计算各项指标的变异系数来消除指标的不同量纲对计算的影响，以反映各项指标取值的差异程度。各项指标的变异系数的计算公式为：

$$V_i = \frac{\sigma_i}{\bar{x}_i} \qquad (i = 1, 2, \cdots, n) \tag{5—1}$$

式中：V_i 是第 i 项指标的变异系数，也被称为标准差系数；σ_i 是第 i 项指标的标准差；$\bar{x}_i$ 是第 i 项指标的平均数。

由此可得各项指标的权重计算公式：

$$W_i = \frac{V_i}{\sum_{i=1}^{n} V_i} \tag{5—2}$$

（四）数据的采集与处理

本书数据来自广西北部湾经济区 2009 年成立以来至 2013 间的广西统计年鉴，南宁、北海、钦州、防城港四市的统计年鉴，以及广西科技信息网、自治区统计局信息网、各市统计局及科技局的相关数据。

三　创新主体协同创新复合系统协调度模型的建立

复合系统理论认为，协调度是指系统或系统组成要素在动态发展中保持一致的程度，在整个过程中采取的调节措施所遵循的规律和准则即为系统的协调机制（孟庆松，韩文秀）[1]。协同创新指的是政府、企业、高校、科研机构、中介机构等合作方以资源整合或优势互补为合作基础，以成果共享、风险共担为合作原则，为完成一项科技创新所进行的分工协作过程。协同创新系统的建立是根据各创新主体在系统中及现实中的不同功能，将其划分为政府子系统、产业子系统、高校子系统、科研子系统四大系统。首先构建政产学研协同创新的理论模型，并依据孟庆松、韩文秀建立的系统协调度模型，构建子系统有序度与系统协同度模型，对北部湾经济区政产学研协同创新的协同程度进行评价。[2]

复合系统由 $S = \{S_1, S_2, \cdots, S_K\}$ 表示，其中 S_j 为第 j 个子系统。S 代表政产学研协同创新系统，S_j（$\{j = 1, 2, 3, 4\}$）分别代表政府子系统、产业子系统、高校子系统、科研机构子系统。在复合系统中，各子系统通过相互影响、相互制约构成复合系统 S，表示为：

$$S = f(S_1, S_2, \cdots, S_K) \tag{5—3}$$

其中 f 称为复合系统 S 的复合因子。由于政产学研协同创新系统是各系统在内外环境下相互作用而形成的综合系统，f 呈非线性状态。

设政产学研协同创新系统 S_j，j = [1, k]，设该子系统 S_j 在发展中的序参量为 $e_j = (e_{j1}, e_{j2}, \cdots, e_{jn})$，n≥1，$e_{ji}$ 的最小值由 β_{ji} 表示，e_{ji} 的最大值由 α_{ji} 表示，$\beta_{ji} \leq e_{ji} \leq \alpha_{ji}$，i = i∈[1, n]。当 e_{ji} 为正向指标时，取值越大，系统的有序度越高，取值越小，系统的有序度越低；当 e_{ji} 为负向指标时，取值越小，系统的有序度越高，取值越大，系统的有

①　孟庆松、韩文秀：《复合系统协调度模型研究》，《天津大学学报》2000 年第 33（4）期，第 444—446 页。

②　同上。

序度越低。政产学研协同创新子系统 S_j 的序参量 $\mu(e_{ji})$ 有序度为：

$$\mu(e_{ji}) = \begin{cases} \dfrac{e_{ji} - \beta_{ji}}{\alpha_{ji} - \beta_{ji}}, & i \in [1, \iota] \\[3mm] \dfrac{\alpha_{ji} - e_{ji}}{\alpha_{ji} - \beta_{ji}}, & i \in [\iota+1, n] \end{cases} \tag{5—4}$$

式中，$\mu(e_{ji}) \in [0, 1]$，$\mu(e_{ji})$ 的值越大，说明 e_{ji} 对系统有序度的直接影响越大。在实际的运算中，要注意 e_{ji} 的取值应集中在某个恒定的范围，不宜偏大或偏小，可以通过对取值区间 $[\beta_{ji}, \alpha_{ji}]$ 的调整，使其有序度定义符合以上假设。

由此可知，通过 $\mu(e_{ji})$ 的集成可以实现序参量 e_{ji} 对子系统 S_j 有序度的总体贡献。因此，政产学研协同创新系统的整体效应不但受各序参量数值的大小的影响，还应注意各序参量之间的组合方式的影响。本书采用几何平均法与线性加权和法进行集成，即：

$$\mu(e_{ji}) = \left[\prod_{i=1}^{n} \mu_j(e_{ji}) \right]^{\frac{1}{n}} \tag{5—5}$$

$$\mu(e_{ji}) = \sum_{i=1}^{n} \lambda_i u_1(e_{1i}), \lambda_i \geq 0, \sum_{i=1}^{n} \lambda_i = 1。 \tag{5—6}$$

由公式（5—5）可知，$\mu(e_{ji}) \in [0, 1]$，$\mu(e_{ji})$ 的数值越大，则 e_j 对系统有序的作用越大，系统有序的程度就越好，反之则越低。在运用线性加权和法进行计算时，权系数 λ_i 表示 e_{ji} 在维持系统有序运转中所发挥的作用。确定权系数 λ_i 要充分考虑两个方面的问题：一是 λ_i 要能反映系统当时的运行情况；二是指向系统某一阶段内的任务目标。

设初始时刻为 t_0，政产学研协同创新系统子系统 S_j 各个子系统序参量的系统有序度为 $\mu_j{}^0(e_j)$，当复合系统不断发展到时刻 t_1，则子系统 S_j 序参量的系统有序度为 $\mu_j{}^1(e_j)$，其中 $j = 1, 2, \cdots, n$，则政产学研协同创新系统 SIS（Synergy of Inonvation System）在 $t_0 - t_1$ 时段内复合系统协调度为：

$$SIS = \theta \left\{ \left| \prod_{j=1}^{k} \left[\mu_j^1(e_j) - \mu_j^0(e_j) \right] \right| \right\}^{\frac{1}{k}} \tag{5—7}$$

其中，$\theta = \dfrac{\min \left[\mu_j^1(e_j) - \mu_j^0(e_j) \right] \neq 0}{\left| \min \left[\mu_j^1(e_j) - \mu_j^0(e_j) \right] \neq 0 \right|}$，$j = 1, 2, \cdots, k$

$$\tag{5—8}$$

公式（5—7）中，$\mu_j^1(e_j) - \mu_j^0(e_j)$ 为复合系统子系统 S_j 从 $t_0 -$ t_1 时段内序参量的有序度变化幅度，$SIS \in [-1, 1]$，其值越大，复合系统协调发展的程度越高，反之则越低。当且仅当 $\mu_j^1(e_j) - \mu_j^0(e_j)$ > 0，$\forall j \in [1, k]$，复合系统才有正的协调度；当 $\forall j \in [1, k]$，μ_j^1 $(e_j) - \mu_j^0(e_j) > 0$，说明在 $t_0 - t_1$ 时段内，复合系统的各子系统是协调发展的；若 $SIS \in [-1, 0]$，说明其中至少有一个子系统的有序度未与其他子系统的有序度同步提高，并向无序方向发展，则可以判断在 $t_0 - t_1$ 时段内，整个系统处在非协调状态。

由此可知，该公式是对复合系统动态变化趋势的整体把握，可以检验现实中政产学研协同创新系统在测算时期内的协调程度的特征以及发展趋势。

为了定性描述子系统的协调状态，在借鉴相关文献基础上（彭荣胜[1]；单莹洁，苏传华[2]），将政产学研协同创新协调度评价等级划分如表5—2所示。

表5—2 　　　　　　　政产学研协同创新协调度评价等级

协调值	0.00—0.30	0.31—0.70	0.71—1.00
协调等级	不协调	初级协调	良好协调

---

[1] 彭荣胜：《区域经济协调发展的内涵、机制与评价研究》，博士论文，河南大学，2007年。

[2] 单莹洁、苏传华：《基于耦合协调度的区域创新系统绩效评价研究——以河北省为例》，《科技管理研究》2011年第22期，第67页。

四 创新主体协同创新复合系统协调度评价

(一)北部湾经济区政产学研协同创新系统整体协调性评价

由于各个指标观测单位不同,为了消除量纲影响,本书在实证分析前需对原始数据进行标准化后代入公式(5—4),计算政产学研协同创新系统子系统序参量的有序度,所取有序度都为正向指标,其值越大,有序度越高。公式(5—5)计算政产学研协同创新系统子系统的有序度,序参量的有序度越高,对子系统有序度的贡献越大。公式(5—6)和(5—7)计算政产学研协同创新系统发展过程中某个时间段的系统协调度,用以分析系统构成主体在发展时期相互合作的协同情况。具体操作使用 SPSS19.0 软件计算实现,可得出 2008—2014 年北部湾经济区政产学研协同创新系统子系统的有序度和复合系统的协调度,如表 5—3、表 5—4 所示。

表 5—3 2008—2014 年北部湾经济区政产学研协同创新系统子系统有序度

年份	政府子系统	产业子系统	高校子系统	科研子系统
2008	0.061601805	0.059671778	0.016889188	0.051569879
2009	0.145425573	0.117630059	0.25024442	0.138253896
2010	0.252354268	0.445219864	0.36941678	0.182138158
2011	0.421447835	0.516889849	0.482834915	0.280132892
2012	0.682331383	0.692734506	0.608807491	0.463448282
2013	0.78924845	0.80929832	0.754089154	0.818451262
2014	0.955344582	0.874965082	0.984724339	0.964530697

表 5—4 2009—2014 年北部湾经济区政产学研协同创新复合系统协调度

年份	2009	2010	2011	2012	2013	2014
协调度	0.0995646	0.24120971	0.3638273	0.5563460	0.74519468	0.89576685
协调度	不协调	不协调	初级协调	初级协调	良好协调	良好协调

由表5—3和表5—4的数值可以绘制出北部湾经济区政产学研协同创新系统子系统的有序度发展趋势图及政产学研协同创新系统协调发展趋势图，如图5—1、图5—2所示。

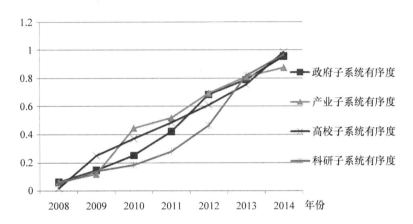

图5—1　政产学研协同创新子系统2008—2014年有序度发展趋势

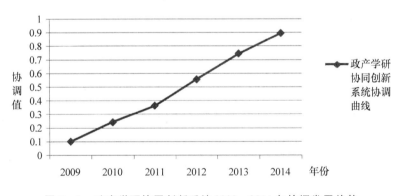

图5—2　政产学研协同创新系统2009—2014年协调发展趋势

从图5—2可知，北部湾经济区政产学研协同创新系统2009—2014年的协调曲线呈平滑上升趋势，说明该复合系统的协调性经历了一个由不协调到逐渐协调的发展过程。2008年，北部湾经济区开发开放正式上升为国家战略，得益于国家和自治区对北部湾经济区发展建设有力的财政及政策支持，2009—2014年北部湾经济区政产学研协同创新系统协调度呈现大幅提高状态。通过计算，2009—2014 年北部湾经济区政产学研协同创新系统的平均协调度为 0.48365155，位于初级协调等级，说明总体上北部湾经济区政产学研协同创新程度不高，与 2014 年《中国区域创新能力报告》"广西的区域创新能力处于全国下游水平"的结论基本相符。

从北部湾经济区政产学研协同创新系统的协调发展趋势与子系统内部各序参量的变化来看，政产学研协同创新政府子系统有序度在 2009 年以前增长较为平缓，2010—2012 年期间上升幅度较大，2012 年以后逐渐平缓，说明政府对政产学研协同创新的支持力度逐年加大。教育支出和科学技术支出序参量稳步上升，而全社会固定资产投资额序参量有序度表现出小幅波动，表明近年来政府对政产学研协同创新经费投入越来越重视，但政府对政产学研协同创新环境的建设仍要继续加强。

政产学研协同创新产业子系统有序度在 2009 年以前增长较为平缓，2010—2012 年期间上升幅度较大，2012 年以后逐渐平缓。其中，规模以上工业企业数序参量的有序度在经历了 2011 年大幅回落后也呈现逐年回升趋势，但峰值仍未超过 2010 年（0.108776），规模以上工业企业利润总额和规模以上工业总产值序参量的有序度 2009 年后均增幅强势，致使政产学研协同创新政府子系统整体呈现有序度从平缓到直线上升的发展趋势。规模以上工业利润总额序参量对子系统有序度发展的贡献较大，规模以上工业总产值序参量和规模以上工业企业数序参量次之，说明今后仍应通过技术创新、产业升级加大对规模以上工业企业的建设，产业结构从增量扩能为主转向调整存量、做优增量并举，提高企业利润。

政产学研协同创新高校子系统有序度在 2009 年以后的增长幅度强劲。其中，普通高等学校专任教师数序参量和普通高等学校在校生数序参量的有序度增长幅度逐年加大，使政产学研协同创新高校子系统整体呈现有序度上升的态势。普通高等学校专任教师数序参量对子系统有序度发展的贡献最大，普通高等学校在校生数序参量和普通高等学校数序参量次之，说明今后仍应加大对普通高等学校人力资本和基础设施的投入。

政产学研协同创新科研子系统有序度保持上升势头。政府部门属科学研究及技术开发机构数序参量、政府部门属研究与开发机构课题数序参量、专利申请受理数序参量逐年稳步上升，使政产学研协同创新高校子系统整体出现有序度平滑上升的趋势。其中，专利申请受理数序参量对子系统有序度发展的贡献较大，市属部门科研机构科技活动项目数序参量、市属部门科学研究及技术开发机构数序参量次之，反映出科研机构队伍人才建设及研究能力培养方面有待加强。

（二）北部湾经济区四市政产学研协同创新系统协调性评价

选取 2008—2014 年广西北部湾经济区南宁、北海、钦州、防城港 4 市政府子系统、产业子系统、高校子系统、科研子系统的序参量指标数据，根据公式（5—1）（5—2）计算 4 市 12 个序参量的变异系数及政产学研协同创新子系统的变异系数，根据公式（5—4）（5—5）（5—6）（5—7）测算 2014 年北部湾经济区 4 市政产学研协同创新子系统有序度和复合系统协调度 SIS，如表 5—5、表 5—6 所示。

表 5—5　北部湾经济区 4 市 2014 年政产学研协同创新子系统有序度

	政府子系统	产业子系统	高校子系统	科研子系统
变异系数	0.892194	0.644164	1.44512	1.359437
南宁	0.990055	0.951191	0.9894367	0.968465
北海	0.313683	0.433832	0.1096041	0.098672
钦州	0.266559	0.204164	0.0834123	0.084617
防城港	0.14128	0.395316	0.0676541	0.123514

表 5—6　北部湾经济区 4 市 2014 年政产学研协同创新复合系统协调度

城市	南宁	北海	钦州	防城港
协调度	0.974652	0.195866	0.139996	0.14698

由表5—5、表5—6的数值可以绘制出2014年北部湾经济区4市政产学研协同创新系统子系统的有序度发展趋势图及政产学研协同创新系统协调发展趋势图，如图5—3、图5—4所示。

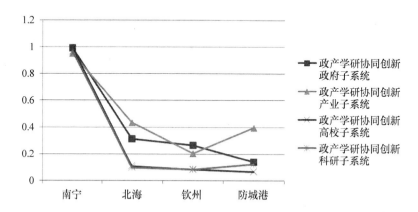

图5—3 北部湾经济区4市2014年政产学研协同创新子系统有序度发展趋势

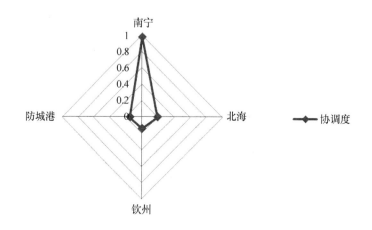

图5—4 北部湾经济区4市2014年政产学研协同创新系统协调度雷达图

从图5—4可知，横向来看，南宁市的协调度值明显高于其他3市，位于中间区间协调度的城市少，南宁市的垄断性强，北海、钦州、防城港3市虽然具有正的协调度，但协调度值过低，说明这3个城市的政产学研协同创新系统仍处于不协调发展阶段，北部湾经济区的政产学研协同创新由南宁市发挥主导作用，具有城市间发展不均匀的特征。

根据北部湾经济区政产学研协同创新子系统变异系数可以看出，高校子系统和科研子系统的变异系数较大，二者均在 1.0 以上，产业子系统变异系数最小，说明 4 个城市在高校和科研建设方面的差异最大，政府资金投入方面差异较小，产业发展差异最小。

从北部湾经济区政产学研协同创新子系统的有序度来看，南宁市的政府子系统、产业子系统、高校子系统、科研子系统的有序度远远高于其他城市，说明南宁市在政产学研协同创新系统中的有序度较高，主要原因是科学技术支出、全社会固定资产投资额、规模以上工业利润总额、普通高等学校在校生数、市属部门科学研究及技术开发机构数等序参量的有序度较高，与其他北部湾城市差异巨大，这是南宁市重视政产学研协同创新组织、环境建设，积极支持政产学研协同创新投入的结果。

北海市政产学研协同创新政府子系统和产业子系统有序度较高，得益于北部湾经济区成立后经济发展速度快和良好宽松的投资环境，北海市电子信息业、临港新材料、石油化工等高科技产业的迅速崛起，使规模以上工业利润总额和全社会固定资产投资额序参量较高。2014 年北海的科学技术支出达 2.57 亿元，占公共财政支出的 3.39%，高于南宁 1.78%、钦州 1.39%、防城港 1.57% 的比重，对政产学研协同创新政府子系统的贡献最大，为政产学研协同创新的科技创新活动提供了良好的物质基础。

钦州市政产学研协同创新政府各子系统有序度普遍偏低。产业子系统有序度为四市最低，规模以上工业企业利润总额序参量过低是主要原因。高校和科研子系统有序度对政产学研协同创新系统的贡献值偏低，主要受普通高等学校教师数和政府部门属研究与开发机构课题数序参量偏小影响。这反映出该市产业发展仍以依靠资源和低成本劳动力等要素投入的方式为主，企业产品附加价值不高，协同创新存在教育人才匮乏、科学研究发展水平不高的问题。

防城港市政产学研协同创新协调度的特点在于产业子系统对协同创新的贡献较大，但排名置底的原因是防城港市高校子系统有序度和政府子系统有序度对政产学研协同创新系统的贡献值过低。至2012年，防城港市成立第一所普通高等院校，使普通高等学校数量、普通高等在校生数、普通高等学校专任教师数序参量过小，直接导致高校子系统有序度偏低。这反映出政府财政投入力度不足，教育资源及创新环境建设不到位问题。

总体上看，北部湾经济区4市的政府子系统有序度和产业子系统有序度对政产学研协同创新系统的贡献较大，说明创新主体间的协同创新效应主要靠企业发展及政府的资金投入带动。科研子系统和高校子系统有序度对政产学研协同创新系统的贡献小，说明高校、科研机构并不是政产学研协同创新的主要资金、技术投入者，没有在政产学研协同创新中发挥积极作用，特别是各市在高校和科研机构建设方面差异巨大，是政产学研协同创新系统不协调发展的主要因素和创新主体协同创新中的薄弱环节。

第二节　北部湾经济区产业协同创新系统协调度评价

一　产业协同创新系统耦合协调度模型

1. 主成分分析赋权法

指标权重对于系统耦合协调度的计算至关重要，因此根据各原始指标数据所提供的信息量，利用主成分分析法来计算指标的权重。主成分分析法是将相关的 p 个指标，通过坐标旋转变换为不相关的 p 个主成分。[①] 设 $X = (x_{ij})_{n \times p}$ 为原始数据阵，标准化后得到数据阵为 Z =

---

　　① 白雪梅、赵松山：《由指标相关性引出的权重的确定方法》，《江苏统计》1998 年第 4 期，第 26—32 页。

$(z_{ij})_{n \times p}$。l_{jk}是相关阵 R 的特征值 λk 所对应的单位特征向量，由于变量之间一般都存在着相关性，因此可利用主成分分析法求得主成分 F_1，F_2，…，F_p，则样本 i 的第 k 个主成分为

$$Fik = \sum_{j=1}^{p} ljkZij \quad (k = 1, 2, \cdots, p; \ i = 1, 2, \cdots, n) \qquad (5\text{—}9)$$

样本 i 的主成分得分值为

$$D_i = \sum_{k=1}^{p} \omega kFik = \sum_{k=1}^{p} \omega k \left[\sum_{j=1}^{p} ljkZij \right] = \sum_{j=1}^{p} \left[\sum_{k=1}^{p} \omega kljk \right] Zij =$$

$$\sum_{j=1}^{p} ajZij \qquad (5\text{—}10)$$

$$\alpha_{j =} \sum_{k=1}^{p} \omega kljk \qquad (5\text{—}11)$$

$$\omega k = \lambda k / \sum_{l=1}^{p} \lambda l \qquad (5\text{—}12)$$

因此变量 x_j 的权重为

$$\omega j = aj / \sum_{l=1}^{p} al \ (j = 1, 2, \cdots, p) \qquad (5\text{—}13)$$

2. 数据标准化处理

由于两系统内部指标间数值存在较大差距，为了消除数据的数量级以及量纲的不同而造成的影响，需要对数据进行标准化处理。正向指标采用极大值标准化，逆向指标采用极小值标准化。

$$x_{ij1} = x_{ij} / x_{max} \quad x_{ij1} = x_{min} / x_{ij} \qquad (5\text{—}14)$$

3. 耦合协调度模型和计算方法

$$f(x) = \sum_{j=1}^{m} \omega jxj \qquad (5\text{—}15)$$

$$h(y) = \sum_{i=1}^{n} \omega ixi \qquad (5\text{—}16)$$

f（x）、h（y）分别表示产业创新子系统和创新环境子系统的综合评价函数，其中 wj、wi 是系统内部各指标权重值，xj、xi 是经过数据标准化处理后的指标。借助物理学中的容量耦合系数模型推广得到多个系

统或要素相互作用耦合度模型①，即

$$C = \left\{ (\mu_1 \bullet \mu_2 \cdots \mu_m) / \left[\prod (\mu_i + \mu_j) \right] \right\} \frac{1}{m}, \mu_i (i = 1, 2, 3 \cdots,$$

m)　　　　　　　　　　　　　　　　　　　　　　　　　　　(5—17)

产业协同创新系统中包含两个子系统，因此 m = 2。

$$\text{耦合度 } C = \sqrt{\frac{f(x) \times h(y)}{[f(x) + h(y)]^2}} \qquad\qquad (5\text{—}18)$$

尽管耦合度 C 可以表示为具有相互作用关系的产业创新子系统和创新环境子系统协调程度，但是在两个子系统协同度都处于较低水平时，产业协同创新系统可能出现较高的协调度，耦合度只能说明相互作用程度的强弱，却无法真实地反映协调发展水平的高低，因此引入耦合协调度模型，以便更好地评价产业协同创新系统耦合协调程度。

$$D = \sqrt{C \times T} \qquad\qquad\qquad\qquad\qquad (5\text{—}19)$$

$$T = a \times f(x) + b \times h(y) \qquad\qquad\qquad (5\text{—}20)$$

其中 C 为耦合度，D 为耦合协调度，T 是反映产业创新系统和创新环境系统的综合评价指数，反映了整体协同效应或贡献。f（x）、h（y）分别表示产业创新子系统和创新环境子系统的综合评价函数。a、b 为待定系数，考虑到产业创新子系统和创新环境子系统对产业协同创新具有同等重要的作用，使 a = 0.5，b = 0.5。

二　产业协同创新系统指标体系构建

北部湾工业产业创新子系统和外部创新环境子系统间存在多维度多层次的互动与耦合关系，为了更加全面地揭示和反映两系统间的耦合协同程度，根据科学性、数据的可得性和实用性的原则建立指标体系，并根据公式（4—9）—（4—13）计算出各系统内部指标所占权重如图

---

① 刘定惠、杨永春：《区域经济—旅游—生态环境耦合协调度研究——以安徽省为例》，《长江流域资源与环境》2011 年第 7 期，第 28—32 页。

5—5 所示。

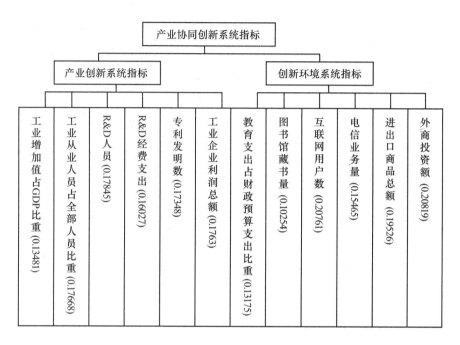

图 5—5　产业协同创新系统测度指标及其权重

在工业产业创新系统内部，是从产业能力、创新投入、创新成果三个方面构建指标体系。在产业能力方面，选择工业增加值占 GDP 比重和工业从业人员占全部从业人员比重两个指标来衡量工业产业生产能力水平。R&D 人员数是规模以上工业从事研发工作的人员，反映了工业产业创新系统的人员投入情况。R&D 经费支出是规模以上工业企业用于研究活动的内外部支出之和，反映了工业产业创新系统的研发资金投入情况。R&D 人员数和 R&D 经费支出是从工业产业创新投入的角度划分的指标。在创新成果指标方面则选取专利发明数和工业企业利润总额两个指标来衡量工业产业创新系统的产出能力和创新活动的研究成果。

外部创新环境对产业创新能力具有很大的影响，特别是随着北部湾经济区与周边地区和国家贸易自由化的推进、生产要素的快速流动以及通信技术的迅猛发展，导致产业创新系统对外部创新环境提出了更高的要求。结合北部湾工业产业的发展要求，将外部创新环境评价体系分为 3 个部分：第一部分是创新技术环境指标，互联网用户数、电信业务量等构成的技术环境形成了产业创新的交流网络，为产业创新提供信息沟通的基础设施条件。第二部分是科教环境指标，包括教育支出占财政预算支出比重和图书馆藏书量。政府作为政策的制定者和实施者，对优化产业创新环境和促进产业创新发展具有重要作用。教育支出占财政预算支出反映了政府在教育方面的投入情况，图书馆藏书量指标则是政府为产业创新活动提供运行环境，这两个指标从一定程度上能够反映政府对产业创新提供科教环境支持力度。第三部分是经济环境指标，经济投资活动的频繁对产业创新提出了更高的要求，为了争夺高附加值的经济投资活动，北部湾工业产业会促进自身不断地自主创新吸引流动财富。本书用进出口商品总额和外商投资额两个指标来衡量经济环境创新程度。

三　产业协同创新系统耦合协调度实证分析

（一）北部湾产业协同创新系统整体协调性分析

通过广西统计年鉴、南宁统计年鉴、北海统计年鉴、钦州统计年鉴以及实地调研得到 2008—2014 年北部湾工业产业创新系统以及外部创新环境系统的数据。根据公式（5—14）对数据进行标准化处理后，结合公式（5—15）—（5—20）计算出广西北部湾产业协同创新系统整体耦合协调度。同时参照廖重斌[①]在环境与经济协调发展研究中对耦合协调度的等级划分（见表5—7）得到了广西产业协同创新系统耦合协调发展情况（见表5—8、表5—9）。

[①]　廖重斌：《环境与经济协调发展的定量评判及其分类体系——以珠三角城市群为例》，《热带地理》1999 年第 2 期。

表5—7　　　　　　　　　　　耦合协调度等级分类

耦合协调度	协调等级	耦合协调度	协调等级
0—0.29	严重失调	0.30—0.39	轻度失调
0.40—0.49	濒临失调	0.50—0.59	勉强协调
0.60—0.69	初级协调	0.70—0.79	中级协调
0.80—0.89	良好协调	0.90—1.00	优质协调

表5—8　　　　　　北部湾产业协同创新系统耦合协调度

年份	产业创新子系统 f（x）	外部创新环境子系统 h（x）	综合评价函数 T	耦合度 C	耦合协调度 D
2008	0.30512576	0.31587047	0.31049811	0.49992515	0.39398708
2009	0.30814336	0.46329002	0.38571669	0.48978384	0.43464676
2010	0.41039408	0.53997681	0.47518545	0.49533039	0.48515337
2011	0.48741293	0.63501509	0.56121401	0.49565792	0.52741840
2012	0.61753636	0.74403080	0.68078358	0.49783756	0.58216805
2013	0.83551830	0.68116211	0.75834021	0.49740386	0.61416719
2014	0.87142641	0.79840853	0.83491747	0.49952175	0.64580139

表5—9　　　　2008—2014年北部湾产业协同创新系统协调类型

年份	2008	2009	2010	2011	2012	2013	2014
协调度	0.393987	0.4346467	0.485153	0.527418	0.5821680	0.6141671	0.6458013
协调类型	轻度失调	濒临协调	濒临协调	勉强协调	勉强协调	初级协调	初级协调

由表5—8和表5—9的数值可以绘制出广西北部湾经济区产业创新子系统 f（x）、外部创新环境子系统 h（x）、综合评价函数 T，以及产业协同创新复合系统耦合度 C、耦合协调度 D，如图5—6、图5—7所示。

从图5—6可以看出北部湾产业创新一直呈现上升的趋势，并在2014年达到了最高，其中产业创新系统在2011—2012年、2012—2013

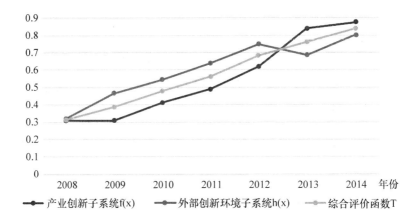

图 5—6　2008—2014 年广西北部湾产业协同创新系统评价函数

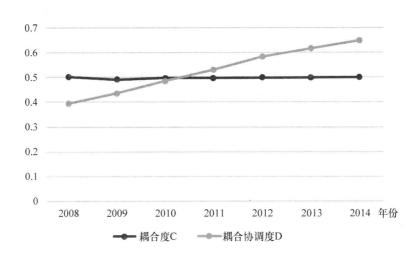

图 5—7　2008—2014 年广西北部湾产业协同创新系统耦合度和耦合协调度

年增幅最大。对原始数据进行分析可以发现，产生上述现象的原因是 2012 年、2013 年的 R&D 人员数和工业人员占从业人员比重的大幅度增加。从内部指标来看，R&D 人员、工业从业人员占全部人员比重在北部湾工业产业创新系统中所占的权重最大，说明这两个指标对工业产业创新活动的影响最大，北部湾可以通过加大工业从业人员数和 R&D 人员投入来实现产业创新系统快速提升；而创新环境函数评价值则是在2009—2012 年期间呈稳定上升趋势，但在 2012—2013 年时，迅速下降，在 2013—2014 年时迅速上升，且增幅最大。对原始数据进行分析可以看出，在 2009—2012 年间的稳定上升，主要是由技术环境中的互联网用户数和外商投资额的不断增加导致的，而在 2012—2013 年的下降是因为互联网用户数的大幅度突然减少而引起的。从内部指标来看，互联网用户数和外商投资额在创新支撑环境系统中所占的权重最大，表明两个指标对系统贡献最大。由此可知，在今后的发展过程中，通过提高互联网技术以及加大引进外商投资力度可以增加创新支撑环境子系统的函数评价值。如图 5—6 所示，在 2012 年之前，北部湾外部创新环境系统函数值都大于产业创新系统函数值，说明在较长的一段时间内工业产业创新子系统的发展滞后于创新支撑环境系统，两系统的发展不相匹配最终导致复合系统处于低水平的协同状态，从而不利于产业协同创新。不过，从 2013 年开始，产业创新子系统的函数值稳定高于外部创新环境系统，且两函数值趋于一致，可见随着经济的发展，北部湾经济区的产业协调创新状态在向高水平发展。

从图 5—7 可以看到，从 2008—2014 年，广西北部湾产业协同创新系统耦合度波动幅度不大，一直保持在 0.49 左右。而耦合协调度则呈稳步上升的态势，从 0.52 上升到 0.645，上升幅度较大。这说明产业创新系统与创新支撑环境系统单个子系统有了明显的提升，但是由于两系统在功能与结构上的提升步调不一致最终导致耦合效果不理想，但是耦合协调度却上升的结果。

从协调类型上看，2008—2014 年北部湾产业协同创新系统经历着轻度失调—濒临失调—勉强协调—初级协调的过程，2008 年北部湾工业产业协同与外部创新环境系统都处于较低发展水平，产业协同创新复合系统处于轻度失调状态。2009—2010 年随着产业协同与外部创新环境系统的逐步发展，产业协同创新复合系统处于濒临协调状态。2011—2012 年随着两系统的函数评价值的增加，复合系统勉强协同。2013—

2014 年两个子系统已经发展到较高的水平，但是由于两者发展水平还存在一定的差距，复合系统初级协同。

（二）北部湾四市产业协同创新系统协调性分析

以 2014 年广西北部湾 4 城市产业协同创新系统指标数据为例，根据公式（5—9）—（5—20）计算 4 市的子系统函数 f（x）、h（y）、综合评价函数 T，以及复合系统耦合度、耦合协调度，如表 5—10、表 5—11 所示。

表 5—10　　　2014 年广西北部湾 4 市协同创新系统耦合协调度

城市	产业创新子系统 f（x）	外部创新环境子系统 h（y）	综合评价函数 T	耦合度 C	耦合协调度 D
南宁市	0.860917	0.934119	0.897518	0.499584	0.669616
北海市	0.467108	0.334724	0.400916	0.493138	0.444643
防城港市	0.385030	0.313338	0.349184	0.497358	0.416737
钦州市	0.358959	0.653213	0.506086	0.478405	0.492051

表 5—11　　　2014 年广西北部湾 4 市产业协同创新系统协调度及协调等级

城市	南宁市	北海市	防城港市	钦州市
协调度	0.669616	0.444643	0.416737	0.492051
协调等级	初级协调	濒临失调	濒临失调	濒临失调

总的来看，2014 年，北部湾四个城市中，南宁市的协调度最高，为 0.669616，处于初级协调的阶段。北海市、防城港市和钦州市的协调度处于同一个档次，都为濒临失调状态，而防城港市的协调度最低，为 0.416737。这表明除了南宁外，另外三个城市产业协同创新都处于不协调的发展阶段。

对产业协同创新复合系统来说，南宁产业创新系统、外部创新环境系统函数值都远高于其他三个城市，主要原因在于南宁市的 R&D 人员、

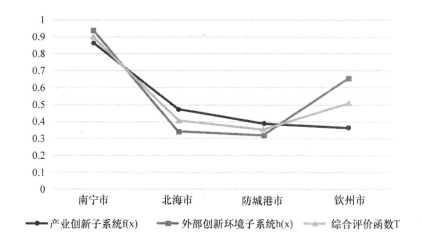

图5—8 2014年广西北部湾4市产业协同创新系统综合评价函数

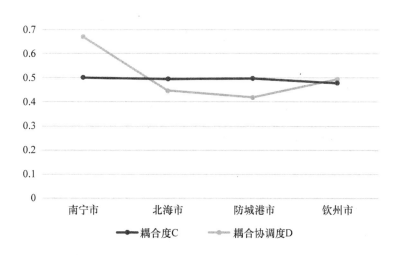

图5—9 2014年广西北部湾4市产业协同创新系统耦合度及耦合协调度

R&D经费支出、专利发明数、互联网用户数、外商投资等指标是其他城市的十倍以上，产业创新的巨大投入带来产业创新产出，创新技术环境、创新经济环境等创新环境也为产业创新提供了支撑，从而带动整个产业协同创新系统实现协调发展。

北海在R&D人员、专利发明数、工业企业利润总额三个指标数据上明显高于防城港和钦州，从而使得产业创新系统函数值也高于这两个城市，但是由于在外商投资和互联网用户数这两个决定外部创新环境函数值的指标上不占优势，导致北海外部创新环境函数值较低，外部创新环境系统的发展滞后于产业创新系统，导致北海产业协同创新系统协调度低于钦州市。

钦州在互联网用户数、外商投资额等指标数值上仅次于南宁，导致创新环境系统发展水平高于产业创新系统，且远高于钦州市和防城港市。然而，由于产业创新系统自身的发展比较落后，尽管外部创新环境系统能够提供较好的技术基础支撑和经济等环境，但是两系统发展存在差距并最终导致产业协同创新系统发展不协调，从而复合系统协调度与南宁差距甚远。

防城港在产业创新投入、外部创新技术环境、创新经济环境等方面的建设比较落后，使得产业创新子系统和外部创新环境系统都处于较低水平，但是发展程度比较接近，导致产业协同创新复合系统耦合程度仅次于南宁市，而耦合协调度却较低的结果。

第三节　北部湾六个城市区域协同创新的空间计量模型

本书的研究着重于北部湾经济区六个城市创新系统在空间上的依赖性，因此运用手动修改 W 的方法，构建基于创新产出函数的空间计量经济学模型，对近年来北部湾六市的创新活动进行连续时间段内的空间计量分析，评估各因素在北部湾创新中的作用与影响，探讨验证六个城市创新活动的协同程度。

一　知识生产函数与创新产出函数

知识生产函数（Knowledge Production Function，简称 KPF）是目前国际上研究知识生产、技术创新、区域创新及其决定因素的重要理论。

格瑞里茨（Griliches）最早于1979年提出柯布-道格拉斯形式的知识生产函数的概念，后经格瑞里茨（Jaffe）修正，取对数线性化，成了最终的Griliches-Jaffe知识生产函数，表达式为：

$$\ln Y = \beta + \beta_1 \ln RD + \beta_2 \ln Z + \varepsilon \qquad (5—21)$$

式中，Y为知识产出，RD为投入变量，即研发资本投入或人力投入，Z代表反映其他额外影响的一系列经济社会变量，ε为随机扰动项。

以知识生产函数为模板，本书提出基本的创新产出函数：

$$\ln PAT = C + \beta_1 \ln HK + \beta_2 \ln G + \beta_3 \ln PL + \varepsilon \qquad (5—22)$$

式中，PAT为专利授权量，代表创新产出量；HK为人力资本，常用区域内信息软件业、科技服务业和教育三大行业的从业人员表示，代表创新的投入量；G等于政府一年的科技教育支出与财政总支出的比值，代表政府对创新的重视程度；PL为公共图书馆数量，代表城市创新系统的基础设施建设水平，反映区域环境对创新的支持力。政府重视度（G）和基础设施（PL）是创新的外部影响变量。实际上经费投入也是创新投入的重要组成，之所以单选人力资本（HK）作为创新的投入变量，是因为二者具有较大的相关性。

二　空间计量经济模型

创新产出不仅受到本地研发活动的影响，还会受到周边地区的研发活动产生的溢出效应及政策的影响。传统回归分析方法（OLS）未考虑创新活动的技术扩散效应，这可以通过纳入了空间效应的空间计量模型——空间滞后模型（SLM）和空间误差模型（SEM）来改进。

1. 空间滞后模型（SLM）

SLM主要探讨某变量在一地区是否有扩散现象。模型表达式为：

$$Y = \rho WY + \alpha X + \varepsilon \qquad (5—23)$$

式中，Y为因变量；X为n×k的外生解释变量矩阵；W为上文所提到的n阶空间权重矩阵；WY为空间滞后因变量；ρ为空间回归系数，反映样本的空间依赖性，即相邻区域的观测值 WY 对本地观测值 Y 的影响程度；α 反映了自变量 X 对因变量 Y 的影响；ε 为随机误差。

2. 空间误差模型（SEM）

SEM 主要度量邻近地区关于因变量的误差冲击对本地观测值的影响程度。模型表达式为：

$$Y = \alpha X + \varepsilon$$

$$\varepsilon = \lambda W \varepsilon + \mu \qquad\qquad\qquad (5—24)$$

式中，λ 为空间误差系数，反映了样本观测值的空间依赖性，即相邻地区的误差扰动 Wε 对本地的误差冲击影响；ε、μ 为随机误差。

在空间计量模型中，为避免结果的偏差或者不一致，SLM 和 SEM 均采用极大似然法（ML）估计参数。Moran's I 近似服从与样本数据相对应的正态分布，常用 Moran's I 检验判断空间自相关性的显著性。在 SLM 和 SEM 的选择上，Anselin 等提出了通过拉格朗日乘数检验法。检验值有 LM（lag）、LM（error）、R – LM（lag）和 R – LM（error）。若在空间依赖性检验中 LM（lag）较 LM（error）更显著，且 R – LM（lag）显著而 R – LM（error）不显著，则可判定适合的模型为 SLM，反之即为 SEM。除了拟合优度 R^2 外，还有对数似然值（LogL）、赤池信息准则（AIC）和施瓦茨准则（SC）可用于比较 OLS 估计的经典线性回归模型和 SLM、SEM 的拟合效果。LogL 越大，AIC 和 SC 越小，拟合效果就越好。

三 模型改进

空间计量模型运用截面数据建立单个时间点的空间分析，面板数据模型则纳入时间序列数据，能对不同时刻的截面个体进行连续观测。众多学者将二者有机结合，构建出综合考虑了变量时空二维特征的空间面板模型，完成对某一连续时间段内区域协同创新的面板分析。

若将一地在 n 个时间点上的 n 个观测值看作 n 个样本的观测值，将六市一个时间段内的创新活动面板数据输入 GeoDA 软件，该软件依据六市经纬度坐标自动生成空间权重矩阵 W，不同年份的两个地理相邻的城市间的权重仍可能为 1。本书对 W 矩阵进行手动修改，剔除不同年份间区际的空间权重。此方法有两大优点：第一，将样本容量由 6 扩大到 36，使计量模型的回归估计可行；第二，以空间计量模型为主体，同样将时间维度纳入空间计量模型，其一大特点是能完成以空间效应为重点的面板分析，且简便易行。

四　数据来源

本书假定创新从投入到产出一年的时滞，以 HK、G、PL 为解释变量，以 PAT 为被解释变量，收集北部湾六市在 2009—2014 年的创新投入数据和 2010—2015 年的创新产出数据，将六年的截面数据直接融合成一个容量为 36 的观测样本。具体数据包括南宁、北海、防城港、钦州、玉林、崇左在 2009—2014 年的信息软件业、科技服务业和教育从业人员数（HK），政府财政总支出、科技支出、教育支出（G），公共图书馆数量（PL），以及 2010—2015 年各年专利授权量（PAT）。数据来源于 2010—2015 年各年《广西统计年鉴》和广西知识产权门户网站。六市的地理信息来自谷歌地图网。

五　实证估计及结果分析

对北部湾六市六年的创新产出函数先后进行了 OLS 估计、SLM 估计和 SEM 估计。传统创新产出函数（OLS）为：

$$\ln PAT = C + \beta_1 \ln HK + \beta_2 \ln G + \beta_3 \ln PL + \varepsilon \qquad (5—25)$$

空间滞后创新产出函数（SLM）为：

$$\ln PAT = C + \rho W \times \ln PAT + \beta_1 \ln HK + \beta_2 \ln G + \beta_3 \ln PL + \varepsilon \qquad (5—26)$$

空间误差创新产出函数（SEM）为：

$$\ln PAT = C + \beta_1 \ln HK + \beta_2 \ln G + \beta_3 \ln PL + \varepsilon$$
$$\varepsilon = \lambda W \varepsilon + \mu \qquad (5—27)$$

估计结果如表 5—12、表 5—13 所示。

表 5—12   创新产出函数估计结果

模型	OLS	SLM	SEM
C	− 11. 15867 （0. 0000033）	− 15. 05273 （0. 0000000）	− 10. 26949 （0. 0000000）
lnHK	2. 133872 （0. 0000000）	2. 345773 （0. 0000000）	2. 046843 （0. 0000000）
lnG	− 1. 590988 （0. 0010018）	− 1. 926987 （0. 0000000）	− 1. 64265 （0. 0000000）
lnPL	− 0. 8274833 （0. 0071942）	− 0. 8522692 （0. 0000401）	− 0. 7167631 （0. 0016295）
ρ / λ		0. 4959724 （0. 0000029）	0. 5740337 （0. 0000005）
R^2	0. 833020	0. 902648	0. 905456
LogL	− 29. 4371	− 21. 5664	− 21. 818325
AIC	66. 8742	53. 1328	51. 6366
SC	73. 2082	61. 0504	57. 9707

表 5—13   空间依赖性检验

Moran's I（error）	LM（lag）	R − LM（lag）	LM（error）	R − LM（error）
4. 0989012 （0. 0000415）	19. 3229739 0. 0000110	3. 4996088 （0. 0613833）	15. 8247073 （0. 0000695）	0. 0013423 （0. 9707745）

Moran's I（error）统计值在 0.0001 水平下极其显著，表明北部湾六市的创新产出在空间分布上具有明显的负相关，水平较高的南宁与玉林分散分布，二者的辐射力有待提高，以推动创新活动、技术进步的空间集聚。

SLM 和 SEM 的拟合优度检验值 R^2（90.3%、90.5%）明显高于 OLS 模型（83.3%），LogL 大于 OLS，AIC、SC 小于 OLS，各个系数的显著度高于 OLS，因此空间计量模型的拟合效果比 OLS 好。在空间计量模型的具体选择上，SLM、SEM 的各个变量与空间系数均极其显著，

SEM 在 R^2、AIC、SC 上均优于 SLM，但 R - LM（error）极不显著，且 SLM 的 LogL 及空间模型的四个检验值均优于 SEM，无法明确判定 SLM 和 SEM 模型哪个能更好地评估六市创新的协同。

三个模型的估计结果的共性有：lnHK 的变量最显著，是三个解释变量中唯一的正弹性变量，且弹性的绝对值最大，表明区域内创新人力资源增加 1%，可带来超过 2% 的创新产出增长，人力资本对近年来北部湾经济区的创新产出贡献极其显著；G 有极显著的负弹性，经济发展处于起步阶段、创新产出低的城市如崇左，财政能力有限，用于基础科技教育的财政支出占总财政支出较大比重，创新高产出城市如南宁，教育研发由于地方政府的早期扶持已逐步步入正轨，因此政府将财政重心转向新兴产业等领域；公共图书馆数量（lnPL）的变量相对不显著且为负，北部湾经济区的创新活动目前较封闭于科研机构、高校和企业内部，很少利用公共图书馆等资源，创新活动与公共基础设施无太大关联，北部湾的创新产出水平并未随着基础设施建设的完善而提高。

空间回归系数 ρ 和空间误差系数 λ 都通过 0.0001 的显著性检验，且二者都为正，表明北部湾区域协同创新机制已初步形成，这与上文得出的负值 Moran's I 并不矛盾。Moran's I 是对不同城市创新产出的现有空间相关性的静态分析；空间回归系数 ρ 和空间误差系数 λ 则代表不同区域创新活动、产出变化等动态现象的空间相关性。以专利授权量为衡量指标，现有创新能力相近的区域在北部湾经济区分散分布，但区域创新生产活动存在显著的正向空间相关效应，一个地区的创新产出在一定程度上依赖于相邻地区的创新投入和产出，此即区域间的协同创新。空间回归系数 ρ 的估计值为 0.4959724，意味着在其他条件不变的前提下，相邻地区的专利授权量每增加 1%，将带来本地专利授权量约 0.5% 的增加。

第六章

提升北部湾经济区协同创新能力的对策

第一节　提升北部湾经济区创新主体协同创新能力的对策

坚持创新、协调、绿色、开放、共享的"五大发展理念"，是今后北部湾经济区协同创新的方向和要求。抓住北部湾经济区上升为国家战略，新一轮西部大开发战略实施和"中国—东盟自由贸易区"建成的重大历史机遇，我区将全面深化对外开放的程度与水平，在更多领域全面参与国际科技交流与合作。未来市场会充分发挥资源配置的基本作用，促使政府作用在经济调控、市场监督以及社会服务方面发生变化。北部湾经济区作为欠发达地区，市场经济和社会发展还不够成熟，应该采取以政府主导、重视与市场相结合的发展模式，加强政府与各创新主体的配合与协调，按照总揽全局、协调各方的原则，进一步发挥政府在协调创新主体、资源、市场的作用，在北部湾经济区特色产业具有关键性、前瞻性技术、战略性资源利用技术的开发与应用方面加强协同创新。在扩大开放中，借鉴发达地区推进协同创新的成功经验，主动接受粤港澳等沿海发达地区的经济辐射，通过对重点的技术引进创新，提高北部湾经济区的自主创新能力。同时，根据北部湾经济区协同创新的现状，政府应在风险利益分配、成果转化、税收优惠等方面制定符合经济发展要求、适用性强的实施细则，以调节创新主体各方的积极性，促进协同创新的纵深发展。

一　做好区域创新主体协同创新的顶层设计

北部湾经济区要协同各创新主体进行合作创新，首先应建立适合政产学研协同创新的政策和法制环境，政府应在政策上引导协同创新，在制度设计上保障合作创新主体各方的利益。第一，深化社会主义市场经济体制改革，转变政府职能，以推进现代企业制度为重点，发展多种形式的集体经济，尤其是在高新技术企业发展的过程中，要逐步建立市场导向、责权分明、政企分开、管理科学的企业制度，以发挥其支持政产学研协同创新的重大作用。第二，加快科技体制的改革。完善科技工作会商机制，主要是建立和完善部区会商和厅市会商制度，集聚国家和自治区的创新资源，共同协商、攻克北部湾经济区经济社会发展中的重大科技问题。发挥政府协调作用，把高校与科研机构的技术研发、科技成果转化与企业协同创新等情况纳入领导考核体系，对科研院所与企业联合申报的应用性科技项目与科技研发经费予以优先审批。针对北部湾经济区科研自发、分散、封闭的问题，通过科技体制改革使科技研发以市场为导向，使企业积极寻求与其他主体进行合作创新，推进科研成果的产品化及产业化。第三，营造创新氛围，完善协同创新相关政策和法律法规。政府在政策制度层面规范科技创新奖励制度，以推动政产学研协同创新为目标，针对北部湾经济区科技基础薄弱的现状，在区域层面制订合理的创新计划、科技成果转化、科技人员流动、知识产权保护、科研经费管理、技术成果分配、政产学研合作项目绩效考评，同时完善相关的财税、金融、就业、户籍等配套政策，引导创新资本、技术、人才、知识等创新要素向高新技术产业、政产学研项目聚集，促进协同创新的利益驱动机制的形成，为创新主体的合作提供有力的制度保障。

二 强化企业在协同创新中的核心地位

当前，北部湾经济区的创新主体由区域内的政府、企业、大学和科研机构组成，在协同创新过程中应充分发挥各行为主体的创新作用，强化企业在协同创新中的核心地位。地方政府应充分认识到自身作用的局限性，在企业发展中逐渐积累一定的市场经验，市场和市场制度发育初步成熟后，应逐步退出大范围的协同创新直接干预活动，把创新的主角让渡给企业。否则，政府的行为，包括促进协同创新的政策，有可能因为强化了协同创新系统的弱点，或引入了不适合系统运行的机制而阻碍创新。目前，虽然产业子系统有序度对政产学研协同创新系统的贡献较大，但北部湾经济区距离真正的以企业为主体的政产学研协同创新体系还有非常大的差距，最大的瓶颈还是企业创新不理想，基本上还不是创新的主体。在鼓励企业技术创新的体制和机制不健全、基础设施建设及各种风险较大的情况下，企业还缺乏技术创新投入主体和研发主体的意识，对通过技术创新来提高企业的核心竞争力还缺乏危机感和紧迫感。今后建设以企业为创新主体、以市场为创新导向的协同创新体系，将是北部湾经济区协同创新发展的新趋势和新任务。因此，推进协同创新必须加强体制改革支持企业成为技术创新的主体，把提升企业的自主创新能力作为核心工作，把技术研发与创新作为首要的社会责任，只有树立了创新意识，在发展战略层面才会把技术创新作为企业发展的终极动力。北部湾经济区应围绕地方特色优势产业发展，在石油化工、有色金属、电子信息、新材料新能源、生物制药、农产品及海产品加工、对外贸易、旅游经济等优势特色行业通过合作项目加强与区外高等院校和科研院所等交流，使企业与科研院所、高等院校通过创新成果转化、项目共建、人才培养等多种方式开展多方位的政产学研合作。同时加快生产力促进中心、科技服务中心、知识产权代理机构等专业化的公共科技服务平台的建设，为提高中小企业技术创新能力提供良好环境。

三　推进协同创新平台建设

多渠道集成科技信息、人才、技术等创新资源，构建公共服务科技创新平台。围绕自治区"14＋10"产业，加强北部湾经济区高等院校与企业的知识共享及技术开发平台的建设，如中国—东盟科技合作与技术转移平台、企业"1＋1＋1"联合创新平台、产业技术创新联盟和公共技术服务平台等一体化载体建设。第一，不断完善北部湾经济区科技服务平台和载体的建设。积极推进产业园区建设，加快"三城两中心"（广西工业设计城、广西软件城、南宁广告产业城、广西创意中心、中国—东盟科技交易中心）项目开展。在既有大学科技园、产学研结合基地的基础上，大力发展自治区级工程研究中心、工程实验室、产业工程院、大型科学仪器协作共享平台等协同创新平台，通过政策引导、鼓励有能力的高校与企业共建国家重点实验室、工程技术研究中心等高水平的科研平台，对仪器设备购置、场地租用、人员培训予以一定财政支持。[①] 尤其是加快钦州市和防城港市的创新平台建设，在石油化工、有色金属等行业建立一批技术研发实力强的技术改成中心，逐步形成政产学研项目为载体，高度集成科技资金、科技信息、高层次技术人才、技术交易市场的创新平台发展模式。第二，拓展现有合作创新平台的功能，逐步提高创新平台的市场反应能力，完善创新平台在技术研发、产品设计、工艺流程、成果转化、产品销售网络、企业管理制度等方面的服务，满足企业、高校、科研机构多层次、多样化的科技服务需求。如对广西科协专家数据库，对生产力促进中心、科技企业孵化器、科技信息网、中小企业网等的网络平台的服务能力进行优化和提升，重点推进科技文献共享平台和"三农"科技信息网的完善与建设，对网页内容积极更新，丰富技术推荐、科技信息等板块的内容，使网站贴近市场需求。

---

① 荣先恒：《突出市场和应用向导，加快广西产学研用一体化企业发展》，《广西经济》2010 年第 10 期，第 22—25 页。

四 优化人才培养激励体系

根据自治区对产业发展工业需求的估算，北部湾经济区在"十二五"末期对临港工业、会展服务、生物工程、电子信息等九大重点产业的人才用工需求缺口达 170 万人，涉及北部湾经济区多个特色学科领域。北部湾经济区要加快建设区域层面的人才管理机构，积极探索北部湾经济区在高层次人才引进、培养、激励与流动的管理新举措，努力争取国家支持，将北部湾经济区纳入全国人才改革发展实验区。抓住国家"2011 高等学校创新能力提升计划"、自治区政府引进"八桂学者"、建设高校"百人计划"平台及自治区级人才小高地平台引才项目的机遇，推进"广西高校服务北部湾行"活动项目，推动学术界与产业界智力要素的对接。第一，加强高校、科研机构等科研条件的建设，强化吸纳科技人才的载体建设和开展知识、技术创新的基础条件。加快筹建北部湾大学，鼓励高等院校结合区域发展水平及围绕特色产业发展的需要，建设有区域特色的学科专业目录，针对性地为企业发展提供人才。督促大学把推动政产学研协同创新纳入学校科研工作的计划当中，鼓励企业在高校设立奖学金、助学金，促成高校为企业定向培养专业化人才。第二，建立政产学研协同创新人才联盟数据库，对学科带头人、技术带头人等愿意到北部湾经济区工作的高层次人才，实行弹性工作制度，允许其跨地区兼职及流动。探索聘请企业工程技术人员担任兼职教师、教师参与到政产学研合作项目的生产一线工作的制度。在博士服务团和西部学者选派的过程中，对北部湾经济区进行倾斜，多渠道、全方面地引进外部人力资源。第三，建立科学的评价体系。对高校及科研机构建立科学的评价制度，把服务、贡献、成果转化纳入科研院所及高校的工作评价体系中，一方面在重点学科及学位点申报、人才计划、人事分配制度改革方面进行改革和完善，形成促进政产学研协同创新的激励机制；另一方面，企业、高校与科研机构在促进科技成果产业化的过程中，要合理界定科技人员与合作方的专利保护、产业化收益、技术转让与技术入股等方面的利益分配，提高科研人员成果转化收益分享比例。

五 建立多元化投融资体系

科研经费短缺是制约我国政产学研协同创新发展以及技术成果产业化的一大瓶颈，企业没有能力或不愿意承担风险大的项目，而北部湾经济区尚处在国内经济发展落后地区，研发和建设资金紧张成为制约政产学研用协同创新的一大难题。因此，协同创新投入要建立包括企业筹资为主、政府投资、金融贷款、民间集资、海外引资等多渠道、多层次、全社会的科技投融资体系。[1] 第一，发挥政府各类投资平台的融资功能，通过企业债券、银行信贷、资本市场等途径进行融资，支持有条件的科技企业上市融资或发行债券，鼓励北部湾经济区电子信息、生物制药、临港新材料等高新技术企业通过创业板上市融资。发挥广西北部湾银行为区域内中小企业融资、贷款提供便利的作用，探索建立股权抵押贷款制度，引导资金向企业聚集。同时政府要放松资本市场的准入条件，鼓励有实力的投资者进入北部湾经济区进行投资，特别是基础设施以及高新技术产业领域。第二，建立以企业为主体的科技投入新机制。引导企业加大 R&D 经费的投入，使企业科研经费向核心技术开发以及高新技术产业化项目倾斜。利用政府采购等手段引导企业增加科技投入，支持大型企业集团内建立技术开发保障基金，鼓励企业投资设立政产学研协同创新的专项经费，使投入合作经费享受研发投入的优惠政策。设立政产学研合作项目专项资金，重点扶持企业自筹研发经费进行政产学研合作的项目，同时落实合作创新研发费用税前加计抵扣政策，以及科技企业在增值税和产品所得税方面的优惠。第三，借鉴发达地区的成功经验，创造条件设立北部湾经济区风险投资基金。吸收社会资本

---

[1] 阳震青、彭润华:《广西科技创新公共服务创新平台构建研究》,《市场论坛》2010年第3期。

对风险创业进行投资，积极利用创新金融工具对有技术发展前景、有市场竞争力的创新合作项目加大投入力度，逐步建立起力量雄厚、抗风险能力强的股份制风险投资公司。

六　完善利益风险平衡体系

政产学研协同创新具有高风险和高收益同时并存的特点，而利益分配问题向来是多主体进行合作创新所面临的主要问题。目前北部湾经济区出现"学校热企业冷"现象的根本原因在于尚未形成政产学研协同创新互利互惠的利益机制和良性循环的创新主体合作链条。因此，合理的利益风险分配是协同创新顺利进行的纽带。政产学研协同创新的利益风险平衡体系应符合两个原则：一是互惠互利原则，在创新主体协同合作的过程中尊重和保障各合作方的自主利益；二是风险利益对称原则，创新主体的利益分配应与承担风险相对称，对技术开发风险和生产经营风险予以区分并赋予不同权重，同时有相应的风险补偿政策来增强创新主体的合作信心。具体的做法有：第一，可以采取分阶段、分层次、多主体分解风险责任，其中按股利分配的已被认为是一种较为有效的合作模式。在这种分配方式中，各创新主体持一定比例入股，共同参与产品的研发、生产及销售，合作的成败与自己利益紧密相连，体现了"利益共享、风险共担"的原则。第二，拓宽风险基金的筹集渠道，设立广西壮族自治区省级创业风险投资引导基金，对政产学研合作项目中的资金、人员、技术的跟踪管理，对项目中的管理成本、机会成本、沉没成本做出合理估算并提前做好应对措施。[①] 尤其是针对协同创新中创新主体出现信息失衡的情况要积极进行沟通，保证创新主体对技术创新成果有正确的技术预期及市场预期。第三，政府加强法制建设，建立健全知识产权保护制度，通过建

---

① 程永波：《科技创新的新范式——政产学研协同创新》，《光明日报》2013 年 12 月 28 日。

立科学的投资要素的评价体系以及科技成果转化价格评估体系，来实施合同约束。解决协同创新中的利益分配问题，还要以市场为手段，完善监督机制，如规范技术成果定价方法，提高现有评估机构的资质，建立要素评估机制，真正使创新主体的利益分配实现科学化、规范化和制度化。

七　大力发展科技中介机构

目前北部湾经济区的科技中介主要是官办性质，数量少，功能弱，竞争意识不强。因此，要利用市场手段整合资源，在政府引导下培育一些满足企业需求、服务功能完善、效益好、规模大的龙头科技中介，产生聚集效应，提升北部湾经济区科技中介的发展水平。第一，加强科技中介机构的基础建设。北部湾经济区各市应根据自身产业发展特点，在大力发展各市级生产力促进中心、科技企业孵化器、广西产业技术创新战略联盟等各种中介服务机构的基础上，重点发展特色化的科技经纪、科技会展、资产评估、投资服务、技术转移等中介服务机构。如南宁根据生物工程与医药产业的优势，建设南宁高新区生物工程及制药技术中心；北海市可突出电子制造产业，建立北海高新技术产业园区创业服务中心，依托中国电子（北海）产业园创建立知识产权代理公司。第二，不断完善科技中介服务机构的制度建设，对科技中介机构的职责、业务范围、经营模式、组织管理等进行规范，重点健全技术转移的法律法规，实行高新技术及高新技术企业、成果等的资质互认，通过实体科技中介机构以及网上技术市场提高创新成果技术转移的效率。第三，树立科技中介机构的良好信誉。在市场竞争、法律约束与行业自律的影响下，良好的信誉及优质的服务是科技中介机构生存的根基，作为政产学研协同创新的中介，必须恪守信誉，规范操作，政府应制定有关科技服务机构的服务准则、资质认证等行业管理制度，依托行业协会对中介建立信誉评价体系，定期对科技中介机构的业务、管理、满意度等进行评价并公示，才能真正使其成为政产学研协同创新顺利进行的润滑剂。

第二节　提升北部湾经济区产业协同创新能力的对策

通过对北部湾产业协同创新的理论和实证分析，可以看到北部湾工业产业协同创新的发展主要与产业主体创新、技术环境、科教环境和经济环境等外部支撑环境因素有关，因此未来为促进广西北部湾工业产业协同创新体系更好的发展，要针对这些因素提出一些措施和建议，主要包括以下几个方面：

一　构建产业创新平台

工业产业创新是产业协同创新系统的主体，是实现产业协同创新能力提升的保证。特别是在北部湾工业产业创新系统发展滞后于创新环境支撑系统发展的情况下，首先要提高工业产业自身的创新能力，以北部湾经济区石化、林浆纸、钢铁和铝加工、粮食食品加工、海洋、高新技术等优势产业作为切入点，加大对这些重点工业产业的创新投入，与高校、科研院所建立研发中心或单独成立研究机构，进行创新研究，提高产业创新能力和科技含量，在此基础上加强技术创新扩散，带动产业集群的整体创新能力和创新水平。其次，在北部湾进出口额和外商直接投资不断增加的情景下，工业产业要了解市场需求、结合生产的情况下进行创新研究，确定研发的方向和目标，从而开发出新产品和提高劳动生产率。最后，要拓宽产业创新融资渠道。目前北部湾工业产业创新资金主要来源于政府和企业自身投入，但是远不能满足产业创新的资金需求。因此要扩宽产业创新融资渠道，引进社会资金推动产业创新。通过与周围国家的政府和企业合作，引进外国投资，或者引导和鼓励民营、外国资本和社会资本参与工业产业创新项目的开发建设，探索多元化的融资机制。

（一）产业跨越创新模式

在北部湾经济区内影响力较大的产业，例如物流业、石油化工、钢铁冶金、能源产业、海洋产业等应该采用产业跨越创新模式，通过与其密切相关的产业进行协同创新，主要是在技术创新、突破和创新扩散两方面，带动北部湾整个产业技术系统的大幅度跨越。

1. 物流业与制造业

2009 年国务院提出了振兴物流业九大工程，其中制造业与物流业联动发展工程被单独提出。广西北部湾沿海沿江港口的综合交通优势，为实现物流产业和制造业的协同创新奠定了良好的基础。2011 年，北部湾港成为仅次于广东的全国第二大煤炭进口口岸，成为仅次于秦皇岛港的第二大煤炭配送贸易集散中心。钦州港实现锰矿进口 360 万吨，防城港实现磷酸出口超过 26 万吨，分别成为全国最大的锰矿进口和磷酸出口基地。

制造业中的石油化工产业、钢铁和铝加工产业、粮油食品行业、林浆纸业作为北部湾重点发展产业，在北部湾具有较大需求拉动效应，可以通过与物流业实现协同创新，实现联动发展。首先要对这些制造业自身实现自主创新，通过加大 R&D 资金和人员的投入力度，建立属于自己的知识产权系统，然后在已有的创新不断扩散的过程中加大对物流业的完善，通过完善石油化工、钢铁和铝加工产业、粮油食品行业、林浆纸业物流服务体系，在钦州等地建立石化物流园、在防城港建立钢铁物流园和粮油物流节点、在北部湾的工业城市建立煤和有色金属等物流配送体系，在汽车、机械、钢铁、食糖、粮食等产业以及煤炭等领域推动第三方物流发展，提供增值服务，提高运营效率，使制造业的创新在市场中得到不断地拓展，推进一批制造企业与专业化物流企业对接，使制造业和物流业两产业系统自发地耦合，进而推动制造业与物流业协同创新。

2. 海洋产业与能源产业

海洋蕴藏着丰富的能源，包括不可再生的石油、天然气资源，也包括可再生的风能、潮汐能、波浪能、海流能、温差能、盐差能和海洋生物质能。目前北部湾对海洋可再生能源的利用非常有限，主要是对海洋油气业进行发展，开发不可再生资源。海洋产业和能源产业结合起来实现协同创新可以全面带动海洋第一、第二、第三产业诸如海洋渔业、海洋油气业、海滨砂矿业、海洋化工业、海洋交通运输业，同时要注重对北部湾海域的可再生能源进行开发利用。政府必须为海洋能源技术研发提供相应的资金和政策支持，发展海洋高技术，引进先进技术和专业人才，实现政府和企业的联动，为海洋产业与能源产业的协同创新创造条件。

（二）产业资源整合结合产业提升的创新模式

对于处于产业链上的产业，其协同创新和发展可以采用产业资源整合结合产业提升的创新模式。就是相关资源分别通过整合积累技术实现创新，将整合产生的创新分别导入其上下游产业，最终使产业的技术系统发生平台式跃迁。

1. 会展业与旅游业

北部湾会展业构建起了与华南、中南、东盟的纽带，引进资金和项目，带动广告、设计、流通、消费、商业等。在此基础上，会展业应在具体业务开展上大胆创新，突出主题，充分利用会议展馆设施灵活发展各类业务，开展旅游产品展示推介会等具有北部湾特色的会展，把参展纳入旅游线路和项目，把会展的品牌优势与地区的旅游资源有机结合，提高北部湾旅游业的吸引力和知名度。以中国—东盟博览会为例，中国—东盟博览会的召开，使长期制约泛北部湾经济区旅游的空中航线得到很大的改善，推出了主题突出、特色鲜明、市场吸引力强的跨区域旅游线路和旅游环线，建设起面向东盟的区域性国际旅游集散地和目的地，促进了北部湾经济区区内与区外旅游合作不断发展。

2. 林浆纸业与制糖业

广西甘蔗制糖业在国内居于产业大省龙头地位，制糖企业生产过程中产生的甘蔗渣，都要作为废弃物进行处理，不仅浪费可以继续使用的资源，还要花费一大笔资金来处理这些废物并造成污染。而林浆纸业作为北部湾重点发展的产业，也具有发展前景。北部湾的这两大产业协同创新发展，对于制糖业来说，制糖所产生的甘蔗渣作为林浆纸业的原料，减轻了制糖企业的废料处理负担。同时可以依托科技进步和技术创新，实施林浆纸新产品开发，延伸产业链，发展循环经济。对于林浆纸产业来说，利用蔗渣资源，做成蔗渣浆，可以节约制造纸的成本，同时通过技术创新，可以使蔗渣造纸的效率提高，造纸产量大大增加。目前北部湾制糖业和造纸业在该模式下的协同创新已取得初步成效。早在20世纪50年代，广西贵糖就兴建了广西第一家以甘蔗渣为原料的林浆造纸车间。在后来的发展过程中，广西通过引进国外高科技技术，建设一批以甘蔗渣为原料的造纸厂，使造纸业的技术得到较大的进步，造纸产量大大提高。随着企业不断地完善，生产的扩大，可以促进当地林木产业以及物流、交通运输行业的产生，带动其他产业的发展。

二 政府创造协同创新环境

政府部门作为产业协同创新系统中的参与者和管理者，要明确所扮演的角色和应尽的职责，营造宽松的政策环境。作为参与者，政府要制定相关的政策、法规来对创新主体进行引导、协调，构建规范、公平的创新支撑环境；加大对科教的政策和资金投入，加强对图书馆、教育等公共产品的供给以及鼓励政产学研的互动与结合，创新产业及其研究机构进行大力支持，着重培育广西北部湾创新产业科研力量；加大对产业技术创新服务的建设，调动产业创新主体和外部创新支撑环境的创造性和积极性，创造充满活力与机遇、规范有序的环境，促进创新成果的传播与扩散，促进产业创新主体与创新支撑环境主体形成协同创新机制，逐步形成层次分明、分工合理的多层次产业协同创新系统。作为管理者，要加强对市场创新方面的监督与管理，出台专利和知识产权保护方面的法律，创造协同创新法律环境。

三　加快对创新技术环境的建设

创新技术环境在外部创新环境中所占权重较大，同时也是产业创新活动得以顺利开展的根本保证，因此必须要充分认识到创新技术环境对产业协同创新发展的重要性，加大对创新技术环境的建设，主要是要加强对产业集群较多地区公共信息平台、技术水平、基础设施等支撑环境的建设，形成畅通的通信、信息交流网络，使创新产业相互融合、相互促进、相互学习，确保产业创新获得必要的信息和知识，对产业创新系统形成支撑力度，实现主体间的资源共享，提高产业协同创新的效果。

四　大力发展创新经济环境

除了创新技术环境，创新经济环境在外部创新环境中所占权重也较大，同时创新经济环境对产业创新产出也具有较大的作用和影响，因此在今后的发展中北部湾经济区应该更加注重大力发展创新经济环境。要利用国家西部大开发以及北部湾经济区成立的政策优势，充分发挥北部湾经济区的比较优势，承接东中部地区以及国外产业转移，扩大投资以及生产规模，促进经济发展，创造良好的创新经济环境。特别是要利用北部湾经济区区位优势，加大对外开放程度，加强与周边国家间的交流与合作，通过降低投资门槛和制度优惠的投资政策，吸引"高技术、高附加值"的外商进行投资，带来创新的资源和技术，以此带动北部湾创新经济环境的发展。

五　大力推进产业转型升级

随着国家"加强供给侧改革"政策的提出，推动产业的转型升级势在必行。供给侧改革重在劳动力、土地、资本和创新四大要素的改革，因此，要促进北部湾经济区工业产业协同创新，必须响应国家政策，从供给侧入手，构建激励机制，提升企业创新意愿，营造宽松的企业成长环境，提升产业的创新转化率，加快推进工业产业的转型升级。

具体措施包括推进产学研结合、提供资金便利和实行税费减免等，同时，针对工业企业和不同产业的实际状况，在推进转型升级中制定针对性的政策措施，着力做好"抓龙头企业、搭建信息平台、铸造产业链条、建立产业集群"等四项工作。通过推动传统产业改造升级，主导产业做优做强、战略性新兴产业形成新增长极的战略，更好地带动北部湾经济区产业创新环境的发展。

第三节　促进广西北部湾经济区区域协同创新的对策

北部湾经济区区域协同创新并不是南宁、北海、钦州、防城港、玉林、崇左六个城市资金、人才、技术和研发项目的简单叠加，而是在不同区域的空间依赖性基础上，创新资源的自由流动、有机整合及融合带来的区域创新能力提高。因此，要以专门的区域协同创新组织体系为基础，创建良好的区域协同创新硬环境和软环境，将北部湾经济区内的人才、科技等创新资源有效整合。

一　全面构建区域协同创新组织体系

在现有的以北部湾管委会为领导管理机构、以各地区政府部门和企业为执行机构的基础上，进一步构建有专门规划组织机构，法律法规完善，以高校、科研机构和非政府组织为咨询、监督、辅助决策机构的区域协同创新组织体系。

（一）建立专门的规划组织机构

成立于2006年的广西北部湾经济区规划建设管理委员会是目前协调北部湾经济区各地方政府间关系的主要机构，主要负责管理北部湾建设发展专项资金、研究北部湾发展政策、制定北部湾发展总体规划，等等。作为广西自治区人民政府专门负责北部湾经济区规划建设管理工作的派出机构，北部湾管委会与政府一些部门存在职责冲突与重叠，因此其工作若牵涉各市的切身利益，各市部门并不一定会完全遵从管委会的安排，管委会并未拥有具有实际意义的权力。另外，管委会在检察监督制度设置上的缺失，使其对各市间的协调发展无法具备持续有力的监管效应，很多城市间已达成的协调发展协议变成一纸空文，无法达到预想效果。

要真正有效地规划组织北部湾的区域协同创新，就应建立有实际权力、检察监督制度完善的专门机构。参考国内外区域科研合作的成功案例，建议以联席会议的形式，建立由南北钦防、玉林、崇左市科技厅及市政府相关领导任职组成的北部湾协同创新委员会，为北部湾经济区区域协同创新搭建公共平台，培养各市政府部门共同决策协商的机制。北部湾科技部门领导会议每年至少召开一次，讨论各市创新的共性和合作问题，互通政策落实情况和实施力度；下设若干专项工作小组，具体分工负责落实和组织实施合作事宜以及地方政府间的政策协调；设立科技合作的考核评估委员会，负责合作事项的调查考核与评估；为高效处理六市科技合作的日常事务，可设立北部湾区域协同创新联席会议联络办公室，人员配备坚持公正和专业的原则。

（二）打造区域协同创新法律法规体系

从机构职能定位、规划、协调、监督约束等方面出发，建立有利于进行跨行政区创新系统建设和管理的法律法规体系，坚持各市商议立法、共同执法，协调规范北部湾区域科技研发合作行为，使区域协同创新有法可依、有章可循。

以法规条例形式明确北部湾协同创新委员会的行政级别、职责和权力，加强委员会的执行力，从而避免北部湾协同创新委员会存在行政级别归属不清、行政管辖的具体范围模糊、财政拨款来源不明、与其他部门职责重叠等问题；制定北部湾区域协同创新的总体规划，包括短期计划、中长期的目标和长期的战略指导思想，规划需把握住区域协同创新的精髓和大方向，并根据区域协同创新的实际运行进行逐步完善；在微观上，根据总体规划出台相关政策，既包括引导性政策，鼓励企业跨区域合作、跨区域技术引进、人才和资金往创新薄弱地区流动，还包括预处理性政策，制定各市政府部门或各市产学研协同创新机构出现分歧矛盾、利益不平衡时的协调和补偿政策；为区域协同创新培养良好的制度环境，制定明确的、约束力强、执行力强的科技合作监督法律条例，以规范成员市的行为，确保区域创新的有序运行。

（三）以高校、科研机构和非政府组织为咨询、监督、辅助决策机构

市场机制不健全的北部湾经济区通过政府间协调进行区域协同的方式一直在发挥着相当大的作用。但政府不是万能的，协同也不是单一层面的协同。要用参与协同的市场利益和政策优惠充分调动企业、高校、科研机构和非政府组织的协同积极性，鼓励各方在不同层次自发组织科研合作与交流。高校、科研机构和非政府组织为企业科技合作提供咨询，维持区域协同创新的秩序，为政府部门进行辅助决策。此即高校、科研机构和非政府组织（NGO）等参与的多层治理机制，是对市场运行机制和政府调控机制的有效补充。

虽然北部湾城市群高校、科研机构和 NGO 较少，在国家和国际层面上影响力不大，但关于合作创新的很多研究成果是本着建设创新型广西、提高北部湾竞争力的赤子之心，通过调研总结提出的，大多对本地状况有更为深入的了解，对北部湾区域协同创新具有重要的指导意义。政府应给予这些机构充分的话语权，充分听取、考虑他们的意见和建议。目前北部湾较大的 NGO 有 2009 年在广西社会科学院挂牌成立的广西北部湾发展研究院，按照"政府支持，社会化、市场化、国际化运作相结合"的发展模式，充分利用国内外研究资源，研究北部湾经济的发展与规划问题，为中央和地方政府提供决策支持服务。可借鉴英国、美国的区域规划协会的做法，突破行政区域限制，组成北部湾行业联盟，结合不同行业的性质和发展特点，确立该行业在整个经济区的总体市场规则，共同协商不同行业的城市科技研发合作进程，为政府的区域协同创新总体规划和法规制定起到补充作用，以法律援助机构等形式

辅助政府进行区域协同创新规范。

二 促进创新要素的流动与共享

加强要素市场一体化，提供区域协同创新的资金保障，加快人才流动与技术转移。

（一）拓宽投融资渠道

按照政府调控和市场配置资源相结合的协同机制，形成创新资金合作。一是形成政府引导型资金，如设立北部湾区域协同创新专项资金，由六市政府共同出资引导创新投资流向林浆纸、制糖、能源、电子信息、生物制药等产业。可根据不同的产业技术，分别设立若干子项专项资金，如林浆纸专项、生物制药专项等。二是设立北部湾经济区区域协同创新公共基金，公共基金由多方出资，不仅有政府，还可包括银行、企业和民间，政府在公共基金中不占控股地位，以企业为主导，充分市场化运作。公共基金重点面向北部湾一些投资较大、投资回收期长的区域合作技术研发项目，政府可在这些项目上给予公共基金贷款利率或者税收方面的政策优惠，促使基金具有较大吸引力。同时应制定出台相应政策法规，保证基金的规范运行和有效利用。共同扶持发展高新技术风险投资产业，降低资金流动成本，加强跨地区资本市场与技术市场的一体化；制定税收减免等优惠政策，吸引国内发达地区的风险投资机构和国际高新技术风险投资机构在北部湾设立分公司，将对高新技术的风险投资辐射到南北钦防、玉林和崇左；出台创业保障政策，鼓励民间积极成立组建高新技术风险投资公司。

（二）促进区域人才一体化

联合建立统一开放的北部湾人才市场体系。协调区域人才政策，从改变户籍制度、人事档案制度等多方面打破行政壁垒，尽量减少人才自由流动所受的阻力；健全完善科技人才人事争议仲裁制度，简化人才引进手续，为人才合理流动提供"一站式"等全方位的服务；加大就业信息的公开透明度，利用计算机技术与通信技术建立地区工作岗位数据库，搭建信息在北部湾各地区共享的就业平台。

促进城市人才的交流与合作。建立包含院士、科研专家、中高级人才资料的科技人才数据库，引导人才从科研院所向优势企业流动；完善科研制度，从原先的完全独立研究转为独立研究和合作研究并存，每段时期根据北部湾当前发展现状设立若干重大课题和科研项目，规定只接受不同城市的产学研机构的联合投标；积极采取鼓励兼职、短期聘用、定期服务、项目开发、科技咨询等方式，激励人才以各种形式来投资创业、开展技术服务活动；建立六个城市公务员、事业单位职员、科研专家的挂任职交流网，在政府部门、事业单位、科研机构和高校设立一定的挂职锻炼岗位，遴选优秀公务员和科研人才到其他城市进行挂职锻炼，与当地科技人才交流、互补学习；建立城市间定期人才培训会晤制度，互通人才培训情况，及时找出、共同磋商解决科研合作中出现的人力资源问题，调整各地人才培养计划。

（三）培养区域技术转移机制

高新生产技术、科研技术在六个城市间的无偿共享或买入卖出，构成北部湾经济区的区域技术转移，其本质是知识的流动与共享。

要培养区域技术转移机制，首先应制定完善的技术转移法律法规，一方面提高技术转移的可行性、规范性，降低技术转移的交易成本；另一方面加强知识产权保护，保障专利产权持有者的合法权益，简化跨地区相关行政执法程序，保持企业、科研机构参与技术转移的热情和动力。

优化技术转移基础环境。各市共同举办专业性科技成果展览会、洽谈会、科研项目推介会，促进北部湾经济区内知识流动，加快各市之间的产业技术转移。充分发挥生产力促进中心、科技经纪事务所、技术转移咨询服务机构、技术交易所等实体科技中介机构的作用。2008年，广西北海生产力促进中心无偿资助"北部湾经济区中小企业技术转移服务"项目80万元，钦州市生产力促进中心无偿资助"北部湾经济区钦州坭兴陶企业科技创新公共服务平台建设"项目50万元。另一方面，合作共建北部湾网上技术市场和技术产权交易中心，定期、规范、详尽地发布本地生产、科技创新信息，供相关机构和企业查询、了解、分析和评价，加速科技成果交易，提高技术转移效率。

三 优化区域协同创新环境

统一、协调各市的政策，创造区域无差别的政策环境，六市相互开放科技基础设施和信息，携手共建通学圈、跨区域科技园区和北部湾科技中介联盟，通过定期或不定期的论坛、科技合作交流活动为政府领导、企业界、专业技术人员和学术组织提供交流平台。

（一）完善政策体系

北部湾各市政府部门进行定期的交流沟通，通过自上而下的政府管理，逐步修正和统一各市的就业制度、教育制度等，废除与区域一体化有冲突的地区性政策和法规，协调各市的技术研发、人才流动和信息共享政策，创造一种经济区内无差别的政策环境，降低区际市场交易的行政成本。

考虑层次差异，从经济区整体利益的角度协调城市间的关系。北部湾经济区区域协同创新各参与方政治经济发展不平衡，协同政策的制定应考虑各地创新水平的实际差异，对落后地区崇左给予一定程度的优惠与扶持，以利于提高整个区域协同创新的水平。在这一过程中，不可避免地会冲击到一些地区的企业，因此在推进创新合作的方法和步骤上应由易到难，循序渐进，尽量减少对各参与方的利益损害。

（二）加强资源开放

（1）六个城市相互开放工程技术研究中心、重点实验室、科研资料室、大型仪器设备等创新硬件资源。（2）构建北部湾区域创新信息网络平台，平台成员包括北部湾六个城市的企业、高校、科研机构、相关学术组织与行业协会等。这一网络平台除了提供多方交流平台，让有关政府部门、企业或科研机构等就跨地区科技项目或合作政策进行相互告知、协商和反馈的作用外，还能实现信息共享与公开，即提供包括科技期刊、重点科技数据库、科技基础数据及国家科技文献中心科技文献目录等公用电子科技信息资源。

（三）共建创新载体

打造北部湾城市群通学圈，鼓励各地高校的学术交流，建立多元化的科技人才培养机制。2006 年 12 月，原全国人大常委会副委员长蒋正华视察北部湾，提出在钦州学院基础上建立北部湾大学的建议。之后钦州市政府和钦州学院积极响应，向广西壮族自治区政府申请创建北部湾大学。2007 年，钦州学院的"北部湾大学筹建办公室"在自治区教育厅的批准下成立。2011 年 5 月，广西壮族自治区政府致函钦州市政府，同意钦州市政府在钦州学院基础上筹建北部湾大学。2011 年 7 月，北部湾大学筹建指挥部在钦州学院正式挂牌成立。北部湾大学有望成为北部湾城市群通学圈的代表形式之一，促进北部湾沿海地区形成大学、本科院校、高职高专层次结构合理的高等教育体系。

在南宁高新技术产业开发区、北海出口加工区等地方性科技园区的基础上，建立跨区域科技园区，由北部湾协同创新委员会相关人员对园区进行管理，在区内集中协调政府政策，处理人才、技术等资源流动和对接，联合开展重大科技项目攻关，以重大项目合作为重点，发挥重大项目的极化和扩散效应。

打造中介服务体系，包括制定和完善区域科技中介机构质量标准认证体系、资质认证体系、信誉评价体系。为构建起区域科技中介服务的组织和运行网络，可借鉴长三角科技中介联盟的经验，通过多种渠道吸纳区域内的各级各市科技中介服务机构。

（四）提供活动平台

协同需要有效的活动平台作为多方交流的渠道，论坛就是一种常见的多方交流平台。在北部湾经济区协同创新管理委员会的批准和指导下，各市科技部门可联手成立一个正式的北部湾区域协同创新论坛，由各市轮流定期或不定期举办，让多地创新主体在论坛上交流意见，讨论规划，对某些科技合作项目进行具体磋商、共同策划、分配责任，共享创新成果和经验。建立北部湾区域协同创新论坛的配套网站暨北部湾合作创新网上论坛,用于发布日常信息、处理网上反馈,并为企业、科研机构和个人提供便捷的交流平台,同时据此更全面地了解北部湾区域协同创新的现状、问题,确定今后论坛举办方向。参加论坛的成员包括政府领导、企业界、专业技术人员和学术组织等,政府领导、企业家通过相互交流与磋商,探讨如何在合作中协调彼此利益,加深彼此了解与信任;专业技术人员通过这样一个平台相互学习、相互促进、彼此提高;NGO 以此为契机发展民间交流。

开展形式多样的科技合作交流活动。2013 年 4 月 20 日至 23 日在柳州举办的、以"创新驱动发展,发明创造未来"为活动主题的第二届广西发明创造成果展览交易会,除重点展示经济区近年来涌现出的专利技术及产品外,还举办了专利推介和对接洽谈会、专利拍卖会、专利质押融资银企对接会、大学生创意创新成果推介会、牛津大学专利成果推介会、专利发展报告会等系列活动,是自治区的一次发明创造成果宣传、展示、转化和交易的盛会。北部湾经济区可借鉴此经验,由北部湾各市政府牵头,各市定期或不定期联合举办技术交易会、科技博览会、科研项目推介会,促进高新技术和科技成果在北部湾经济区内的高效流动。

四 广西北部湾经济区区域协同创新的模式

基于上文分析,南北钦防、玉林、崇左的创新产出水平差距悬殊,并因创新龙头城市南宁、玉林的分散分布和辐射力不强,呈空间负相关,但各市创新生产活动存在显著的正向空间相关效应,北部湾区域协同创新机制初步形成。区域协同创新对北部湾经济区具有重大的现实和长远意义。在这样的背景下,构建出适合北部湾经济区具体情况的区域协同创新发展模式凸显其重要性。

以政府为主导。政府在区域的协同创新中发挥着主导作用,一方面直接或间接地主导着科技创新资源的投入和公共创新资源的整合,另一方面主导着不同区域协同的政策与法制环境。

以产业为依托。产业发展对区域经济发展的重要性不言而喻，产业的技术进步与高效发展是区域协同创新的最终落脚点。同质产业在不同区域的技术水平、发展程度不同，不同区域通过共性技术的联合攻关实现相应产业领域的协同创新；统一规划产业结构不同的各区域，进行产业在区域间的梯度转移，提高区域间的分工合作程度，有助于整体层面上区域创新能力的提高。

以企业为主体。企业是创新的最重要主体，推进区域协同创新的关键就是要提高企业自主参与技术合作研发的意识，通过不同区域企业的协同，突破单个企业所受到的科研资金、科研队伍、科研实力的约束，从而有可能在更高水平上从事更为复杂、更为尖端的研发，取得原先仅依靠一地企业不可能获得的综合优势。

按模式分，区域协同创新主要有三种：技术联动协同创新、产业转移协同创新和功能定位协同创新。

（1）技术联动协同创新。那些资源禀赋极其相似、具有共性技术合作攻关需要的区域适合采用这种协同创新。如大规模资源开发区可在整合各地资源的基础上构建该资源密集型产业的技术体系，联合研发保护资源和生态修复的新兴技术。

（2）产业转移协同创新。即"腾笼换鸟"式协同创新。经济发展水平和产业结构有差异的若干地区，可按技术密集型产业的成熟度划分成不同技术梯度的地区。技术梯度高的地区将非技术密集型基础产业适当转移到周边地区，集中现有的创新资源扶持发展高新技术产业，并将成熟的产业技术辐射到其他地区。

（3）功能定位协同创新。那些经济发展水平不同但存在大范围同质产业的城市，可采用此模式，即根据不同的资源禀赋、经济基础和市场环境，进行差异化的、层次性的创新功能定位，分别着重于技术开发、技术学习与技术扩散应用，最终整合实现该领域的技术突破性进展。长江三角洲经济区和京津唐经济区多采用这种模式。

以上三种模式中，第一种模式主要由市场力量带动，自发性强、内在动力足；而后两种模式一般由中央政府引导，因可能存在的利益不平衡需相关地方政府配合才有实际进展，成功与否极大程度上取决于地方政府的参与积极性和协调性。

（一）广西北部湾经济区的区域技术联动协同创新

北部湾因其特殊地理气候有丰富的中草药资源，大陆海岸线长达1595公里，拥有丰富的水资源、港口资源和生物资源。北部湾城市应突破行政壁垒，进行北海、钦州、防城港"三港归一"，建好"一网一库二平台"（即枢纽网、信息库、地理信息系统平台与综合信息化平台），加强产业的数字化、网络化、集成化发展。在冶金化工、电子信息制造、旅游业、港口物流、临海工业等领域积极开展公共类研发项目，充分利用自动化与信息技术等先进科技，不断发展中草药产业、海洋生物医药、海洋电力等新兴产业，并联合构建水资源保护和水生态修复技术体系。

由于其特殊地理条件，北部湾有比较完备的林业生态体系和林业产业体系，是我国速生丰产林基地，盛产南亚热带水果，资源储量排全国第2位，有中草药4623种。同时，经过多年的发展，已经拥有了如三金、金嗓子、源安堂、玉林制药等一批优秀的本土中草药企业。六个城市可以整合中草药行业资源，联合发展生物技术、栽培技术等现代农业技术，加强野生药材资源保护，提高野生药材资源的利用效率，从而提高中药材质量和产量。

北部湾还有丰富的生物资源、海洋资源，包括220多种虾蟹和500多种鱼类，其中浅海有10多种经济虾蟹、50多种经济鱼类，已发展成为我国著名的"南珠"产地。生物制药产业已成为北部湾经济区的主导产业、优势产业，在南宁、玉林的发展初具规模，在北海更是初步形成了产业集群。北部湾六个城市可以利用广阔的海洋药用生物资源优势联合开发海洋生物医药。如针对白血病、艾滋病等危及人体生命的重大疫病的防治，重点发展合成药物、新型疫苗，研制面向生物防御的生物医学工程产品；依托现有品牌优势，重点研究发展一批拥有知识产权的合成药物、生物试剂和新型 DNA 工程药物，提高医药行业的生产创新水平。

北部湾的规划港口岸线长达 228 公里，沿海港口拥有丰富的深水码头资源，年吞吐能力可达 3 亿吨以上。在海水利用方面，北部湾积极发展海洋电力产业，1700 多万千瓦的水能可开发蕴藏量高居全国第 7 位，其中红水河水电基地受到国家重视，被列入中国十三大水电基地规划名单，其总装机容量可达 1300 多万千瓦。其下属的梯级电站分布在不同地区，包括龙滩水电站、岩滩水电站等，可选取一两个作示范站，将大型灯泡贯流式水轮发电机组设计、机组制造、接线等成功的海洋电力产业技术推广到其他水电站，将不同环节的成功技术融合到一起，构成一个先进的海洋电力技术体系。

北部湾水资源丰富，但也不可忽视水资源的可持续利用问题。南宁、北海、钦州、防城港、玉林、崇左应结合北部湾的地理条件、气候特点和环境现状，积极合作，踊跃研发水生态修复和水资源保护技术，建设技术试点，将有效技术在经济区内推广开，构建并完善水生态修复和水资源保护技术体系。另一方面，联合建立较全面的北部湾海洋灾害预警系统，探索船舶海上安全实时监控技术，以及对海洋环境污染、台风暴雨突发天气的实时监测技术等。

（二）广西北部湾经济区的区域产业转移协同创新

北部湾城市群的经济发展不均衡，应按照知识密集型、技术密集型、资本密集型和劳动密集型的产业划分，建立合理的广西北部湾经济区产业的梯度结构。与此相对应，北部湾六市的创新能力不均衡，区域协同创新就必须采取产业技术梯度转移战略，选择重点区域、重点领域进行重点突破。

南宁具备中心区位地理优势和充足的科技资源，创新基础好，实力强，应成为北部湾区域协同创新的突破点。但目前南宁有许多技术水平要求低的传统产业，如农产品加工业、轻工业、制糖业等，占用了大量的土地、资金和人才资源，造成某种程度上的创新资源浪费。可将这些非技术密集型产业适当往南宁的周边县市转移，把主城区土地空间、资金、人力资源腾出来，并通过鼓励性政策引导这些资源流向附加值高的新型制造加工业、生物制药、电子信息等高新技术产业。最终在南宁国家级高新技术开发区的带动下，实现高新技术产业的快速发展，提高科技创新产出的效率与质量。

在培养南宁这一创新高地的同时，兼顾创新基础较弱的其他城市，加强与其他城市的技术协作与人才交流。南宁抓住中国—东盟博览会这一契机，通过会展业提高科技龙头的综合服务能力和辐射力，通过城际快速交通带动其他城市的科研创新。其他城市积极打造良好的创新基础环境，吸引南宁的资金、人才和技术，同时主动接受南宁的先进制造业和生产服务业的辐射，与自身优势和区域特色相结合，促进产业转型升级，提高产业的技术密集度，进而提高整体创新能力。

（三）广西北部湾经济区的区域功能定位协同创新

南宁、玉林、北海、钦州、防城港、崇左六市大范围发展同质产业且经济联系密切，火电、造纸业、粮食加工业、石化等产业在各市存在不必要的重复建设。在此类产业的发展和生产技术创新上，六市应从不同的经济基础、地理位置和市场环境着眼，进行差异化的、层次性的创新功能定位，开展重大技术的联合开发等科技合作，加强经济交流与互动发展。

北部湾城市的创新能力呈现明显的三个级别分布——南宁，玉林，北海、钦州、防城港、崇左，同时综合考虑各市基础设施、经济发展水平等，可依序赋予三个层次的创新功能定位——知识创新基地与知识源，技术开发中心，技术扩散与应用区域。

第一层次，经济社会发展龙头南宁引导传统产业转型升级，产业发展以原创性的"高、精、尖"为主，充分利用科技和人才资源优势，加强自主研发；同时在日益增强的对外开放中看到贸易知识溢出效应的可能性和重要性，抓住机会，积极引进国外高新技术，加大创新储备，提高区域创新能力，将南宁建设成为北部湾经济区的知识创新中心、知识发源基地。

第二层次，玉林以南宁为知识源头，加强技术学习和技术集成，将其工业与南宁的现代服务业和新兴产业有机整合，筛选一批具有本地优势和地方特色的重大项目，形成区域高新技术产业密集区，建设具有地区特色的、共享共用的科技创新基础条件平台，发展成为北部湾经济区的技术研发中心、工艺开发中心和创新扩散基地。

第三层次，北海、钦州、防城港、崇左以各种形式加快建设生产力促进中心和技术服务中心等，充分利用南宁、玉林的知识扩散和技术辐射，积极吸收、消化新技术、新知识，政府出台鼓励性政策、企业采取鼓励性措施，鼓励外地人才和研发资金向本地流动，用高新技术重点改造港口物流、临海工业等优势产业，成为北部湾经济区的技术扩散与应用区域。

制糖业、纸业是北部湾经济区特色优势产业，在北部湾乃至广西制造业中处于举足轻重的地位。南宁的制糖产业集群已具有发展雏形，南宁贵糖股份拥有自治区级制糖工程技术研究中心即广西制糖工程技术研究中心，以及一支比较成熟的科研队伍，在大胆探索出"两步法"生产组织方式的同时，也开发出具国际先进水平的蔗渣制浆技术，引进了同样具国际先进水平的意大利安德烈兹造纸设备，造纸能力达到了年产15万吨。玉林等市可加快对南宁制糖业、纸业技术的吸收和集成，在南宁的技术研发成果基础上，进一步发掘林浆纸的产业技术，通过建设林浆纸工业园区加强、稳固林纸化工这一优势产业的创新式发展；北部湾目前已逐步形成了以钦州林浆纸和北海林浆纸两大合资项目为龙头的林浆纸产业发展格局；近两年来，在南宁的协作与帮助下，中国的"糖都"崇左研究开发甘蔗节水灌溉技术，并运用到实际生产中，与土地流转有机结合，推动了甘蔗生产规模化经营，由此成功探索出糖业发展的新模式。

北部湾有色金属资源丰富，钢铁和铝加工产业是其主导产业，也是当前的重点发展产业。南宁以南南铝业和南南铝箔公司为龙头，进行铝材深加工。其中南南铝业年均开发的新技术产品超过 600 多个品种，在创新速度、数量和质量方面均位于国内同行前列，国家专利技术产品累计达 62 项，并获得了多项重大科研成果。高技术、高附加值的"双高"铝加工产品深受国外用户的欢迎，畅销国内外市场，已成为北部湾的出口创汇大户。南宁以此带动防城港钢铁基地项目和农垦北部湾产业园区鑫鑫铝业（北海）年产 6.5 万吨铝型材精加工项目的建设。

第七章

结 论 与 展 望

第一节　研究结论

一　关于创新主体协同创新

通过对国内外关于协同创新的现有文献进行梳理，重新归纳了协同创新的概念，即协同创新是指政府、高校、企业和科研机构之间要素进行优化、合作创新的过程。它强调"政"在"产学研"中的主导作用，在宏观层面上对协同创新进行制度设计和政策引导，促进各创新主体的知识共享和资源的合理配置，最终实现整体利益的最大化。

目前地方政府虽然在推动政产学研协同创新方面取得了一定成绩，但由于北部湾经济区科技力量薄弱、经济发展不平衡，在协同创新中出现了协同创新机制尚未真正建成、企业自主创新能力不强、创新资源整合存在障碍、高层次人才缺乏、融资渠道不畅等问题，给各级地方政府在政产学研协同创新中发挥作用带来了挑战。

以复合系统协调理论为基础，从政府、产业、高校、科研机构四方面对广西北部湾经济区 2008—2014 年创新主体的协同创新协调度进行测算，并从纵向分析北部湾经济区 4 市创新主体协同创新子系统内部的序参量变化和各子系统协调变化的趋势。结论如下：

第一，北部湾经济区政产学研协同创新系统整体协调性分析结论。2009—2014 年北部湾经济区政产学研协同创新系统的协调性经历了一个由不协调到逐渐协调的发展过程，但总体上协同创新程度不高。从北部湾经济区政产学研协同创新系统的协调发展趋势与子系统内部各序参量的变化来看，各子系统有序度均保持平滑上升的趋势。政产学研协同创新政府子系统中，教育支出和全社会固定资产投资额序参量稳步上升，而科学技术支出序参量的有序度表现出小幅波动，表明近年来政府对政产学研协同创新环境的建设越来越重视，但对科学技术的资金投入还不能与政府对全社会固定资产投资的投入同步；政产学研协同创新产业子系统中，规模以上工业利润总额序参量对子系统有序度发展的贡献较大，规模以上工总产值序参量和规模以上工业企业数序参量次之，说明今后仍应通过技术创新、产业升级加大对规模以上工业企业的建设，提高规模以上工总产值；政产学研协同创新高校子系统中，普通高等学校在校生数序参量对子系统有序度发展的贡献最大，普通高等学校专任教师数序参量和普通高等学校数序参量次之，说明今后仍应加大对普通高等学校人力资本和基础设施的建设及投入；政产学研协同创新科研子系统中，专利申请受理数序参量对子系统有序度发展的贡献较大，市属部门科研机构科技活动项目数序参量、市属部门科学研究及技术开发机构数序参量次之，反映出科研机构队伍在人才建设及研究能力培养方面有待加强。

第二，北部湾经济区4市政产学研协同创新系统协调性分析结论。横向来看，南宁市的协调度值明显高于其他3市，位于中间区间协调度的城市少，南宁市的垄断性强，北海、钦州、防城港3市虽然具有正的协调度，但协调度值过低，说明这3个城市的政产学研协同创新系统仍处于不协调发展阶段，北部湾经济区的政产学研协同创新由南宁市发挥主导作用，具有城市间发展不均匀的特征。同时，北部湾经济区4市的产业子系统有序度和政府子系统有序度对政产学研协同创新系统的贡献最大，说明创新主体间的协同创新效应主要靠企业发展及政府的资金投入带动。科研子系统和高校子系统的有序度对政产学研协同创新系统的贡献小，说明高校、科研机构并不是政产学研协同创新的主要资金、技术投入者，没有在政产学研协同创新中发挥积极作用，特别是各市在高校和科研机构建设方面差异巨大，是政产学研协同创新系统不协调发展的主要因素和协同创新中的薄弱部分。

最后，根据评价结果，提出了做好协同创新的顶层设计、建立健全现代企业制度、优化人才培养激励机制、推进协同创新平台建设、建立多元化投融资体系、完善利益风险平衡体系、大力发展科技中介机构等提升北部湾经济区政府协同创新能力的对策。

二　关于产业协同创新

理论方面，从内涵上将产业协同创新活动归纳为两个方面：第一个方面是产业内部要素间的互动关系，也就是具有纵向、横向、交叉关联的产业，基于产业间的相互关联而进行的、以推动区域经济可持续发展为目标、以生产要素的流动与优化重组为主要内容的产业创新活动；第二个方面是产业组织作为一个主体与其他相关主体之间的创新协作活动，也就是产业创新系统与创新基础支撑环境系统在协同发展的基础上所实现的创新活动。即在开放的条件下，产业创新子系统与外部创新环境子系统通过相互作用实现相关资源的最优配置，最终实现创新绩效的最大化。并从形式、特点、作用机制以及内外部动力等方面出发构建产业协同创新的理论框架，引出由产业创新子系统和外部创新环境子系统相互作用、相互渗透，并最终形成"产业协同创新系统"概念。

在分析广西北部湾重点产业现状、外部创新技术环境、创新经济环境、创新科教环境现状的基础上，发现目前北部湾经济区的产业协同创新出现的问题有：（1）有大部分重点产业尚处于起步阶段，缺乏大型骨干企业带动；（2）没有构筑产业协同创新型系统；（3）与周边区域存在产业竞争，优势不明显；（4）科技水平较低，附加值不高等。

运用耦合协调度数学模型，以工业产业为例，对 2008—2014 年广西北部湾整体以及南北钦防四市各自的产业创新系统—外部创新环境系统耦合协调度进行了实证分析与比较，结论如下：

第一，从 2008—2014 年，广西北部湾产业协同创新系统耦合度波动幅度不大，一直保持在 0.49 左右。而耦合协调度则呈稳步上升的态势，从 0.52 上升到 0.645，上升幅度较大。这说明产业创新系统与创新支撑环境系统单个子系统有了明显的提升，但是由于两系统在功能与结构上的提升步调不一致最终导致耦合效果不理想，但是耦合协调度却上升的结果。

从协调类型上看，2008—2014 年北部湾产业协同创新系统经历着轻度失调—濒临失调—勉强协调—初级协调的过程，2008 年北部湾工业产业协同与外部创新环境系统都处于较低发展水平，产业协同创新复合系统处于轻度失调状态。2009—2010 年随着产业协同与外部创新环境系统的逐步发展，产业协同创新复合系统处于濒临协调状态。2011—2012 年随着两系统的函数评价值的增加，复合系统勉强协同。2013—2014 年两个子系统已经发展到较高的水平，但是由于两者发展水平还存在一定的差距，复合系统初级协同。

第二，至 2014 年，北部湾四个城市中，南宁市的协调度最高，为 0.669616，处于初级协调的阶段。北海市、防城港市和钦州市的协调度处于同一个档次，都为濒临失调状态，而防城港市的协调度最低，为 0.416737。这表明除了南宁外，另外三个城市产业协同创新都处于不协调的发展阶段。

最后，根据目前现状、存在的问题和实证分析结果，提出北部湾产业协同创新的可行模式有产业跨越创新模式和产业资源整合结合产业提升创新模式，并提出优化外部创新技术环境、创新经济环境、创新科教环境创新系统的对策建议。

三 关于区域协同创新

首先从区域协同创新的条件和机制两方面归纳区域协同创新的机理。其次通过点分析得出近六年北部湾创新产出的均衡度及空间相关性的变化情况和趋势，并以空间计量模型为工具分析人力、资本等因素对北部湾区域创新的贡献及近年来北部湾创新产出的协同程度，由此完成对北部湾经济区区域协同创新现状的实证分析。再次探讨北部湾区域协同创新的必要性与可行性、思路和模式。最后从组织体系、要素流动与共享和协同环境三方面给出北部湾推动区域协同创新的对策建议。

区域协同创新的五大条件是：地理邻近与组织邻近，一定的技术经济依存度，明确的政治意愿，形成创新的龙头区域，以及较高且相近的技术经济水平。成功有效的区域协同创新遵从市场引导企业合作和要素流动的运行机制，政府前期推动、后期辅助保障的调控机制，以及高校、科研机构、非政府组织参与的多层治理机制。

以人力资本为代表的创新投入在北部湾经济区的创新发展中有着显著的影响力和贡献度，政府重视度的提高和公共基础设施的建设尚未在创新产出中发挥应有的正面作用。近六年北部湾六市的创新产出持续呈空间负相关，高产出城市南宁和玉林分散分布且辐射力不足，各地的局部相关性主要呈"H-L"和"L-H"，未能实现创新活动的集聚。另一方面，各市的创新活动与水平提升存在显著的正向空间依赖性，在其他条件不变的前提下，相邻地区的专利授权量每增加1%，将带来本地专利授权量约0.5%的增加，北部湾区域协同创新机制初步形成。

区域协同创新策略在北部湾经济区基本可行，主要思路是以政府为主导，以产业为依托，以企业为主体。北部湾在不同产业、不同范畴有三种区域协同创新模式可行：技术联动协同创新模式、产业转移协同创新模式和功能定位协同创新模式。

（1）技术联动协同创新模式。北部湾生物资源、海洋资源、水资源丰富，各市可在资源整合、资源保护领域进行共性技术开发，加强技术联动。六市整合中草药行业资源，联合发展现代农业技术；利用广阔的海洋药用生物优势联合开发海洋生物医药，推进生物制药产业的技术创新与发展；通过示范学习、技术重组，建立更高效的海洋电力技术体系；联合探索北部湾地区水资源保护和水生态修复技术体系，完善北部湾海洋环境灾害预警体系。

（2）产业转移协同创新模式。将南宁的第一、第二产业适当往周边县市转移，腾出土地空间、资金、人力资源加大力度发展知识密集型、技术密集型产业，进而通过科技协同与交流提高其他城市的创新能力。

（3）功能定位协同创新模式。将南宁建设成为北部湾的知识创新中心、知识发源基地；将玉林定位为北部湾的技术研发中心、工艺开发中心和创新扩散基地；将北海、钦州、防城港、崇左发展成为北部湾的技术扩散与应用区域。南宁进一步推进制糖工程技术和蔗渣制浆技术的研发，以此带动崇左糖业、钦州林浆纸和北海林浆纸项目等的技术创新，还可通过高技术、高附加值的铝加工促进防城港钢铁基地项目和鑫鑫铝业（北海）年产6.5万吨铝型材精加工项目等的建设。

从城市系统的视角出发，城市系统的功能与其系统中的要素、结构和环境都有着重要联系。在城市创新能力评价中，城市创新要素的投入、城市创新结构的发展水平、城市创新支撑环境的建设对于城市创新产出功效的发挥均具有非常重要的作用。通过对南宁市等17个国家创新型试点城市的实证分析，发现深圳市、苏州市和广州市等东部发达地区的城市创新力远远高出中西部地区，中部地区合肥市、武汉市的城市创新力水平也排在全国前列，西部地区南宁市、昆明市相对其他东中部地区其城市创新力明显不足，中部地区郑州市的城市创新力水平也相对较弱，与中部地区其他试点城市的差距较大。

加快北部湾经济区区域协同创新的对策主要有组织体系、要素流动与共享和协同环境三个方面。

第一，全面构建区域协同创新组织体系。引进联席会议制度，建立北部湾协同创新委员会并下设专项工作小组、考核评估委员会和常设联络办公室，构建、实施、考核评估经济区区域协同创新制度框架；制定法规条例明确北部湾协同创新委员会的行政级别、职责和权力，制定短期、中长期和长期的北部湾区域协同创新计划，规范区域间的利益政策协调和协同行为；引导各市的高校、科研机构和非政府组织组成北部湾行业联盟，为北部湾区域协同创新提供咨询、监督和辅助决策。

第二，促进创新要素的流动与共享。六个城市在制糖、林浆纸、生物制药、能源、电子信息等领域关键技术的研发上共同出资设立专项资金，市场化运作面向投资大且回收期长的合作技术研发项目的公共基金，联合发展高新技术风险投资业；从政策协调、人才服务优化和就业信息公开三个方面建立统一开放的北部湾人才市场体系，通过科技人才数据库、科研和课题共同研究制度、公务员挂任职交流制度、定期人才培训会晤制度等促进城市科技人才的交流与合作；健全技术转移的法律法规，实行高新技术及高新技术企业、成果等的资质互认，通过实体科技中介机构和北部湾网上技术市场提高技术转移的效率。

第三，优化区域协同创新环境。统一与协调各市的科技、就业、教育等政策，降低市场交易的行政成本，同时对创新落后地区或利益受损地区给予倾斜性的政策补助和扶持；相互开放重点实验室等基础设施，构建北部湾区域创新信息网络平台，促进区际科技合作项目或政策上的交流以及电子科技信息的共享；筹建北部湾大学以加强北部湾高校间的学术交流和人才培养合作，建立跨区域科技园区并由北部湾协同创新委员会进行管理，构建北部湾科技中介联盟并从资质互认、质量标准认证、信誉评价等方面打造北部湾中介服务体系；以北部湾协同创新论坛为平台促进政府领导、企业界、专业技术人员和学术组织等定期对创新合作项目进行讨论、策划和实施，不定期开展多种科技合作交流活动。

第二节　新颖之处

不同于之前学者将协同创新归纳为内部（技术、组织、文化、市场等）协同创新和外部（包括产学研合作和产业链层面的互动）协同创新，本书认为，为更好地研究区域经济问题，应从宏观层面理解与构建协同创新的理论框架，因此将协同创新归纳为创新主体协同创新、产业协同创新与区域协同创新。并从不同角度全面分析了政府在协同创新中的不同角色——既是政产学研协同创新体系的主导者，又是产业、区域协同创新的有力引导者，分别在三个层面的协同创新中对政府提出相应政策建议。

在创新主体协同创新方面，大多学者将研究重点放在企业、高校和科研机构三大主体上，而本书将政府、中介服务机构纳入协同创新的研究范畴，并着重探讨政府和中介服务机构在协同创新中的职能定位。

之前的学者没有从产业创新关联角度解读北部湾经济区的产业发展现状，本书撇开对产业单独发展的传统研究，从产业协同内部探索关联产业间的创新，并搭建了产业协同创新的理论框架，提出通过协同创新带动北部湾产业体系跨越式发展。在具体的模式探讨上，融合了产业提升模式和资源整合模式，构造"先整合再注入"的新协同创新模式，同时考虑到外部创新环境对产业创新主体的影响，提出了相关的对策建议。

在区域协同创新方面，本书提出北部湾城市群的梯次性创新布局的新观点，对北部湾协同创新作出前瞻性的规划，建议实施若干可行的科技工程项目。在对区域协同创新的实证研究上有方法创新。不同于国内现有的对各省、市、自治区知识溢出程度的以年为单位的动态点分析，汇总近年来北部湾六市创新投入产出的面板数据，对北部湾经济区区域协同创新的现状作出了全面分析。不同于其他学者将面板数据模型与空间计量模型相结合，构建出综合时空二维特征的空间面板模型，手动修改 GeoDA 依据面板数据自动生成的空间权重矩阵 W，剔除不同时间点上个体间的空间权重，同样能将时间维度纳入空间计量模型。此方法仍以空间计量模型为主体，其一大特点是能完成以空间效应为重点的面板分析，且简便易行。鉴于此研究着重于北部湾经济区六个城市创新系统在空间上的依赖性，文章运用此方法完成对近年连续时间段内北部湾经济区创新活动的空间计量分析。

第三节 研究不足与展望

协同创新体系是一个受内部与外部、社会经济与自然文化相互影响的复杂系统，如何正确评价创新主体、产业及区域协同创新水平及存在的问题存在一定难度，本书虽然详细分析了北部湾创新主体、产业、区域协同创新的现状、问题和原因，也结合北部湾实际情况给出了针对性措施建议，但是受限于自身研究能力及部分数据的可得性，论文还存在一些不足，在以下几个方面还需要不断完善。

第一，在指标的选取方面，本书构建的"政产学研协同创新系统协调度指标体系"是建立在大量科技创新资料和统计数据的基础上，由于部分城市的科技创新数据难以取得，一些指标不能充分反映评价目标，只能用次优的指标来进行测算和评价。因此该指标体系仍需要进一步优化和改进。产业协同创新研究，在指标的选取方面，目前也没有一个权威的指标体系能够反映外部创新环境的发展情况，因此只能够在收集国内外相关文献资料后，选择其中几个具有代表性的评价指标，但是并不全面。区域协同创新方面，在创新产出的指标选取方面，单选专利授权量，而不包括新产品销售收入、技术市场成交额等指标，存在一定片面性。因此在今后的研究过程中，应该不断探索优化。

第二，横向评价的范围有待进一步扩大。由于时间与空间的限制，以及地级市的创新数据难以取得，对北部湾经济区政产学研协同创新系统整体协调性的评价未与国内其他同类型的经济区进行比较分析，评价结果不能直接反映北部湾经济区协同创新在国内经济区中的水平。今后随着市级部门逐渐配合公开科技创新数据，可加大调研的力度与范围，对珠三角、长三角等沿海发达经济区的协同创新系统整体协调性进行比较分析，从而找出差距认清问题，完善对北部湾经济区协同创新的认识。同时对产业协同创新的研究中，是以工业产业为例来代表产业协同与外部创新系统间的耦合协调程度，没有研究第一、第三产业的情况，可能会造成一定的偏差。区域协同创新方面，因数据获取渠道和时间有限，仅在城市的层面上研究北部湾的区域协同创新，而没能将数据细化到北部湾的县、区层次，对北部湾区域协同创新现状的实证估计的可信度有待提高。

第三，评价方法的适用性有待进一步探讨。复合系统协调度理论是讨论不同属性的子系统复合而成的系统间及各种要素间协调关系的评价方法，但对政产学研协同创新是否可应用复合系统协调度来分析各创新主体子系统之间的"协调度"的可行性论证不够充分，期待将来的实证研究在这一方面进行完善。

另外，本书虽然探索性地构建了协同创新的理论框架，详细分析了北部湾经济区协同创新的现状、存在的问题，前瞻性地对广西北部湾经济区协同创新作出战略规划。但若能进一步丰富协同创新的内涵，开发一套科学的、合理的协同创新能力和协同创新绩效评价指标体系来测度和衡量北部湾的协同创新能力和协同创新绩效，项目的学术价值和应用价值将进一步提升。

参考文献

[1] [德] 赫尔曼·哈肯:《协同学》,上海译文出版社 2005 年版。

[2] [美] 安索夫:《新公司战略》,曹德俊、范映红、袁松阳译,西南财经大学出版社 2009 年版。

[3] [美] 约瑟夫·熊彼特:《经济发展理论》,商务印书馆 1990 年版。

[4] 《广西北部湾经济区 2008—2015 年人才发展规划》,2008 年 2 月 27 日,http://www.e-gov.org.cn/ziliaoku/zhengfuguihua/200802/84863.html。

[5] 操秀英:《北京协同创新联盟去年技术交易额达 186 亿元》,《科技日报》2011 年 1 月 22 日第 4 版。

[6] 曹静、范德成、唐小旭:《产学研结合技术创新绩效评价研究》,《科技进步与对策》2010 年第 4 期。

[7] 陈劲:《协同创新》,浙江大学出版社 2012 年版。

[8] 陈晓红、解海涛:《基于"四主体动态模型"的中小企业协同创新体系研究》,《科学学与科学技术管理》2006 年第 8 期。

[9] 程家安:《长江三角洲"超区域创新体系"的发展模式研究》,《杭州科技》2003 年第 6 期。

[10] 程亮:《论我国产学研协同创新机制的完善》,《科技管理研究》2012 年第 12 期。

[11] 程永波:《科技创新的新范式——政产学研协同创新》,《光明日报》2013 年 12 月 28 日。

［12］ 单莹洁、苏传华：《基于媾合协调度的区域创新系统绩效评价研究——以河北省为例》，《科技管理研究》2011 年第 22 期。

［13］ 邓庭辉：《粤澳科技合作研究》，硕士论文，华中科技大学，2008 年。

［14］ 范太胜：《基于产业集群创新网络的协同创新机制研究》，《中国科技论坛》2008 年第 7 期。

［15］ 耿殿贺、原毅军：《生产性服务业促进制造业企业动态创新能力的机理研究》，《经济研究导刊》2010 年第 24 期。

［16］ 郭斌：《知识经济下产学合作的模式、机制与绩效评价》，科学出版社 2007 年版。

［17］ 郭晓林：《产业共性技术创新体系及共享机制研究》，博士论文，华中科技大学，2006 年。

［18］ 韩晓丽、王利、田能瑾、佟芳庭：《制造业与物流业协调发展的计量分析》，《价值工程》2009 年第 1 期。

［19］ 何郁冰：《产学研协同创新的理论模式》，《科学学研究》2012 年第 2 期。

［20］ 胡军燕、朱桂龙、马莹莹：《开放式创新下产学研合作影响因素的系统动力学分析》，《科学学与科学技术管理》2011 年第 32（8）期。

［21］ 黄爱莲：《限制与突破——北部湾区域旅游合作研究》，中国社会科学出版社 2011 年版。

［22］ 黄友爱：《泛珠三角科技合作如何适应中国与东盟合作形势的要求》，《科技管理研究》2007 年第 4 期。

［23］ 纪爱玲：《全方位服务创新主体，北京协同创新服务联盟力推技术转移》，《中国高新技术产业导报》2008 年 1 月 14 日第 B08 版。

［24］ 姜昱汐、胡晓庆、林莉：《大学科技园协同创新中政产学研的作用及收益分析》，《现代教育管理》2011 年第 8 期。

[25] 解学梅：《中小企业协同创新网络与创新绩效的实证研究》，《管理科学学报》2010年第13（8）期。

[26] 金芙蓉、罗守贵：《产学研合作绩效评价指标体系研究》，《科学管理研究》2009年第3期。

[27] 李刚：《区域合作的协调机制：多层治理理论与欧盟经验》，《全国经济地理研究会第十三届学术年会暨金融危机背景下的中国区域经济发展研讨会论文集》，2009年。

[28] 李俊华、汪耀德、程月明：《区域创新网络中协同创新的运行机理研究》，《科技进步与对策》2012年第7期。

[29] 李莉平、陈芳柳：《国内外产学研合作的比较研究及其启示》，《沿海企业与科技》2007年第2期。

[30] 李廉水：《论产学研合作创新的组织方式》，《科研管理》1998年第19（1）期。

[31] 李梅芳、赵永翔、唐振鹏：《产学研合作成效关键影响因素研究——基于合作开展与合作满意的视角》，《科学学研究》2012年第12期。

[32] 李瑞、杜宝苍：《基尼系数求解方法的简要描述》，《经济研究导刊》，2012年。

[33] 李双金、王丹：《网络化背景下的创新环境建设：理论分析与政策选择》，《社会科学》2010年第7期。

[34] 李婷、董慧芹：《科技创新环境评价指标体系的探讨》，《中国科技论坛》2005年第4期。

[35] 李兆友：《技术创新主体论》，东北大学出版社2003年版。

[36] 李子奈、叶阿忠：《高级应用计量经济学》，清华大学出版社2012年版。

[37] 林思达：《基于区域创新体系的长三角科技合作思路研究》，《宁波大学学报》（人文科学版）2010年第23（1）期。

[38] 刘俊杰、傅毓维：《基于系统动力学的高技术企业创新环境研

究》，《科技管理研究》2007 年第 12 期。

[39] 刘颖、陈继祥：《生产性服务业与制造业协同创新的自组织机理分析》，《科技进步与对策》2009 年第 26（15）期。

[40] 楼高翔：《供应链技术创新协同研究》，上海交通大学出版社 2011 年版。

[41] 吕春燕、孟浩、何建坤：《研究型大学在国家自主创新体系中的作用分析》，《清华大学教育研究》2005 年第 5 期。

[42] 吕国辉：《长三角科技合作与技术转移的对策建议》，《江南论坛》2007 年第 12 期。

[43] 罗琼：《南宁市铝加工人才小高地助推广西铝加工业发展》，2006 年 8 月 29 日，http：//www. bbwdm. cn/show _ info. asp？id = 7134。

[44] 马莹莹、朱桂龙：《影响我国产学研合作创新绩效的行业特征》，《科技管理研究》2011 年第 4 期。

[45] 孟庆松、韩文秀：《复合系统协调度模型研究》，《天津大学学报》2000 年第 33（4）期。

[46] 南宁智阳科技咨询管理有限公司：《广西近三年创新基金立项清单》，2011 年 10 月 25 日，http：//www. zykjzx. com/news/shownews. php？lang = cn&id = 39。

[47] 潘瑶：《广西北部湾经济区城际政府间协调合作机制研究》，硕士论文，广西师范大学，2010 年。

[48] 彭荣胜：《区域经济协调发展的内涵、机制与评价研究》，博士论文，河南大学，2007 年。

[49] 全利平、蒋晓阳：《协同创新网络组织实现创新协同的路径选择》，《科技进步与对策》2011 年第 9 期。

[50] 任净、车贵堂：《影响辽宁传统优势产业技术创新的制度性因素分析及对策研究》，《辽宁师范大学学报》（社会科学版）2007 年第 6 期。

［51］孙鹏、罗新星：《区域现代物流服务业与制造业发展的协同度评价——基于湖南省数据的实证分析》，《系统工程》2012 年第7 期。

［52］覃湘湘：《北部湾经济区建设中广西区政府竞争力提升研究》，硕士论文，广西民族大学，2009 年。

［53］谭小燕：《深化广西北部湾经济区与泛珠三角区域人才交流与合作政策措施研究》，《特区经济》2011 年第9 期。

［54］谭新明：《泛珠三角区域科技合作战略》，湖南师范大学，2007 年。

［55］唐丽艳、王国红、张秋艳：《科技型中小企业与科技中介协同创新网络的构建》，《科技进步与对策》2009 年第20 期。

［56］王缉慈：《创新的空间——企业集群与区域发展》，北京大学出版社2001 年版。

［57］王力年、滕福星：《论区域技术创新系统的协同发展》，《社会科学战线》2012 年第7 期。

［58］王立军：《沪苏浙联手共建长三角区域创新体系研究》，《中国科技论坛》2003 年第5 期。

［59］王秋凤：《广西崇左："中国糖都"推广甘蔗生产新模式》，2013 年 2 月 26 日，http：//www.bbw.gov.cn/staticpages/20130226/bbw512bfd73 – 74259.shtml。

［60］王雪原、王宏起、刘丽萍：《产学研联盟模式及选择策略研究》，《中国高校科技与产业化》2006 年第11 期。

［61］王英俊、丁堃：《"官产学研"型虚拟研发组织的结构模式及管理对策》，《科学学与科学技术管理》2004 年第4 期。

［62］王再文、李刚：《区域合作的协调机制：多层治理理论与欧盟经验》，《当代经济管理》，2009 年。

［63］王珍珍、陈功玉：《我国物流产业集聚对制造业工业增加值影响的实证研究——基于省级面板数据的分析》，《上海财经大学学

报》2009 年第 12 期。

[64] 王珍珍、陈功玉：《我国制造业不同子行业与物流业联动发展协调度实证研究———基于灰色关联模型》，《上海财经大学学报》2010 年第 6 期。

[65] 韦塔：《用因素分析法研究用户对移动 IM 产品的满意度和使用意愿》，北京邮电大学，2011 年。

[66] 魏守华、吴贵：《我国跨行政区科技合作的成因、模式与政策建议》，《中国软科学》2004 年第 7 期。

[67] 吴绍波、顾新、刘敦虎：《我国产学研合作模式的选择》，《科技管理研究》2009 年第 5 期。

[68] 吴莹：《泛珠三角区域科技合作创新机制研究》，硕士论文，湖南大学，2010 年。

[69] 吴志成、李客循：《欧洲联盟的多层级治理：理论及其模式分析》，《欧洲研究》，2003 年。

[70] 夏凤：《基于平衡记分卡的校企合作绩效评价模型》，《职教论语》2008 年第 5 期。

[71] 徐涵蕾：《区域创新系统中地方政府行为定位与作用机理研究》，博士论文，2008 年。

[72] 徐静、冯锋、张雷勇、杜宇能：《我国产学研合作动力机制研究》，《中国科技论坛》2012 年第 7 期。

[73] 杨耀武、张仁开：《长三角产业集群协同创新战略研究》，《中国软科学》2009 年。

[74] 姚威：《产学研合作创新的知识创造过程研究》，浙江大学，2009 年。

[75] 喻红阳：《网络组织集成及其机制研究》，博士论文，武汉理工大学，2005 年 5 月 1 日。

[76] 张钢、陈劲、许庆瑞：《技术、组织与文化的协同创新模式研究》，《科学学研究》1997 年第 2 期。

［77］张满银、温世辉、韩大海：《基于官产学研合作的区域创新系统绩效评价》，《科技进步与对策》2011 年第 28（11）期。

［78］张万宽：《高新技术领域的产学研技术联盟绩效研究——基于资源依附和交易成本的分析视角》，《科技进步与对策》2008 年第 6 期。

［79］张小菁、张天教、廖翔：《"泛珠三角"区域科技合作模式与机制》，《经济地理》2007 年第 27（4）期。

［80］张协奎：《广西北部湾经济区城市群可持续发展研究》，中国财政经济出版社 2009 年版。

［81］张协奎等：《城市群资源整合与协调发展研究——以广西北部湾城市群为例》，中国社会科学出版社 2012 年版。

［82］张序萍：《区域技术创新能力的指标筛选及评价研究》，《经济研究导刊》2010 年第 30 期。

［83］张颖、段维平：《技术创新扩散环境的 BP 神经网络评价模型研究》，《科技进步与对策》2007 年第 11 期。

［84］张颖慧、吴翠红：《基于创新过程的区域创新系统协调发展的比较研究——兼析天津市区域创新复合系统协调性》，《情报杂志》2011 年第 30（8）期。

［85］章文波、陈红艳：《实用数据统计分析及 SPSS12.0 应用》，人民邮电出版社 2006 年版。

［86］郑刚：《基于 TIM 视角的企业技术创新过程中各要素全面协同机制研究》，博士学位论文，浙江大学，2004 年。

［87］中共南宁市委党校课题组：《广西北部湾经济区建设创新型区域的构想》，《中共南宁市委党校学报》2009 年第 1 期。

［88］周静珍、万玉刚、高静：《我国产学研合作创新的模式研究》，《科技进步与对策》2005 年第 3 期。

［89］周鹏峰：《广西北部湾经济区临港产业整合研究》，硕士论文，广西大学，2012 年。

［90］朱建平、殷瑞飞：《SPSS 在统计分析中的应用》，清华大学出版社 2007 年版。

［91］自治区北部湾办：《广西北部湾经济区概况》，2009 年 3 月 19 日，http：//www. bbw. gov. cn/staticpages/20090319/bbw49c2670d － 2117. shtml。

［92］祖廷勋、罗光宏、陈天仁、刘澈元、杨生辉：《构建高校产学研合作机制的制度范式分析》，《生产力研究》2005 年第 8 期。

［93］Anselin L. , *Spatial Econometrics*：*Methodsand Models*, Dordrecht, Kluwer Academic Publishers, 1988.

［94］Bellandi M. , Caloffi A. , "An Analysis of Regional Policies Promoting Networks for Innovation", *European Planning Studies*, Vol. 18, No. 1, 2010.

［95］BOSCO M. G. , "Innovation, R&D and Technology Transfer：Policies Towards a Regional InnovationSystem：The Case of Lombardy", *European Planning Studies*, Vol. 15, No. 8, 2007.

［96］Chesbrough H. , *Open Innovation*：*The New Impeerative for Creating and Profiting for Technology*, Harvard Business School Press, Cambridge, MA, 2003.

［97］Etzkowita H. , *The Triple Helix*：*University-industry-government Innovation in Action*, London and New York：Routledge, 2008.

［98］Etzkowitz Henry, "The Triple Helix of University-industry-government Relations：A Laboratory for Knowledge-based Economic Development", *Easst Review*, Vol. 14, No. 1, 1995.

［99］Griliches Z. , "Issues in Assessing the Contribution of Research and Development to Productivity Growth", *The Bell Journal of Economics*, Vol. 10, No. 1, 1979.

［100］Jaffe A. B. , "Real Effects of Academic Research", *American Economic Review*, Vol. 79, No. 5, 1989.

［101］ Krugman P. , *Geography and Trade*, Cambridge, MA: MIT Press, 1991.

［102］ Nastase C. , Kajanus M. , "The Role of the Universities in a Regional Innovation System: A Comparative A'WOT-Analysis", *Amfiteatru Economic*, Vol. 10, No. 23, 2008.

［103］ Toshihiro K. , "The Role of Intermediation and Absorptivecapacity in Facilitating University—industry Linkages: Anempirical Study of TAMA in Japan", *Research Policy*, No. 37, 2008.

专题研究一

广西北部湾经济区协同
创新策略研究

导 论

一 研究背景与意义

（一）研究背景

在科技经济全球化日益深入的新形势下，协同创新已经成为大势所趋，成为整合创新资源、提高创新效率的有效途径。我国已经把建设创新型国家作为 21 世纪的重大国策之一。2011 年 4 月 24 日，胡锦涛总书记在庆祝清华大学百年校庆讲话中，提出在"积极提升原始创新、集成创新和引进消化吸收再创新能力"的同时，要"积极推动协同创新"。教育部、财政部出台的以协同创新为主题的高等学校创新能力提升计划（"2011 计划"），于 2012 年启动实施，协同创新这一具有跨时代意义的创新范式开始在全国范围进行讨论与尝试。① 2015 年 12 月，党的十八届五中全会提出"创新、协调、绿色、开放、共享"五大发展理念，协同创新则是五大发展理念中最重要的两个方面——创新与协

---

① 中国自动化学会专家咨询工作委员会：《自主创新 协同 CAA – 协同创新是提高自主创新能力和效率的最佳形式和途径》，2012 年 1 月 13 日，http://www.gkong.com/item/news/2012/01/64156.html。

调的融合，是区域经济发展和科技合作的高级阶段。

2008 年，国务院批准实施《广西北部湾经济区发展规划》，使广西北部湾经济区（含南宁、北海、钦州、防城港、玉林、崇左六市，以下简称"北部湾经济区"或"北部湾"）开放开发上升为国家战略。北部湾经济区发展起步晚，正处于从传统经济模式向以创新为动力的内生新增长模式转变的道路上。抓住区域协同创新这一新兴战略将有助于北部湾经济区更快进入内生新增长模式，进而成为中国西部沿海区域发展的后起之秀。

（二）研究意义

协同创新作为近年来被提出的新概念，尚未形成一个基本的理论体系，甚至未在学术界形成基本共识。一方面，目前国内学者主要是在制度协同或者生产协同的范畴内研究不同行政区的协同互动；另一方面，国内学者对长三角、珠三角等地区域协同创新的现有研究结论不完全适用于经济欠发达地区。本文写作的主要意义在于梳理国内外学者对区域协同创新的研究现状，分析归纳区域协同创新的基本理论，构建起区域协同创新的理论框架。在实证方法的应用上，找到了空间计量模型这一有效的实证工具，且以面板数据为基础，通过修改空间权重矩阵将时间维度纳入空间计量模型，丰富了空间计量经济学的理论内涵。更进一步，在分析广西北部湾经济区协同创新现状的基础上，探讨北部湾经济区协同创新的必要性、可行性、主要思路和模式，提出加强北部湾经济区协同创新的对策建议，可为北部湾经济区推进协同创新工作提供参考借鉴。

二 国内外研究综述

区域协同创新是指在不同区域形成深度依赖关系的基础上，各生产科技资源在区域间自由转移和传递带来的区域产业技术创新。

区域协同创新的过程是不同区域创新要素由结合到整合再到融合的过程，最终实现创新活力、动力和潜力的有机合成，大幅度提升区域的整体创新能力和核心竞争力。区域协同创新是区域生产、科技合作的高级阶段。

(一) 国外研究综述

早在 1995 年至 1997 年间,来自德国五大科研机构的经济地理学家和区域经济学家组成了一支多学科科研团队,在欧洲的 11 个不同地区 (Alsace, Baden, Barcelona, Gironde, Hannover-Brunswick-Gottingen, Saxony, Slovenia, South Holland, South Wales, Stockholm, Vienna) 组织进行了一次对欧洲区域创新的全面调查 (The European Regional Innovation Survey, 简称 ERIS),对各区域的创新能力和创新主体间、创新区域间的创新网络作出定性和定量的了解和评估。之后带来了长期的、大量的国内外各界学者对这次大型调查结果的分析和研究,使得"协同创新"成为学术界的一大研究焦点。Knut Koschatzky 和 Gundrum 指出要从三个方面提升区域创新,其中包括构建区域互动平台、提升跨区域合作,将各区域创新系统联动整合为协调性的国家创新系统,政府制定区域创新政策的一大任务便是加强构建创新主体的网络连接,并整合国内国际的知识资源,促进跨区域创新网络的联动。[①] Knut Koschatzky, Rolf Sternberg 从各方面详细分析总结了 ERIS 的调查结果和研究结果,得出协同创新的空间跨度极大取决于合作伙伴的类型与规模,以及该企业所属产业的 R&D 密度。并指出大企业比小企业更多地参与区域协同创新,中心区域的创新系统更注重于产品创新,外围区域创新系统主要进行生产过程的创新,政府制定区域创新政策要考虑到区域创新系统间的差异性。[②] Michael Fritsch 以德国的巴登、汉诺威、萨克森州三地的区域创新为案例,具体分析了区域邻近性对

① Knut Koschatzky K. , Gundrum U. , "Technology-Based Firms in the Innovation Process", *Management*, *Financing and Regional Networks*, Vol. 4, 1997, pp. 203 – 224.

② Knut Koschatzky, "Rolf Sternberg R&D Cooperation in Innovation Systems-Some Lessons from the European Regional Innovation Survey (ERIS)", *European Planning Studies*, Vol. 8, No. 4, 2000, pp. 487 – 501.

不同类型协同创新的影响，得出结论为，区域邻近性对"横向协同创新"（与其他企业、科研机构）的影响比对"纵向协同创新"（与消费者、供给商）的影响大，且比起大型企业，中小企业对协同创新的空间距离因素更加敏感。Isaksen 开创性地鉴别出区域创新系统中妨碍创新活动的三类壁垒，即组织稀薄（organisational thinness），断裂（fragmentation）与锁定（lock-in）。[①] 断裂指区域内各主体之间缺乏区域合作和相互信任，没有形成一个运转的区域创新系统。锁定指虽然区域创新系统存在，但是系统过于封闭并且网络太僵化从而造成的"锁定"状态。正是这三大壁垒显示出了区域协同创新的欠缺及其重要性。Michael Desens 指出构建一个全球资源和技术的集聚区进行协同创新优于孤立性的创新规划，各级政府（国家政府，州政府和地方政府）要努力降低贸易成本，消除区域投资壁垒，鼓励合作型商业运营模式，促进开放式技术研发。[②] 鉴于 Anselin，Varga 和 Acs 首次将空间经济学分析工具引入经济地理学的研究领域，Bode 用空间计量工具辨析了 20 世纪 90 年代西德的几种区际知识溢出模式，得出知识溢出影响本地知识生产的结论，且研发密度低的地区在知识溢出中的获益大于研发密度高的地区。Moreno，Paci，Usai 研究了欧洲 17 个国家 175 个地区创新活动的空间分布和溢出，结合知识生产函数和空间计量模型，探讨了知识的空间依赖性的存在及其运行机制，指出本地的知识产出受邻近区域的知识溢出影响，且影响程度取决于区域间的地理距离和技术水平差距。Bernardí Cabrer-Borrás，Guadalupe Serrano-Domingo 应用空间计量经济学和面板数据模型，分析了西班牙区域创新的空间模式，空间依赖性及其在区域创新中的角色，实证表明西班牙一地的创新能力不仅取决于本地创新活动，也取决于区际知识溢出。Maggio-

---

① Isaksen A., "Building Regional Innovation Systems: Is Endogenous Industrial Development Possible in Global Economy?" *Canadian Journal of Regional Science*, Vol. 1, 2001.

② Michael Desens, "Collaborative Innovation Holds Greatest Potential to Spark Economic Growth", *Hudson Valley Business Journal*, 2004 – 11 – 29 (4).

ni，Uberti，Usai 以专利数据为指标，用空间计量分析法、社会网络分析法和最小负二项分布估计法研究了意大利 103 个地区间的创新流，包括"知识生产"和"知识应用"的区别与关系。DA-CHANG PAI，CHUN-YAO TSENG 和 CHENG-HWAI LIOU 对当前高速发展的两大经济体——印度和中国的区域协同创新做了实证分析，比较了印度和中国独立创新、协同创新的现状和发展趋势，印度、中国创新的主要合作伙伴国，及各因素间的相关性，在此基础上得出协同创新的产出效应大于独立创新，且与技术先进国家的区域协同创新绩效好于与技术落后国家的协同创新，指出政府应在跨国协同创新中承担一个"桥梁"的角色。

（二）国内研究综述

龙开元首次较为全面地提出了跨行政区创新系统的理论，归纳总结出跨行政区创新系统的特征、基本建设框架、建设障碍与问题，各地区创新三螺旋由行政分割逐渐走向融合的演化过程（见图1—1），以及建立跨行政区创新系统的主要措施。①

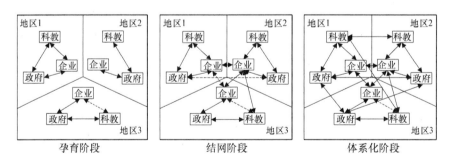

图 1—1　跨行政区创新体系发展阶段

张建余和谢富纪以台湾地区创新系统为例，提出了"主动学习型创新系统"理论框架，强调一个地区的创新绩效不仅取决于创新系统

---

① 龙开元：《跨行政区创新体系建设初探》，《中国科技论坛》2004 年第 15（6）期。

的内部效率，还与创新系统的外部联系效率有关①。王维比较分析了长三角区域创新系统的创新实力，指出在开放经济环境下，地方政府要积极实施对外开放政策，开展跨区域、跨国合作，促进本区域创新系统的创新资源与其他地区相融合，共享他地的优质创新要素，最终实现本区域的创新跨越；邻近区域的区域创新系统要在相互协调的基础上合理构建②。毛艳华对区域创新系统的概念、内涵、类型和研究方法进行了归纳和总结，然后对区域创新政策制定过程中有关区域边界的界定、区域创新系统内部机制的构建和组织在区域创新系统中的作用等问题进行了详细探讨。陈天荣在《区域创新系统动力论》中认为，开放式创新就是一个区域在创新过程中，同时抓住内部资源挖掘和外部资源共享，以提高本地创新能力③。汤正仁，颜鹏飞提出"创新群"概念，认为"创新群"可以促进创新城市间的技术、人才、观念、管理溢出和区际竞争，通过区域关联效应极大地影响了区域经济的发展，使区域生产力产生质的飞跃④。李兴华指出，近年来广东借助与独联体地区、以色列等国家的"哑铃型"国际科技合作模式，更加高效地完成了国际间先进技术的引进、消化、吸收和再创新。广东接下来还应利用毗邻港澳的地理优势加深粤港澳合作⑤。

部分学者从产业发展的角度研究区域协同创新。继 Fritsch M.，Franke G. 指出产业联盟和各种技术联盟对跨区域协同网络构建的重要意义后，我国学者戴卫提出运用产业联盟促进区域创新集群的发展，要促进联盟之间合作与交流，形成区域创新网络和创新集群，促进联盟的

---

① 张建余、谢富纪：《主动学习型创新系统——以台湾地区创新系统为例》，《科学性与科学技术管理》2005 年第 11（6）期。

② 王维：《开放经济条件下发展中地区的区域创新系统——基于长江三角洲地区的比较研究》，《南京政治学院学报》2006 年第 22（5）期。

③ 陈天荣：《区域创新系统动力论》，社会科学文献出版社 2009 年版。

④ 汤正仁、颜鹏飞：《促进区域"创新群"成长——落实区域发展总战略的一个重要着力点》，《发展研究》2009 年第 6 期。

⑤ 李兴华：《协同创新是提高自主创新能力和效率的最佳形式和途径》，《科技日报》2011 年 9 月 22 日第 3 版。

国际化,包括成员的组成和以产业技术创新为目标的国际合作等。解学梅、曾赛星指出,协同创新成为创新集群跨区域协作的最有效模式,当今世界现有典型的成功的创新集群如美国硅谷、意大利的时装产业集群和芬兰的 ICT 产业集群等,我国中关村的文化创意产业集群、天津高新区的生物技术产业集群、上海张江高新区的集成电路产业集群等已经开始向创新集群转变。张玉臣认为区域科技创新体系的协同进化包括技术知识认知系统的协同、组织制度网络的协同和经济能力主体的协同。他在《长三角区域协同创新研究》一书中,对欧盟国家在航空工业上的协同创新载体——欧洲空中客车公司进行案例分析,归纳出区域协同创新的五大条件、推动主体和运行机制等,在此基础上探讨了长江三角洲在某些产业的区域协同创新可行方案,并提出战略导向和政策建议。汤尚颖和孔雪从区域空间形态创新理论的视角,指出对应于城市集聚、产业分布和区域间联系这三种区域空间形态,区域空间形态创新有城市集聚区(圈、带、群)、产业集聚区(产业园区、开发区等)和产业链(产业集团、产业带)三种表现形式,其中产业链可以优化各区域之间的分工与合作,有效实现区域技术的扩散与积累。高伟、缪协兴、吕涛等运用区际产业联动模型分析比较学习方式和联动系统能力结构对协同创新的影响,指出区际产业联动要建立人才流动、供应商—客户间的合作互动、不同组织员工间的非正式沟通等联动共享方式,培养区域信息交流平台,并改善区域间产业的链接关系,促进联动区域的技术循环扩散与升级[①]。

    近些年空间计量分析工具的运用成为国内研究区域协同创新的一大趋势,包括常有学者将空间计量模型与面板数据模型相结合,从空间和时间两个维度研究区域的创新活动。苏方林在 2006 年首先尝试运用空间滞后模型研究我国的省域 R&D 溢出,得出结论为,邻

---

① 高伟、缪协兴、吕涛等:《基于区际产业联动的协同创新过程研究》,《科学学研究》2012 年第 30(2)期。

近地区的专利产出每增加1%，将带来0.22%的本地专利增长，且邻近地区的研发活动对本地专利产出有溢出作用。吴玉鸣在构建出区域创新生产函数的基础上，把空间关联效应引进创新研究，运用空间面板数据分析方法，检验全国31个省域创新活动的空间依赖性和空间邻近创新溢出效应，并对全域创新要素的回归系数进行局域分解，将影响全域创新产出的来源分解成各个地区的局域影响①。邓明、钱争鸣沿着这一思路，构造我国省际知识生产函数，构建2000——2007年我国省际知识生产的空间面板模型，研究知识生产、知识存量以及知识的空间溢出，实证分析加入知识存量后的知识生产函数，验证了我国省际知识生产空间依赖性的存在。李婧、谭清美、白俊红选择超越对数生产函数为基础，建立了静态与动态两种空间面板计量模型，分别从地理特征和社会经济特征两方面构建空间权重矩阵，考察了我国1998—2009年30个省市自治区创新的空间相关性和集聚性，指出我国区域创新存在显著的正向空间相关性，且大量集聚于东部沿海地区，地理邻近和组织邻近均对区域创新的空间相关性产生影响。万坤扬，陆文聪利用中国各省区1995—2008年创新产出的面板数据，从空间计量经济学角度，采用Moran's I指数验证了中国区域技术创新的空间特性，用空间滞后模型得出结论为，大中型工业企业研发支出以及创业投资与企业研发结合是影响我国区域技术创新空间格局变化的主要因素，且本地的技术创新会受到相邻地区技术创新的正方向影响②。韩宝龙、李琳从隐性知识和地理邻近视角出发，采用柯布—道格拉斯式的知识生产函数结合空间计量模型，对我国医药制造业的相关数据进行实证分析，结果表明，有偿性创新驱动力和邻近区域间外部性创新驱动力对我国医药

---

① 吴玉鸣：《中国区域研发、知识溢出与创新的空间计量经济研究》，人民出版社2007年版。

② 万坤扬、陆文聪：《中国技术创新区域变化及其成因分析——基于面板数据的空间计量经济学模型》，《科学学研究》2010年第28（10）期。

制造产业创新能力有明显正影响效应①。孙建、齐建国基于 1998—2008 年中国各地专利申请量的面板数据，扩展知识生产函数，根据面板单位根、面板协整及空间计量研究了中国区域知识溢出的空间距离、创新的空间集聚趋势和创新的双向溢出②。王贤文将地理信息系统（GIS）引入区域科技研究，把空间计量、经典统计和科学计量的分析方法结合起来，以知识图谱的形式分析我国各地科技投入、产出的空间相关性。王春杨、张超对我国 31 个省域 1997—2009 年专利申请受理数的空间差异和演进进行探索性空间数据分析（ESDA），得出的区位基尼系数和泰尔指数分别表明我国区域创新的集聚增强和差异加大，Moran's I 统计量验证了区域创新的空间依赖性，LISA 和 Moran 散点图则进一步刻画了区域创新的局部空间模式及时空演进态势。

（三）研究述评

综上所述，国外对区域协同创新的研究始于 20 世纪末，经济全球化背景下世界各国逐渐意识到创新、知识阶级对经济增长乃至经济发展的重要性。尤其是在 1995—1997 年的欧洲区域创新调查后，区域协同创新成为学术界的一大研究焦点。国外学者主要站在全球的角度研究区域协同创新，更侧重于实证分析，实证分析的创新区域对象由早先的欧洲地区转向近年来世界上正高速成长的两大经济体——中国和印度。早期主要根据实证数据，分析了企业规模、行业的技术密集度、合作伙伴类型等因素对协同创新区域跨度的影响，研究的一大关键词是"空间距离"。之后的研究内容逐渐扩充到认知、组织、制度、社会等方面，包括区域协同创新的条件、绩效影响、阻碍因素等，也提出了政府在促进区域协同创新中的任务、应有角色和战略对策等。实证分析工具除了社会网络分析法、主成分分析、传统的回归分析等，还包括后期常见的

① 韩宝龙、李琳：《区域产业创新驱动力的实证研究——基于隐性知识和地理邻近视角》，《科学学研究》2011 年第 29（2）期。
② 孙建、齐建国：《中国区域知识溢出空间距离研究》，《科学学研究》2011 年第 29（11）期。

空间计量分析工具。

　　国内对区域协同创新的研究较国外晚几年，研究范畴相对较小，主要从区域的角度作定性、概念分析，这部分归因于我国地域辽阔，各地经济、社会发展不平衡，各具体区域创新系统在类型、创新能力等方面参差不齐，对国内各区域创新系统间的协同创新研究比国家范畴的协同创新研究更具现实意义和紧迫性。现有国内创新水平较高的地区——长三角、珠三角、台湾等地是研究区域协同创新的热点对象，但由于区域创新"根植性""路径依赖"的特点，这些地区协同创新的成功经验和可行措施不能完全适用于欠发达地区。这是国内对区域协同创新研究的一大不足之处。

　　近些年国内学者渐渐深化对区域协同创新的理解，从产业发展的角度开展研究，包括同一产业在不同区域的协同创新，以及基于技术关联的不同产业在区域间的协同创新。这一视角的转变更深入地分析了区域协同创新的运行机制和有效模式，意味着之前较空泛的区域协同创新概念研究有了具体的落脚点，同时推动国内研究由早期的规范性分析走向实证性分析，其表现为，有更多学者将空间计量经济学融入面板数据研究国内区域间的协同创新。

　　目前国内外对区域协同创新问题的研究仍存在一些不足之处。首先，缺乏一个统一、规范的分析框架，特别是国内对这一问题的研究往往有不同的出发点和落脚点，尚未有完善的研究体系支持和整合，这样不利于研究的进一步开展和深入，也不利于我国区域协同创新的整体安排。其次，国内外对这一问题的研究主要还是局限于区域经济学的角度，没有充分运用系统动力学、生态学、统计物理学、复杂性科学等学科理论从不同层面研究协同创新中各 RIS 的关系。再次，研究面窄，尚未将区域协同创新理论与集成创新、可持续发展、低碳排放等重要思想融合起来，提高这一理论研究在当下全球经济社会发展的实际意义。最后，对创新绩效的评判仍局限于数量层次而未深入到质量，缺乏一套多维度、复合式的评价指标体系来正确引导和公正考核协同创新能力和协同创新绩效。

现阶段，我国对区域协同创新的研究在以下方面还有待完善和提升。首先，构建起一个标准化的综合理论框架，使对协同创新的分析系统化。其次，拓展和规范研究工具和方法，强化实证研究，从系统动力学、突变论、自适应等不同角度，运用案例和实证分析来深入探讨区域协同创新的内在运作机制。再次，在从现象到政策建议的经验分析的基础上，加强从经验到理论的升华，全面探讨区域协同创新构建的影响因素和绩效影响机制。最后，拓宽研究视野，针对不同地区的经济、社会、生态发展现状，加强对欠发达地区实行区域协同创新的研究，提高这一理论研究的实践意义。

区域协同创新的机理

区域协同创新是指在不同区域形成深度依赖关系的基础上，各生产科技资源在区域间自由转移和传递带来的区域生产或科学技术创新。区域协同创新是区域生产、科技合作的高级阶段。区域协同创新的过程是不同区域创新要素由结合到整合再到融合的过程，最终实现创新活力、动力和潜力的有机合成，大幅度提升区域的整体创新能力和核心竞争力。[①]

以下从区域协同创新的条件和机制两方面探讨分析区域协同创新的机理。

一 区域协同创新的条件

素有日元先生之称的日本庆应艺塾大学教授、前大藏省国际事务次官原英资，美国国际经济研究所研究员 C. 冉多·亨宁，布鲁塞尔自由大学教授、欧盟经济顾问安德烈·萨佩尔等，分别以东亚地区合作、欧

---

① 杨耀武、张仁开：《长三角产业集群协同创新战略研究》，《中国软科学》，2009 年。

洲经济一体化进程等为例，分析了不同区域合作组织发展过程中的成功经验和教训，探讨了区域一体化的前提条件问题。在此基础上可以归纳出，推动区域协同创新需要具备以下条件。

（1）一定的技术经济依存度。随着经济全球化和区域一体化的推进，不同行政区域间的创新合作与联系日渐频繁，产生了密集的跨区域人流、物流、资金流、信息流和知识流等，这种区域间的相互依存性激发创新主体自发进行协同创新。

（2）形成主导创新的龙头区域。相对稳定的创新龙头地区可主导大区域的创新方向，协调剩余城市。剩余城市为从接轨龙头城市中获益，愿意开展区际协同。若缺乏一个龙头城市，不同区域将展开激烈竞争，难以协调，区域协同创新也就无法持续。

（3）较高且彼此相近的技术经济水平。主体参与协同的重要考虑因素是加入后的利益及利益的分配情况。一般说来，技术经济水平较高可望产生更大的规模效应；另一方面，技术经济水平相近的区域对收益分配的影响力相当，分配结果将更公平。因而，具有较高且相近的技术经济发展水平的主体之间开展合作的积极性较高，能形成更多的自发性合作以及相对较高的技术经济关联度。

（4）地理邻近与组织邻近。国内外成功的区域科技合作大多都是围绕核心主体在一定的相邻地域内展开的。地区上的相近性不仅保证了区域内部不同主体之间技术经济交往与合作的便利性，也满足了经济活动最根本的追求——经济性。另一方面，相邻地域往往具有相近的历史积淀、资源禀赋、价值观念和外部发展环境，使得各区域主体面对共性问题，进而衍生出共同的科技创新需求，此即组织邻近，为区域合作奠定了良好基础。

（5）明确的政治意愿。政府间有明确的科研合作政治意愿，并制定相应引导性政策，可营造良好的区域协同创新外部制度环境，扩大协同创新需求，为原本内生的协同创新需求指明方向，提供了便捷高效的实现平台。这是推动区域协同创新的直接力量。

二 区域协同创新的机制

区域协同创新能给企业乃至区域发展带来诸多利益，但这是一个跨行政区、涉及多个利益主体的复杂过程，包含不同区域企业间、政府间、高校和科研机构间等多个层面的协同创新。区域协同创新战略在具体实施时需要资源配置跨越现有的政治边界，可能遇到制度性障碍、利益冲突等难题，解决这些难题的关键在于建立一套可操作的长效协同机制。以下从运行机制、调控机制和治理机制三个方面展开论述。

（一）市场导向下的运行机制

创新是一个长期的过程，区域的协同创新也是一个持久的过程，要经历十几年甚至几十年的时间才能发展到一个比较高的程度，因此必须建立一个稳定的运行机制，保证协同的连续性和持久性。随着经济自由化和以市场为导向的政策框架的广泛应用，当下的区域一体化和区域协同创新进程越来越倚重市场力量的推动。

（1）企业是最重要的创新主体，离开企业的参与，区域协同创新就无从谈起。以企业为代表的各种独立利益主体之间协同的基本动力主要在于提高创新效益的共同利益和共性技术需求，而科技需求需要依赖市场机制来确定。激励、维持企业建立长久的协同关系的市场机制又分为显性市场机制和隐性市场机制两种。

显性市场机制又称"利益共享、风险共担"的利益调节机制，即通过集体谈判、平等和充分协商签订协议，组成一个紧密的互惠互利的企业研发合作组织，这种运行机制强调法律的约束力，利用契约界定技术开发合作方的权利和义务，并分配风险，着眼于对企业外部资源的有效利用，在实践中表现为研发外包、技术许可等形式。基于企业合作的共性需求和共同利益，市场持久运行，企业才能建立稳固的合作关系。

隐性市场机制没有明确规定约束成员的行动，而是通过隐含的规则引导企业协同行为，典型的隐性市场机制有关系资本机制。关系资本为企业之间的强联系和信任。企业间经常交往有利于培养关系资本，进而降低企业间的沟通、协调成本，并带来企业间的互利互惠。关系资本机制无形中促进企业的技术交流与合作，直至最终的协同创新。①

（2）企业间的协同创新离不开要素的流动，多方要素资源的渗透、融合与共享，是实现深层次、全方位、理性化合作的前提与保障。不同区域的企业间协同创新的一大核心就是市场经济通过价格、效益和竞争机制等对资源进行最有效的配置，形成一个资本、人力资源、技术等创新要素自由流动的共同市场，使原本属于不同创新系统的要素在新的制度框架中迎来更加良好的创新协同软环境。具体有以下几个方面：

①成熟的资本市场有着多样化的融资渠道，资金在区域间的自由流动促进了技术研发和人才培养。②人力资源在要素市场的自由流动带来一个跨区域、跨学科、跨组织、跨部门、跨职能的创新团队，团队成员在市场激励下共同承担创新，共同解决创新过程中从概念产生到最终成形所面临的全部难题。共同市场孕育出的这样一支创新团队能囊括区域创新系统的多领域优质人才，其一大特征是动态性，既保证了人力资源的稳定性，又使他们具有一定的流动性，能很好地完成对区域技术和市场的集成。③区域一体化的技术交易市场冲破了条块限制，打破了地区对技术的垄断和控制，有效地促进了技术的转移和转化，其本质是高层次发掘和整合区域技术资源，帮助企业获得有竞争力、有市场价值的技术。国内技术市场一体化的成功案例有北京协同创新服务联盟的发展，该联盟 2010 年的技术交易额达 186 亿元，在组织实施奥运农业科技成果向外省市辐射推广等领域取得了较大进展。

（二）政策导向下的调控机制

区域协同创新是跨行政区合作，具有政治、经济与社会文化多元化的特点，会给协同创新带来一定的障碍，区域间要本着诚信互利的原则加强交流与沟通。因此，在如何引导推动区域协同创新、如何保证协同

---

① 喻红阳：《网络组织集成及其机制研究》，博士论文，武汉理工大学，2005 年 5 月 1 日。

创新的有序运行、如何协调利益、如何打造良好的协同软环境等方面，需要政府发挥调控作用。

正如安德烈·萨佩尔指出的，尽管市场是推动区域合作的基础性力量，但政治意愿一直是推动区域经济科技合作深化发展和实现一体化的基本动力和有效工具。拥有资金和组织调控能力的政府在洞察区域内部产生的共性技术需求的基础上，通过制定导向性的科技政策、产业政策、财经政策、人才政策等来充分调动各地创新主体参与协同创新的热情，推动区域协同创新体制的初步自发形成，而后进一步以规划或行动计划等方式促进区域生产与科技协同创新。

在经济发展的起步阶段，政府是推动区域协同创新的绝对的主导力量。随着经济水平、区域一体化程度由低到高的发展，市场力量将逐步强化，并以其潜在的市场规律决定着区域协同创新的进程和方向。与此同时，政府也应实现从台前主导力量到幕后辅助、保障者的角色转变。

区域协同创新涉及不同区域的创新系统，各地方政府和部门有各自的中心，有着各异的具体目标和发展状况，因此协同创新正常有序的市场化运作需要各地方政府全力合作，以区域整体利益为出发点，建立明确的强制性的制度规则体系和审核监督机制。制度规则体系由多种、多级文件法规组成，明确协同创新参与者的权利义务和利益分配规则等，使协同创新有法可依；审核监督机制核定各成员的行为、各个进程的合法性，对非法行为予以处罚，对违规程序、契约判定无效，使协同创新有章可循。

区域协同创新中利益关系是根本的实质关系，市场运作不能完全避免利益冲突，而利益冲突是区域协同创新的阻力之一。因此需要政府建立利益调节机制，使分工与合作中的受损方或长期落后地区同样享受到协同效应带来的利益。调节手段包括给予这些地区资金、技术、人才等创新要素支持和政策补偿。

地方政府协调、改善直至消除行政壁垒，降低市场交易的行政成本，保证各个利益群体平等互信的对话，以及及时高效的问题磋商；完善资本、人才、技术等创新要素充分流动的机制，通过科学的规划和合理的政策来有效促进不同区域资源的集中以及集中后的优化配置；建立统一的市场体系，发挥管理结构的协调作用，加强各地的交通、物流、信息、人才交流等网络的一体化建设，打造优良的区域协同创新的软环境。

（三）多层化导向下的治理机制

"多层治理"最初由盖里·马克斯在1993年提出，是在以地域划分的不同层级上，相互独立、相互依存的诸多行为体之间形成的通过协商、执行等方式做出有约束力的决策的过程，这些行为体中没有一个拥有专断的决策能力。多层治理是治理理论在国际合作或区域合作中的运用。区域协同创新的进程中，高校、科研机构和非政府组织（NGO）等参与的多层治理机制是对市场运行机制和政府调控机制的有效补充。

区域创新包含着多元的、不同层面的行为体，除企业、政府外，还包括高校、科研机构和非政府组织等，决策权由不同层面的行为体共享。尽管不同层面的主体、影响力和决策方式各异，但区域间的协同要求各个层面在功能上相互补充、在职权上交叉重叠、在行动上相互依赖、在目标上协调一致，由此形成新的集体决策模式。这种协同治理机制可以使创新在一种较为宽松、合理、竞争有序的环境下发展，拓宽了创新的渠道和领域。

随着经济一体化进程的加快，单纯依靠政府的行政手段很难实现不同区域的资源整合和协调发展，NGO在区域合作中的重要作用越来越受到重视。具有影响力的跨区域学术组织、行业协会等往往能够代表学术界的人才状况和行业的技术发展需求，用它们的力量加强区域间的协调沟通，能更有效地降低人才流动和技术交易成本，提高协同有效性。定期或不定期的科技合作论坛等已成为深化区域协同创新的现实推动手段，以论坛为代表的相关会议提供了有力的政府与企业界、学术界、行业协会等NGO多方互动平台，促进区域的生产与科技合作创新。

另外，具有公正性和科学性的民间咨询组织可以为解决共同的区域创新问题提供智力支撑；各地的高校、科研机构可自发合作构建高级人才培训基地和人力资源专家库，对人才供需现状制定有针对性的人才培养规划，促进区际人才交流合作平台的成型与扩展；科研专家和企业家代表通过联谊会、民间交流等途径，探讨研究各地需要在哪些方面开展合作、如何开展合作等，并提出具体的政策建议，共同争取政府对区域协同的各种支持政策。

三 本章小结

区域协同创新的五大条件是：地理邻近与组织邻近，一定的技术经济依存度，明确的政治意愿，形成创新的龙头区域，以及较高且相近的技术经济水平。

成功有效的区域协同创新遵从市场引导企业合作和要素流动的运行机制，政府前期推动、后期辅助保障的调控机制，以及高校、科研机构、非政府组织参与的多层治理机制。

区域协同创新主要依靠市场力量的推动。显性市场机制和隐性市场机制共同激励、维持企业参与协同创新：显性市场机制即"利益共享、风险共担"的利益调节机制，企业基于参与协同创新的共同利益和共性需求而进行互惠互利的合作研发；隐性市场机制即关系资本机制，互惠、信任、强联系等关系资本的建立维持企业进行长久的协同创新。资本、人力资源、技术等创新要素在价格、效益和竞争等市场机制的推动下在区域间自由流动。

政府对区域协同创新的调控包括前期的政策引导和后期的辅助、保障。政府通过导向性的科技政策、人才政策等调动各地参与协同创新的热情，而后制定区域协同创新的规划或行动计划，最后通过合理的制度规则体系、审核监督机制和利益调节机制，以及良好的协同软环境保障协同创新的有序、高效运行。

高校、科研机构和非政府组织享有不同层面的决策权，共同参与区域协同创新的多层治理，可加强区域间的协调沟通、创新主体间的多方互动，为政府推动区域协同创新提供智力支撑，辅助创新主体进行参与协同的合理谋划，拓宽区域协同创新的渠道和领域。

广西北部湾经济区协同创新现状分析

以广西北部湾经济区六个城市——南宁、北海、防城港、钦州、玉林、崇左在 2009—2015 年创新投入、产出等方面的数据为基础，从创新的均衡度和相关性两个角度出发评判北部湾各地创新的协同程度，并构建北部湾创新的空间计量模型，分析北部湾区域协同创新的现状和不足。

一　基于基尼系数的北部湾经济区创新产出均衡度

基尼系数（G）是用一定人口所获得的收入比例来反映收入分配差距的总体水平，在收入分配领域实证研究中被广泛应用，目前已成为度量收入差距最常用的经济范式之一。之后有学者研究了多种基尼系数的计算方法，并将基尼系数的应用从收入分配拓展到其他领域。

依据克鲁格曼的离散点基尼系数计算法，以南宁、北海、防城港、钦州、玉林和崇左在 2010—2015 年的专利授权量（PAT）为指标，判断北部湾各地在创新产出方面的均衡度。计算公式如下：

$$G = \frac{\sum_{i=1}^{N} \sum_{j=1}^{N} |x_i - x_j|}{2N^2 \bar{X}} \cdots\cdots \qquad (3—1)$$

其中 N 为样本数，x_i、x_j 为指标值，$\bar{X}$ 为各指标的平均值。G 的值域为 0 到 1，其值随着样本均衡度的上升而减小。计算结果如表 3—1 所示。

表 3—1　　　　　　　六市 2010—2015 年专利授权量的基尼系数

年份	2010	2011	2012	2013	2014	2015
G	0.552658487	0.556387949	0557676591	0.547290117	0.571465033	0.586456075

由表 3—1 可得，北部湾各地创新产出近年持续处于极不均衡状态，2010—2013 年四年的不均衡程度基本不变，但在 2014 年、2015 年，在创新龙头南宁近 45% 的年均增长率影响下，六市创新产出愈加不均衡。六市创新产出呈现明显的"南宁—玉林—钦州、北海、防城港、崇左"三个级别，六市中仅南宁、玉林产出高于平均值且相差极大，剩余四市皆远低于平均水平。

二　基于 Moran'I 的北部湾经济区创新相关性

空间计量经济学指出，几乎所有的空间数据都具有空间依赖性或者空间自相关特征，也就是说一个地区单元的某种经济地理现象与邻近地区空间单元的同一现象是相关的。因此可用北部湾六个城市区域创新系统的空间相关性衡量其区域创新的协同程度。首先运用 ArcMAP、Geo-DA 软件，通过 Moran'I 和 Moran 散点图分析六市创新产出的空间相关性及变化。

（一）空间相关性理论

空间计量经济学引入空间权重矩阵的概念来定义空间对象的相互邻接关系，在此基础上计算 Moran 指数，度量空间的全局自相关性。

空间权重矩阵的形式如下：

$$W = \begin{bmatrix} w_{11} & w_{12} & \cdots & w_{1n} \\ w_{21} & w_{22} & \cdots & w_{2n} \\ \vdots & \vdots & \vdots & \vdots \\ w_{n1} & w_{n2} & \cdots & w_{nn} \end{bmatrix} \qquad (3—2)$$

式中，w_{ij} 表示区域 i 与 j 的临近关系，可以根据邻接标准或距离标

准来度量。在距离标准下，

$$
w_{ij} = \begin{cases} 1, \text{区域 i 和 j 的距离小于 } d_0 \\ 0, \text{其他} \end{cases}
$$

d_0 为某个标准距离值，一个地区与其自身的空间权重为 0。Moran 指数 I 的计算公式如下：

$$
I = \frac{\sum\limits_{i=1}^{n} \sum\limits_{j \neq i}^{n} w_{ij}(x_i - \bar{x})(x_j - \bar{x})}{S^2 \sum\limits_{i=1}^{n} \sum\limits_{j \neq i}^{n} w_{ij}} \tag{3—3}
$$

式中，$S^2 = \dfrac{1}{n} \sum\limits_{i} (x_i - \bar{x})^2, \bar{x} = \dfrac{1}{n} \sum\limits_{i=1}^{n} x_i$

全局 Moran' I 可以看作是 Wz 对 z 的线性回归系数。以（z，Wz）为坐标点的 Moran 散点图，对 Wz 和 z 数据进行了可视化的二维图示。

Moran 散点图的 4 个象限，分别对应于区域单元与其邻居之间 4 种类型的空间联系形式。第一象限代表高观测值的区域单元被同是高观测值的区域所包围；第二象限代表低观测值的区域单元被高观测值的区域所包围；第三象限代表低观测值的区域单元被同是低观测值的区域所包围；第四象限代表高观测值的区域单元被低观测值的区域所包围。

（二）北部湾经济区近六年专利授权量的 Moran' I 和 Moran 散点图

运用 GeoDA 软件，对南宁、北海、防城港、钦州、玉林和崇左在 2010—2015 年的专利授权量（PAT）进行全局空间相关性分析，绘制出近六年 Moran 散点图（见图 3—1）。

六年的 Moran's I 依次为 - 0.294992、- 0.288119、- 0.278804、- 0.288498、- 0.278118、- 0.262903，北部湾六市近六年的创新产出在空间上维持负相关状态，且负相关程度有小幅减小。从 Moran 散点图来看，无 H - H 区域，L - L 区域不具有统计意义。

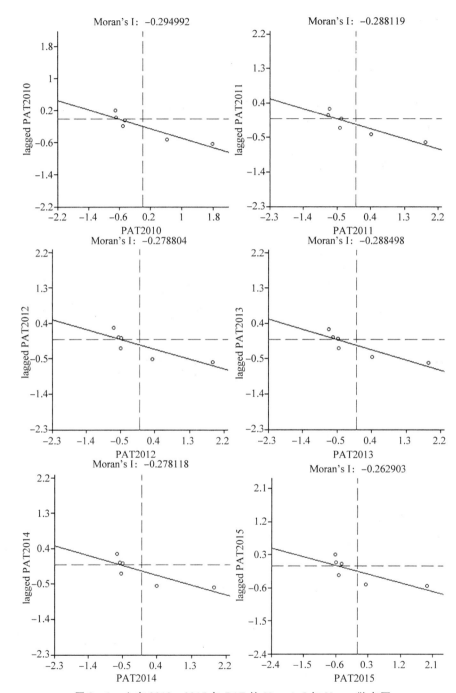

图 3—1　六市 2010—2015 年 PAT 的 Moran's I 与 Moran 散点图

　　南宁、玉林是北部湾经济区内稳定的创新高产出城市，优势明显，但两个城市不邻近，同为 H－L 区域。南宁作为北部湾经济区的经济社会发展龙头，集聚了全区的大部分科技资源，创新产出在全区遥遥领先，专利授权量占全区总量的 54% 以上，2015 年增幅更是达到 48.5%，为显著的 H－L 区域。玉林市是北部湾经济相对比较发达的地区，人力、科技资源丰富，有一定的经济实力，有玉柴等大企业和一批外向型的民营企业作支撑，创新产出水平独居全区的第二级别。

　　与南宁相邻的崇左、防城港连续 6 年为北部湾专利授权量最少的两个城市，都为显著的 L－H 区域。从 2010 年到 2011 年，防城港的经济还处于起步期，投资主要集中在基础设施建设上，科技人才不足，专利授权量与崇左相近，但通过不断的经济社会发展，创新产出在 2012 年实现 464% 幅度的大提升，后由全区的第四级别上升到第三级别。崇左是后期成立的城市，起步晚，科技资源匮乏，专利授权量持续处于全区的最低级别。但从 2013 年起，崇左的专利授权量保持稳定的快增长，最高增幅曾达到 100%。因而崇左近两年的创新产出由独居全区最低级别，上升为第三级别。

　　钦州、北海的专利授权量在六个城市中的排名稳居第 3 位和第 4 位，但目前尚未良好整合科技资源、高科技企业处于起步阶段，创新能力与南宁、玉林差距很大，与低产出城市崇左、防城港相近，创新产出水平低于全区平均水平。北海虽与玉林相邻，但因玉林的创新辐射力较低，持续处于 L－L 区域。2010—2015 年，六市的局部自相关情况发生的唯一变化是，钦州由前两年的显著 L－L 区域变成之后的显著 L－H 区域。原因除了南宁专利授权量的稳步提高外，更重要的是相邻城市防城港的专利授权量在 2012 年大幅度增加。

　　总体来说，北部湾经济区创新的核心——边缘空间分布格局比较明显，区内各地的创新系统建设较封闭，不主动交流往来，思维方式僵化，无协同意识，区域间的协同创新存在严重的行政壁垒，未能发挥区际知识溢出的良好效应。

三 北部湾经济区协同创新的空间计量模型

空间计量模型能分析探讨区域间的空间效应。

收集北部湾六市近 6 年的创新投入产出数据，结合创新产出函数和空间计量经济学模型，运用手动修改 W 的方法，在不考虑贸易知识溢出效应和考虑贸易知识溢出效应两种情况下，对近年来北部湾的创新活动进行连续时间段内的空间计量分析，分析各因素对北部湾创新产出的作用，并进一步验证六个城市创新活动的协同程度。

（一）知识生产函数与创新产出函数

知识生产函数（Knowledge Production Function，简称 KPF）是目前国际上研究知识生产、技术创新、区域创新及其决定因素的重要理论。Griliches 最早于 1979 年提出柯布 – 道格拉斯形式的知识生产函数的概念，后经 Jaffe 修正，取对数线性化，成为了最终的 Griliches-Jaffe 知识生产函数，表达式为：

$$LNY = \beta + \beta_1 LNRD + \beta_2 LNZ + \varepsilon \qquad (3—4)$$

式中，Y 为知识产出，RD 为投入变量，即研发资本投入或人力投入，Z 代表反映其他额外影响的一系列经济社会变量，ε 为随机扰动项。

以知识生产函数为模板，基本的创新产出函数如下：

$$①LNPAT = C + \beta_1 LNHK + \beta_2 LNG + \beta_3 LNPL + \varepsilon \qquad (3—5)$$

式中，PAT 为专利授权量，代表创新产出量；HK 为人力资本，常用区域内信息软件业、科技服务业和教育三大行业的从业人员表示，代表创新的投入量；PL 为公共图书馆数量，代表城市创新系统的基础设施建设水平，反映区域环境对创新的支持力；G 等于政府一年的科技教育支出与财政总支出的比值，代表政府对创新的重视程度。实际上创新投入包括经费投入和人力投入，之所以单选人力资本（HK）作为创新的投入变量，是因为二者具有较大的相关性。

另外，考虑到北部湾经济区沿海贸易量较大的实际情况，结合罗默等人的国际贸易知识溢出理论，进一步引入进口额（IM）变量，构建北部湾经济区的创新产出函数：

②$LNPAT = C + \beta_1 LNHK + \beta_2 LNG + \beta_3 LNPL + \beta_4 LNIM + \varepsilon$　　　（3—6）

（二）空间计量经济模型

创新产出不仅受到本地研发活动的影响，还会受到周边地区的研发活动产生的溢出效应及政策的影响。研究创新的传统回归分析方法（OLS）未考虑创新活动的技术扩散效应，存在局限性。在区域间存在较大空间相关性的情况下，还可以通过纳入了空间效应的空间计量模型——空间滞后模型（SLM）和空间误差模型（SEM）来完善。

（1）空间滞后模型（SLM）。

SLM 主要探讨各变量在一地区是否有扩散现象。模型表达式为：

$$Y = \rho WY + \alpha X + \varepsilon \qquad\qquad （3—7）$$

式中，Y 为因变量；X 为 n×k 的外生解释变量矩阵；W 为上文所提到的 n 阶空间权重矩阵；WY 为空间滞后因变量；ρ 为空间回归系数，反映样本观测值中的空间依赖性，即相邻区域的观测值 WY 对本地观测值 Y 的影响程度；α 反映了自变量 X 对因变量 Y 的影响；ε 为随机误差。

（2）空间误差模型（SEM）。

SEM 主要度量邻近地区关于因变量的误差冲击对本地观测值的影响程度。模型表达式为：

$$Y = \alpha X + \varepsilon$$
$$\varepsilon = \lambda W\varepsilon + \mu \qquad\qquad （3—8）$$

式中，λ 为空间误差系数，反映了样本观测值中的空间依赖性，即相邻地区的误差扰动 Wε 对本地的误差冲击影响；ε、μ 为随机误差。

SLM 和 SEM 均采用极大似然法（ML）估计参数。在 SLM 和 SEM 的选择上，可通过拉格朗日乘数检验实现。检验值有 LM（lag）、LM（error）、R – LM（lag）和 R – LM（error）。若在空间依赖性检验中 LM（lag）较 LM（error）更显著，且 R – LM（lag）较 R – LM（error）更

显著，则可判定适合的模型为 SLM，反之即为 SEM。除了拟合优度 R^2 外，还有对数似然值（LogL）、赤池信息准则（AIC）和施瓦茨准则（SC）可用于比较 OLS 估计的经典线性回归模型和 SLM、SEM 的拟合效果。LogL 越大，AIC 和 SC 越小，拟合效果就越好。

（三）数据收集处理与空间权重矩阵的修改

考虑到创新从投入到产出需要一定时期的滞后，假定一年的时滞，收集了北部湾六市在 2009—2014 年的创新投入数据和 2010—2015 年的创新产出数据，将七年的截面数据直接融合成一个容量为 36 的观测样本。具体数据包括南宁、北海、防城港、钦州、玉林、崇左在 2009—2014 年的信息软件业、科技服务业和教育从业人员数（HK），政府财政总支出、科技支出、教育支出（G），公共图书馆数量（PL），进口额（IM），以及 2010—2015 年各年专利授权量（PAT）。数据来源于广西 2009 年至 2015 年的统计年鉴和广西知识产权门户网站。六市的地理信息来自谷歌地图网。

将六市 2009—2015 年的创新活动面板数据输入 GeoDA 软件，由于该软件自动生成空间权重矩阵 W 依据的是六市经纬度坐标，不同年份的两个地理相邻的城市间的权重仍有可能为 1，因此对 W 矩阵进行手动修改，剔除了不同年份间区际的空间权重。

（四）实证估计及结果分析

1. 未考虑贸易知识溢出效应

仅以 HK、G、PL 为解释变量，对北部湾六市六年的创新产出函数先后进行 OLS 估计、SLM 估计和 SEM 估计。

传统创新产出函数（OLS）为：

$$LNPAT = C + \beta_1 LNHK + \beta_2 LNG + \beta_3 LNPL + \varepsilon \tag{3—9}$$

空间滞后创新产出函数（SLM）为：

$$LNPAT = C + \rho W \times LNPAT + \beta_1 LNHK + \beta_2 LNG + \beta_3 LNPL + \varepsilon \tag{3—10}$$

空间误差创新产出函数（SEM）为：

$$LNPAT = C + \beta_1 LNHK + \beta_2 LNG + \beta_3 LNPL + \varepsilon$$

$$\varepsilon = \lambda W \varepsilon + \mu \tag{3—11}$$

估计结果如表 3—2、表 3—3 所示。

表 3—2　　　　　未考虑贸易知识溢出效应的创新产出函数估计结果

模型	OLS	SLM	SEM
C	− 11. 15867 (0. 0000033)	− 15. 05273 (0. 0000000)	− 10. 26949 (0. 0000000)
lnHK	2. 133872 (0. 0000000)	2. 345773 (0. 0000000)	2. 046843 (0. 0000000)
lnG	− 1. 590988 (0. 0010018)	− 1. 926987 (0. 0000000)	− 1. 64265 (0. 0000000)
lnPL	− 0. 8274833 (0. 0071942)	− 0. 8522692 (0. 0000401)	− 0. 7167631 (0. 0016295)
ρ/λ		0. 4959724 (0. 0000029)	0. 5740337 (0. 0000005)
R^2	0. 833020	0. 902648	0. 905456
LogL	− 29. 4371	− 21. 5664	− 21. 818325
AIC	66. 8742	53. 1328	51. 6366
SC	73. 2082	61. 0504	57. 9707

表 3—3　　　　　　　　　　空间依赖性检验

Moran's I (error)	LM (lag)	R − LM (lag)	LM (error)	R − LM (error)
4. 0989012 (0. 0000415)	19. 3229739 0. 0000110	3. 4996088 (0. 0613833)	15. 8247073 (0. 0000695)	0. 0013423 (0. 9707745)

Moran's I (error) 统计值在 0.0001 水平下极其显著,表明北部湾六市的创新产出在空间分布上具有明显的负相关,水平较高的南宁与玉林分散分布,二者的辐射力有待提高,以推动创新活动、技术进步的空间集聚。

SLM 和 SEM 的拟合优度检验值 R^2 (90.3%、90.5%) 明显高于 OLS 模型 (83.3%),LogL 大于 OLS,AIC、SC 小于 OLS,各个系数的

显著度高于 OLS，因此空间计量模型的拟合效果比 OLS 好。由此得出，六市的创新产出存在空间依赖性。

在空间计量模型的具体选择上，LM（lag）较 LM（error）显著，且 R-LM（lag）较 R-LM（error）显著，其中 R-LM（error）极不显著（0.9707745），故可判断空间滞后模型比空间误差模型更能客观呈现六市创新的协同。周边城市专利增加对本地创新的助力有赖于长期渗透，而不是短期刺激。

2. 考虑贸易知识溢出效应

结合北部湾经济区沿海贸易量大的实际情况，现将进口额（IM）变量纳入创新产出函数，进行贸易知识溢出效应影响下的 OLS、SLM、SEM 回归估计。

传统创新产出函数（OLS）为：

$$\text{LNPAT} = C + \beta_1 \text{LNHK} + \beta_2 \text{LNG} + \beta_3 \text{LNPL} + \beta_4 \text{LNIM} + \varepsilon \quad (3-12)$$

空间滞后创新产出函数（SLM）为：

$$\text{LNPAT} = C + \rho W \times \text{LNPAT} + \beta_1 \text{LNHK} + \beta_2 \text{LNG} + \beta_3 \text{LNPL} + \beta_4 \text{LNIM} + \varepsilon \quad (3-13)$$

空间误差创新产出函数（SEM）为：

$$\text{LNPAT} = C + \beta_1 \text{LNHK} + \beta_2 \text{LNG} + \beta_3 \text{LNPL} + \beta_4 \text{LNIM} + \varepsilon$$
$$\varepsilon = \lambda W \varepsilon + \mu \quad (3-14)$$

估计结果如下表 3—4、表 3—5 所示：

表 3—4　　考虑贸易知识溢出效应的创新产出函数估计结果

模型	OLS	SLM	SEM
C	-16.9477 (0.0000002)	-21.57838 (0.0000000)	-16.66009 (0.0000000)
LNHK	2.345495 (0.0000000)	2.290688 (0.0000000)	1.966271 (0.0000000)
LNG	-1.284361 (0.0032675)	-1.281656 (0.0001846)	-0.9419894 (0.0045050)

续表

模型	OLS	SLM	SEM
LNPL	- 1. 021395 （0. 0005192）	- 0. 8995483 （0. 0000640）	- 0. 3505333 （0. 2205584）
LNIM	0. 2644317 （0. 0042590）	0. 3546059 （0. 0000013）	0. 4220103 （0. 0000001）
ρ/λ		0. 7294233 （0. 0000371）	0. 88239 （0. 0000000）
R^2	0. 872242	0. 893167	0. 900927
LogL	- 24. 6179	- 22. 2125	- 21. 685368
AIC	59. 2357	56. 4251	53. 3707
SC	67. 1533	65. 9262	61. 2883

表 3—5 空间依赖性检验

Moran's I （error）	LM （lag）	R - LM （lag）	LM （error）	R - LM （error）
6. 9064760 （0. 0000000）	5. 9664108 （0. 0145809）	10. 0572836 （0. 0015175）	1. 0328216 （0. 3094969）	5. 1236944 （0. 0236013）

加入 IM 变量后，Moran's I （error） 极其显著 （0. 0000000），再一次显著表明南北钦防、玉林、崇左六地专利授权量的负相关。

在模型的拟合优度方面，R^2、LogL、AIC、SC 检验值均表明，比起传统的最小二乘法，加入空间影响的空间计量模型更有说服力。六市的创新产出存在空间上的关联。再比较两个空间模型，SLM 的统计量均比 SEM 的统计量显著，且有 LM （error） 极不显著 （0. 3094969），空间滞后模型是分析北部湾六个城市创新活动的首选模型。

基于以上对各个模型的比较结果，现将有 IM 变量的 SLM 模型单独拿出，与不考虑贸易知识溢出效应的 SLM 模型相比较。在无 IM 变量情况下，SLM 模型的 R^2、LogL、AIC、SC 检验值均更优，且各个变量的显著性更高。贸易知识溢出效应虽初步显现，但其对城市创新的拉动作用远不如人才的高效利用。

详细分析无 IM 的 SLM 模型回归结果，lnHK 最显著，是三个解释变量中唯一的正系数变量，且系数的绝对值最大，表明区域内创新人力资源增加 1%，可带来超过 2% 的创新产出增长，人力资本对近年来北部湾经济区的创新产出贡献极其显著；PAT 对 G 有极显著的负弹性，经济发展处于起步阶段、创新产出低的城市如崇左，财政能力有限，用于基础科技教育的财政支出占总财政支出较大比重，创新高产出城市如南宁，教育研发由于地方政府的早期扶持已逐步步入正轨，因此政府将财政重心转向新兴产业等领域；公共图书馆数量（lnPL）的变量相对不显著且系数为负，北部湾经济区的创新活动目前较封闭于科研机构、高校和企业内部，很少利用公共图书馆等资源，创新活动与公共基础设施无太大关联，北部湾的创新产出水平并未随着基础设施建设的完善而提高。

空间回归系数 ρ 大于 0 且通过 0.0001 的显著性检验，表明北部湾区域协同创新机制已初步形成，这与上文得出的负值 Moran's I 并不矛盾。Moran's I 是对不同城市创新产出的现有空间相关性的静态分析；空间回归系数 ρ 则代表不同区域创新活动、产出变化等动态现象的空间相关性。以专利授权量为衡量指标，现有创新能力相近的区域在北部湾经济区分散分布，但区域创新生产活动存在显著的正向空间相关效应，一个地区的创新产出在一定程度上依赖于相邻地区的创新投入和产出，此即区域间的协同创新。空间回归系数 ρ 的估计值为 0.4959724，意味着在其他条件不变的前提下，相邻地区的专利授权量每增加 1%，将带来本地专利授权量约 0.5% 的增加。

四　本章小结

区域间的协同涉及不同地区在空间上的相关性，这需要运用空间计量经济学理论来分析探讨。然而，空间计量经济学却又仅着眼于同一时间点不同地区创新的空间依赖性，忽略具有时空演变特征的时间尺度间的相关性。因此众多学者将考虑了时间相关性的面板数据模型与空间计量模型相结合，完成对区域协同创新的时空二维分析。

不同于国内现有的对各省、市、自治区知识溢出程度的以年为单位的动态分析，也不同于广泛使用的空间面板计量经济模型，本章汇总六市六年的创新投入产出数据，手动修正 GeoDA 软件自动生成的空间权重矩阵，将时间维度纳入空间计量模型，完成对北部湾经济区区域协同创新近年来概况的全面分析。

北部湾经济区创新产出的 OLS 模型、SLM 模型和 SEM 模型均表明，以人力资本为代表的创新投入在北部湾经济区的创新发展中有着显著的影响力和贡献度，政府重视度的提高和公共基础设施的建设尚未在创新产出中发挥正面作用，沿海大贸易量也未完全发挥出贸易知识溢出效应来促进北部湾经济区的创新发展。

结合空间相关性理论，从创新的协同角度看，近六年，北部湾六个城市的创新产出水平差距悬殊且略呈加大趋势，且因创新龙头城市南宁在经济区的中心地理位置呈现出空间负相关性。另一方面，六市的创新活动已经有了明显的空间依赖性，相邻地区的创新活动有相互促进作用。政府要在提高对创新系统建设、创新活动加强的重视度的同时，提高创新的区际协同意识。

北部湾经济区协同创新的模式选择

基于上一章的分析，北部湾六个城市的创新产出水平差距悬殊且略呈加大趋势，并因创新龙头城市南宁在经济区的中心地理位置呈现出空间负相关性，六市创新的空间依赖性低。区域协同创新对北部湾经济区具有重大的现实和长远意义。在这样的背景下，构建出适合北部湾经济区具体情况的区域协同创新发展模式凸显其重要性。

一 北部湾经济区协同创新的可行性

对应于前文所述推进跨区域协同创新的五大条件，当前北部湾跨区域协同创新具有的现实基础如下。

（1）南北钦防、玉林、崇左地理上相互毗邻，南宁位于经济区地理中心，市区距玉林、钦州、防城港、北海、崇左分别为220公里、95公里、173公里、204公里和110公里。北部湾全区高速公路总里程706公里，约占全广西的1/2。直线距离不超过300公里的三大港口城市已有高速公路联结；2012年12月20日通车的岑溪至兴业高速公路、建设中的南宁至广州高速公路连通南宁和玉林；南宁至友谊关高速公路连通南宁和崇左。2009年6月23日，南宁至黎塘、钦州至北海、钦州至防城港三条高速铁路同时开建，建成后，从南宁到钦州、北海、防城港的时间可以缩短至25分钟、50分钟和40分钟，"一小时经济圈"真正形成。

（2）各地间存在较高的技术经济依存度。根据南宁、北海、钦州、防城港的"十一五"规划纲要，北海、钦州和防城港三市都选择了冶金化工、电子信息制造、旅游业、港口物流、临海工业作为重点发展产业，趋同的产业结构虽然不可避免导致技术竞争，但也表明彼此之间具有紧密的技术关联性，奠定了区域科技资源整合及协同创新的共同基础。

（3）内部驱动力和外在背景促成三基地一中心强烈的科技合作政治意愿。北部湾经济区加强区域协同创新，是顺应知识和经济全球化的趋势，以区域间科技合作为着力点，整合要素，通过1+1>2的协同效应提高创新产出，进而实现在知识经济时代的高速高质发展。从外在背景来看，随着泛北部湾经济合作的深入和中国—东盟博览会的定期举办，广西各个沿海地区的开放开发程度日益增强，北部湾经济区迎来了前所未有的挑战，也迎来了前所未有的发展机遇，想要在经济和科技发展中赢得先机，就要推进跨区域协同创新，形成强大竞争力，尽可能把机遇转化成现实的生产力，实现地方利益最大化。

（4）南宁成为北部湾经济区的科技龙头。近年来，南宁市开展"百项工业项目大会战"，启动"建设百家亿元工业企业工程"，试以此为突破口加强、稳固工业发展。不单采取了扩大招商引资、倡导资源节约与综合利用等措施，还把创新列为中心议题之一，加大工业技术改革投资，鼓励技术创新，大大提高了在知识经济时代的核心竞争力。成立了二十多年的南宁国家级高新技术开发区近几年发展迅速，初步形成了以电子信息、汽车零配件、机电一体化、现代农业、生物工程与制药为主导的产业体系，是广西发展高新技术的重要基地。

（5）尽管技术关联性强，但北部湾城市群的总体技术创新力量薄弱，企业研发人员匮乏，企业间模仿多、创新少，产品竞争主要采取低价策略，技术创新对经济贡献度极低。如南宁的皮包加工、医药制造等产业集群，企业采用的技术与加工工艺简单粗略，科技含量不高，且生产核心技术多是通过模仿，创新发明极为匮乏，产品仍处于价值链低端。另一方面，六个城市的经济发展水平差距较大。南宁作为广西首府和北部湾经济区的政治、经济、文化中心，在金融、服务、人才和物流等方面的资源都多于其他五市。

由此看出，除技术经济水平低外，北部湾经济区具备了实行区域协同创新的另外 4 个条件，该战略基本可行。但为了提高各主体加入后的净收益，保持长期稳定的协同创新，全区还需提高整体技术经济水平，加强经济区技术经济体系的知识配置力。

二　北部湾经济区协同创新的思路

以政府为主导。政府在区域的协同创新中发挥着主导作用，一方面直接或间接地主导着科技创新资源的投入和公共创新资源的整合，另一方面主导着不同区域协同的政策与法制环境。

以产业为依托。产业发展对区域经济发展的重要性不言而喻，产业的技术进步与高效发展是区域协同创新的最终落脚点。同质产业在不同区域的技术水平、发展程度不同，不同区域通过共性技术的联合攻关实现相应产业领域的协同创新；统一规划产业结构不同的各区域，进行产业在区域间的梯度转移，提高区域间的分工合作程度，有助于整体层面上区域创新能力的提高。

以企业为主体。企业是创新的最重要主体，推进区域协同创新的关键就是要提高企业自主参与技术合作研发的意识，通过不同区域企业的协同，突破单个企业所受到的科研资金、科研队伍、科研实力的约束，从而有可能在更高水平上从事更为复杂、更为尖端的研发，取得原先仅依靠一地企业不可能获得的综合优势。

三 北部湾经济区协同创新的模式

按模式分，区域协同创新主要有三种：技术联动协同创新、产业转移协同创新和功能定位协同创新。

（1）技术联动协同创新。那些资源禀赋极其相似、具有共性技术合作攻关需要的区域适合采用这种协同创新。如大规模资源开发区可在整合各地资源的基础上构建该资源密集型产业的技术体系，联合研发保护资源和生态修复的新兴技术。

（2）产业转移协同创新。即"腾笼换鸟"式协同创新。经济发展水平和产业结构有差异的若干地区，可按技术密集型产业的成熟度划分成不同技术梯度的地区。技术梯度高的地区将非技术密集型基础产业适当转移到周边地区，集中现有的创新资源扶持发展高新技术产业，并将成熟的产业技术辐射到其他地区。

（3）功能定位协同创新。那些经济发展水平不同但存在大范围同质产业的城市，可采用此模式，即根据不同的资源禀赋、经济基础和市场环境，进行差异化的、层次性的创新功能定位，分别着重于技术开发、技术学习与技术扩散应用，最终整合实现该领域的技术突破性进展。长江三角洲经济区和京津唐经济区多采用这种模式。

以上三种模式中，第一种模式主要由市场力量带动，自发性强，内在动力足；而后两种模式一般始于中央政府引导，因可能存在的利益不平衡需相关地方政府配合才有实际进展，成功与否极大程度上取决于地方政府的参与积极性和协调性。

（一）广西北部湾经济区六市的技术联动协同创新

北部湾因其特殊地理气候有丰富的中草药资源，大陆海岸线长达1595公里，拥有丰富的水资源、港口资源和生物资源。北部湾城市应突破行政壁垒，进行北海、钦州、防城港"三港归一"，建好"一网一库二平台"（即枢纽网、信息库、地理信息系统平台与综合信息化平台），加强产业的数字化、网络化、集成化发展。在冶金化工、电子信息制造、旅游业、港口物流、临海工业等领域积极开展公共类研发项目，充分利用自动化与信息技术等先进科技，不断发展中草药产业、海洋生物医药、海洋电力等新兴产业，并联合构建水资源保护和水生态修复技术体系。

由于其特殊地理条件，北部湾有比较完备的林业生态体系和林业产业体系，是我国速生丰产林基地，盛产南亚热带水果，资源储量排全国第2位，有中草药4623种，同时经过多年的发展，已经拥有了如三金、金嗓子、源安堂、玉林制药等一批优秀的本土中草药企业。六个城市可以整合中草药行业资源，联合发展生物技术、栽培技术等现代农业技术，加强野生药材资源保护，提高野生药材资源的利用效率，从而提高中药材质量和产量。

北部湾还有丰富的生物资源、海洋资源，包括220多种虾蟹和500多种鱼类，其中浅海有10多种经济虾蟹、50多种经济鱼类，已发展成为我国著名的"南珠"产地。生物制药产业已成为北部湾经济区的主导产业、优势产业，在南宁、玉林的发展初具规模，在北海更是初步形成了产业集群。北部湾六个城市可以利用广阔的海洋药用生物资源优势联合开发海洋生物医药。如针对白血病、艾滋病等危及人体性命的重大疫病的防治，重点发展合成药物、新型疫苗，研制面向生物防御的生物医学工程产品；依托现有品牌优势，重点研究发展一批拥有知识产权的合成药物、生物试剂和新型DNA工程药物，提高医药行业的生产创新水平。

北部湾的规划港口岸线长达228公里，沿海港口拥有丰富的深水码头资源，年吞吐能力可达3亿吨以上。在海水利用方面，北部湾积极发展海洋电力产业,1700多万千瓦的水能可开发蕴藏量高居全国第7位,其中红水河水电基地受到国家重视,被列入中国十三大水电基地规划名单,其总装机容量可达1300多万千瓦。其下属的梯级电站分布在不同地区,包括龙滩水电站、岩滩水电站等,可选取一两个作示范站,将大型灯泡贯流式水轮发电机组设计、机组制造、接线等成功的海洋电力产业技术推广到其他水电站,将不同环节的成功技术融合到一起,构成一个先进的海洋电力技术体系。

北部湾水资源丰富,但也不可忽视水资源的可持续利用问题。南宁、北海、钦州、防城港、玉林、崇左应结合北部湾的地理条件、气候特点和环境现状,积极合作,踊跃研发水生态修复和水资源保护技术,建设技术试点,将有效技术在经济区内推广开,构建并完善水生态修复和水资源保护技术体系。

(二)广西北部湾经济区六市的产业转移协同创新

北部湾城市群的经济发展不均衡,应按照知识密集型、技术密集型、资本密集型和劳动密集型的产业划分,建立合理的广西北部湾经济区产业的梯度结构。与此相对应,北部湾六市的创新能力不均衡,区域协同创新就必须采取产业技术梯度转移战略,选择重点区域、重点领域进行重点突破。

南宁具备中心区位地理优势和充足的科技资源,创新基础好,实力强,应成为北部湾区域协同创新的突破点。但目前南宁有许多技术水平要求低的传统产业,如农产品加工业、轻工业、制糖业等,占用了大量的土地、资金和人才资源,造成某种程度上的创新资源浪费。可将这些非技术密集型产业适当往南宁的周边县市转移,腾出主城区土地空间、资金、人力资源,并通过鼓励性政策引导这些资源流向附加值高的新型制造加工业、生物制药、电子信息等高新技术产业。最终在南宁国家级高新技术开发区的带动下,实现高新技术产业的快速发展,提高科技创新产出的效率与质量。

在培养南宁这一创新高地的同时,兼顾创新基础较弱的其他城市,加强与其他城市的技术协作与人才交流。南宁抓住中国—东盟博览会这一契机，通过会展业提高科技龙头的综合服务能力和辐射力，通过城际快速交通带动其他城市的科研创新。其他城市积极打造良好的创新基础环境，吸引南宁的资金、人才和技术，同时主动接受南宁的先进制造业和生产服务业的辐射，与自身优势和区域特色相结合，促进产业转型升级，提高产业的技术密集度，进而提高整体创新能力。

（三）广西北部湾经济区六市的功能定位协同创新

南宁、玉林、北海、钦州、防城港、崇左六市大范围发展同质产业且经济联系密切，火电、造纸业、粮食加工业、石化等产业在各市存在不必要的重复建设。在此类产业的发展和生产技术创新上，六市应从不同的经济基础、地理位置和市场环境着眼，进行差异化的、层次性的创新功能定位，开展重大技术的联合开发等科技合作，加强经济交流与互动发展。

北部湾城市的创新能力呈现明显的三个级别分布——南宁，玉林，北海、钦州、防城港、崇左，同时综合考虑各市基础设施、经济发展水平等，可依序赋予三个层次的创新功能定位——知识创新基地与知识源，技术开发中心，技术扩散与应用区域。

第一层次，经济社会发展龙头南宁引导传统产业转型升级，产业发展以原创性的"高、精、尖"为主，充分利用科技和人才资源优势，加强自主研发；同时在日益增强的对外开放中看到贸易知识溢出效应的可能性和重要性，抓住机会，积极引进国外高新技术，加大创新储备，提高区域创新能力，将南宁建设成为北部湾经济区的知识创新中心、知识发源基地。

第二层次，玉林以南宁为知识源头，加强技术学习和技术集成，将其工业与南宁的现代服务业和新兴产业有机整合，筛选一批具有本地优势和地方特色的重大项目，形成区域高新技术产业密集区，建设具有地区特色的、共享共用的科技创新基础条件平台，发展成为北部湾经济区的技术研发中心、工艺开发中心和创新扩散基地。

第三层次，北海、钦州、防城港、崇左以各种形式加快建设生产力促进中心和技术服务中心等，充分利用南宁、玉林的知识扩散和技术辐射，积极吸收、消化新技术、新知识，政府出台鼓励性政策，企业采取鼓励性措施，鼓励外地人才和研发资金向本地流动，用高新技术重点改造港口物流、临海工业等优势产业，成为北部湾经济区的技术扩散与应用区域。

制糖业、纸业是北部湾经济区特色优势产业，在北部湾乃至广西制造业中处于举足轻重的地位。南宁的制糖产业集群已具有发展雏形，南宁贵糖股份拥有自治区级制糖工程技术研究中心即广西制糖工程技术研究中心，以及一支比较成熟的科研队伍，在大胆探索出"两步法"生产组织方式的同时，也开发出具国际先进水平的蔗渣制浆技术，引进了同样具国际先进水平的意大利安德烈兹造纸设备，造纸能力达到了年产15万吨。玉林等市可加快对南宁制糖业、纸业技术的吸收和集成，在南宁的技术研发成果基础上，进一步发掘林浆纸的产业技术，通过建设林浆纸工业园区加强、稳固林纸化工这一优势产业的创新式发展；北部湾目前已逐步形成了以钦州林浆纸和北海林浆纸两大合资项目为龙头的林浆纸产业发展格局；近两年来，在南宁的协作与帮助下，中国的"糖都"崇左研究开发甘蔗节水灌溉技术，并运用到实际生产中，与土地流转有机结合，推动了甘蔗生产规模化经营，由此成功探索出糖业发展的新模式。

北部湾有色金属资源丰富，钢铁和铝加工产业是其主导产业，也是当前的重点发展产业。南宁以南南铝业和南南铝箔公司为龙头，进行铝材深加工。其中南南铝业年均开发的新技术产品超过600多个品种，在创新速度、数量和质量方面均位于国内同行前列，国家专利技术产品累计达62项，并获得了多项重大科研成果。高技术、高附加值的"双高"铝加工产品深受国外用户的欢迎，畅销国内外市场，已成为北部湾的出口创汇大户。南宁以此带动防城港钢铁基地项目和农垦北部湾产业园区鑫鑫铝业（北海）年产6.5万吨铝型材精加工项目的建设。

四　本章小结

本章在分析北部湾经济区实行协同创新策略的可行性的基础上，阐述北部湾经济区协同创新的主要思路，探讨北部湾经济区协同创新的三个可行模式。

虽然技术创新力量薄弱，但北部湾以南宁为科技龙头，六个城市地理位置相近、存在较高的技术经济依存度、有强烈的科技合作政治意愿，满足区域协同创新五大条件中的四个，北部湾协同创新战略基本可行。

当前北部湾经济区协同创新主要思路是：以政府为主导，以产业为依托，以企业为主体。协同创新的可行模式有：技术联动协同创新模式、产业转移协同创新模式和功能定位协同创新模式。

各市可在资源整合、资源保护领域进行共性技术开发，加强技术联动。六市整合中草药行业资源，联合发展现代农业技术，提高野生药材的利用效率和中药材生产效率；整合海洋药用生物资源，联合开发海洋生物医药，推进生物制药产业的技术创新与发展；通过示范学习、技术重组，建立更高效的海洋电力技术体系；联合探索北部湾地区水资源保护和水生态修复技术体系，完善北部湾海洋环境灾害预警体系。

在北部湾实行基于技术梯度的产业转移协同创新。将南宁的第一、第二产业适当往周边县市转移，腾出土地空间、资金、人力资源加大力度发展知识密集型、技术密集型产业，进而通过科技协同与交流提高其他城市的创新能力。

各市从不同的创新功能定位出发，联合进行同质产业重大技术开发与推广应用。将南宁建设成为北部湾的知识创新中心、知识发源基地；将玉林定位为北部湾的技术研发中心、工艺开发中心和创新扩散基地；北海、钦州、防城港、崇左发展成为北部湾的技术扩散与应用区域。

促进北部湾经济区协同创新的对策建议

北部湾经济区区域协同创新并不是南宁、北海、钦州、防城港、玉林、崇左六个城市资金、人才、技术和研发项目的简单叠加，而是在不同区域的空间依赖性基础上，创新资源的自由流动、有机整合及融合带来的区域创新能力提高。因此，要以专门的协同创新组织体系为基础，创建良好的协同创新硬环境和软环境，将北部湾经济区内的人才、科技等创新资源有效整合。

一　全面构建区域协同创新组织体系

在现有的以北部湾管委会为领导管理机构、以各地区政府部门和企业为执行机构的基础上，进一步构建有专门规划组织机构，法律法规完善，以高校、科研机构和非政府组织为咨询、监督、辅助决策机构的区域协同创新组织体系。

（一）建立专门的规划组织机构

成立于 2006 年的广西北部湾经济区规划建设管理委员会是目前协调北部湾经济区各地方政府间关系的主要机构，主要职责包括统筹组织制定经济区经济社会发展总体规划，筹集、管理和安排使用经济区建设发展专项资金，研究提出加快经济区开发建设的政策措施，等等。作为广西自治区人民政府专门负责北部湾经济区规划建设管理工作的派出机构，北部湾管委会与政府一些部门的职责存在冲突与重叠，因此其工作若牵涉各市的切身利益，各市部门并不一定会完全遵从管委会的安排，管委会并未拥有具有实际意义的权力。另外，管委会在检察监督制度设置上的缺失，使管委会对各市间的协调发展无法具备持续有力的监管效应，很多城市间已达成的协调发展协议变成一纸空文，无法达到预想效果。

要真正有效地规划组织北部湾的协同创新，就应建立有实际权力、检察监督制度完善的专门机构。参考国内外区域科研合作的成功案例，建议以联席会议的形式，建立由南北钦防、玉林、崇左市科技厅及市政府相关领导任职组成的北部湾协同创新委员会，为北部湾经济区区域协同创新搭建公共平台，培养各市政府部门共同决策协商的机制。北部湾科技部门领导会议每年至少召开一次，讨论各市创新的共性和合作问题，互通政策落实情况和实施力度；下设若干专项工作小组，具体分工负责落实和组织实施合作事宜以及地方政府间的政策协调；设立科技合作的考核评估委员会，负责合作事项的调查考核与评估；设立北部湾协同创新联席会议常设联络办公室，处理六市科技合作的日常事务。人员配备坚持公正和专业的原则。

（二）打造协同创新法律法规体系

从机构职能定位、规划、协调、监督约束等方面出发，建立有利于进行跨行政区创新系统建设和管理的法律法规体系，通过区域的共同立法和执法为北部湾区域协同创新指明目标与方向，协调规范北部湾区域科技研发合作行为，使协同创新有法可依、有章可循。

以法规条例形式明确北部湾协同创新委员会的行政级别、职责和权力，加强委员会的执行力，从而避免北部湾协同创新委员会存在行政级别归属不清、行政管辖的具体范围模糊、财政拨款来源不明、与其他部门职责重叠等问题；制定北部湾协同创新的总体规划，包括短期计划、中长期的目标和长期的战略指导思想，规划需把握住协同创新的精髓和大方向，并根据协同创新的实际运行进行逐步完善；在微观上，根据总体规划出台相关政策，既包括引导性政策，鼓励企业跨区域合作、跨区域技术引进、人才和资金往创新薄弱地区流动，还包括预处理性政策，制定各市政府部门或各市产学研机构出现分歧矛盾、利益不平衡时的协调和补偿政策；为协同创新培养良好制度环境，制定明确的、约束力强、执行力强的科技合作监督法律条例，规范成员市的行为，确保协同创新的有序运行。

（三）以高校、科研机构和非政府组织为咨询、监督、辅助决策机构

市场机制不健全的北部湾经济区通过政府间协调进行区域协同的方式一直在发挥着相当大的作用。但政府不是万能的，协同也不是单一层面的协同。要用参与协同的市场利益和政策优惠充分调动企业、高校、科研机构和非政府组织的协同积极性，鼓励各方在不同层次自发组织科研合作与交流。高校、科研机构和非政府组织为企业科技合作提供咨询，维持协同创新的秩序，为政府部门进行辅助决策。此即高校、科研机构和非政府组织（NGO）等参与的多层治理机制，是对市场运行机制和政府调控机制的有效补充。

虽然北部湾城市群高校、科研机构和 NGO 较少，在国家和国际层面上影响力不大，但关于合作创新的很多研究成果是本着建设创新型广西、提高北部湾竞争力的赤子之心，通过调研总结提出的，大多对本地状况有更为深入的了解，对北部湾协同创新具有重要的指导意义。政府应给予这些机构充分的话语权，充分听取、考虑他们的意见和建议。目前北部湾较大的 NGO 有 2009 年在广西社会科学院挂牌成立的广西北部湾发展研究院，按照"政府支持，社会化、市场化、国际化运作相结合"的发展模式，充分利用国内外研究资源，研究北部湾经济的发展与规划问题，为中央和地方政府提供决策支持服务。可借鉴英国、美国的区域规划协会的做法，突破行政区域限制，组成北部湾行业联盟，结合不同行业的性质和发展特点，确立该行业在整个经济区的总体市场规则，共同协商不同行业的城市科技研发合作进程，为政府的协同创新总体规划和法规制定起到补充作用，以法律援助机构等形式辅助政府进行协同创新规范。

二 促进创新要素的流动与共享

加强资金市场、人才市场和技术市场的区域一体化，提供协同创新的资金保障，加快人才流动与技术转移。

（一）拓宽投融资渠道

按照政府调控和市场配置资源相结合的协同机制，形成创新资金合作。一是形成政府引导型资金，引导创新投资的流向和流量。建议六市共同出资设立协同创新专项资金，用于制糖、林浆纸、生物制药、能源、电子信息等领域关键技术的研发。可根据不同的产业技术，分别设立若干子项专项资金，如林浆纸专项、生物制药专项等。二是设立北部湾经济区协同创新公共基金，公共基金可由政府、企业、银行和民间共同出资组成，政府在公共基金中不占控股地位，以企业为主导，充分市场化运作。公共基金重点面向北部湾一些投资较大、投资回收期长的区域合作技术研发项目，政府可在这些项目上给予公共基金贷款利率或者税收方面的政策优惠，促使基金具有较大吸引力。同时进一步加强基金会的规范管理和制度建设。

共同扶持发展高新技术风险投资产业。降低资金流动成本，加强跨地区资本市场与技术市场的一体化；制定税收减免等优惠政策，吸引国内发达地区的风险投资机构和国际高新技术风险投资机构在北部湾设立分公司，将对高新技术的风险投资辐射到南北钦防、玉林和崇左；出台创业保障政策，鼓励民间积极成立组建高新技术风险投资公司。

（二）促进区域人才一体化

联合建立统一开放的北部湾人才市场体系。协调区域人才政策，从改变户籍制度、人事档案制度等多方面打破行政壁垒，尽量减少人才自由流动所受的阻力；健全完善科技人才人事争议仲裁制度，简化人才引进手续，为人才合理流动提供"一站式"等全方位的服务；加大就业信息的公开透明度，利用计算机技术与通讯技术建立地区工作岗位数据库，搭建信息在北部湾各地区共享的就业平台。

促进城市人才的交流与合作。建立包含院士、科研专家、中高级人才资料的科技人才数据库，引导人才从科研院所向优势企业流动；完善科研制度，从原先的完全独立研究转为独立研究和合作研究并存，每段时期根据北部湾当前发展现状设立若干重大课题和科研项目，规定只接受不同城市的产学研机构的联合投标；积极采取鼓励兼职、短期聘用、定期服务、项目开发、科技咨询等方式，激励人才以各种形式来投资创业、开展技术服务活动；建立六个城市公务员、事业单位职员、科研专家的挂任职交流网，在政府部门、事业单位、科研机构和高校设立一定的挂职锻炼岗位，遴选优秀公务员和科研人才到其他城市进行挂职锻炼，与当地科技人才交流、互补学习；建立城市间定期人才培训会晤制度，互通人才培训情况，及时找出、共同磋商解决科研合作中出现的人力资源问题，调整各地人才培养计划。

（三）培养区域技术转移机制

高新生产技术、科研技术在六个城市间的无偿共享或买入卖出，构成北部湾经济区的区域技术转移，其本质是知识的流动与共享。

要培养区域技术转移机制，首先要制定完善的技术转移法律法规，一方面提高技术转移的可行性、规范性，降低技术转移的交易成本，另一方面加强知识产权保护，保障专利产权持有者的合法权益，简化跨地区相关行政执法程序，保持企业、科研机构参与技术转移的热情和动力。

优化技术转移基础环境。各市共同举办专业性科技成果展览会、洽谈会、科研项目推介会，促进北部湾经济区内知识流动，加快各市之间的产业技术转移。充分发挥生产力促进中心、科技经纪事务所、技术转移咨询服务机构、技术交易所等实体科技中介机构的作用。2008 年，广西北海生产力促进中心无偿资助"北部湾经济区中小企业技术转移服务"项目 80 万元，钦州市生产力促进中心无偿资助"北部湾经济区钦州坭兴陶企业科技创新公共服务平台建设"项目 50 万元。另一方面，合作共建北部湾网上技术市场和技术产权交易中心，定期、规范、详尽地发布本地生产、科技创新信息，供相关机构和企业查询、了解、分析和评价，加速科技成果交易，提高技术转移效率。

三 优化协同创新环境

统一、协调各市的政策，创造区域无差别的政策环境，六市相互开放科技基础设施和信息，携手共建通学圈、跨区域科技园区和北部湾科技中介联盟，通过定期或不定期的论坛、科技合作交流活动为政府领导、企业界、专业技术人员和学术组织提供交流平台。

（一）完善政策体系

北部湾经济区相关政府部门形成定期的交流沟通机制，通过自上而下的政府管理，逐步修正和统一各市的就业制度、教育制度等，废除与区域一体化有冲突的地区性政策和法规，协调各市的技术研发、人才流动和信息共享政策，创造一种经济区内无差别的政策环境，降低区际市场交易的行政成本。

考虑层次差异，从经济区整体利益的角度协调城市间的关系。北部湾经济区协同创新各参与方政治经济发展不平衡，协同政策的制定应考虑各地创新水平的实际差异，对落后地区崇左给予一定程度的优惠与扶持，以利于提高整个区域协同创新的水平。在这一过程中，不可避免地会冲击到一些地区的企业，因此在推进创新合作的方法和步骤上应由易到难，循序渐进，尽量减少对各参与方的利益损害。

（二）加强资源开放

相互开放重点实验室、工程技术研究中心、中试基地、大型公共仪器设备、科技信息机构、技术标准检测评价机构等基础设施和创新资源。

构建北部湾区域创新信息网络平台，平台成员包括北部湾六个城市的企业、高校、科研机构、相关学术组织与行业协会等。这一网络平台除了提供多方交流平台，让有关政府部门、企业或科研机构等就跨地区科技项目或合作政策进行相互告知、协商和反馈的作用外，还能实现信息共享与公开，即提供包括科技期刊、重点科技数据库、科技基础数据及国家科技文献中心科技文献目录等公用电子科技信息资源。

（三）共建创新载体

打造北部湾城市群通学圈，鼓励各地高校的学术交流，建立多元化的科技人才培养机制。2006 年 12 月，原全国人大常委会副委员长蒋正华视察北部湾，提出在钦州学院基础上建立北部湾大学的建议。之后钦州市政府和钦州学院积极响应，向广西壮族自治区政府申请创建北部湾大学。2007 年，钦州学院的"北部湾大学筹建办公室"在自治区教育厅的批准下成立。2011 年 5 月，广西壮族自治区政府致函钦州市政府，同意钦州市政府在钦州学院基础上筹建北部湾大学。2011 年 7 月，北部湾大学筹建指挥部在钦州学院正式挂牌成立。北部湾大学可能成为北部湾城市群通学圈的代表形式之一，促进北部湾沿海地区形成大学、本科院校、高职高专层次结构合理的高等教育体系。

在南宁高新技术产业开发区、北海出口加工区等地方性科技园区的基础上，建立跨区域科技园区，由北部湾协同创新委员会相关人员对园区进行管理，在区内集中协调政府政策，处理人才、技术等资源流动和对接，联合开展重大科技项目攻关，以重大项目合作为重点，发挥重大项目的极化和扩散效应。

打造中介服务体系，包括制定和完善区域科技中介机构质量标准认证体系、资质认证体系、信誉评价体系。为构建起区域科技中介服务的组织和运行网络，可借鉴长三角科技中介联盟的经验，通过多种渠道吸纳区域内的各级各市科技中介服务机构。

（四）提供活动平台

协同需要有效的活动平台作为多方交流的渠道，论坛就是一种常见的多方交流平台。在北部湾经济区协同创新管理委员会的批准和指导下，各市科技部门可联手成立一个正式的北部湾协同创新论坛，由各市轮流定期或不定期举办，让多地创新主体在论坛上交流意见，讨论规划，对某些科技合作项目进行具体磋商、共同策划、分配责任，共享创新成果和经验。建立北部湾协同创新论坛的配套网站暨北部湾合作创新网上论坛，用于发布日常信息、处理网上反馈，并为企业、科研机构和个人提供便捷的交流平台，同时据此更全面地了解北部湾协同创新的现状、问题，确定今后论坛举办方向。参加论坛的成员包括政府领导、企业界、专业技术人员和学术组织等，政府领导、企业家通过相互交流与磋商，探讨如何在合作中协调彼此利益，加深彼此了解与信任；专业技术人员通过这样一个平台相互学习、相互促进、彼此提高；NGO 以此为契机开展民间交流。

开展形式多样的科技合作交流活动。2013 年 4 月 20 日至 23 日在柳州举办的、以"创新驱动发展，发明创造未来"为活动主题的第二届广西发明创造成果展览交易会，除重点展示经济区近年涌现出的专利技术及产品外，还举办了专利推介和对接洽谈会、专利拍卖会、专利质押融资银企对接会、大学生创意创新成果推介会、牛津大学专利成果推介会、专利发展报告会等系列活动，是自治区的一次发明创造成果宣传、展示、转化和交易的盛会。北部湾经济区可借鉴此经验，由北部湾各市政府牵头，各市定期或不定期联合举办技术交易会、科技博览会、科研项目推介会，促进高新技术和科技成果在北部湾经济区内的高效流动。

四　本章小结

实行北部湾经济区协同创新策略应从组织体系、要素流动与共享和协同环境三个方面着手采取对策。

首先，全面构建区域协同创新组织体系。（1）以联席会议的形式，建立由南北钦防、玉林、崇左市政府及其科技行政部门领导共同参加的北部湾协同创新委员会，下设专项工作小组、考核评估委员会和常设联络办公室，构建、实施、考核评估北部湾协同创新制度框架。（2）以法规条例形式明确北部湾协同创新委员会的行政级别、职责和权力，制定短期、中长期和长期的北部湾协同创新计划，规范区域间的利益政策协调和协同行为。（3）采取多层治理，引导各市的高校、科研机构和非政府组织打破行政壁垒，组成北部湾行业联盟，起到为北部湾区域协同创新提供咨询、监督和辅助决策的作用。

其次，促进创新要素的流动与共享。（1）六市在林浆纸、制糖、能源、电子信息、生物制药等产业的技术开发上共同出资设立专项资金，对投资较大且回收期长的区域合作技术研发项目设立市场化运作的公共基金。联合发展高新技术风险投资业。（2）从政策协调、人才服务优化和就业信息公开三个方面着手，建立高效开放的北部湾人才市场体系。通过建立科技人才数据库，科研和课题共同研究制度，公务员的挂任职交流制度，定期人才培训会晤制度等促进城市科技人才的交流与合作。（3）健全技术转移的法律法规，实行高新技术及高新技术企业、成果等的资质互认，通过实体科技中介机构和北部湾网上技术市场提高技术转移的效率。

最后，优化区域协同创新环境。（1）统一与协调各市的科技、就业、教育等政策，降低区际市场交易的行政成本，同样还应考虑各地创新水平差异，在政策上给予倾斜性的补助和扶持。（2）六个城市相互开放工程技术研究中心、重点实验室、科研资料室、大型仪器设备等创新硬件资源。构建北部湾区域创新信息网络平台，一方面促进区际科技合作项目或政策上的交流，另一方面实现科技数据、科技文献等电子科技信息的共享。（3）筹建北部湾大学，加强北部湾高校间的学术交流和人才培养合作。建立跨区域科技园区并由北部湾协同创新委员会进行管理。借鉴长三角，构建北部湾科技中介联盟，从资质互认、质量标准认证、信誉评价等方面打造北部湾中介服务体系。（4）将北部湾协同创新论坛确定为一个正式的创新论坛并建立配套网上论坛，由政府领导、企业界、专业技术人员和学术组织等定期对创新合作项目进行讨论、策划和实施。不定期开展科技成果交易会、专业性科技成果展览会、洽谈会等多种科技合作交流活动。

结论与展望

一　研究结论

文章首先从区域协同创新的条件和机制两方面归纳区域协同创新的机理。其次通过点分析得出近六年北部湾创新产出的均衡度及空间相关性的变化情况和趋势，并以空间计量模型为工具分析人力资本与贸易知识溢出等因素对北部湾区域创新的贡献及近年来北部湾创新产出的协同程度，由此完成对北部湾区域协同创新现状的实证分析。再次探讨北部湾区域协同创新的可行性、主要思路和三个可行模式。最后从组织体系、要素流动与共享和协同环境三个方面给出北部湾推动协同创新的对策建议。

区域协同创新的五大条件是：一定的技术经济依存度，形成主导创新的龙头区域，较高且彼此相近的技术经济水平，地理邻近与组织邻近以及明确的政治意愿。成功有效的区域协同创新遵从市场引导企业合作和要素流动的运行机制，政府前期推动、后期辅助保障的调控机制，以及高校、科研机构、非政府组织参与的多层治理机制。

以人力资本为代表的创新投入在北部湾经济区的创新发展中有着显著的影响力和贡献度，政府重视度的提高和公共基础设施的建设尚未在创新产出中发挥应有的正面作用，北部湾的沿海大进口贸易量尚未完全发挥出贸易知识溢出效应。近六年北部湾六市的创新产出持续呈空间负相关，高产出城市南宁和玉林分散分布且辐射力不足，各地的局部相关性主要呈"H-L"和"L-H"，未能实现创新活动的集聚。另一方面，各市的创新活动与水平提升存在显著的正向空间依赖性，在其他条件不变的前提下，相邻地区的专利授权量每增加1%，将带来本地专利授权量约0.5%的增加，北部湾区域协同创新机制初步形成。若能在建设区域创新系统、加强创新活动的同时，提高创新的区际协同意识，北部湾经济区的创新能力将加速提升。

协同创新策略在北部湾经济区基本可行，主要思路是以政府为主导，以产业为依托，以企业为主体。北部湾在不同产业、不同范畴有三种协同创新模式可行：技术联动协同创新模式，产业转移协同创新模式和功能定位协同创新模式。（1）技术联动协同创新模式。北部湾生物资源、海洋资源、水资源丰富，各市可在资源整合、资源保护领域进行共性技术开发，加强技术联动。六市整合中草药行业资源，联合发展现代农业技术；利用广阔的海洋药用生物优势联合开发海洋生物医药，推进生物制药产业的技术创新与发展；通过示范学习、技术重组，建立更高效的海洋电力技术体系；联合探索北部湾地区水资源保护和水生态修复技术体系，完善北部湾海洋环境灾害预警体系。（2）产业转移协同创新模式。将南宁的第一、第二产业适当往周边县市转移，腾出土地空间、资金、人力资源加大力度发展知识密集型、技术密集型产业，进而通过科技协同与交流提高其他城市的创新能力。（3）功能定位协同创新模式。将南宁建设成为北部湾的知识创新中心、知识发源基地；将玉林定位为北部湾的技术研发中心、工艺开发中心和创新扩散基地；北海、钦州、防城港、崇左发展成为北部湾的技术扩散与应用区域。南宁进一步推进制糖工程技术和蔗渣制浆技术的研发，以此带动崇左糖业、钦州林浆纸和北海林浆纸项目等的技术创新，还可通过高技术、高附加值的铝加工促进防城港钢铁基地项目和鑫鑫铝业（北海）年产6.5万吨铝型材精加工项目等的建设。

加快北部湾经济区协同创新的对策主要有组织体系、要素流动与共享和协同环境三个方面。

第一，全面构建区域协同创新组织体系。引进联席会议制度，建立北部湾协同创新委员会并下设专项工作小组、考核评估委员会和常设联络办公室，构建、实施、考核评估经济区协同创新制度框架；制定法规条例明确北部湾协同创新委员会的行政级别、职责和权力，制定短期、中长期和长期的北部湾协同创新计划，规范区域间的利益政策协调和协同行为；引导各市的高校、科研机构和非政府组织组成北部湾行业联盟，为北部湾区域协同创新提供咨询、监督和辅助决策。

第二，促进创新要素的流动与共享。六个城市在制糖、林浆纸、生物制药、能源、电子信息等领域关键技术的研发上共同出资设立专项资金，市场化运作面向投资大且回收期长的合作技术研发项目的公共基金，联合发展高新技术风险投资业；从政策协调、人才服务优化和就业信息公开三个方面建立统一开放的北部湾人才市场体系，通过科技人才数据库、科研和课题共同研究制度、公务员挂任职交流制度、定期人才培训会晤制度等促进城市科技人才的交流与合作；健全技术转移的法律法规，实行高新技术及高新技术企业、成果等的资质互认，通过实体科技中介机构和北部湾网上技术市场提高技术转移的效率。

第三，优化区域协同创新环境。统一与协调各市的科技、就业、教育等政策，降低市场交易的行政成本，同时对创新落后地区或利益受损地区给予倾斜性的政策补助和扶持；相互开放重点实验室等基础设施，构建北部湾区域创新信息网络平台，促进区际科技合作项目或政策上的交流以及电子科技信息的共享；筹建北部湾大学以加强北部湾高校间的学术交流和人才培养合作，建立跨区域科技园区并由北部湾协同创新委员会进行管理，构建北部湾科技中介联盟并从资质互认、质量标准认证、信誉评价等方面打造北部湾中介服务体系；以北部湾协同创新论坛为平台促进政府领导、企业界、专业技术人员和学术组织等定期对创新合作项目进行讨论、策划和实施，不定期开展多种科技合作交流活动。

二　新颖之处

文章在对区域协同创新的实证研究上有方法创新。

不同于国内现有的对各省、市、自治区知识溢出程度的以年为单位的动态点分析，汇总近年来北部湾六市创新投入产出的面板数据，对北部湾经济区协同创新的现状做出了全面分析。

不同于其他学者将面板数据模型与空间计量模型相结合、构建出综合时空二维特征的空间面板模型，本文手动修改 GeoDA 依据面板数据自动生成的空间权重矩阵 W，剔除不同时间点上个体间的空间权重，同样能将时间维度纳入空间计量模型。此方法仍以空间计量模型为主体，其一大特点是能完成以空间效应为重点的面分析，且简便易行。鉴于此研究着重于北部湾经济区六个城市创新系统在空间上的依赖性，文章运用此方法完成对近年连续时间段内北部湾经济区创新活动的空间计量分析。

三 研究不足与展望

因数据获取渠道和时间有限，仅在城市的层面上研究北部湾的区域协同创新，而没能将数据细化到北部湾的县、区层次，对北部湾区域协同创新现状的实证估计的可信度有待提高。

在创新产出的指标选取方面，单选专利授权量，而不包括新产品销售收入、技术市场成交额等指标，存在一定片面性。

另外，虽然详细分析了北部湾经济区协同创新的现状、可行性和模式，但结合北部湾实际情况给出的针对性对策建议不多，还需进一步调研、深入思考。

参考文献

［1］Knut Koschatzky K. , Gundrum U. , "Technology-Based Firms in the Innovation Process", *Management*, *Financing and Regional Networks*, Vol. 4, 1997.

［2］Knut Koschatzky, Rolf Sternberg, "R&D Cooperation in Innovation Systems-Some Lessons from the European Regional Innovation Survey (ERIS)", *European Planning Studies*, Vol. 8, No. 4, 2000.

［3］Michael Fritsch, "Co-operation in Regional Innovation Systems", *Regional Studies*, Vol. 35, No. 4, 2001.

［4］Isaksen A. , "Building Regional Innovation Systems: Is Endogenous Industrial Development Possible in the Global Economy?" *Canadian Journal of Regional Science*, Vol. 1, 2001.

［5］Michael Desens, "Collaborative Innovation Holds Greatest Potential to Spark Economic Growth", Hudson Valley Business Journal, 2004 – 11 – 29（4）.

［6］Bode, "The Spatial Pattern of Localized R&D Spillovers: An Empirical Investigation for Germany", *Journal of Economic Geography*, Vol. 4, No. 1, 2004.

［7］Moreno, Paci, Usai, "Spatial Spillovers and Innovation Activity in European Regions", *Environment & Planning A*, Vol. 37, No. 10, 2005.

［8］Bernardí Cabrer-Borrás, Guadalupe Serrano-Domingo, "Innovation and R&D Spillover Effects in Spanish Regions: A Spatial Approach", *Research Policy*, Vol. 36, No. 9, 2007.

［9］Maggioni, Uberti, Usai, "Treating Patents as Relational Data: Knowledge Transfers and Spillovers across Italian Provinces", *Industry & Innovation*, Vol. 18, No. 1, 2011.

［10］Da-chang Pai, Chun-yao Tseng, Cheng-hwai Liou, "Collaborative Innovation in Emerging Economies: Case of India and China", Innovation: Management, Policy & Practice, Vol. 14, No. 3, 2012.

［11］龙开元：《跨行政区创新体系建设初探》，《中国科技论坛》2004 年第 15（6）期。

［12］张建余、谢富纪：《主动学习型创新系统——以台湾地区创新系统为例》，《科学性与科学技术管理》2005 年第 11（6）期。

［13］王维：《开放经济条件下发展中地区的区域创新系统——基于长江三角洲地区的比较研究》，《南京政治学院学报》2006 年第 22（5）期。

［14］毛艳华：《区域创新系统的内涵及其政策含义》，《经济学家》2007 年第 2 期。

［15］陈天荣：《区域创新系统动力论》，社会科学文献出版社 2009 年版。

［16］汤正仁、颜鹏飞：《促进区域"创新群"成长——落实区域发展总战略的一个重要着力点》，《发展研究》2009 年第 6 期。

［17］李兴华：《协同创新是提高自主创新能力和效率的最佳形式和途径》，《科技日报》2011 年 9 月 22 日第 3 版。

［18］Fritsch M., Franke G., "Innovation, Regional Knowledge Spillovers and R&D Cooperation", *Research Policy*, Vol. 33, No. 2, 2004.

［19］戴卫：《以产业联盟促进中关村创新集群的发展》，《中国高新区》2007

年第 3 期。

[20] 解学梅、曾赛星：《创新集群区域协同创新网络研究述评》，《研究与发展管理》2009 年第 21（1）期。

[21] 张玉臣：《长三角区域协同创新研究》，化学工业出版社 2009 年版。

[22] 汤尚颖、孔雪：《区域空间形态创新理论的发展与前沿》，《数量经济技术经济研究》2011 年第 2 期。

[23] 高伟、缪协兴、吕涛等：《基于区际产业联动的协同创新过程研究》，《科学学研究》2012 年第 30（2）期。

[24] 苏方林：《中国省域 R&D 溢出的空间模式研究》，《科学学研究》2006 年第 24（5）期。

[25] 吴玉鸣：《中国区域研发、知识溢出与创新的空间计量经济研究》，人民出版社 2007 年版。

[26] 邓明、钱争鸣：《我国省际知识存量、知识生产与知识的空间溢出》，《数量经济技术经济研究》2009 年第 5 期。

[27] 李婧、谭清美、白俊红：《中国区域创新生产的空间计量分析——基于静态与动态空间面板模型的实证研究》，《管理世界》2010 年第 7 期。

[28] 万坤扬、陆文聪：《中国技术创新区域变化及其成因分析——基于面板数据的空间计量经济学模型》，《科学学研究》2010 年第 28（10）期。

[29] 韩宝龙、李琳：《区域产业创新驱动力的实证研究——基于隐性知识和地理邻近视角》，《科学学研究》2011 年第 29（2）期。

[30] 孙建、齐建国：《中国区域知识溢出空间距离研究》，《科学学研究》2011 年第 29（11）期。

[31] 王贤文：《区域科技空间计量》，大连理工大学出版社 2012 年版。

[32] 王春杨、张超：《地理集聚与空间依赖——中国区域创新的时空演进模式》，《科学学研究》2013 年第 31（5）期。

[33] 楼高翔：《供应链技术创新协同研究》，上海交通大学出版社 2011 年版。

[34] 王力年、滕福星：《论区域技术创新系统的协同发展》，《社会科学战线》2012 年第 7 期。

[35] 纪爱玲：《全方位服务创新主体，北京协同创新服务联盟力推技术转移》，《中国高新技术产业导报》2008 年 1 月 14 日第 B08 版。

［36］操秀英：《北京协同创新联盟去年技术交易额达 186 亿元》，《科技日报》2011 年 1 月 22 日第 4 版。

［37］黄爱莲：《限制与突破——北部湾区域旅游合作研究》，中国社会科学出版社 2011 年版。

［38］Krugman P. , "Geography and Trade", *Cambridge*, MA：MIT Press, 1991.

［39］广西知识产权局：《2010 年 1—12 月广西各市县专利申请授权情况表》，2011 年 2 月 28 日，http：//www. gxipo. net/tjxx/zlxxtj/555479. shtml。

［40］广西知识产权局：《2011 年 1—12 月广西各市县专利申请授权情况表》，2012 年 1 月 20 日，http：//www. gxipo. net/tjxx/zlxxtj/627485. shtml。

［41］广西知识产权局：《2012 年 1—12 月广西各市县专利申请授权情况表》，2013 年 1 月 22 日，http：//www. gxipo. net/tjxx/zlxxtj/657111. shtml。

［42］李子奈、叶阿忠：《高级应用计量经济学》，清华大学出版社 2012 年版。

［43］Griliches Z. , "Issues in Assessing the Contribution of Research and Development to Productivity Growth", *The Bell Journal of Economics*, Vol. 10, No. 1, 1979.

［44］Jaffe A. B. , "Real Effects of Academic Research", *American Economic Review*, Vol. 79, No. 5, 1989.

［45］中共南宁市委党校课题组：《广西北部湾经济区建设创新型区域的构想》，《中共南宁市委党校学报》2009 年第 1 期。

［46］魏守华、吴贵：《我国跨行政区科技合作的成因、模式与政策建议》，《中国软科学》2004 年第 7 期。

［47］张协奎等：《城市群资源整合与协调发展研究——以广西北部湾城市群为例》，中国社会科学出版社 2012 年版。

［48］程家安：《长江三角洲"超区域创新体系"的发展模式研究》，《杭州科技》2003 年第 6 期。

［49］王秋凤：《广西崇左："中国糖都"推广甘蔗生产新模式》，2013 年 2 月 26 日，http：//www. bbw. gov. cn/staticpages/20130226/bbw512bfd73 – 74259. shtml。

［50］罗琼：《南宁市铝加工人才小高地助推广西铝加工业发展》，2006 年 8 月 29 日，http：//www. bbwdm. cn/show_ info. asp？id = 7134.

［51］张小菁、张天教、廖翔：《"泛珠三角"区域科技合作模式与机制》，《经济地理》2007 年第 27（4）期。

［52］王立军：《沪苏浙联手共建长三角区域创新体系研究》，《中国科技论坛》2003 年第 5 期。

［53］张协奎：《广西北部湾经济区城市群可持续发展研究》，中国财政经济出版社 2009 年版。

［54］杨立春：《长三角创新体系建设与科技合作》，《特区经济》2007 年第 4 期。

［55］吕国辉：《长三角科技合作与技术转移的对策建议》，《江南论坛》2007 年第 12 期。

［56］谭新明：《泛珠三角区域科技合作战略》，湖南师范大学，2007 年。

［57］林思达：《基于区域创新体系的长三角科技合作思路研究》，《宁波大学学报》（人文科学版）2010 年第 23（1）期。

［58］谭小燕：《深化广西北部湾经济区与泛珠三角区域人才交流与合作政策措施研究》，《特区经济》2011 年第 9 期。

［59］广西北部湾办：《北部湾经济区人才规划》，2010 年 9 月 6 日，http：//www. bbw. gov. cn/staticpages/20100906/bbw4c84bf7d – 29511. shtml。

［60］南宁智阳科技咨询管理有限公司：《广西近三年创新基金立项清单》，2011 年 10 月 25 日，http：//www. zykjzx. com/news/shownews. php？lang = cn&id = 39#。

［61］程启原、莫雅兰、唐霄等：《广西北部湾经济区产学研合作机制建设研究之一——广西北部湾经济区产学研合作机制建设的现状分析》，《沿海企业与科技》2011 年第 12 期。

专题研究二

广西制造业与物流业协同发展实证研究

绪 论

一 选题背景及意义

(一) 选题背景

制造业与物流业具有密切的联系。制造业为物流业的发展提供物质基础,并通过不断地释放物流外包需求,带动和促进物流业的发展;物流业为制造业的采购、生产、销售环节提供生产性服务,并作为连接制造业内部各环节的纽带来优化制造业内部结构,提升制造业产业链的整合效率。我国是典型的制造业大国,制造业作为支撑国民经济的主要产业,其产值占我国国民经济总产值的 50% 以上,但制造业的产业链条短、产业链附加值不高导致中国制造业在世界市场的份额大、利润低、竞争力弱。而造成这种现象的主要原因在于制造业生产、分销环节中物流业的缺失以及制造业与物流业的互动不足。随着我国物价上涨,劳动力成本上升,越来越多的制造业开始向低成本的越南、印度、巴西等国转移。为了迎接经济全球化带来的挑战,提高行业综合竞争力,使我国由"制造大国"转变为"制造强国",必须不断优化制造业与物流业协同发展环境,加速产业结构升级,促进制造业与物流业实现协同发展。在 2008 年全球金融危机爆发时,我国制造业遭受了十分严重的冲击,整个产业处于低迷的状态，与制造业联系最为密切的物流业也损失严重。因此，为了促进物流业的发展，2009 年国务院提出了振兴物流业九大工程，其中制造业与物流业联动发展工程被单独提出。此后，理论界开始关注两大产业间的协同发展问题。

广西地处我国沿海地区西南部，南临北部湾，东连广东，东北接湖南，西北靠贵州，西邻云南，西南与越南民主共和国为界，与东盟国家海陆相连，具有与多区域合作的独特区位优势。但是由于历史、战争等原因，广西的制造业发展水平十分落后，直到近年来广西的制造业才开始大规模的兴起。随着全球经济一体化发展趋势，国际以及区域分工使得沿海港口成为国内甚至国际物流链中的技术节点，是发展现代物流业的独特优势。广西自治区有三个是港口城市，因此广西形成以物流业和制造业协同创新发展已具备良好的条件。本文就是在这样的背景下探讨广西制造业与物流业如何形成良性互动，实现协同发展的共赢目标。

（二）选题目的和意义

首先在研究协同发展相关理论的基础上，分别对广西制造业、物流业的发展现状以及两大产业的协同现状进行了分析。

选题目的在于通过研究协同发展相关理论，根据广西制造业、物流业的发展现状以及两大产业的协同现状，分析广西制造业和物流业协同度和协同效率的基础上，对广西制造业和物流业协同发展提出相应的建议和对策。

从理论层面上看，大多数文献主要是从协同的角度研究物流业和制造业的关系，但是很少有涉及两大产业的协同效率问题。本文运用协同度模型衡量广西物流业与制造业之间的协同程度，运用 DEA 模型分析广西制造业与物流业之间的协同效率，从理论上对协同发展理论的研究实现了补充和完善，同时对于国内其他地区制造业与物流业产业间或者其他类似产业间的分析具有一定的理论借鉴意义。

从实践的角度来说，制造业和物流业的协同发展不仅能够促进制造业和物流业的产业结构升级、提升产业竞争力，而且会对我国的经济发展产生 1 + 1 > 2 的协同效应，并促进经济增长方式的转变。广西壮族自治区由于历史、区位和观念等种种原因，制造业基础非常薄弱，若能够抓住产业协同发展这一新型战略机遇，在建立制造业基地和物流基地的发展起步阶段便能很好地进入以创新为动力的内生新增长模式，探索广西两大产业制造业和物流业协同发展模式，对促进广西经济社会可持续发展意义重大。

二　国内外研究综述

(一) 国外研究综述

国外学者主要是对制造业与生产性服务业之间的协同发展进行了研究，而物流业是属于生产性服务业的，因此在对国外制造业与物流业进行研究时，可以把"制造业与物流业"和"制造业与生产性服务业"视为同一研究命题。国外学者主要是从制造业内部分工外包到生产性服务业、生产性服务业与制造业的协同共生关系方面进行研究。Francois J F. 认为专业化分工使得制造业内部工作分离到服务业，同时提高了生产效率，降低了生产成本和产品价格。[1] Theodore、Jeffery 发现美国生产性服务业的快速成长给制造业企业内部服务外包化提供了机会，最终带来了生产性服务业和制造业产业结构的变化。[2] Illeris、Ochel 和 Wegner、Perry 等指出制造业企业主要是利用分包或是外购的服务方式分散风险，而将资源投入到最有竞争优势的生产环节，以此来提高企业的核心竞争力。[3] V. Mdiciani 通过对 20 世纪 90 年代的一些经合组织国家进行分析后发现，制造业的专业化生产能够有效地促进服务国际化，制造

---

[1]　Francois, J. F. , "Producer Services, Scale, and the Division of Labor", *Oxford Economic Papers*, Vol. 42, No. 4, 1990, pp. 715 – 729.

[2]　Theodore, and Jeffery, "Analysis of Intersectional Relationships between Manufacturing and Service and their Employment Implications", *Manufacturing and Service Operations Management*, Vol. 2, No. 1, 2000.

[3]　Illeris S. , "Producer Services: the Key Factor to Economic Development", *Enterpreneurship and Regional Development*, No. 1, 1989, pp. 45 – 49.

业与服务业之间具有互利的关系。[①] Ole Mortensen、01ga 研究了当前制造企业与第三方物流供应企业间的集成和协同程度，认为未来两者的协同发展方向在通信技术和信息方面。[②] Hervey Gibson 等利用共生模型对制造业集群和生产性服务业的协同共生关系进行分析，发现两者间是具有共生关联的，而且两集群协同发展时的产出水平要远大于单独发展时的产出水平。[③] Murali Sambasivan、Ching Nget Yen 认为建立物流外包联盟可以成为制造业提高企业绩效的一种方式，并通过合作博弈模型来研究物流外包对于制造业企业的积极作用。[④]

（二）国内研究综述

国内学者对制造业和物流业协同发展进行了大量的研究，主要包括协同发展的必要性、协同发展的演化路径、协同发展的现状和存在问题、协同发展策略、协同发展模式、实证研究这几个方面。

1. 协同发展的必要性

黄福华、谷汉文从现代制造业物流的主要特征、现代制造业的物流瓶颈、现代物流业对制造业发展的促进作用这三个方面研究了我国制造业与物流业协同发展的必要性。[⑤] 贺团英、马天山从制造业与物流业互动要求迫切、制造业与物流业的发展相辅相成、制造业与物流业协同发展势在必行三个方面分析了制造业与物流业协同发

① Gurrieri, P. and V. Mdiciani, *International Competitiveness in Producer Service*, Paper Presented at the SETI Meeting in Rome, No. 3, 2004 (3).

② Mortensen Ole and Olga W. Lemoine, "Integration between Manufacturers and Third Party Logistics Providers", *International Journal of Operations & Production Management*, Vol. 28, No. 4, 2008.

③ Tim Padmore & Hervey Gibson, "Symbiotic Relationship of Producer Services and Manufacturing Industries in Industry Cluster", *International Conference on Management and Service Science*, No. 1, 2009.

④ Sambasivan Murali, and Ching Nget Yen, "Study on Producer Logistics Service and Its Outsourcing from Manufacturing Firms: a Perspective of Industrial Cluster", *International Journal of Physical Distribution & Logistics Management*, Vol. 40, No. 5/6, 2010.

⑤ 黄福华、谷汉文:《中国现代制造业与物流业协同发展对策探讨》,《中国流通经济》2009 年第 8 期, 第 17—19 页。

展的必要性。① 朱长征认为制造业与物流业协同发展的必要性表现在制造业企业可以将精力专注于核心业务,提高产业竞争力,同时也降低了物流成本。而另一方面则促进物流企业提高服务水平和质量,拓展了生存的空间。② 施梅超认为两产业协同发展对于优化经济产业结构和促进地区竞争力至关重要。③

2. 协同发展的演化路径

韦琦通过分析制造业与物流业关系,把协同发展演化路径分成四个阶段。第一个阶段是通过制造业企业自营物流、外包部分物流服务或者是企业间形成物流战略联盟的方式将物流环节从制造业企业中分离。第二个阶段制造业物流以产业的形式分离出来,物流产业成为集多种物流服务环节于一体的行业。第三个阶段是当制造业企业以集群形式出现时,带动物流企业集聚形成物流产业集群,两大产业间以集群的形式协同。第四个阶段是两大产业的扩散协同,也就是当产业集聚达到一定规模后,由于资源的限制造成了产业集聚的不经济,制造业产业集群会向外扩散,同时周围的物流业企业也会随之向外转移,两大产业以扩散协同的方式发展。④ 吴群认为制造业与物流业的协同发展是一个逐步演进的过程,可以分为协同的不稳定期、磨合期、稳定期和成熟期四个阶段。在该过程中,物流业应该根据制造业的需求变化和自身的结构不断地进行策略调整,对应可将物流业的发展策略分为寄生型、跟随型、共生型和自主型四种。⑤

---

① 贺团英、马天山:《关于制造业与物流业联动发展的思考》,《交通企业管理》2009年第5期,第28—29页。

② 朱长征:《陕西省制造业与物流业联动发展的灰色关联分析》,《企业经济》2011年第8期,第118—120页。

③ 施梅超:《广西北部湾经济区物流业与制造业联动研究》,《金山》2012年第5期,第128—129页。

④ 韦琦:《制造业与物流业联动关系演化与实证分析》,《中南财经政法大学学报》2011年第1期,第115—119页。

⑤ 吴群:《江西物流业与制造业联动发展研究》,《江西社会科学》2013年第6期,第77—80页。

3. 协同现状和存在的问题

（1）政府政策引导失衡。

伊俊敏、周晶认为江苏省政府对于制造业和物流业发展采取有差异的产业政策，在政策导向和招商引资过程中向制造业倾斜，而对物流产业的重视不够导致物流业的发展水平不能够满足制造业的发展需求，两大产业协同发展存在困难。① 段雅丽、樊锐、黎忠诚认为湖北省制造业与物流业发展处于分离状态、协同发展存在困难的原因在于政府对于制造业在税收、用地等方面采取的优惠政策是物流产业没有的，带来了两产业在需求和供给上面的失衡，协同发展存在困难。② 杨勇认为目前广东政府对制造业和物流业协同发展在融资信贷、用地、税收等方面的激励政策不够明确，操作性不强，协同发展的环境障碍仍然存在。③

（2）管理协同机制不够完善。

王军、曹丽新认为行业协同之间、行业协同与政府部门之间的管理协同机制缺乏沟通和协调，导致制造企业和物流企业协同发展没有环境和平台。④ 孙丽环、佟新华认为政府的管理与支持力度不够也是吉林省制造业与物流业协同发展存在障碍的因素之一。吉林省的工商、交通运管、交警、土地、规划、城管、税收等十余个部门都涉及对物流业进行管理，但都仅限于本部门的执法权限范围内，而没有一个专门的部门对这些管理机构进行协调，导致管理不规范和效率低下。⑤

---

① 伊俊敏、周晶：《江苏省制造业与物流业的发展水平差异分析》，《现代管理科学》2007 年第 7 期，第 7—9 页。

② 段雅丽、樊锐、黎忠诚：《湖北省制造业与物流服务业协调发展现状分析及对策分析》，《物流技术》2009 年第 9 期，第 11—14 页。

③ 杨勇：《广东省制造业与物流业联动发展研究》，硕士学位论文，华南理工大学，2012 年。

④ 王军、曹丽新：《基于 DEA 分析的制造业与物流业联动发展协调度提升研究——以青岛市为例》，《前沿》2012 年第 22 期，第 90—92 页。

⑤ 孙丽环、佟新华：《吉林省物流业与制造业联动发展的潜力分析》，《东北亚论坛》2012 年第 6 期，第 120—127 页。

（3）物流业的发展滞后，服务能力无法满足制造业的需求。

全全顺、吴宜认为物流行业自身发展不规范、市场不成熟，并且不了解制造业企业的现实需求导致两产业的协同发展存在问题。[①] 吕扬认为我国传统物流业的运输、仓储服务供给能力充足，而现代物流业的综合服务能力尚未形成，不能满足制造业企业的个性化、多样化需求。[②]

（4）制造业对于物流业协同发展认识的不成熟。

蒋鹏、曾栋平认为胶东半岛地区的制造企业对于两产业协同发展认识不成熟，偏好自营物流导致物流资源缺乏整合，最终使得协同发展存在困难。[③] 杨勇认为大多数制造企业对现代物流的内涵和作用认识不够到位，供应物流、生产物流仍倾向于自营，与物流企业合作的迫切性、自觉性还不够。

（5）协同发展中制造业对物流外包风险难控制。

全全顺、吴宜认为制造业企业在物流外包过程中会担心核心运营信息泄露。刘利红认为目前我国没有合理的体制机制对于制造业物流外包风险进行控制，导致两大产业难以进行有效的协同发展。[④] 王军、曹丽新认为由于现代物流业的起步晚，青岛市许多的制造企业拥有自己的物流配送部门来进行物流自营，同时由于当前我国制造企业缺乏有效手段控制物流外包的风险也导致了制造企业不敢将自己的物流业务外包。

（6）制造企业与物流企业沟通不足，难以形成长期的合作关系。

李舜萱、陈海燕、常连玉认为制造业与物流业缺乏沟通，两大产业没有形成有效的需求和供给。[⑤] 赵英霞通过将中国与国外物流与制造业

① 全全顺、吴宜：《物流业与服务业联动发展研究》，《物流工程与管理》2009 年第 7 期，第 11—14 页。

② 吕扬：《我国物流产业组织研究》，《物流工程与管理》2010 年第 4 期，第 8—10 页。

③ 蒋鹏、曾栋平：《胶东半岛物流业与制造业协同发展现状研究》，《物流工程与管理》2011 年第 2 期，第 8—10 页。

④ 刘利红：《物流业与制造业联动发展的动力机制研究》，硕士学位论文，济南大学，2011 年。

⑤ 李舜萱、陈海燕、常连玉：《促进制造业与物流业联动发展》，《物流技术》2009 年第 7 期，第 9—11 页。

协同发展进行比较发现中国制造业与物流业沟通不足，制造业外包比例低、物流业服务水平低，难以形成长期的合作关系。[①]

（7）双方利益分配的困惑。

贺团英、马天山认为在物流外包过程中，制造企业跟物流企业双方的利益分配成了合作成败的关键因素。刘利红认为制造业和物流业要签订一个激励契约来解决协同发展后利益分配的问题，必须要保证协同合作情况下双方都应当可以取得比非协同合作情况下实现更好的收益。

4. 物流业与制造业协同发展策略

学者们通过分析物流业与制造业协同发展存在的问题后，提出了相应的建议，主要有以下几个方面。

（1）协调优化两大产业协同发展的政策环境。

李舜萱、陈海燕、常连玉认为政府应该优化两大产业协同发展的环境，同时建立领导协调机制，协调政府各部门贯彻落实政策的执行，不断提升社会各界对"两业"协同重要性的认识。赵曼认为政府应该为制造业与物流业协同发展创造宽松和谐的政策环境。[②] 苏开拓、李松庆则认为政府要对阻碍物流业与制造业协同发展的政策进行及时调整，不断优化制造业与物流业协同发展的政策环境。[③]

（2）加大制造业企业将物流业等辅助业务外包的力度。

卢锋认为制造业将企业内部的物流等辅助业务外包，不仅能够使制造业本身获得成本优势，同时也可以促进物流产业的发展。[④] 王军、曹丽新认为制造企业应该解放思想，树立与物流业"合作共赢"的理念，探索与物流企业共赢合作模式，针对企业实际和市场需求，实施流程再造，促进物流业务外包。

---

① 赵英霞：《制造业与物流业联动发展的国际比较》，《产业经济》2011 年，第 27—29 页。

② 赵曼：《江苏省物流业与制造业联动发展研究》，江苏大学，2010 年。

③ 苏开拓：《广东省物流业与制造业联动发展研究》，广东工业大学，2010 年。

④ 卢锋：《探索服务外包与服务全球化真谛——读江小涓等著〈服务全球化与服务服务外包：现状、趋势及理论分析〉》，《经济研究》2009 年第 12 期，第 151—154 页。

（3）构建制造业与物流业的良性沟通机制。

仝全顺、吴宜认为制造业与物流业应该建立良性的沟通协调机制，加强合作沟通，达到供需平衡，协同发展。赵松龄、吴限认为两大产业协同发展的关键在于物流业要了解制造业企业的服务需求，然后提供服务给它，在探讨中寻求合作机会，推进两者的融合，促进协同发展。①

（4）提高物流服务水平，更好服务于制造业。

刘娟从产业经济学的角度提出了物流企业尽快成长以充分满足制造业的需求。朱长征认为应该加强物流企业的扶持和培育，提高其物流服务的能力，使其更好地服务于制造企业。② 贾海成、秦菲菲认为应该针对苏州制造业规模大、对外开放度高等特点，采取资产重组、外引内联等做法积极改造传统运输、仓储企业，大力增强提升供给质量，壮大现代物流，满足制造企业快速增长的物流需求。③

5. 协同发展模式

胡蔚波提出要以制造企业为中心的构建物流联盟模式，并认为制造业企业物流联盟模式有横向一体化物流联盟即行业物流联盟、纵向一体化物流联盟即供应链物流联盟、混合模式即区域物流联盟等协同模式。④ 王珍珍、陈功玉借用生态种群中的 Logistic 模型分析制造业与物流业存在着偏利共生、非对称性互惠共生以及对称性互惠共生三种模式协同发展的模式，并认为制造业与物流业协同发展的模式是随着共生环境的变化、共生单元结构和力量的变化、共生单元所处的发展阶段而发生变化的。⑤ 朱琳通过借鉴 Henderson 和 Venkatraman 的业务战略协同模

---

① 赵松龄、吴限：《物流业与制造业协同发展问题研究》，《物流经济》2009 年第 2 期，第 51—52 页。

② 刘娟：《物流服务业与制造业协调发展问题研究》，《中国储运》2007 年第 2 期，第 111—113 页。

③ 贾海成、秦菲菲：《苏州市制造业与物流业联动发展对策研究》，《改革与战略》2011 年第 4 期，第 144—146 页。

④ 胡蔚波：《制造企业物流联盟模式研究》，硕士学位论文，武汉大学，2005 年。

⑤ 王珍珍、陈功玉：《基于 Logistic 模型的制造业与物流业联动发展模式研究》，《中国管理科学》2009 年第 17 期，第 642—646 页。

型，提出物流业与制造业协同发展的四种模式：体系支持模式、战略支持模式、战略重塑模式和体系重塑模式。① 王见喜根据我国现阶段物流业与制造业的发展情况，提出四种协同发展模式：基于资源未整合的物流外包模式、基于资源整合的物流外包模式、基于 3PL－HUB 的物流外包模式和战略联盟模式。② 刘利红认为制造业与物流业的协同发展在不同发展阶段具有不同的发展模式，从两大产业的演化路径将其分成以下几种模式：短期合作模式、中期合作模式、长期合作模式。

6. 以实证分析为主的相关文献综述

实证方面，主要是运用灰色关联模型、DEA 模型、复合系统协同度模型来研究制造业与物流业的协同程度。许雪琦通过对数据的分析了解到制造业与物流业集群的协同发展关系，证明了两产业的协同发展不仅能够提升产业的利润和生产效率，而且对区域经济的发展具有重要的作用。③ 袁克珠运用灰色关联度对长三角制造业与物流业相关性进行分析，并有针对性地提出了促进长三角制造业与物流业协同发展的建议。④ 黎忠诚、徐磊等运用灰色关联模型对湖北省制造业与物流业的协同发展水平进行了分析，得到的结果是协同水平很低，针对相应的情况提出了对策建议。⑤ 韩晓丽、王利、田能瑾、佟芳庭运用灰色关联模型对 1998—2007 年江苏省制造业与物流业两系统协同度进行分析，得出了两大产业的协同发展正处于协同与不协同的临界状态。⑥ 苏开拓运用

---

① 朱琳：《物流业与制造业的协同发展研究》，硕士学位论文，大连海事大学，2010 年。

② 王见喜：《我国物流业与制造业联动发展模式研究》，硕士学位论文，武汉科技大学，2010 年。

③ 许雪琦：《物流业与制造业集群的协同发展问题研究》，《包装工程》2007 年第 6 期，第 87—89 页。

④ 袁克珠：《长三角制造业与区域物流联动发展研究—基于灰色关联分析》，《经济与社会发展》2007 年第 10 期，第 65—70 页。

⑤ 黎忠诚、徐磊、段雅丽、樊锐：《基于灰色关联分析的湖北省制造业与物流服务业协调发展研究》，《物流技术》2009 年第 10 期，第 38—42 页。

⑥ 韩晓丽、王利、田能瑾、佟芳庭：《制造业与物流业协调发展的计量分析》，《价值工程》2009 年第 1 期，第 84—86 页。

投入产出法研究了广东制造业与物流业之间的产业关联程度以及二者的产业波及效应，还运用时间序列分析的方法对广东物流业与制造业联动的因果关系进行了分析。王珍珍、陈功玉对 1995—2007 年我国制造业不同行业与物流业的关联程度及协调度研究表明制造业不同子行业与物流业的关联存在差异且程度存在随着时间演化的趋势，总体上呈 M 型的波动趋势，由不协调往趋于协调又回到不协调状态，得出的结论是制造业不同行业应该不断协调其与物流业的关系，做到物流供给与需求的相互匹配①。赵曼运用 DEA 方法评价制造业与物流业的协调性，并提出了对策和建议来促进两大产业实现联动发展。孙鹏、罗新星运用复合系统协同度模型对湖南省制造业与物流业协同发展程度进行实证研究，表明两产业子系统有序度近几年得到快速的提升，但整个系统的协同度增长缓慢。② 因此认为政府必须建立一套促进区域现代物流服务业与制造业协同发展的长效机制。

（三）文献评述

国外学者对于物流业与制造业的协同发展研究主要是从制造业内部工作分离到服务业对两产业的影响、制造业与生产性服务业的协同共生关系方面进行，对于两大产业的实证研究比较少。国内学者对于制造业和物流业的协同研究主要分为理论和实证两方面，理论方面主要从物流业与制造业协同的必要性、协同模式、协同发展现状与问题、协同发展的政策建议等方面进行研究；在实证方面，主要是运用协调度模型、复合系统协同度模型、灰色关联模型、数据包络分析模型来评价制造业与物流业的协同发展情况。

总的来说，目前国内外对于制造业与物流业协同发展的研究还没有形成完整的系统。尽管当前学术界已经意识到要从协同发展的必要性、

---

① 王珍珍、陈功玉：《我国制造业不同子行业与物流业联动发展协调度实证研究——基于灰色关联模型》，《上海财经大学学报》2010 年第 6 期，第 65—74 页。

② 孙鹏、罗新星：《区域现代物流服务业与制造业发展的协同度评价——基于湖南省数据的实证分析》，《系统工程》2012 年第 7 期，第 112—116 页。

演化路径、现状、存在问题、发展策略和发展模式等方面进行研究，并从政府、企业、行业协会等方面提出了协同发展的相关建议，但大多数研究都停留在协同发展问题及对策层次，关于两大产业协同根源和协同机理的研究很少，同时没有根据不同类型制造业、不同区域对物流业的需求差异设计协同发展模式；在实证方面，大多是对两大产业协同程度的研究，对两者间的协同效率少有涉及。

所以今后要从以下几个方面对于制造业与物流业协同发展的研究进行深入：一是寻找计量方法对制造业和物流业的协同效率进行衡量，并根据协同效率评价做出改进。二是要根据不同的区域和不同类型制造业对物流业的需求差异设计不同的协同发展模式，促进两大产业的协同发展，从而推动区域经济的发展。三是探讨不同地区的制造业与物流业集群协同发展的空间组织形式，加大对制造业集群周边物流产业集群的建设，实施群群互动，使我国由"制造大国"变为"制造强国"。

三 研究内容与研究方法

（一）研究内容

针对物流业和制造业协同发展的研究背景和国内外已有的研究综述，本文着重解决以下几个问题：

（1）通过对已有文献的研究，分析广西物流业与制造业发展情况、存在的问题和协同发展的现状。

（2）对广西制造业和物流业进行实证分析，研究广西制造业和物流业的协同程度以及两者间的协同效率。

（3）通过分析广西制造业和物流业的发展现状、实证研究两大产业协同发展的情况下，有针对性地提出相关的对策建议。

1.3.2 研究方法

（1）文献研究与理论分析法：通过文献收集与运用区域经济学、产业经济学、协同学等学科基本理论方法，梳理、归纳、构建基于产业协同发展的有关理论框架。

（2）对比分析法：通过对比分析广西制造业与物流业的现状，找出两大产业存在的差距与主要问题，有针对性地提出促进广西制造业与物流业协同发展的建议。

（3）实证分析与定量分析法：主要运用复合系统协同度模型、DEA 模型对广西制造业与物流业的协同发展进行实证分析和定量分析，主要是使用 SPSS13.0、MSEXCEL 统计分析软件、DEAP2.1 软件分析广西制造业和物流业的协同度以及协同效率。

技术路线如图 1—1 所示。

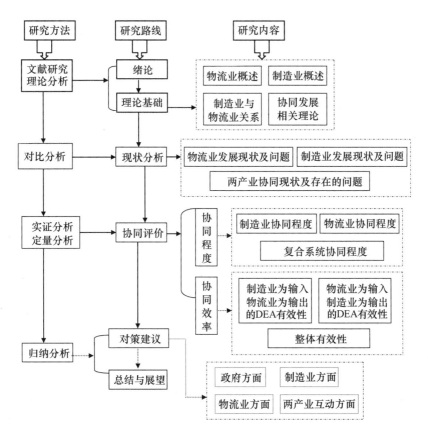

图 1—1　技术路线

制造业与物流业协同发展相关基本理论

一 制造业与物流业协同发展的理论基础

(一) 复合系统理论

复合系统是由许多具有相互作用关系的系统交织而形成的复杂网络。在这个网络中，内部各子系统之间会相互作用形成不同的关系，每个子系统都会影响别的子系统发生变化，同时也会受别的子系统的影响而发生变化。复合系统也是一个开放系统，各子系统会不断与周围的外部环境交换能量、物质和信息，从而使整个系统呈现出周期性、动态性和波动性。系统中各子系统之间发生非线性的相互作用，系统内部的一点随机波动会影响系统的结构发生变化，出现一种新的结构；另一方面，系统与外部环境的交换作用会达到一个临界点，并通过涨落因素使新的结构更加有序。

(二) 协同发展理论

协同理论是德国著名物理学家哈肯于1976年提出来的。他认为整个自然界和人类社会都处于各个有序或无序的子系统中，这些千差万别的子系统构成了一个复合系统。协同理论主要是研究远离平衡状态的开放系统如何在与外界有能量或是物质交换的情况下，通过内部不同的子系统之间相互协作，使整个系统逐渐由无序状态走向有序。协同发展理论是在协同理论的基础上发展起来的，是对"协同"概念的推广和应用，是对"发展"概念的延伸和升华。经济学家将协同理论应用到经济领域通常是用来研究区域之间或者区域内部发展问题。协同发展是指区域之间或区域内部经济、社会、环境各要素子系统相互作用、相互推动，自发耦合形成稳定结构的双赢结果，是一个动态的、历史的、进步的、和谐的发展过程，具有统一性、共享性、互补性和外部性四大特性。

（三）产业协同发展理论

产业协同是指各产业子系统在开放条件下自发耦合起来，在空间、时间和功能上有序结合的过程。这是从系统的角度来研究产业间的联动状态和过程，不仅关注各产业运动在时间和功能上的衔接，同时也关注其在动态变化中运行方向上的一致性。按照协同主体之间的关系和地位的不同，产业协同可以分为纵向产业协同、横向产业协同和交叉产业协同。纵向产业协同是指在同一产业链上具有上下游关联的产业主体之间的协同，这种关联导致了纵向协同的产生。横向产业协同是指在同一大类产业中的具有平行关系的细分产业主体之间的协同。交叉协同是指处于两个不同的产业价值链环节的产业主体之间的协同。产业协同发展理论是以系统的观点来研究这些具有横向、纵向和交叉关联的产业之间通过相互作用、相互耦合，最终由无序变为有序，实现协同发展的状态和过程。

二 物流业概述

（一）物流业的定义和分类

目前学术界对于物流业还没有形成统一的定义，大部分定义都是从产业形成的角度对物流业进行的界定，主要有以下几种：

美国物流协会认为物流业包括上游供货业、运输代理业、铁路行业、物流咨询业、水运行业、航空业、海运业、小包裹运输业、仓储业、港口业、第三方物流产业、多式联运业、包装业等[1]。

《中国现代物流大全》将物流业定义为铁路、公路、水路、航空等基础设施，以及工业生产、商业批发零售和第三方仓储运输及综合物流企业为实现商品的实体位移所形成的产业。[1]

汪鸣、冯浩在《我国物流业发展政策研究》中将物流产业定义为包含各种产业和类型的物流服务形式，具有管理组织特征和现代技术，

---

① 周俊颖：《区域物流对区域经济增长的影响作用研究》，河南工业大学，2010 年。

涵盖交通运输、仓储、包装、装卸搬运、流通加工、信息、区域分拨和配送等行业在内的新的服务产业形态。

物流业是一种跨行业和跨部门的复合型产业，可以按照不同的标准进行分类：

（1）按照物流业务活动可分为：交通运输（铁路运输、公路运输、水路运输和空运运输）、仓储业、物流配送业、快递服务业、物流咨询业和物流金融业等。①

（2）按照物流所处的行业领域的不同可分为：制造物流业、汽车物流、家电物流、零售物流、农产品物流、军事物流、电子物流等。

（3）根据物流产业的构成可分成：物流基础行业、物流装备制造业、物流系统业、第三方物流业、货主物流业。

（二）物流业的特点

1. 多行业的复合型产业

物流行业包括运输业（公路运输业、铁路运输业、水路运输业和空运运输业）、仓储业、物流配送业、快递服务业、物流咨询业和物流金融业等。也就是说物流行业是具有跨部门、跨行业的综合性服务行业，它利用现代物流技术手段将经济活动中的生产、采购、运输、仓储、库存和售后等活动作为一个动态的系统总体。因此，物流业不是某一个单独的服务产业或是单一的运作功能的部门，而是具有多行业的复合型产业。

2. 基础性

物流系统具有流体、载体、流向、流量、流程、流速、流效七要素，其中载体要素可以分成两类，第一类载体主要是指流体借以流动的公路、水路、铁路、航线、车站、机场、港口等需要较大规模投资的基础设施；第二类是指流体借以流动飞机、车辆、火车、船舶等机械设备，没有这些载体，流体就不能够进行流通，国民经济的所有活动都会

---

① 朱琳：《物流业与制造业的协同发展研究》，大连海事大学，2010年。

受到影响，因此具有基础性。

3. 非生产性

物流业是生产性服务型行业，它虽然不能通过生产创造新的使用价值，具有非生产性，但是能够针对不同的生产性行业提供不同的服务。从物流业所提供的服务类型来看，除了传统的运输、仓储、保管等简单的服务以外，还包括物流加工、物流方案设计及供应链管理等综合物流服务。

4. 以现代信息网络技术为依托

物流行业之所以能够在全球范围内广泛兴起，最主要的原因在于它能够利用现代网络信息，整合不同的资源和对信息进行处理，实现对物流过程的控制。同时依托现有的网络，电子商务也得到了迅速发展，促进了电子物流的兴起。这种网上的"直通方式"使企业能迅速、准确、全面地了解需求信息，实现基于客户订货的生产模式和物流服务。[1] 它的兴起也刺激了传统邮政快递业的需求和发展，使新型快递业的触角迅速伸向全球。

三　制造业概述

（一）制造业的定义和分类

《国民经济行业分类》（GB/T4754 - 2002）中提到：经物理变化或化学变化后成了新的产品，不论是动力机械制造，还是手工制作；也不论产品是批发销售，还是零售，均视为制造。[2] 也就是说制造业是利用原材料进行加工或再加工，然后制成产品的所有工业企业的总称。

目前制造业主要有三种分类方式：

---

[1]　石晶山、赵玉：《二十一世纪将实现物流全球一体化》，《吉林省经济管理干部学院学报》2003 年第 3 期，第 34—38 页。

[2]　GB/T4754 - 2002，国民经济行业分类［S］。

1. 按性质分类

按照《国民经济行业分类》（GB/T4754 - 2002），制造业包括第二产业中剔除建筑业，采矿业，电力、燃气及水的生产和供应业以外的所有行业。主要包括纺织服装、鞋、帽制造业，烟草制造业，石油加工、炼焦及核燃料加工业，木料加工及木、竹、藤、棕、草制品业等31个大类[1]。

2. 按投入要素的相对重要性大小划分

按投入劳动、资金、技术和知识要素相对重要性大小的不同可将制造业划分成知识密集型、技术密集型、资金密集型、资源密集型和劳动密集型制造业五类。

3. 按技术水平和技术含量不同划分

按所生产产品的技术水平和技术含量的不同可将制造业划分为低技术产业（如炼油、造纸及印刷、纺织等）、中低技术产业（如石材、黏土和玻璃制品等）、中高技术产业（如科学仪器、电子机械等）和高技术产业（计算机与办公设备、电子和通信设备等）四类。

（二）制造业的特点

当前中国的制造业有"制造大国"和"世界工厂"的美誉，但实际上都是以生产资源密集和劳动密集的产品为主。面对劳动力成本持续上升而周边国家低廉劳动成本的激烈竞争，我国制造业发展方向是要从传统制造业向现代制造业转型升级，以传统的制造系统模式向协同生产方式转变。其具有以下特点：

1. 信息化

现代制造业发展的最主要特点是信息化。制造业通过应用计算机建立自动化系统，实现研发、生产设备、生产过程的自动化，不仅降低了生产的成本，也提高了在研发、生产、决策、管理方面的水平和效率，进而提高了产业竞争力。

2. 更加注重研发和营销

竞争使得低附加值的加工制造业发生转型，将技术含量低或要求加工制造环节进行外包，更加注重研发和营销环节，以此来提高产业的核心竞争力。同时更加关注消费者需求的变化，通过对不同收入阶层的消费者进行调查，不断调整自己的产品适应市场需求的变化，并通过广告、售后服务等方面来促进制造业产品的营销。

3. 制造与服务既分工又融合

制造业企业为提高产品竞争力必须要依靠品牌和服务的竞争，因此生产由过去单纯的制造向研发、生产、决策、库存、营销、售后服务转变，制造业企业也由过去的单纯提供实物产品，转变为提供产品和服务，使得制造业出现制造与服务既分工又融合的特征，制造业与服务业的界限逐渐模糊。

四　制造业与物流业的关系

目前关于制造业与物流业的关系，学术界主要有四种观点："需求遵从论"、"供给主导论"、"互动论"和"融合论"。[①] "需求遵从论"和"供给主导论"主要是强调其中一个产业对另一产业发展的促进作用，比较偏激，只是从一方面来看待问题；而"互动论"和"融合论"则如实地反映了制造业和物流业未来的发展趋势。两大产业之间的关系应该互相促进、相辅相成、共同发展，主要体现在以下方面：

1. 制造业促进物流业的产业演进和产业集聚

在早期物流业主要是为制造业企业提供运输、仓储、保管等简单的服务。随着科技的发展，制造业企业核心竞争力理念的产生，要求通过物流企业能够提供更加综合类型的外包物流服务，使制造业企业可以专注于自身的核心业务，第三方物流应运而生。在模块化生产的条件下，制造业企业对于上下游企业间的分工和关系管理的需求使得物流业必须提高供应链上的效率，因此第四方物流企业产生了，制造业就是利用自

---

① 杨杰、孙利娟、叶小榕：《从产业联动效应到区域协调发展》，《市场经济与价格》2010 年第 6 期，第 15—18 页。

身对物流业的需求促进了物流业的演化升级。另一方面，制造业产业集群化发展也带来了物流产业集群化发展。在同一产业集群中，制造业企业与其上下游产业、互补产业和相关产业形成产业链，同时也构成了物流的需求链。制造业产业链内保管、运输、包装、装卸等功能的需求以及物流业企业为节约成本会使得越来越多的物流业企业围绕在制造业产业集群周围进行物流信息的传达，也促进了物流产业集群的集聚。物流产业集群的集聚达到一定阶段时会形成物流园区或物流基地，进而影响到物流产业的空间布局，这也是目前大多数物流园区分布在制造业产业区周围的原因。

2. 物流业加剧制造业分工并推动制造业产业结构升级

物流业作为一种专业化的产业组织形态，会加剧制造业内部分工和地域化分工。一方面，物流业为了不断满足制造业企业物流外包的需求，会通过整合社会资源、降低交易成本和创新各种服务模式等方式不断分化自己的业务，这也会使得制造业内部更明确哪些业务外包会获得更多的利益，从而采取更加精细的分工，不断地优化自己的内部结构。另一方面，物流业也会通过区域物流网络降低交易成本和运输成本，从而促进制造业企业具有内生比较优势和外生要素禀赋的区域进行集聚，形成规模效益，这是物流业促进制造业进行地域化分工。同时物流信息技术水平提高带来的物流信息网络平台的建设，使得物流效率也得到了很大的提高，制造业可以大大地降低综合成本，增加企业利润，提升制造业产业链的整合效率，推动制造业的产业结构升级。

3. 产业协同发展是物流业和制造业未来发展的必然趋势

从两大产业相互作用、相互影响的过程来看，制造业非核心外包、模块化、集群化生产会对物流业提出更高的要求，从而促进物流业提高技术水平，提升服务质量、规模和创新服务模式，为制造业提供更加有效、专业的服务。相反，物流业链接制造业各关键环节，为制造业提供外包物流服务和价值链嵌入，通过提供多样化的服务来不断优化其内部结构，提高产业链的整合效率和产业竞争力，推动制造业产业的结构升级。由此可以看出制造业与物流业存在着相互作用、相互促进的协同演化关系，特别是在政府提出要大力支持物流业与制造业联动发展的政策后，两大产业的协同发展更是拥有了难得的机会，并成为未来发展的必然趋势。

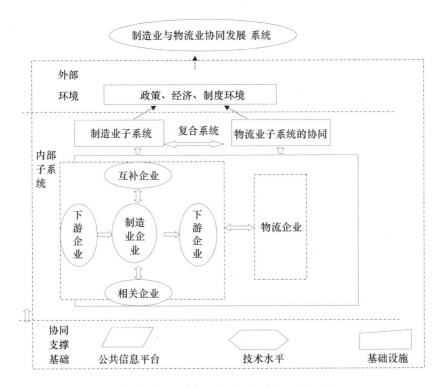

图 2—1　制造业与物流业协同发展理论框架

五　制造业与物流业协同发展理论框架

综上所述，制造业与物流业属于两个具有不同特点、不同发展方式但又相互作用、相互促进的产业系统。制造业与物流业协同发展的实质在一定政治、经济和制度环境下，制造业与物流业以现有的基础设施、设备、技术水平和产业关联为基础，以两大产业子系统为协同主体构成的复合共生系统如何实现协同共生。也就是研究相互之间具有促进、推动作用的制造业子系统和物流业子系统所构成的开放复合系统，如何以自组织的方式在一定的时间和空间范围内与外界环境进行要素交换来实现系统内部结构优化和产业提升，从而实现两产业的协同发展的过程（见图2—1）。从图2—1中可以看到制造业与物流业的协同发展是一个多层级、多要素的共同演化过程，各企业要素之间、企业要素与子系统之间、子系统与子系统之间以及系统与外界政治、经济、制度环境之间都存在着相互关联、相互作用、相互影响、相互协调的关系。由此，可以从三个层面来理解制造业与物流业系统协同发展的含义：第一是相关行业的基础设施、技术水平和信息网络平台构成的协同支撑基础，为复合系统的发展提供基本的条件；第二是以制造业子系统和物流业子系统为协同主体而形成的复合系统，是推动协同发展的主要动力；第三是以政治、经济、制度等要素构成的协同环境，为复合系统提供物质、信息和能量。这三个层次相互交织在一起构成了演变过程及其复杂的有机整体。由此可见，在今后的研究过程中一方面要关注制造业与物流业复合系统外部环境和基础设施平台建设；另一方面也要关注各子系统内部要素和子系统之间的相互作用、相互影响，最终使两产业复合系统由无序走向有序，从非平衡走向平衡状态，从而实现双赢。

广西物流业与制造业协同现状分析

一 广西物流业发展现状

（一）广西物流业发展优势与现状

随着广西经济的快速发展以及社会各行业对物流业需求的增加，近年来广西物流业的发展十分迅速且呈现不断扩大的趋势。2001—2014年期间，除2004年和2009年制造业增加值增速为负，2003年、2005年和2012年增速较小以外，广西物流业（交通运输、仓储和邮政业）增加值每年以平均12%以上的增速增长（见图3—1）。同时，区内专业物流企业数量在不断增加，2012年广西物流企业数达2000多家，其中主营业务收入 500 万元以上的企业有 300 多家①，其中中铁物流、五菱物流、柳州外运、桂中海迅、桂网物流等物流企业围绕着广西食糖、钢铁、汽车、煤炭等产业提供物流服务，不断提高服务水平，创新服务模式，增强企业实力和竞争力，成为带动广西物流业发展的领袖企业。

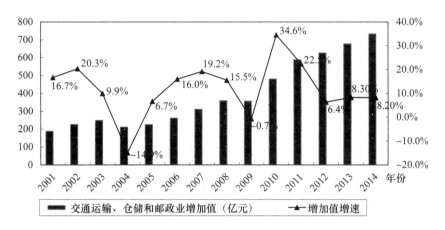

图 3—1　2001—2014 年广西交通运输、仓储和邮政业增加值及增加值增速
资料来源：2002—2015 年广西统计年鉴。

在基础设施建设方面，广西在铁路、公路、水路、航空等联运设施建设加快，广西物流基础设施建设取得长足发展，公路、铁路、水路、航空等多式联运基础设施建设加快，运输方式不断完善。目前，广西在建和已建成的物流中心、物流园区、物流基地等物流集中发展区达到 120 多个，并呈现不断增多的趋势。2014 年，广西货运量为 163043 万吨，同比增加 7.9%；货运周转量为 4090.06 亿吨公里，同比增加 6.1%。自 2004 年以来，广西货运量和货物周转量都以高速增长，特别是 2008 年达到最高峰，分别为 69% 和 46%（见表 3—1）。2010 年广西主要港口——北部湾港口完成货物吞吐量突破 1.2 亿吨，进入全国亿吨

① 桂经网：《如何推动广西物流企业加快发展》，http：//www.gxi.gov.cn/gjbg/gjzb/201211/t20121129_ 461424. htm。

大港行列，2011 年完成货物吞吐量 1.53 亿吨，同比增长 28.58%。到 2011 年底，北部湾拥有万吨级以上泊位 56 个，占全部生产性泊位比重为 25% 左右，港口吞吐能力达到 1.37 亿吨[①]。2012 北部湾港已经拥有 30 多条集装箱班轮航线，同世界 200 多个地区港口和 100 多个国家通航[②]。

表 3—1　　　　　2001—2014 年广西货运量和货运周转量

年份	货运量（万吨）	货运量增速（%）	货物周转量（亿吨）	货物周转量增速（%）
2001	33267	6	799.42	4
2002	33392	0	860.74	8
2003	33457	0	942.55	10
2004	37118	11	1095.66	16
2005	41025	11	1208.91	10
2006	45454	11	1338.95	11
2007	50152	10	1516.55	13
2008	84950	69	2210.23	46
2009	95076	12	2365.62	7
2010	113445	19	2923.77	24
2011	136143	20	3478.23	19
2012	161368	19	4110.64	18
2013	151155	-6.3	3856.37	-6.2
2014	163043	7.9	4090.06	6.1

资料来源：2002—2015 年广西统计年鉴。

2001—2014 年广西各运输方式货物量构成比例中，公路所占比重一直保持在 65% 以上，特别是从 2007 年开始，这一比例一直保持上升的趋势；而铁路货运量所占比重一直在下降；水运所占比重从 2005 年

---

①　苏超光：《千帆竞发进入亿吨大港行列》，《广西日报》2012 年 3 月 27 日。
②　福州论坛：《北部湾国际航运中心呼之欲出》，http://www.xici.net/d165512506.htm。

开始比较稳定，一直保持在 12% 左右，且这几年有逐年上升趋势；民航货运量所占比重则一直比较小，不到 1%（见图 3—2）。

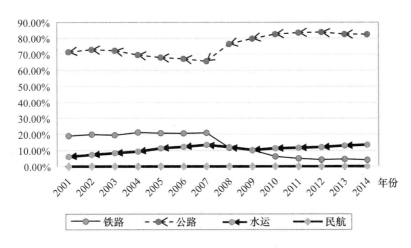

图 3—2　各运输方式货运量构成比例
资料来源：2002—2015 年广西统计年鉴。

广西物流业的快速发展与广西的独特优势密不可分，表现在以下几个方面：

（1）区位优势。广西地处东盟、华南、西南经济圈的交界点，同时具有沿江、沿海、沿边三位一体的独特地理区位优势，海岸线长 1595 公里，边境线长 1020 公里，是我国仅有的一个与东盟既有海陆又有陆路接壤的省区，是西南地区与东盟和世界进行贸易活动的重要通道。广西面向拥有 5.5 亿人口的东盟贸易中拥有绝对的优势，处于中国—东盟贸易物流的枢纽地位。近年来，随着中国东盟贸易增长速度的加快，双方物流量越来越大，将会对广西物流业的发展起到促进作用。

（2）港口优势。广西的北海、防城港、钦州为沿海的港口城市，具有发展物流业的港口优势。2009 年防城港、钦州港、北海港三港整合为广西北部湾港，通过港口整合可以很便捷的将材料、商品进行进口与发放，同时，随着全球经济一体化的发展、世界贸易活动的频繁以及全球产业转移，沿海港口优势和低廉的成本优势更加明显，广西物流业的发展面临重要机遇。

（3）政策优势。2009 年，为了应对国际金融危机对我国实体经济造成的巨大冲击，国务院出台了《物流业调整和振兴规划》来促进物流业平稳较快发展和调整产业升级，并支撑其他产业。为了贯彻落实国家物流业振兴规划，切实地推动广西物流业的发展，同年广西政府出台了《广西物流业调整和振兴规划》，从支持物流企业发展、发展第三方物流、大力发展行业物流、加强物流基础设施建设提出发展物流产业，并且提出广西要重点建设 4 大物流区域、1 个全国性物流节点城市、6 个地区性物流节点城市、7 个专业性物流中心。

（二）广西物流业发展存在的问题

1. 物流企业规模小，专业化程度低

目前广西物流业处于由传统物流向现代物流转型的初级阶段，尽管专业物流企业数量在不断增加，但是进入的低门槛导致本土的物流企业规模小，80% 的物流企业都是中小型企业。目前我国 3A 以上的物流企业共有 1437 家，其中广西区仅有 9 家。中小企业物流企业的协作化、专业化、市场化程度低，发展水平和服务水平较低。其所提供的服务停留在低附加值的运输、仓储、保管等传统物流服务上，对于高附加值的物流加工、物流方案设计及供应链管理等综合物流服务则少有涉及。而且受管理机制和传统经营意识的影响，规模化经营优势难以得到发挥，与大型物流企业还存在着较大的差距。

2. 物流园区定位模糊

随着广西物流业的发展，政府提出要重点建设北部湾 4 大物流区域，南宁为全国性物流节点城市，6 个地区性物流节点城市，7 个专业性物流中心的物流总体布局。目前，除了南宁市安吉、江南、金桥、玉洞 4 大物流园区已基本建成以外，钦州、北海、防城港、柳州等地的物流园区正在规划建设当中。这些物流园区不仅规划建设滞后，而且缺乏统一的规划和指导，不能有效地整合和充分利用，还存在着物流园区功能定位模糊和兼容性差的问题。

3. 信息化水平低

目前，广西大部分物流企业只重视对于仓库、车辆、货场等硬件设施的建设，而对于信息技术投入较少，除了广西超大运输公司、冠驹物流股份有限公司等大型的物流企业建立自身的信息系统，极少数物流企业拥有物流管理信息系统，广西物流业企业的整体信息化水平很低。主要原因在于广西大部分物流企业规模小，对信息技术应用的重要性认识不够，同时也没有经济实力去建设需要巨额资金投入的物流信息化设施和引进先进的物流技术。与长三角和珠三角相比，广西的物流电子商务平台没有建立，综合性的、区域性的物流平台也尚未形成，这对于广西物流业今后的发展和提升非常不利。

4. 运营成本高

一些发达国家如美国、日本等国家的物流成本在 GDP 中的比重一般在 10% 左右，而我国则在 20% 左右。2012 年我国社会物流总费用约为 9.4 万亿元，占国内生产总值的比重为 18%，物流成本仍然较高[①]。广西作为我国物流行业落后的地区，物流成本也远高于我国平均水平。大部分的物流企业经营模式落后、技术力量薄弱、信息化水平低，这直接导致了信息渠道运行不畅，流通环节明显增多，最终造成成本的增加。另一方面，大多数的物流企业在实际业务运作过程中只能够提供运输、仓储、保管等比较简单的服务，对物流资源的利用率低，导致了运营成本较高，最终造成企业的平均利润低。

二 广西制造业发展现状

（一）广西制造业发展的现状

制造业是工业发展的主体，是推动经济发展的重要力量，是一个国

---

① 武鸿留：《冰山一角的物流成本该如何控制与管理》，《商》2012 年第 21 期，第 178 页。

家或地区经济实力的体现。广西作为一个工业基础非常薄弱的地区，制造业的发展一直都处于比较低的水平，近年来随着北部湾经济区开发如火如荼的进行以及广西自治区政府明确提出"14＋4"工业体系，广西制造业的发展面临着千载难逢的机会。目前广西制造业的发展现状主要有：

1. 制造业产值迅速增长

从制造业增速来看，除了 2008 年、2009 年和 2012 年以外，制造业增加值每年以 25% 以上的增速发展，平均高于 GDP 增速 7 个百分点，两者的发展趋势基本上一致，也就是说制造业增加值的快速增长拉动 GDP 的快速增长。特别是 2007 年和 2010 年广西制造业增加值增速分别达到了 30% 和 37%，拉动同年广西 GDP 增速都为 23%（见图 3—3）。

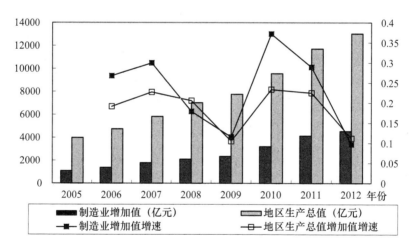

图 3—3　2005—2012 年广西制造业增加值及增速与地区生产总值及增速

数据来源：2006—2013 年广西统计年鉴。

2. 制造业生产能力不断增强

近年来广西制造业生产能力不断增强，主要制造业产品产量有了显著提高。与 2005 年相比，2014 年钢材产量增长 6.27 倍，铁合金增长约3.88倍，氧化铝增长8.66倍，水泥产量增长3.25倍，汽车产量增长约5.52倍，中成药和饮料酒产量也分别增长了3.92倍、2.92倍，成品糖和化学原料药产品也实现了快速的增长，分别达到了1078万吨和7090吨（见表3—2）。可以发现，制造业为各行各业的发展和人民生活奠定了重要的物质基础，在区域经济发展中起着不可替代的作用。

表3—2　　　　　　　2005—2014年广西主要制造业产品产量

年份	2005	2006	2007	2008	2009	2010	2011	2012	2013	2014
钢材（万吨）	520	715	985	959	1180	1560	1766	2150	2792	3264
铁合金（万吨）	126	169	199	214	275	269	316	389	669	489
氧化铝（万吨）	92	94	97	251	455	529	529	672	728	797
水泥（万吨）	3306	3655	4350	5192	6435	7517	8746	6987	11203	10745
汽车（万辆）	38	52	60	70	118	137	142	167	187	210
成品糖（万吨）	504	566	771	932	824	705	742	861	1011	1078
化学原料药（吨）	5449	13748	21800	31013	52653	5920	7334	6034	6916	7090
中成药（万吨）	7.5	8.99	10.6	11.1	15.0	21.3	18.9	23.2	32.4	29.4
饮料酒（万升）	83	112	140	156	186	188	210	232	244	243

资料来源：2006—2015年广西统计年鉴。

3. 大规模制造业企业增多

2013年广西投资集团有限公司、广西玉柴机器集团有限公司、广西有色金属集团有限公司、广西农垦集团有限责任公司、广西中烟工业有限责任公司、广西柳工集团有限公司、柳州五菱汽车有限责任公司、广西洋浦南华糖业集团股份有限公司、广西盛隆冶金有限公司等10家制造业企业入围中国制造业企业500强，排名在119位到415位之间[①]。

————————

　① 中国金属网：《2013中国制造业500强排名》，http://www.metalchina.com/members/news.php? id=583274。

从区域来看，2013 年西部有 11 个省市共 69 家企业入围中国制造业 500 强，广西位居第 3 位[①]，可以看出广西有实力的大规模制造业企业正在逐渐增多，表现出强大的发展潜力和竞争力。

4. 重大产业项目纷纷落户，产业布局初步形成

近年来广西先后出台了一系列的优惠政策来吸引大型企业进行投资，例如印尼金光集团、日本王子、香港理文、中国石油、武钢钢铁、国投电力、新加坡来宝集团、中粮集团、可口可乐、丰达电机、培力药业、八菱科技等特大型企业先后落户广西。这些在广西投资布局的大型的企业主要是集中在林浆纸业、石化产业、食品加工制造业、电子信息产业、钢铁产业等方面，已初步形成产业布局。

5. 产业园区重大产业项目引领发展

2012 年广西园区工业总产值首次突破万亿元，达到 12730 亿元，占全区工业总产值的 70.7%[②]。柳州汽车工业园工业产值突破千亿元，成为广西首个千亿元产业园区[③]。广西工业总产值超百亿元园区达 32 个，其中超 500 亿元园区 4 个，累计引进工业项目 3688 个，完成实际投资 5045 亿元，广西产业园区引领工业的发展，也引领制造业的发展。林浆纸业的发展，使得区内逐步形成了以钦州林浆纸和北海林浆纸两大合资项目为龙头的林浆纸产业发展格局。作为广西北部湾经济区重点打造的千亿元产业，北海电子信息产业产值从 2006 年的 25.6 亿元猛增至 2011 年的 300 多亿元，其中电子信息制造业产值占全区 60% 以上[④]。

---

① 新华网：《2013 中国制造业企业 500 强发布增长大幅放缓》，http：//news. xinhuanet. com/video/2013－08/31/c_ 125289128. htm。
② 广西工业和信息化委员会：《广西园区 2012 工业总产值突破万亿》，http：//www. miit. gov. cn/n11293472/n11293832/n11293907/n11368244/15279671. html。
③ 柳州新闻网：《柳州结束广西没有千亿元产业园区的历史》，http：//www. lznews. gov. cn/show－32－54792－1. html#。
④ 北海市政府门户网站：《北部湾产业发展新高地正崛起》，http：//www. beihai. gov. cn/11298/2012_ 2_ 6/11298_ 261790_ 1328494306812. html。

（二）广西制造业发展存在的问题

1. 制造业增加值占 GDP 比重低

尽管广西制造业产值不断地增长，制造业增加值占 GDP 比例也呈现出逐年增加的趋势，2005 年制造业增加值占 GDP 比例为 27%，到 2012 年这个比例上升为 35%，但是占 GDP 的比例仍然过低，这也是广西制造业总体发展水平落后的表现（见图 3—4）。

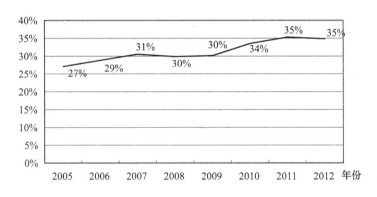

图 3—4　制造业增加值占国内生产总值的比重

资料来源：2006—2012 年广西统计年鉴。

2. 产业层次低，结构不合理

广西制造业发展取得了较大进步，也培育出了一些比较具竞争力的制造业企业和全国名牌产品，如柳州五菱、玉柴机器、南华糖业、有色金属集团等，但是这些主要集中在传统制造业行业中，竞争力和可持续发展能力比较弱。2014 年广西工业总产值超过千亿的制造业是黑色金属冶炼及压延加工业、农副食品加工业、汽车制造业、非金属矿物制品业、有色金属冶炼及压延加工业及化学原料及化学制品制造业这六个优势产业，这些产业大部分属于资源加工型产业，主要是利用广西丰富的矿产资源、制糖资源生产低附加值产品，产业能耗大、技术含量低、污染大，面临着提高环境保护和资源利用效率的压力，而装备制造业、钢铁冶炼及加工业、石油及化学制造业等先进制造业，信息化学品制造业、医药制造业、航空航天器制造业、电子通信设备制造业、计算机制造业、医疗仪器设备制造业等高技术制造业占比却非常低，发展比较缓慢，说明广西制造业存在层次低、结构不合理的问题（见表3—3）。

表3—3　　　　　　　　2014 年广西制造业各行业工业总产值

行业	工业总产值（亿元）
黑色金属冶炼及压延加工业	2449.1179
农副食品加工业	2232.5683
汽车制造业	2155.2067
非金属矿物制品业	1490.8639
石油加工、炼焦及核燃料加工业	854.5214
有色金属冶炼及压延加工业	1195.6747
化学原料及化学制品制造业	1024.4969
木材加工及木、竹、藤、棕、草制品业	843.9846
电气机械及器材制造业	762.3097
计算机、通信和其他电子设备制造业	966.2127
专用设备制造业	527.0431
酒、饮料和精制茶制造业	455.0137
造纸及纸制品业	381.5906
通用设备制造业	323.0166
医药制造业	384.7726
食品制造业	337.8894
金属制品业	336.2807
橡胶和塑料制品业	299.6337
纺织业	249.3435
烟草制品业	214.614
纺织服装、服饰业	123.5005
皮革、毛皮、羽毛及其制品和制鞋业	123.8822
铁路、船舶、航空航天和其他运输设备制造业	156.1961

行业	工业总产值（亿元）
家具制造业	102.5408
印刷业和记录媒介的复制	108.5654
废弃资源综合利用业	183.7972
文教、工美、体育和娱乐用品制造业	130.8419
仪器仪表制造	42.7413
其他制造业	25.9708
金属制品、机械和设备修理业	2.2695

资料来源：2015 年广西统计年鉴。

3. 自主创新能力较弱，技术进步缓慢

广西制造业落后、总体发展能力差、竞争力不强的根本原因在于自主创新能力弱，技术进步缓慢。2012 年，广西工业企业研究与发展经费内部支出 70.2 亿元，新产品开发经费支出 77.13 亿元，专利申请 3025 项，发明专利 1333 项，技术改造经费支出 154 亿元；同年，广东省工业企业研究与发展经费内部支出 1236.15 亿元，新产品开发经费支出 1186.56 亿元，专利申请受理量 229514 项，专利申请批准 153598 项，技术合同成交额 369.75 亿元。与广东省相比，广西在创新投入和支出方面还存在着非常大的差距，2012 年广西研究与发展经费内部支出、新产品开发经费支出不及广东的十分之一，专利申请受理量和批准量差距更加明显。

广西物流业与制造业协同发展现状

从本章前两节广西制造业与物流业发展现状中可以看出两大产业都处于快速发展的时期，取得了一些成绩，但同时也存在一些问题。目前广西制造业与物流业协同发展并不理想，其中有制造业和物流业自身方面的原因，也有协同环境的影响，本节主要是从以下几个方面来分析广

西制造业与物流业协同发展情况。

1. 两者总体发展水平的差异较大

尽管广西制造业发展基础比较薄弱，但近年来发展非常迅速，而广西物流业由于起步较晚，其发展速度和发展规模都远远落后于制造业，可以从以下几个方面对广西物流业和制造业的发展水平差异进行分析。从2005—2012年制造业和物流业的增加值来看，物流业的发展水平与制造业还存在着很大差距，特别是从2009年开始这种差距有逐渐扩大的趋势（见图3—5）。2014年广西有6家制造业企业入围中国制造业500强，而广西物流企业在中国物流业企业中排名较为落后。从广西制造业和物流业固定资产投资额和从业人员数对比来看，固定资产投资额差距越来越大，2014年广西制造业固定资产投资额是物流业固定资产投资额的3.76倍；而物流业从业人员近年来呈逐渐减少的趋势，2014年广西制造业从业人员数达到物流业从业人员数的3.73倍（见表3—4）。总之，广西制造业与物流业两产业的总体发展水平还存在比较大的差距，因此，必须要促进两者的协同发展以带动制造业的产业升级和物流业的发展。

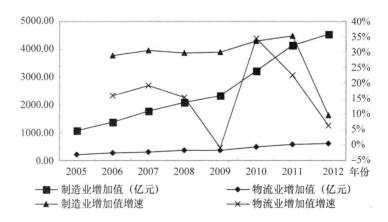

图3—5　2005—2012年广西制造业增加值及增速与物流业增加值及增速
资料来源：2006—2013年广西统计年鉴。

表3—4　2005—2014年广西物流业与制造业固定资产投资额和从业人数对比

年份	制造业固定资产投资（亿元）	物流业固定资产投资（亿元）	制造业从业人员（万人）	物流业从业人员（万人）
2005	347.55	221.39	158.72	109.13
2006	494.65	246.08	161.89	114.53
2007	722.93	299.76	212.97	106.44
2008	1068.2	404.29	215.93	107.31
2009	1419.03	831.88	294.25	80.69
2010	2036.66	1093.54	311.08	82.1
2011	2819.52	1085.5	323.6	84.2
2012	3776.26	1331.52	302	81
2013	3744.86	1006.65	305	81.7
2014	4488.1	1192.69	307	82.3

资料来源：2006—2015年广西统计年鉴。

2. 两业供需不协调

广西大部分制造业企业对物流认识不够全面，将物流等同于运输、仓储等，并投入了大量的财力建设物流基础设施、雇佣员工进行自营物流，即便进行物流业务外包也只是将企业运输业务等低端业务外包出去，另外制造业企业对外包物流风险缺乏控制的手段，这些都导致制造业物流外包比例很低，物流业供给与制造业需求不匹配，两大产业的协同发展存在困难。

3. 物流业服务能力不能够达到制造业的要求

广西的绝大多数物流公司是由传统的仓储、运输公司而来的，提供的业务大都还停留在仓储、运输等供应链末端的普通服务。在提供增值服务、供应链解决方案和物流网络服务方面能力较差，服务层次低，同时信息化管理程度低，管理水平也有待提高，不能够达到满足制造业的需求，再加上目前广西物流业大部分企业经营模式落后导致了信息渠道运行不畅，流通环节明显增多，最终造成成本的增加，对制造业企业来说也是一笔很大的成本，导致了制造业与物流业协同发展的障碍。

4. 两者协同发展环境亟待改善

在制度环境方面，目前广西物流企业数量较多，经营规模、设施条件、管理模式参差不齐，物流信用机制尚未健全，也没有规范的制度对物流市场上的企业竞争进行制约，导致竞争极不规范。在公共信息平台建设方面，极少数物流企业拥有物流管理信息系统，广西物流业企业的整体信息化水平很低。在基础设施建设方面，广西基础设施建设水平不一，公路设施建设较快，而铁路、水运、航空等设施建设较慢，这也导致了货运运输方式以公路运输为主，各种运输方式之间衔接不通畅。长期以来各种交通运输基础设施属于不同管理机构，实行多头分块管理的模式导致了各种交通基础设施建设水平差别较大，造成了资源的浪费和基础设施综合运作效率低下，也与其他行业的协同发展存在障碍，都表明了现阶段广西制造业与物流业协同发展的环境亟待改善。

广西物流业与制造业协同分析

一 广西物流业与制造业的协同度测算

（一）复合系统协同度模型

根据孟庆松、韩秀文建立的复合系统协同度模型[17]来分别计算制造业与物流业复合系统。考虑复合系统 $S = \{S_1, S_2, S_3, \cdots, S_k\}$，其中 S_j 为复合成 S 的第 j 个子系统，$j = 1, 2, \cdots, k$，且 $S_j = \{S_{j1}, S_{j2}, \cdots, S_{jk}\}$，即 S_j 子系统又是由若干个基本元素构成的，其发展过程中的序参量为 $e_{ji} = (e_{j1}, e_{j2}, \cdots, e_{jn})$ 其中 $n \geq 1$，$\beta_{ji} \leq e_{ji} \leq \alpha_{ji}$，$i \in [1, n]$。$e_{j1}, e_{j2}, \cdots, e_{jn}$ 是描述子系统 S_j 运行状态和机制的指标，若 $e_{j1}, e_{j2}, \cdots, e_{jl_1}$ 为正向指标，则其值与系统有序度成正比；若 $e_{jl_1+1}, \cdots, e_{jn}$ 为负向指标，其值与系统有序度成反比。其中序参量分量 e_{ji} 在系统 S_j 中的有序度为：

$$u_j(e_{ji}) = \begin{cases} \dfrac{e_{ji}-\beta_{ji}}{\alpha_{ji}-\beta_{ji}} \,,\, i \in (1,l_1) \\[3mm] \dfrac{\alpha_{ji}-e_{ji}}{\alpha_{ji}-\beta_{ji}} \,,\, i \in (l_1+1,n) \end{cases} \tag{4—1}$$

由以上可知，$u_j(e_{ij}) \in [0,1]$。e_{ij} 对系统有序的贡献程度取决于 $u_j(e_{ij})$ 值的大小。通常采用线性加权法或几何平均法来计算序参量变量 e_j 对系统 S_j 有序度的总贡献，即

$$u_j(e_j) = \sqrt[n]{\prod_{i=1}^{n} \lambda_j u_j(e_{ji})} \,,\, \lambda_i \geq 0, \sum_{i=1}^{n} \lambda_j = 1 \tag{4—2}$$

$$u_j(e_j) = \sqrt[n]{\prod_{i=1}^{n} u_j(e_{ji})} \tag{4—3}$$

显然，确定子系统的有序度后，通过各个子系统的有序度确定整个复合系统的协同度。对于给定的初始时刻 t_0，设各个序参量在子系统中的有序度为 $u_j^0(e_j)$，$j = 1,2,\cdots,k$，整个复合系统经过一段时间到达 t_1 时刻时，对过程中的时刻而言，各个序参量在子系统中的有序度为 $u_j^1(e_j)$，$j = 1,2,\cdots,k$，定义 c 为复合系统协调度，则此时复合系统协同度为：

$$c = \theta^k \sqrt{\left| \prod_{j=1}^{k} [u_j^1(e_j) - u_j^0(e_j)] \right|} \tag{4—4}$$

其中：$\theta = \dfrac{\min\limits_j [u_f^1(e_j) - u_j^0(e_j)] \neq 0}{\left| \min\limits_j [u_j^1(e_j) - u_j^0(e_j) \neq 0] \right|}$，$j = 1, 2, \cdots, k$

（二）复合系统协同度模型指标的选取

研究制造业与物流业的协同发展情况，应该选取合适的指标来反映两产业系统的本质特征、有序性质和程度。同时在建立指标体系的过程中还应该考虑到科学性、数据的可得性和实用性。科学性就是要求所选取的指标对于各子系统和整体系统研究具有的代表性、可靠性及合理性。数据的可得性要求所选择的指标既方便查询，又能够权威如实地反映两产业发展现状。实用性是指选择指标的数量应该适中，既能够反映

系统的特征，又不会使模型过于复杂失去实用的价值，一般要求指标的数量在 5—10 个之间。

综合以上指标选取的原则和各产业系统运行的规律，从经营性、规模性和经济性三个方面来建立两产业的指标体系，各细分为六个指标，如表 4—1、表 4—2 所示。

表 4—1　　　　　　　　　　　　制造业指标体系

目标层	一级指标	二级指标	指标名称
制造业	经营性指标	X1	制造业从业人员（万人）
		X2	从业人员平均劳动报酬（元）
	规模性指标	X3	工业总产量（万吨）
		X4	进出口总量（万吨）
	经济性指标	X5	制造业增加值（亿元）
		X6	制造业固定资产投资额（亿元）

表 4—2　　　　　　　　　　　　物流业指标体系

目标层	一级指标	二级指标	二级指标
物流业	经营性指标	Y1	物流业从业人员（万人）
		Y2	从业人员平均劳动报酬（元）
	规模性指标	Y3	规模以上港口货物吞吐量（万吨）
		Y4	货运量（万吨）
	经济性指标	Y5	物流业增加值（亿元）
		Y6	物流业固定资产投资（亿元）

1. 经营性指标

产业的服务经营能力决定了产业的发展程度和行业规模。经营性指标是从产业投入人力资本的角度反映产业用于经营的情况，主要是用从业人员数和从业人员平均劳动报酬两个指标来衡量。从业人员数是专门从事该产业活动以及为该产业提供劳动力的人员，反映了该产业系统经营所投入的人力情况。从业人员平均劳动报酬是指该产业在一定时期内直接支付给本行业全部职工的平均的劳动报酬，反映了该产业在经营过程中的货币投入情况。在产业经营性方面，制造业和物流业所对应的都是从业人员数和从业人员平均劳动报酬两个指标。

2. 规模性指标

制造业在工业中所占比重很大，同时考虑到工业产业数据的可得性，一般用工业总产量和进出口产量来反映制造业的规模性。但是工业总产量的统计选取的依然是广西具有代表性的制造业行业，例如农副食品加工行业、黑色金属冶炼及压延加工业、钢铁、非金属矿物制品业、造纸及纸制品加工行业、化学原料及化学制品制造业等。另外，由于目前广西的进出口量大都集中在制造业方面，因此也可以用进出口产量这个指标来反映制造业规模。这些指标数据一般是以万吨或吨为单位。物流业规模性指标包括规模以上港口货物吞吐量和货运量，与制造业工业总产量和进出口产量相对应。规模以上港口货物吞吐量是指在广西区内经由水路进、出规模以上港区范围，并经过装卸的货物数量。港口作为国内甚至国际物流链中的技术节点，是发展现代物流业的关键因素。因此要把规模以上港口货物吞吐量作为衡量物流业规模性的指标，广西规模以上港口主要包括北部湾三个港口以及几个小的内河港口。另外，货运量也可以作为反映物流业规模性的指标。货运量主要是包括铁路、公路、水路以及民用航空的货运量。

3. 经济性指标

经济性指标包括两大产业固定资产投资额和增加值两个指标。这两个指标是从经济的角度来衡量产业的发展前景和带来的经济利益常用的指标。然而目前对于广西统计部门没有专门对物流业的增加值和固定资产投资进行统计，而交通运输、仓储及邮政业在物流业中占比很大，一般来说交通运输、仓储及邮政业的固定资产投资额和增加值可以反映物流固定资产投资和产业增加值的情况。

（三）复合系统模型协同度计算和分析

1. 复合系统协同度的计算

从 2006—2013 年广西统计年鉴中可以收集到 2005—2012 年广西制造业与物流业的指标相关数据，根据以往文献的数据标准，同时结合广西两大产业自身发展情况来确定各产业子系统中的指标数据上下限，具体数据详见表 4—3、表 4—4。

表 4—3　　　　　　　2005—2012 年制造业指标数据

年份	制造业从业人员（万人）	从业人员平均劳动报酬（元）	工业总产量（万吨）	进出口总产量（万吨）	制造业增加值（亿元）	制造业固定资产投资（亿元）
2005	158.7	14626	6776.3	1391.1	1080.3	347.6
2006	161.9	16805	7700	2339.2	1369.5	494.7
2007	213	19408	9175.9	2734.5	1780	722.9
2008	215.9	21181	10213	2551.8	2098.6	1068.2
2009	294.3	23508	12566.4	3125.7	2340.6	1419
2010	311.1	26179	14980.4	3463.6	3211.2	2036.7
2011	323.6	30699	17133	3494.2	4140.5	2819.5
2012	302	33317	18037.6	4226.7	4544.1	3776.3
下限	100	14000	6000	1000	0	0
上限	350	34000	18800	4600	5600	4100

数据来源：2006—2013 年广西统计年鉴。

表 4—4　　　　　　　2005—2012 年物流业指标数据

年份	物流业从业人员（万人）	从业人员平均劳动报酬（元）	主要港口货物吞吐量（万吨）	货运量（万吨）	物流业增加值（亿元）	物流业固定资产投资（亿元）
2005	109.1	17961	6877	41025	225.2	223.8
2006	114.5	20201	8684	45454	261.1	246
2007	106.4	23818	11321	50152	311.2	299.8
2008	107.3	28112	12765	84950	359.5	404.3
2009	80.7	30917	6419	95076	356.9	831.9

续表

年份	物流业从业人员（万人）	从业人员平均劳动报酬（元）	主要港口货物吞吐量（万吨）	货运量（万吨）	物流业增加值（亿元）	物流业固定资产投资（亿元）
2010	82.1	33697	18575	113445	480.2	1093.5
2011	84.2	40297	23335	136143	588.2	1085.5
2012	81	43413	26873	161368	625.6	1331.5
上限	150	46000	33500	200000	900	1500
下限	50	15000	0	0	0	0

资料来源：2006—2013 年广西统计年鉴。

由公式（4—1）分别计算 2005—2012 年制造业与物流业各产业子系统的有序度，结果如表4—5、表4—6所示。

表4—5　　　　　　　　　　制造业子系统有序度数据

年份	制造业从业人员（万人）	从业人员平均劳动报酬（万元）	工业总产量（万吨）	进出口总产量（万吨）	制造业增加值（亿元）	制造业固定资产投资（亿元）
2005	0.2348	0.0313	0.060648	0.108639	0.192911	0.08478
2006	0.2476	0.14025	0.132813	0.372	0.244554	0.120659
2007	0.452	0.2704	0.248117	0.481806	0.317857	0.176317
2008	0.4636	0.35905	0.329141	0.431056	0.37475	0.260537
2009	0.7772	0.4754	0.513	0.590472	0.417964	0.346098
2010	0.8444	0.60895	0.701594	0.684333	0.573429	0.496756
2011	0.8944	0.83495	0.869766	0.692833	0.739375	0.687683
2012	0.808	0.96585	0.940438	0.896306	0.811446	0.921049

表4—6　　　　　　　　　　物流业子系统有序度数据

年份	物流业从业人员（万人）	从业人员平均劳动报酬（万元）	主要港口货物吞吐量（万吨）	货运量（万吨）	物流业增加值（亿元）	物流业固定资产投资（亿元）
2005	0.591	0.095516	0.205284	0.205125	0.250222	0.1492
2006	0.645	0.167774	0.259224	0.22727	0.290111	0.164
2007	0.564	0.284452	0.33794	0.25076	0.345778	0.199867

续表

年份	物流业从业人员（万人）	从业人员平均劳动报酬（万元）	主要港口货物吞吐量（万吨）	货运量（万吨）	物流业增加值（亿元）	物流业固定资产投资（亿元）
2008	0.573	0.422968	0.381045	0.42475	0.399444	0.269533
2009	0.307	0.513452	0.191612	0.47538	0.396556	0.5546
2010	0.321	0.603129	0.554478	0.567225	0.533556	0.729
2011	0.342	0.816032	0.696567	0.680715	0.653556	0.723667
2012	0.31	0.916548	0.802179	0.80684	0.695111	0.887667

　　两个产业子系统内部各个指标的单位不同且数值相差悬殊，因此在进行实证分析前需要利用 SPSS 1.6 软件对表 4—5、表 4—6 数据进行标准化，也就是将计算出有序度之后的数据进行标准化，得到的标准化数据如表 4—7、表 4—8 所示。

表 4—7　　　　　　　　　　　制造业指标数据标准化

年份	制造业从业人员（万人）	从业人员平均劳动报酬（万元）	工业总产量（万吨）	进出口总产量（万吨）	制造业增加值（亿元）	制造业固定资产投资（亿元）
2005	-1.30619	-1.31113	-1.23424	-1.76573	-1.1712	-1.02122
2006	-1.25915	-0.97851	-1.019	-0.66779	-0.94392	-0.89988
2007	-0.50803	-0.58118	-0.67507	-0.21001	-0.62132	-0.71164
2008	-0.46541	-0.31054	-0.43339	-0.42159	-0.37094	-0.4268
2009	0.686995	0.044668	0.115017	0.243016	-0.18075	-0.13744
2010	0.933939	0.452384	0.677549	0.634321	0.503436	0.372094
2011	1.117677	1.142341	1.179168	0.669757	1.233755	1.017813
2012	0.800178	1.541967	1.389966	1.518027	1.550937	1.807061

表 4—8　　　　　　　　　　　物流业指标数据标准化

年份	物流业从业人员（万人）	从业人员平均劳动报酬（万元）	主要港口货物吞吐量（万吨）	货运量（万吨）	物流业增加值（亿元）	物流业固定资产投资（亿元）
2005	0.905856	-1.29763	-0.96792	-1.12498	-1.18527	-1.0417
2006	1.269884	-1.05215	-0.73407	-1.02519	-0.94321	-0.99205

续表

年份	物流业从业人员（万人）	从业人员平均劳动报酬（万元）	主要港口货物吞吐量（万吨）	货运量（万吨）	物流业增加值（亿元）	物流业固定资产投资（亿元）
2007	0.723842	− 0.65577	− 0.3928	− 0.91933	− 0.60541	− 0.87171
2008	0.784514	− 0.1852	− 0.20592	− 0.13523	− 0.27974	− 0.63798
2009	− 1.00866	0.122191	− 1.0272	0.092933	− 0.29727	0.318418
2010	− 0.91428	0.426845	0.545993	0.506837	0.534102	0.90353
2011	− 0.77272	1.150125	1.162017	1.018285	1.262308	0.885637
2012	− 0.98844	1.491601	1.619893	1.586673	1.514483	1.435858

在对各产业子系统有序度数据进行标准化后，利用 SPSS 1.6 软件分析各子系统内部指标的相关性，得到的系统内部相关系数和分量在系统中所占权重各如表4—9、表4—10所示。

表4—9　　　　　　　　　制造业内部指标相关系数及权重

	制造业从业人员（万人）	从业人员平均劳动报酬（万元）	工业总产量（万吨）	进出口总产量（万吨）	制造业增加值（亿元）	制造业固定资产投资（亿元）	权重
制造业从业人员（万人）	1	0.907	0.94	0.882	0.882	0.838	0.158
从业人员平均劳动报酬（万元）	0.907	1	0.992	0.946	0.994	0.982	0.171
工业总产量（万吨）	0.94	0.992	1	0.935	0.988	0.97	0.171
进出口总产量（万吨）	0.882	0.946	0.935	1	0.92	0.909	0.163
制造业增加值（亿元）	0.882	0.994	0.988	0.92	1	0.988	0.169
制造业固定资产投资（亿元）	0.838	0.982	0.97	0.909	0.988	1	0.166

表4—10　　　　　　　　　物流业内部指标相关系数及权重

	物流业从业人员（万人）	从业人员平均劳动报酬（万元）	主要港口货物吞吐量（万吨）	货运量（万吨）	物流业增加值（亿元）	物流业固定资产投资（亿元）	权重
物流业从业人员（万人）	1	0.858	0.602	0.858	0.799	0.941	0.151
从业人员平均劳动报酬（万元）	0.858	1	0.883	0.99	0.983	0.953	0.174

	物流业从业人员（万人）	从业人员平均劳动报酬（万元）	主要港口货物吞吐量（万吨）	货运量（万吨）	物流业增加值（亿元）	物流业固定资产投资（亿元）	权重
主要港口货物吞吐量（万吨）	0.602	0.883	1	0.881	0.95	0.819	0.154
货运量（万吨）	0.858	0.99	0.881	1	0.975	0.963	0.174
物流业增加值（亿元）	0.799	0.983	0.95	0.975	1	0.937	0.173
物流业固定资产投资（亿元）	0.941	0.953	0.819	0.963	0.937	1	0.172

分别将制造业子系统和物流业子系统的有序度和权重值代入公式（4—2）或（4—3），就可得各产业子系统的协同度，再将得到的各子系统协同数据代入公式（4—4）就可求得复合系统的协同度，具体结果如表4—11所示。

表4—11　　　　　制造业与物流业各子系统协同度及整体协同度

年份	制造业协同度	物流业协同度	整体协同度
2005	0.117422	0.242701	
2006	0.208175	0.285125	0.062049
2007	0.322155	0.325258	0.067634
2008	0.368453	0.409033	0.062279
2009	0.517055	0.412671	0.023251
2010	0.64999642	0.556233	0.137966
2011	0.786402	0.658111	0.118037
2012	0.891558	0.74451	0.095317

2. 结果分析与结论

通过表4—11中的计算结果，绘制出了制造业和物流业系统协同发展情况图（见图4—1）。

制造业协同度计算结果表明：从2005年开始广西制造业产业系统的协同度一直呈现着上升趋势，在2012年达到了最高。特别是从2009

年开始制造业协同程度上升幅度尤为明显，从系统内部指标权重系数可以看出，广西制造业从业人员报酬、工业总产量和制造业增加值对制造业系统有序度的逐步上升贡献最大。

物流业协同度计算结果表明：与制造业相同的是，物流业产业系统的协同度从 2005 年开始也在逐年的改善，并在 2012 年达到了顶峰，不同的是物流业协同度在 2010 年时增幅最大，从系统内部指标权重系数可以看出，近年来广西物流业从业人员报酬、货运量和物流业增加值对物流业系统有序度的逐步上升贡献最大。

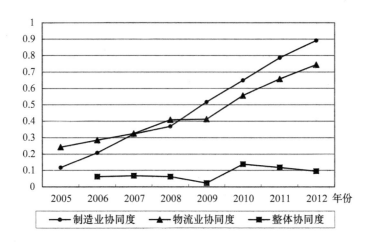

图 4—1　制造业与物流业各子系统协同度及整体协同度

制造业与物流业协同度计算结果和图 4—1 表明：2005—2012 年广西制造业与物流业协同度呈现 M 型变化趋势。尽管近年来广西制造业与物流业各子系统的协同度有了飞速的提升，但两产业间的协同程度并没有得到很明显的提升，2010 达到最大值，也仅为 0.138，而且呈现出先降后升的特点，尤其是在 2009 年，制造业子系统的协同度增幅最大，在物流业子系统协同度增幅较大的情况下，复合系统协同度达到了最低点，这说明制造业与物流业的发展一直处于一种不协同的状态。

从上述结果分析中我们发现，制造业与物流业单个子系统协同度的上升并不能带动整个复合系统协同度的明显提升。复合系统协同度的提升是两个子系统在功能与结构上自发的耦合形成同步协作、共同发展的结果，只要其中任何一个子系统存在滞后或超前发展导致两产业的发展不相匹配都会导致复合系统处于一种不协同的状态，从而不利于制造业产业结构的优化升级，也不能够真正的体现广西区域物流业的支撑功能。作为两大自组织系统，广西制造业与物流业的演化路径呈现出协同—不协同—协同的特点，是两个子系统不断地调节反馈的过程并带有明显的阶段性。在不同的发展阶段，决定演化路径的主导因素不同，而随着经济社会的发展、网络化和信息化，使复合系统的互动成为一种不断调整、无限扩大的动态网络，具有不确定性，这要求我们要遵循系统之间的集群演化方式，在异质性中学习共生性。因此，为了推动广西制造业与物流业协同发展，政府应该根据制造业产业集群与基地的网络布局，在合理规划好物流业布局的前提下，为制造业和物流业的协同发展创造良好的环境并建立一套动态的长效机制。

二 广西物流业与制造业协同效率测算

（一）DEA 模型

数据包络分析（Data Envelopment Analysis，简称 DEA）最早是在1978 年由美国运筹学家 E. Rhodes，ACharnes 和 W. W. Cooper 提出以DEA 有效性来衡量多指标输入和多指标产出决策单元（DMU）的生产运营绩效的方法，是在假设规模效率不变的前提下对效率进行研究，简称 C^2R 模型。1984 年 Cooper、Charens 和 R. D. Banker 在 C^2R 模型的基础上提出了 DEA 方法下的可变规模报酬模型，简称 BC^2 模型，这个模型把技术效率（综合效率，crste）分解为规模效率（scale）和纯技术效率（vrste）：crste = vrste × scale。本文运用 BC^2 模型，通过 DEAP 2.1软件对北部湾制造业与物流业的投入产出效率进行分析。

k 为决策单元指标，k = 1，2，…，n；i 为投入指标，i = 1，2，

…，m；r 为产出指标，r = 1，2，…，s；X_{ik} 为第 k 个决策单元的第 i 个投入；Y_{rk} 为第 k 个决策单元的第 r 个产出；λk 为第 k 个决策单元的非负权重；w 为最优产出水平。则

Max W

$$\text{s. t.} \quad X_{io} \geqslant \sum_{k=1}^{n} X_{ik} \lambda_k, \ i = 1, 2, \cdots, m$$

$$Y_{ro} W \leqslant Y_{rk} \lambda_k, \ r = 1, 2, \cdots, s \tag{4—5}$$

$$\sum_{k=1}^{n} \lambda_k = 1$$

$$\lambda_k \geqslant 0, \ k = 1, 2, \cdots, n$$

当规模效率（scale）等于 1 时表示该单元规模有效，当规模效率（scale）小于 1 时表示处于规模报酬递减或递增阶段，该单元为非规模有效；当纯技术效率（vrste）小于 1 时表示该单元非技术有效，当纯技术效率（vrste）等于 1 时表示该单元技术有效；某单元只有同时达到规模有效和技术有效，才能称该单元为 DEA 有效单元，两者中只达到一个技术有效时称该单元为弱 DEA 有效，两者都未达到时称该单元为非DEA 有效。

（二）DEA 模型指标的选取

通过对以往学者关于制造业与物流业协同发展实证研究文献的分析，结合 DEA 模型和指标选择的原则，选取了 2001—2012 年广西制造业工业总产量以及制造业增加值作为衡量广西制造业发展水平的指标，选取了 2001—2012 广西主要港口货运吞吐量以及物流业增加值作为衡量物流业发展水平的指标。选取这些指标主要是考虑遵循科学性、数据的可得性和实用性的基本原则，在每个行业中都选取了两个指标共四个指标，而在使用 DEA 模型进行效率分析时，DMU 数量必须要大于等于指标总数的两到三倍，因此选取的时间长度为 12 年，具体指标数据如表 4—12 所示。

表 4—12　　　　2001—2012 年广西制造业与物流业指标数据

指标\时间	制造业		物流业	
	工业总产量（万吨）	制造业增加值（亿元）	主要港口货运吞吐量（万吨）	物流业增加值（亿元）
2001	4061.5	520.6	3090	187.7
2002	4555.1	566.3	3729	225.8
2003	5175.9	660.2	4409	248.2
2004	5876.6	885.4	5537	211.2
2005	6776.3	1080.3	6877	225.2
2006	7700	1369.5	8684	261.1
2007	9175.9	1780	11321	311.2
2008	10213	2100	12765	359.5
2009	12566	2340.6	6419	356.9
2010	14980	3211.2	18575	480.2
2011	17133	4140.5	23335	588.2
2012	18037	4544.1	26873	625.6

资料来源：2002—2013 年广西统计年鉴。

（三）广西制造业和物流业协同效率计算和分析

按照前面章节所提到的制造业与物流业具有密切的联系，制造业为物流业的发展提供物质和技术支持，并作为物流需求的重要来源，带动和促进物流业的发展；物流业为制造业的采购、生产、销售环节提供生产性服务，并作为连接制造业内部各环节的纽带来优化制造业内部结构，提升制造业产业链的整合效率，因此在考虑协同发展效率时两产业互为输入和输出关系。主要是从两个方面进行考虑：一方面是物流业为输入，制造业为输出时的协同有效性；另一方面是制造业为输入，物流业为输出时的协同有效性。最后只有在两种情况下，也就是无论是作为输入和输出都达到 DEA 有效的时候两产业才真正实现了协同效率最优。

1. 物流业指标为输入、制造业指标为输出时的 DEA 有效性分析

表 4—13　　　物流业为输入、制造业为输出时的 DEA 有效性

DMU	综合有效性	纯技术有效性	规模效率性
2001	DEA 无效	有效	递增
2002	DEA 无效	无效	递增
2003	DEA 无效	无效	递增
2004	DEA 无效	有效	递增
2005	DEA 无效	有效	递增
2006	DEA 无效	无效	递增
2007	DEA 无效	无效	递增
2008	DEA 无效	无效	递增
2009	DEA 有效	有效	不变
2010	DEA 无效	无效	递减
2011	DEA 无效	有效	递减
2012	DEA 有效	有效	不变

　　表 4—13 的结果显示，物流业相关指标为输入、制造业相关指标为输出时，12 个 DMU 中只有 2009 年和 2012 年的 DEA 是有效的，其余10 个 DMU 的 DEA 都是无效的。这说明只有在这两年中广西物流业投入的增加相应的能够带来制造业产出的增长。2001—2012 年规模效率性经历了长时间的规模递增，然后到规模不变到规模递减最后又到规模不变的阶段，这说明在前期能够通过增加物流业的投入来影响制造业的收入水平，也证明物流业的发展对于制造业发展的重要性，所以如果制造业实行物流外包、释放更多物流需求对于制造业自身和物流业的发展都是有利的。但是到后期单纯地增加物流业的投入已经不能够带动制造业的发展。从纯技术有效性方面来看，表现为先有效后无效再有效的不断波折，特别是在规模效率不断递增的时候，只有提高物流业的技术水平才能够达到 DEA 有效。这说明物流业对制造业发展的影响主要在于

技术水平方面，此时的 DEA 无效，原因在于广西物流业的发展滞后于制造业的发展，不能够为制造业提供所需要的先进的管理方法、技术和设备，不能有效地促进制造业产业结构升级。

2. 制造业指标为输入、物流业指标为输出的 DEA 有效性分析

表 4—14　　　　制造业为输入、物流业为输出的 DEA 有效性

DMU	综合有效性	纯技术有效性	规模效率性
2001	DEA 无效	有效	递增
2002	DEA 有效	有效	不变
2003	DEA 有效	有效	不变
2004	DEA 无效	无效	递增
2005	DEA 无效	无效	递减
2006	DEA 无效	无效	递增
2007	DEA 有效	有效	不变
2008	DEA 无效	无效	递减
2009	DEA 无效	无效	递减
2010	DEA 无效	无效	递减
2011	DEA 无效	有效	递减
2012	DEA 有效	有效	不变

表 4—14 的结果显示，制造业指标为输入、物流业指标为输出时，12 个 DMU 中，2002 年、2003 年、2007 年和 2012 年的 DEA 是有效的，也就是说只有这四年中广西制造业投入的增加相应的能够带来物流业的产业增加值的增长，能够提高物流业发展的相对效率，而其他年份都没有达到 DEA 有效。同时从表 4—14 中还可以看出，决定 DEA 是否有效主要取决于规模效率而不是纯技术效率，这表明广西物流业产出的提高与制造业技术水平提高关系不大，特别是从 2008 年开始规模效率都是递减的，也就是说制造业应该改变大规模基础设施重复建设式投资方式，转向集约式发展模式。广西的实际情况也表明了近年来随着重大产

业项目的落户，制造业也得到了迅猛的发展，但是主要都是集中在建设厂房、工厂等基础设施方面，而缺乏先进的软件设备设施等。

3. DEA 模型的整体结论分析

制造业与物流业协同发展有效性要求两个产业指标无论是作为投入还是产出都能使 DEA 有效。相对于制造业，物流业是有效率的是指物流业通过改进技术、引进设备以及管理方法等提高服务质量来增加制造业的产出，这样两大产业才能够实现真正的有效率的协同发展；相对于物流业，制造业是有效率的是指制造业投入和扩大规模效益的加大能够带来物流业收入的增加。

总结表 4—13 和表 4—14，得到制造业与物流业协同发展有效性如表 4—15 所示。可以看到，在 2001—2012 年这段时间中，只有 2012 年广西制造业与物流业协同发展是有效的，其余的年份都是无效的。尽管近年来广西制造业一直处于高速发展时期，物流业也呈现不断扩大的趋势，但是长期以来协同发展都是无效的。主要表现在以下方面：第一，广西物流业的发展长期滞后于制造业的发展，不能够为制造业提供所需要的先进的管理方法、技术和设备，并终将限制制造业的发展；第二，制造业的物流外包程度不够，需要加大与物流业合作力度来创造更多的效益；第三，制造业对物流业大规模投资建设方式不正确，不仅会造成资源浪费，还会导致产出减少，应该转向集约式发展模式。

表 4—15　　　　　　　制造业与物流业协同发展的有效性

年份	物流业指标为输入制造业指标为输出的 DEA 有效性	制造业指标为输入物流业指标为输出的 DEA 有效性	制造业与物流业协同发展的有效性
2001	DEA 无效	DEA 无效	无效
2002	DEA 无效	DEA 有效	无效
2003	DEA 无效	DEA 有效	无效
2004	DEA 无效	DEA 无效	无效
2005	DEA 无效	DEA 无效	无效

年份	物流业指标为输入制造业指标为输出的DEA有效性	制造业指标为输入物流业指标为输出的DEA有效性	制造业与物流业协同发展的有效性
2006	DEA 无效	DEA 无效	无效
2007	DEA 无效	DEA 有效	无效
2008	DEA 无效	DEA 无效	无效
2009	DEA 有效	DEA 无效	无效
2010	DEA 无效	DEA 无效	无效
2011	DEA 无效	DEA 无效	无效
2012	DEA 有效	DEA 有效	有效

三　广西制造业和物流业协同结果分析

用复合协同度模型对 2005—2012 年广西制造业与物流业的协同度进行了研究，发现尽管各产业子系统的协同度有了很明显的提升，但是两大产业复合系统协同度除了 2010 年和 2011 年超过 0.1 外，其余年份都低于 0.1，一直处于较低水平，处于不协同的状态。这说明制造业与物流业单个子系统协同度的上升并不能带动整个复合系统协同度的明显提升。复合系统协同度的提升是两个子系统在功能与结构上自发耦合形成同步协作、共同发展的结果，且两个子系统不断地调节反馈的过程带有明显的阶段性。不同的阶段复合系统所处的环境不同，要求两大产业的互动要不断地进行调整，因此在今后的发展中首先要为制造业和物流业协同发展建立一套动态的长效机制。

用 DEA 分析方法对 2001—2012 年广西制造业与物流业协同效率进行了研究，发现 2012 年两个产业指标无论是作为投入还是产出都能够达到 DEA 有效，而其余年份都属于协同无效。这说明尽管近年来广西制造业一直处于高速发展时期，物流业也呈现不断扩大的趋势，但是长期以来协同发展都是无效的。其主要问题在于物流业的发展滞后于制造业以及制造业对物流业粗放型投入。

综上所述，不管是从协同程度还是协同效率的角度来看，广西制造业与物流业协同发展还处在较低的水平。因此为了更好地实现协同发展效果，必须根据广西的实际情况提出制造业与物流业协同发展的建议。

促进广西物流业与制造业协同发展的建议

促进广西制造业与物流业协同发展是一项长期而艰巨的工程。通过对广西协同现状分析和实证分析可以看到，目前广西制造业与物流业协同发展还存在一些问题，要想打破两大产业协同发展的障碍实现质的飞跃，必须要从政府、两大产业子系统内部以及两大产业互动角度提出建议。

一　政府进行引导并构建协同发展长效机制

从长期来看，政府是促进制造业和物流业协同发展的外在驱动力。政府在观念和政策引导方面对于广西制造业和物流业构建协同发展长效机制极其重要，因此应该要从以下几个方面采取措施。

（一）政府引导制造业与物流业协同发展

广西相关的政府部门应该在观念上进行正确的引导，首先可以成立专门的部门机构开展专题讲座、宣传活动，鼓励制造业企业打破传统观念，剥离非核心的物流业务给物流业，释放物流需求，并加强制造业外包过程中的指导，同时鼓励制造业企业加强对采购、生产和销售环节物流体系的优化，建立与分销商、供应商的战略同盟，优化供应链体系。对于物流业企业，则引导其从提供最基础的服务做起，在不断提高物流技术水平后逐渐扩大服务的类型和范围。其次在广西列入"14＋4"优先重点发展千亿元产业的食品、汽车、石化、有色金属、冶金、机械、建材、造纸与木材加工、电子信息、医药制造、纺织服装与皮革、生物等制造业产业中积极推广产业协同发展的观念，引导物流企业深入探究这些特色产业的物流需求。通过这些方式使两大产业认识到协同发展的必要性，并建立合作共赢与利益共享的理念，通过业务沟通结成战略合作伙伴，共享协同发展的成果。

（二）为物流业和制造业协同发展创造良好的政策环境

广西各级政府应该为制造业与物流业的协同发展创造良好的政策环境，主要是从税收改革、交通运输、土地、园区规划等方面出台相应的政策。

以税收改革为例，要取消制造业企业自营物流免产地税费和运输税费，而外包给第三方就会产生税费的区别。在交通运输方面，政府应该减少普通收费站的数量和降低收取的费用，降低物流企业在交通运输方面的成本。土地政策方面，在制定土地规划时优先考虑广西区内物流园区、物流基地等项目用地，对于租赁或承接制造业企业剥离物流设施的物流企业提供土地支持。在物流园区规划方面，必须要根据制造业的空间布局，在周围规划物流业布局。

对于将物流资产从主业中分离出来成立合资或独资企业法人或整体转让的国有制造业企业，给予相关的优化政策，扶持其发展。对为制造业提供一体化物流服务的物流企业，设立为试点企业并向银行推荐向其提供相关的政策性贷款，使之能够为制造业的发展提供高层次的服务，协调解决协同发展过程中出现的问题。引导物流企业利用广西本土的港口交通优势，加大对外开放的力度，利用优惠政策引进国内外顶级的物流品牌在广西设立总部或是分支机构，改变当地物流企业的经验理念和改进管理方法。鼓励国内外物流企业通过合资、独资或合作的形式，参与广西物流园区、物流基地以及配套设施的建设和经营。

（三）构建制造业与物流业协同发展的长效机制

政府为构建广西制造业与物流业的协同发展长效机制，首先必须建立一套完整的法律制度对物流业市场进行规范。主要包括物流行业主体、物流业主体行为、物流行业主体之间竞争、物流产业与制造业之间法律关系和物流标准法律方面，从物流行业进入市场到物流技术标准等方面进行约束，保障广西物流业在不断完善的法律环境中健康成长。其次，做好物流基础设施建设及配套设施平台建设。交通运输道路、通信网络、车辆、物流园区等物流基础设施建设及配套设施平台都对广西区域物流成本、效率和发展水平有影响。因此应该要重点建设高标准大能力铁路通道，加快建设高速公路网并提升通达深度，建设吞吐能力大、分工合理、功能完善沿海港口群，建设亿吨级内河航道。在航空方面要着重建设以南宁、桂林机场为主的航空物流基础设施，同时各交通管理部门要协调好交通运输体系的建设，实现公路、铁路、港口、内河、航空等交通网络同步发展，与物流园区、保税园区整合起来形成完整、高效的系统，成为物流业与制造业协同发展的支撑体系。最后政府要发挥建设物流公共信息平台建设的主导性，在技术、资金和人才方面为建设提供信息服务平台提供大力的支持，在企业中实现数据采集和对接后，还要根据企业信息需求情况对信息平台进行建设和完善。另外，为保证信息平台有效运行，必须制定和推广物流标准，加强物流术语、服务标准和数据传输标准等基础标准的建设，在包装、运输、仓储等流通环节，实行必要的物流标准，减少物流成本。通过这些方面为制造业和物流业的发展建立长效机制。

二　提升物流业企业服务能力，提高产业竞争力

（一）物流行业提升服务能力

目前广西物流企业大多是由传统的仓储、运输公司而来的，只能够提供仓储、运输等低附加值的服务，不能够满足制造业企业的物流需求。因此在两产业协同发展的过程中，物流企业必须首先提升服务能力。通过对制造业企业进行实地调研与交流沟通，了解制造业企业的物流市场需求，协助其完成采购、运输、生产、库存和销售等一系列的过程，为制造业提供价值评估、供应链一体化解决方案、输送高水平物流人才的综合服务；传统的仓储、运输物流企业要通过流程再造、存量盘活和资产重组等方法转变为现代物流业企业，物流业企业之间要通过改制、并购和重组等方式新成立一批规模化、品牌化、竞争力强的物流企

业，增加物流服务的附加值，提升服务能力，在这个基础上再对现有的社会物流资源进行开发、整合。

（二）不同类型的物流企业提供不同的服务

广西现存的物流企业水平规模参差不齐，大多是规模较小的物流企业，较少的实力强大的物流企业，各物流企业可以根据自身的特点，提供不同的服务。规模大、实力强的大型物流企业可以与多个大型的制造业行业合作，为他们提供专业化、综合性的高端物流服务，实现成本与规模优势。规模不大但具有资源优势的中型物流企业则可以做精做细，根据自身的能力提供从仓储、运输到生产等方面的服务，与制造业企业形成一对一的长期合作关系，随后可以专注于提高技术能力、完善功能和实现企业升级改造，扩展物流服务网络，满足市场需求。对于广西市场上存在的大量从传统的仓储、运输公司转化而来的小型物流企业，则要加大对现有资源的开发、整合力度，专注于服务多个物流需求比较单一的制造业企业，在单项服务能力中实现自己的竞争优势。同时鼓励这些小型物流企业结成物流同盟，形成风险共担、利益共享的合作伙伴关系，使小型物流也能够获得规模效应和竞争优势，成为市场上发展的强劲主体。通过这样的方式，可以形成层次分明、有序竞争、分工明确的物流行业。

三 制造业开展多层次的外包物流业务并建立有效管理体系

（一）转变传统观念，展开多层次的物流业务外包

广西大部分制造业企业对物流认识不够全面，将物流等同于运输、仓储等，并有一定的物流基础设施进行自营物流，导致制造业物流外包比例很低。同时本文第三章指出广西制造业存在着自主创新能力较弱、技术进步缓慢的问题。因此制造业企业应该要转变传统观念，开展多层次的物流外包服务，将精力投入到生产、研发核心业务上去，实现两大产业的双赢。制造业企业可以根据自身发展情况选择不同的外包形式。对于比较传统的制造业企业来说，可以先从最简单、基础的运输、仓储

业务外包开始，等到从中获取到更多的利益后，再转向更高层次的物流外包。对于已经将运输、仓储业务外包的制造业企业，为了有精力专注于核心业务，可以将企业货物信息、客户反馈情况和逆向物流数据分析等业务交给专业的第三方物流公司进行管理。还有一些需要专业化和效率化物流的制造业企业，可以将企业除了生产线上以外的活动全部外包给第三方物流企业，并且要求物流企业在了解生产流程的情况下能够提出物流管理的改进方案。最后对于那些要求降低库存和缩短产品生产周期的制造业企业，可以选择将其全部物流外包，包括从供应商选择、采购、进货、运输、生产、库存和销售等一系列的活动全部交给第三方物流企业，这样可以降低制造业企业的库存风险和加速企业的资金流动速度。

（二）建立有效的物流外包管理体系

广西制造业存在物流释放不够的问题，究其原因主要在于物流外包的过程中存在着不确定性，也就是可能存在着一些不可避免的风险，因此对于制造业企业来说必须要建立一套有效合理的物流外包管理体系，从源头上控制物流外包的质量。在进行决策前，制造业企业要对自身的情况进行充分的调研和分析，确定企业内部可以外包的业务对象，选择合理的供应商和外包模式，并制订详细的计划。

在制造业物流活动外包后，为了使自身效率和与物流企业配合效率最大化，要在企业内部进行流程调整优化工作。其次在外包过程中根据签订的外包合同定期对供应商在服务质量和表现上进行整体评估，对于工作积极且业务完成较好的外包供应商给予企业分红，由此建立风险共担的机制。另外，为了减少外包过程中企业商业机密泄露的风险，要在不影响外包效果的情况下，尽量减少扩散机密的渠道和接触的人数。还要成立专门的外包监控小组，建立有效的外包控制与反馈机制，加强对外包过程的工作控制，及时纠正存在的偏差。最后还要通过各种交流形式加强与物流业企业的合作，以尽可能多地获得外包业务市场的信息，促进物流业企业采用先进的物流技术，不断地提高服务水平。

四 依托制造业产业集群加快物流业集群的建设

产业集群是地方产业以企业集群的方式而形成的产业空间组织，具有乘数效应、规模效应和群体竞争优势。近几年来，按照广西自治区政府提出的加快加大产业集群的发展速度，加快发展 14 个千亿元产业和战略性新兴产业，重点培育打造的产业体系由 "14 + 4" 升级为 "14 + 10" 的思路，在产业集群方面也形成了一部分规模较大的制造业产业。比如：以南宁为中心的农副食品加工产业集群、以柳州为中心的汽车产业集群、以钦州为中心的石油化工产业集群等，还有一些信息产业群、生物医药产业群、海洋产业集群等高科技产业集群正处于快速发展时期。但是目前在广西区内形成的产业集群主要集中在传统制造业行业，属于以资源和劳动力为主的低附加值产业，创新能力低、竞争力弱。同时在高科技产业集群的建设中又缺乏高素质的人才和物流服务方面的配套建设。因此在今后的发展过程中，广西要把产业集群的建设作为首要任务，各地必须根据自身的资源和区位优势以及各类制造业发展所需要的资源配置要求来促进地区制造业产业集群的发展。各地要做好如表5—1 所示的制造业集群的建设。

表 5—1　　　　　　　　广西不同区域产业集群

区域	产业集群
桂北	生物医药产业集群、电子信息产业集群
桂中	机械制造业产业集群、汽车制造业产业集群
桂东	建材产业集群、轻化工业产业集群、制糖业产业集群、纺织服装与皮革产业集群
桂南	食品加工产业集群、铝材加工产业集群、石油化工产业集群、林浆纸业产业集群
桂西	有色金属冶炼及压延加工业集群、矿产产业集群

在这些制造业集群的周围，建立配套的物流产业集群，实施群群互

动。为制造业集群产业链上的各个环节提供物流服务，提供供应商选择、采购、进货、运输、生产、库存、销售、售后专业一体化服务。要依托现有的物流基础设施，进一步做好相关的物流园区、物流基地和物流配送中心的配套完善工作，重点物流基础建设包括：南宁国际综合物流园区、凭祥综合物流保税区、钦州保税物流园区、防城港保税物流中心、北海出口加工区、柳州汽车工业物流园区、柳州东盟国际物流园、中国—东盟国际物流基地、百色综合港物流园区。

五 推动制造业与物流业企业内部信息化建设

公共信息平台使制造业企业和物流业企业互通信息、资源共享。对于制造业来说是了解企业物流外包信息的重要途径，能够提高企业的生产和管理效率；对于物流业企业来说能够提高工作效率和服务质量，对两产业的协同发展大有裨益。在公共信息平台的建设方面，除了政府要发挥主导作用外，制造业和物流业企业也要推动信息化建设。推动信息化建设，物流标准化是基础。制造业产品标准与物流业技术设施标准不统一，会直接影响到信息化平台建设后的有效衔接，影响运作效率。因此制造业企业内部应该要主动采用国家物流标准，建立制造业物流标准体系，修订物流信息和完善物流流程，在物流流程规范化的基础上在企业内部建立相关数据库，积极推动制造业企业物流管理的信息化。同时物流业企业也要根据合作对象的数据库系统数据，了解对方的需求、规模和发展趋势，以便提供优质的服务。物流业和制造业企业要在内部建立面向供应方和需求方客户的信息服务平台，实时实现数据的采集与对接，从而建立物流信息的共享机制①。只有这样两大产业才能够在协同发展过程中做出科学、合理的决策。

---

① 张丽凤、占鹏飞：《基于农户增收的鲜活农产品物流模式研究》，《江苏农业科学》2012 年第 7 期，第 43—47 页。

结论与展望

一　研究结论

文章首先将学术界对制造业与物流业协同发展相关文献归纳为协同发展的必要性、演化路径、现状、存在问题、发展策略和发展模式，并对制造业与物流业的定义和特点进行了概述，认为两大产业之间的关系应该是互相促进、相辅相成、共同发展的，并构建了两大产业协同发展的理论框架，为下面章节的研究奠定了深厚的理论基础。

然后对广西物流业和制造业的协同现状进行分析，发现了两大产业发展的现状与存在的问题以及两大产业协同发展存在的问题。广西物流业的发展优势主要有区位优势、港口优势、政策优势，存在的问题有物流企业规模小、专业化程度低、物流园区定位模糊和信息化水平低等。广西制造业的发展现状使制造业产值迅速增长、制造业生产能力不断增强、大规模制造业企业增多等，存在的问题主要有产业层次低、创新能力弱、技术缓慢等。两业协同发展的问题有两者协同发展环境亟待改善、总体发展水平的差异较大、供需不协调等。

运用复合系统协同度模型和 DEA 模型从协同程度和协同效率两个角度对广西制造业与物流业的协同发展进行了评价。从协同程度的实证研究中发现，两大产业在各自独立的子系统中协同程度较高，但是总体的协同程度一直处于较低水平；从协同效率的实证研究中发现除了2012 年，其余年份广西制造业与物流业的协同发展都是无效的。主要体现在物流业与制造业差距较大，不能够满足制造业的发展需求；制造业物流释放不够；制造业对物流业投资方式不正确等方面。

最后，在总结广西制造业与物流业协同创新现状与实证分析的基础上，有针对性地从政府角度、制造业角度、物流业角度和两大产业互动角度提出对策建议。主要包括：从政府角度出发提出要进行观念和政策引导并构建协同发展长效机制；从制造业企业自身来说是要转变传统观念来开展多层次的物流业务外包、建立有效的物流外包管理体系；从物流企业角度来说是要物流行业提高技术水平、提升服务能力，不同类型的物流企业提供不同的服务；从两大产业互动的角度来说是要依托制造业产业集群加快物流业集群的建设，推动制造业与物流业企业内部的信息化建设。

二　研究展望

文章通过对广西制造业与物流业协同发展的研究获得了一些有意义的结论，同时还存在着一些不足之处有待做进一步研究。

（1）评价指标的选择。评价指标的选择对于准确研究两产业协同的协同度和协同效率至关重要，但是国内外统计的产业分类体系中没有将物流业单独列出，大部分都是用交通运输、仓储及邮政业的数据来代替，而我们所研究的是现代物流行业，而非运输、仓储等构成的传统物流行业，所以可能会造成一定的偏差。同时在指标的选取方面，目前也没有一个权威的指标体系能够反映物流业的发展情况，因此只能够在收集国内外相关文献资料后，选择其中几个有代表性的评价指标，但是并不全面。因此在今后的研究过程中，应该不断探索优化制造业与物流业协同发展的评价指标体系。

（2）在外部协同环境影响方面。从定性的角度构建了制造业与物流业协同发展的理论框架，研究了基础设施、技术水平、公共信息平台协同支撑基础环境和政策、制度、经济等外部环境对于制造业与物流业协同发展的影响，但是没有从定量的角度来衡量这些外部环境对于两大产业子系统的作用。例如，政府的税收、土地政策对于两大产业协同发展程度和效率的作用程度。因此在未来的研究中可以探讨如何将这些方面融入到评价方法上去，从而形成一个完整的协同发展评价体系。

（3）在实证研究方面。在实证方面只是从广西整个区域上研究了制造业与物流业协同发展的状况，然而广西不同区域制造业与物流业的协同状况是存在区别的，另外制造业涉及的行业很多，不同的制造业行业对于物流的需求是不同的，因此未来的研究中可以考虑对广西不同地区不同的制造行业与物流业协同程度和协同效率进行分析，从而根据差异提出有针对性的政策，促进广西制造业与物流业协同发展。

参考文献

[1] Francois, J. F., "Producer Services, Scale, and the Division of Labor", *Oxford Economic Papers*, Vol. 42, No. 4, 1990.

[2] Theodore, and Jeffery, "Analysis of Intersectional Relationships between Manufacturing and Service and their Employment Implications", *Manufacturing and Service Operations Management*, Vol. 2, No. 1, 2000.

[3] Illeris S., "Producer Services: the Key Factor to Economic Development", *Enterpreneurship and Regional Development*, No. 1, 1989.

[4] Ochel W., Wegner M., *Service Economy in Europe: Opportunities for Growth*, Westview Press, 1987.

[5] Perry M., "The Internationalization of Advertising", *Geofourm*, Vol. 21, No. 1, 1990.

[6] Gurrieri, P. and V. Mdiciani, *International Competitiveness in Producer Service*, Paper presented at the SETI Meeting in Rome, No. 3, 2004.

[7] Mortensen Ole and Olga W. Lemoine, "Integration Between Manufacturers and Third Party Logistics Providers", *International Journal of Operations & Production Management*, Vol. 28, No. 4, 2008.

[8] Tim Padmore & Hervey Gibson, "Symbiotic Relationship of Producer Services and Manufacturing Industries in Industry Cluster", *International Conference on Management and Service Science*, No. 1, 2009.

[9] Sambasivan Murali, and Ching Nget Yen, "Study on Producer Logistics Service and Its Outsourcing from Manufacturing Firms: a Perspective of Industrial Cluster", *International Journal of Physical Distribution & Logistics Management*, Vol. 40, No. 5/6, 2010.

[10] 黄福华、谷汉文：《中国现代制造业与物流业协同发展对策探讨》，《中国流通经济》2009 年第 8 期。

［11］贺团英、马天山：《关于制造业与物流业联动发展的思考》，《交通企业管理》2009 年第 5 期。

［12］朱长征：《陕西省制造业与物流业联动发展的灰色关联分析》，《企业经济》2011 年第 8 期。

［13］施梅超：《广西北部湾经济区物流业与制造业联动研究》，《金山》2012 年第 5 期。

［14］韦琦：《制造业与物流业联动关系演化与实证分析》，《中南财经政法大学学报》2011 年第 1 期。

［15］吴群：《江西物流业与制造业联动发展研究》，《江西社会科学》2013 年第 6 期。

［16］伊俊敏、周晶：《江苏省制造业与物流业的发展水平差异分析》，《现代管理科学》2007 年第 7 期。

［17］段雅丽、樊锐、黎忠诚：《湖北省制造业与物流服务业协调发展现状分析及对策分析》，《物流技术》2009 年第 9 期。

［18］杨勇：《广东省制造业与物流业联动发展研究》，硕士学位论文，华南理工大学，2012 年。

［19］王军、曹丽新：《基于 DEA 分析的制造业与物流业联动发展协调度提升研究——以青岛市为例》，《前沿》2012 年第 22 期。

［20］孙丽环、佟新华：《吉林省物流业与制造业联动发展的潜力分析》，《东北亚论坛》2012 年第 6 期。

［21］全全顺、吴怡：《物流业与服务业联动发展研究》，《物流工程与管理》2009 年第 7 期。

［22］吕扬：《我国物流产业组织研究》，《物流工程与管理》2010 年第 4 期。

［23］蒋鹏、曾栋平：《胶东半岛物流业与制造业协同发展现状研究》，《物流工程与管理》2011 年第 2 期。

［24］刘利红：《物流业与制造业联动发展的动力机制研究》，硕士学位论文，济南大学，2011 年。

［25］李舜萱、陈海燕、常连玉：《促进制造业与物流业联动发展》，《物流技术》2009 年第 7 期。

［26］赵英霞：《制造业与物流业联动发展的国际比较》，《产业经济》

2011 年。

［27］赵曼：《江苏省物流业与制造业联动发展研究》，江苏大学，2010 年。

［28］苏开拓：《广东省物流业与制造业联动发展研究》，广东工业大学，2010 年。

［29］卢锋：《探索服务外包与服务全球化真谛——读江小涓等著〈服务全球化与服务服务外包：现状、趋势及理论分析〉》，《经济研究》2009 年第 12 期。

［30］赵松龄、吴限：《物流业与制造业协同发展问题研究》，《物流经济》2009 年第 2 期。

［31］刘娟：《物流服务业与制造业协调发展问题研究》，《中国储运》2007 年第 2 期。

［32］贾海成、秦菲菲：《苏州市制造业与物流业联动发展对策研究》，《改革与战略》2011 年第 4 期。

［33］胡蔚波：《制造企业物流联盟模式研究》，硕士学位论文，武汉大学，2005 年。

［34］王珍珍、陈功玉：《基于 Logistic 模型的制造业与物流业联动发展模式研究》，《中国管理科学》2009 年第 17 期。

［35］朱琳：《物流业与制造业的协同发展研究》，硕士学位论文，大连海事大学，2010 年。

［36］王见喜：《我国物流业与制造业联动发展模式研究》，硕士学位论文，武汉科技大学，2010 年。

［37］许雪琦：《物流业与制造业集群的协同发展问题研究》，《包装工程》2007 年第 6 期。

［38］袁克珠：《长三角制造业与区域物流联动发展研究——基于灰色关联分析》，《经济与社会发展》2007 年第 10 期。

［39］黎忠诚、徐磊、段雅丽、樊锐：《基于灰色关联分析的湖北省制造业与物流服务业协调发展研究》，《物流技术》2009 年第 10 期。

［40］韩晓丽、王利、田能瑾、佟芳庭：《制造业与物流业协调发展的计量分析》，《价值工程》2009 年第 1 期。

［41］王珍珍、陈功玉：《我国制造业不同于行业与物流业联动发展协调度实证研究——基于灰色关联模型》，《上海财经大学学报》2010 年第 6 期。

［42］孙鹏、罗新星：《区域现代物流服务业与制造业发展的协同度评价——基于湖南省数据的实证分析》，《系统工程》2012 年第 7 期。

［43］徐立行、毕淑清：《关于产业创新协同战略框架的构想》，《山西财经大学学报》2007 年第 4 期。

［44］汪鸣、冯浩：《我国物流业发展政策研究》，中国计划出版社 2002 年版。

［45］丁俊发：《中国物流》，中国物资出版社 2007 年版。

［46］马天山：《现代物流基础》，人民交通出版社 2005 年版。

［47］李松庆：《物流学》，清华大学出版社 2008 年版。

［48］周启蕾：《物流学概论》，清华大学出版社 2009 年版。

［49］颜波：《物流学》，华南理工大学出版社 2011 年版。

［50］［德］H. 哈肯：《协同学引论》，徐锡中等译，原子能出版社 1984 年版。

［51］田红岩：《湖北省临港产业与腹地产业协同发展问题研究——基于三大经济板块划分的视角》，硕士学位论文，河北师范大学，2012 年。

［52］刘一琳：《生产性服务业与制造业协同创新研究——以第三方物流业为例》，硕士学位论文，浙江大学，2008 年。

［53］孙鹏：《基于复杂系统理论的现代物流服务业与制造业的协同发展研究》，博士学位论文，中南大学，2012 年。

［54］岑丽阳：《广西区域物流与产业集群发展内在机理及协作模式研究》，《山西财经大学学报》2010 年第 2 期。

［55］翁丹宁：《基于产业集群式的广西物流产业战略发展研究》，《特区经济》2011 年第 8 期。

［56］赵英霞、孙京洲、刘媛媛：《基于两业联动的黑龙江省物流产业发展研究》，《特区经济》2012 年第 12 期。

［57］李谭、王利、王瑜：《辽宁省港口物流效率及其与腹地经济协同发展研究》，《经济地理》2012 年第 9 期。

［58］邹筱、张世良：《物流业与制造业协同发展研究综述》，《系统工程》2012 年第 12 期。

［59］覃仁智、张红星：《两业联动促进物流业和制造业共同发展》，《宏观经济管理》2011 年第 8 期。

［60］贾海成、秦菲菲：《苏州市制造业与物流业联动发展对策研究》，《改革

与战略》2011年第4期。

　　［61］刘秉镰、林坦：《制造业物流外包与生产率的关系研究》，《中国工业经济》2010年第9期。

　　［62］GB/T4754－2002，国民经济行业分类［S］。

专题研究三

广西北部湾经济区协同创新过程中的政府作用研究

导　论

一　研究背景

胡锦涛总书记在庆祝清华大学百年校庆提出"积极提升原始创新、集成创新和引进消化吸收再创新能力，积极推动协同创新"后，协同创新这一具有时跨代意义的创新范式开始在全国范围进行讨论与尝试。协同创新已成为整合资源、提高创新效率的有效途径，是建设创新型国家的又一重大举措，具有重大的理论意义与实践意义。

2008 年《广西北部湾经济区发展规划》的获批实施，意味着国家在战略层面上已经拉开了北部湾经济区开发开放、合作共赢的序幕。然而，北部湾经济区对外开放的成效不仅在于经济总量在增长，更在于传统经济增长方式向以创新为驱动的内生增长方式转变。近年来，在经济模式转型的过程中，北部湾经济区的区域创新体系建设遇到了一些问题，如企业自主创新能力不强、科技投入不高、科技体制不健全、合作创新动力不足、高层次人才缺乏等问题，制约了北部湾经济区经济社会的发展。而如何使政府、企业、高校与科研机构之间形成互利共赢的关系格局，正确把握创新主体之间与核心利益相关的内在关系和发展趋势，特别是提高高校与科研机构参与政产学研协同创新的积极性，已成为创新主体进行合作创新中亟待解决的问题。

因此，创新主体的协同创新理论与实证研究是区域创新研究中的新兴领域，各创新主体间的发展是否协调决定了协同创新体系能否最大限度发挥整体功能。北部湾经济区需要了解自身目前协同创新的发展程度，以及协同创新中各主体存在的问题和应对措施，才能在充分发挥市场机制的基础上，有效发挥政府作用，使创新主体集合自身资源与优势进行良性互动，产生创新效应，进而在协同发展中准确定位、获取竞争优势。

二　研究意义与目的

（一）研究意义

2008 年北部湾经济区开放开发已经上升为国家战略，但由于历史、区位等原因，北部湾经济区经济发展远落后于我国其他沿海地区，但若能在战略层面上实施协同创新，使北部湾经济区在经济发展起步阶段顺利向以创新为动力的内生新增长模式转型，北部湾经济区将极有可能成为我国沿海经济增长的第四极。之前学者们对协同创新的研究极少涉及这一领域，尤其是关于创新主体在区域协同创新中如何发挥作用的定量研究较少，因此如何准确定位地方政府在协同创新中的地位，使地方政府在协同创新过程中充分发挥引导作用，仍然是协同创新理论研究的挑战性课题。"协同创新中的政府作用研究"正是以此为视角，在分析北部湾经济区协同创新主体现状的基础上，提出提升北部湾经济区政府协同创新能力的对策，为政府针对性的发挥作用提供理论参考。同时，对解决北部湾经济区创新主体协同创新中出现的问题、促进经济发展方式向创新为驱动的内生新增长模式转型有一定的实践指导意义。

（二）研究目的

研究目的在于探讨在北部湾经济区协同创新的过程中，政府如何发挥作用营造良好环境，协调企业、高校、科研机构之间的互动关系，促进协同创新的顺利进行。基于协同创新是国家新提出的发展战略，目前关于协同创新的研究仍处于探索研究阶段，规范地完善的理论体系还没有形成，对协同创新思路、模式、机制及模型等基本理论的研究还比较零散，学者们较少对协同创新的主体作出全面探讨，较多关注企业、高校和科研机构。将政府、中介服务机构纳入协同创新的研究范畴，并着重探讨政府在协同创新中的作用。在分析北部湾经济区协同创新现状的基础上，以复合系统协调理论为基础，建立政产学研协同创新系统协调度评价体系，从政府、产业、高校、科研机构四个方面对北部湾经济区2008—2014 年协同创新的协调度进行测算，分析北部湾经济区协同创新的发展程度、影响因素及各创新主体存在的问题，提出了提升政府协同创新能力的对策。

三　国内外研究综述

（一）协同创新理论研究现状

1. 协同创新机制

早在 1912 年，熊彼特就已指出产学研间的合作实际上可以看作是一个创新的过程，企业、高等院校、科研机构等创新主体以科研成果的产业化和市场化为目标，联合彼此优势进行技术开发，在这个合作的过程中实现技术转化、产品生产与销售的一体化，从而使得各创新主体获得的利益的最大化。[①] 而产学研合作的真正实施则是在 "威斯康星思想" 和 "硅谷" 的启发下大规模的开展起来。其实质是赋予高校教学、科研和社会服务的 "三维" 职能，建立高校和社会之间的紧密联系。近年来国外对创新主体合作创新的研究主要以企业和高校为主，探讨各方在创新合作中利益最大化的合作机制。如 Santoro 和 Slotte 认为高校和研究所通过产学研合作可以获得企业的资金支持，不仅能帮助学校就业，还可以实现技术与理论的结合，使双方获益。Elias 认为企业、大学与科研机构间以知识共享为基础开展产学研合作项目，知识的创造机

---

① ［美］约瑟夫·熊彼特：《经济发展理论》，商务印书馆 1990 年版。

制、传播机制、应用机制对产学研的合作成效有重要影响。① Veronica Serrano 和 Thomas Fischer 通过整合维度和互动维度对协同创新体系进行了分析，认为在互动维度中通过各个创新主体之间的知识分享、资源优化配置、行动的最优同步可以提升创新系统的匹配度。② Eom 和 Lee 对韩国企业的实证研究也证实分担成本和风险的动机显著影响企业的产学研合作倾向。③

　　近年来国内学者对协同创新的机制的探索主要集中在动力机制和运行机制上，其中运用网络理论研究合作创新的中的动力机制的成果较为丰富。祖廷勋从制度经济学的角度对产学研合作制度结构、影响因素、制度效率和产权制度的实施机制进行了分析论述。④ 汪耀德等提出了区域创新网络中行为主体协同创新机理及协同创新机制，认为可以在输入输出要素、支持要素、竞争协同机制、协同创新机制的强化和维护方面予以完善。⑤ 徐静认为动力机制能直接影响产学研合作的效果，通过帆船动力机制模型提出了"聚力""借力"和"避力"来提升产学研合作效果的政策性结论。⑥ 程亮分析了我国产学研协同创新机制存在的问题，如产学研协同范围过窄、科技含量低、动力不足、成果转化率不高的问题，提出了发挥政府积极作用、增强产学研内在驱动力、建立有效

---

① MauriceJ. Elias, and Jeffrey S. Kress, "Infusing Community Psychology and Religion: Themes From an Action-Rresearch Project in Jewish Identity Development", *Journal of Community Psychology*, No. 28, 2000, pp. 187 – 198.

② Veronica Serrano, Thomas Fischer, "Collaborative Innovation in Ubiquitous Systems", *International Manufacturing*, No. 18, 2007, pp. 599 – 615.

③ Eom, B Y, and Lee, K., "Determinants of Industry Academy Linkages and Their Impact on Firm Performance: The Case of Korea as a Latecomer in Knowledge Industrialization", *Research Policy*, Vol. 39, No. 5, 2010, pp. 625 – 639.

④ 祖廷勋、罗光宏、陈天仁、刘澈元、杨生辉:《构建高校产学研合作机制的制度范式分析》,《生产力研究》2005 年第 8 期, 第 101 页。

⑤ 李俊华、汪耀德、程月明:《区域创新网络中协同创新的运行机理研究》,《科技进步与对策》2012 年第 7 期, 第 32—36 页。

⑥ 徐静、冯锋、张雷勇、杜宇能:《我国产学研合作动力机制研究》,《中国科技论坛》2012 年第 7 期, 第 74—80 页。

风险投资体系的对策。①

纵观已有相关文献，我们发现学者们早期主要运用交易成本理论对产学研合作的动力进行研究，后期运用组织学习理论对创新主体合作机制进行探索。这说明学者们已经逐渐意识到，企业与大学、科研机构合作不单为了解决特定时期的技术和资源问题以获得短期利益，而是应把这种合作提升到战略的高度，通过组织学习来提高各主体间的创新能力以获取长远利益和整体的发展。研究不足在于对协同创新机制的研究在现状分析和总结归纳方面的成果较多，如何系统性地、动态性地、开放性地建立创新行为主体间的关系链条及其互动机制的研究还相对缺乏。

2. 协同创新模式

从产学研的发展过程可以看出，高校和企业原来是两个相互独立的系统，是在后来不断发展中才由单向合作向产学研合作创新转变。近年来国外的产学研合作的实践模式取得了较好的成果，较有代表性的是美国模式、日本模式、德国模式。美国作为产学研合作的发祥地，政府在推进产学研结合的过程起了关键性的引导和协调作用，使得工业—大学合作研究中心及工程研究中心模式成为产学研合作中最具代表性的模式之一。日本的产学研合作模式属于企业主导型。日本模式注重应用性研究对企业的促进作用，强调企业在合作创新中的主导地位，同时非常注重培养产学研合作的氛围、文化与环境。德国产学研合作的 Fraunhofer 模式强调科研机构与企业、大学、政府在互利互惠而又相互制约的基础上，通过长期合作与规划创造发展机会，实现了长期经济效率的最大化。理论上，学者们也从不同角度对合作创新模式做了深入研究，较有代表性的有：Chesbrough 提出了开放式创新理论，认为企业应实施开放式创新模式，强调企业可以同时利用内部和外部相互补充的创新资源实

---

① 程亮：《论我国产学研协同创新机制的完善》，《科技管理研究》2012 年第 12 期，第 16—18 页。

现创新，是多种合作伙伴多角度的动态合作创新模式。[①]。Henry Etz-kowitz 的三重螺旋理论指出大学除了教学与科研外还存在"第三使命"，即进行产学研研究，大学、企业、政府在创新过程中有着自己独特的作用，三者之间互动创新的好坏对区域创新体系的绩效有重要影响。[②]

  我国学界从企业视角、网络组织视角、合作联盟视角等不同角度将协同创新分为多种模式。陈晓红、谢海涛以合作主体间的协同创新"供给关系"为纽带，"提高分工效率"为基础，将中小企业、高校及科研院所、政府、社会服务纳入创新体系，构建了中小企业技术创新"四主体动态模型"。[③] 结合网络组织视角，王英俊提出了"官产学研"型虚拟研发组织模式，根据创新主体在组织中的优势与作用，将其划分为"政府主导型""产业牵引型"和"学研拉动型"三种模式。[④] 吴绍波按照产学研合作的契约关系安排，产学研合作可划分为技术转让、共建研究机构、基于项目的短期合作、共建经营实体等模式，对不同条件下的适用模式进行了研究，提出了产学研合作模式的阶段性推进形式。[⑤] 何郁冰提出了"战略—知识—组织"三重互动的产学研协同创新模式，战略协同即要求创新主体各方建立战略层面的合作联系，推动企业技术创新向更高层次发展；知识协同即要加强创新主体间的知识创新、知识共享、知识扩散的范围与水平；组织协同就是要加强产学研间的合作与创新效率。[⑥]

[①] Chesbrough H. , *Open Innovation*: *The New Impeerative for Creating and Profiting for Technology*, Harvard Business School Press, Cambridge, MA, 2003.

[②] Etzkowita H. , *The Triple Helix*: *University-industry-government Innovation in Action*, London and New York: Routledge, 2008.

[③] 陈晓红、解海涛:《基于"四主体动态模型"的中小企业协同创新体系研究》,《科学学与科学技术管理》2006 年第 8 期, 第 37—43 页。

[④] 王英俊、丁堃:《"官产学研"型虚拟研发组织的结构模式及管理对策》,《科学学与科学技术管理》2004 年第 4 期, 第 40 页。

[⑤] 吴绍波、顾新、刘敦虎:《我国产学研合作模式的选择》,《科技管理研究》2009 年第 5 期, 第 90 页。

[⑥] 何郁冰:《产学研协同创新的理论模式》,《科学学研究》2012 年第 2 期, 第 165—174 页。

可以看出，国内外对协同创新模式的探讨主要集中于在政府推动下，企业、高校、科研机构等创新主体构成的多元合作模式，基于视角不同，各模式中侧重的主体及其发挥的作用也有不同。

3. 协同创新绩效

国外对这部分的研究主要集中在：创新主体协同创新能力指标体系的建立和评价方法方面。Bonaccorsi 和 Piccaluga 最早提出了评价产学合作绩效的模型，他们通过对比期望与实际成果来评价产学合作的绩效，认为产学研的绩效评价应建立在知识创造、知识传播、知识应用层面上，具体包含技术创新产品数、科研人员数、专利受理数、科研专著数等指标。[1] Mora Valentin 等基于创新主体满意度视角设立了产学研合作评价指标表，指出利益分配、知识产权等是合作创新中最关注的几个问题。[2] Simon Philbin 通过建立基于创新要素投入与产出的视角，构建产学研合作评价的指标体系，评价模型考虑了创新主体的功能、知识的扩散，组织合作的长期性、战略目标等问题，但还有待通过实证分析来检验。[3] Fan Decheng 从创新主体合创新作的内外部影响因素出发，从认为协同创新受政策环境、合作动力机制、要素投入与产出等方面影响，建立了相应评价指标体系，运用模糊积分法产学研协同创新的合作绩效进行分析。[4]

理论评价模型方面，夏凤（2008）等建立了平衡记分卡模型对产学研合作绩效评价模型，从财务、内部流程以及客户等几个角度对创新

---

① Bonaccorsi A. , Piccalugadu A. , "A Theoretical Framework for The Evaluation of University-Industry Relationships", *R&D Management*, No. 24, 1994, pp. 229 – 247.

② Eva M Mora-Valentin, Angeles Montoro-Sanchez, "Luis A Guerras-Martin Determi-ning Factors in The Success of R&D Cooperative Agreement Between Firms and Researchorganizations", *Research Policy*, Vol. 33, 2004, pp. 17 – 40.

③ Philbin S, "Measuring the Performance of Research Collaborations", *Measuring Business Excellence*, Vol. 12, No. 3, 2008, pp. 16 – 23.

④ Fan Decheng, Tang Xiaoxu, "Performance Evaluation of Industry – University – Research Cooperative Technological Innovation Based on Fuzzy Integral", *International Conference on Management Science & Engineering*, 2009, pp. 1789 – 1795.

主体的合作进行评价。① 但是，由于项目绩效不等同于企业绩效，把平衡记分卡机械套用在创新主体间合作的绩效评价中是否恰当还需要学者们更多的论证。邓颖翔、朱桂龙在 Simon 的产学研合作绩效评估理论模型的基础上，把合作创新绩效分为知识共享与创新、合作的附加价值两大部分，针对创新合作的不同主体，设计了两套适用与高校与企业的产学研绩效评价量表。② 指标确立方面，较多学者通过计算绩效指数或得分来反映产学研的合作绩效。曹静等从要素和过程两个维度来分析产学研合作创新绩效的影响因素，构建了合作创新的外部环境、合作创新投入、合作创新产出、合作创新运行和合作创新效果 5 个一级指标组成的产学研结合技术创新绩效评价指标体系，采用模糊积分评价方法对各指标进行测算，得出结论我国产学研结合技术创新情况属于基本良好的状态。③ 解学梅基于一个较为新颖的视角——结构方程模型，对企业之间以及企业同高校、科研机构、政府等组成的协同创新网络的创新绩效的进行了分析，得出处于不同协同创新网络中环境对企业绩效的影响存在差异的结论。④ 此外还有学者（李梅芳等）从合作开展与合作满意的视角研究了基于合作满意度的产学研合作成效的关键影响因素。⑤

综上所述，国内外在绩效评价方面的研究既有相似性，也存在不同。国外研究更注重结合具体案例对政产学研合作绩效进行分析，而我国的主体协同创新绩效评价还处于起步阶段，部分创新主体合作绩效评价体系缺乏实证检验，研究主要集中在单个项目的政产学研合作，对于

---

① 夏凤：《基于平衡记分卡的校企合作绩效评价模型》，《职教论语》2008 年第 5 期，第 48—51 页。

② 邓颖翔、朱桂龙：《产学研合作绩效的测量研究》，《科技管理研究》2009 年第 11 期，第 468—471 页。

③ 曹静、范德成、唐小旭：《产学研结合技术创新绩效评价研究》，《科技进步与对策》2010 年第 4 期，第 114—118 页。

④ 解学梅：《中小企业协同创新网络与创新绩效的实证研究》，《管理科学学报》2010 年第 13（8）期，第 51—64 页。

⑤ 李梅芳、赵永翔、唐振鹏：《产学研合作成效关键影响因素研究——基于合作开展与合作满意的视角》，《科学学研究》2012 年第 12 期，第 1872—1880 页。

国家层面和区域层面的协同创新绩效评价的可行性还仍有待探讨。

4. 协同创新环境

近年来国外对创新主体的合作创新的研究主要集中在对具体区域的定量分析上，验证了创新主体间合作的必要性和巨大影响。Annalee Saxenian 指出硅谷的高科技产业发展遥遥领先于 128 公路地区的原因在于集聚在一起的企业能否形成网络型的互动关系，既竞争又合作的协同关系和良好的创新环境和机制，则是产业区获取竞争优势的关键。[1] Bellendi 等对意大利托斯卡纳地区的区域创新系统进行了研究，发现评估对象的选择、创新网络的空间结构以及组织规模、创新环境等因素对创新政策的实行效果有直接影响，客观环境的变化会使创新政策产生不同的效果。[2]

王缉慈认为创新环境是大学、科研院所、企业、地方政府等创新主体之间在长期正式或非正式的合作与交流的基础上所形成的相对稳定的系统。[3] 在该区域内创新取得成效的原因在于参与创新的活动主体间形成了良性互动的合作关系，科研资金、技术成果、人才资源、仪器设备等创新要素在关系网中自由流动，使得创新效益得以最大限度发挥。[4] 刘俊杰、傅毓维运用系统动力学对高新技术企业的创新环境进行分，通过仿真模型分析发现政府法律环境、市场环境、融资环境因素对高新技术企业的创新过程有重要影响。[5] 李双金等通过构建创新环境的"主体—联系—制度"分析框架，认为解决我国的创新环境建设问题应当从激发主体活力、强化创新联系、完善创新制度和政

---

① ［美］安纳利·萨克森宁:《地区优势——硅谷和 128 公路地区的文化与竞争》，曾蓬译，上海远东出版社 1999 年版。

② Bellandi M., Caloff A., "An Analysis of Regional Policies Promoting Networks for Innovation", *European Planning Studies*, Vol. 18, No. 1, 2010, pp. 67 - 82.

③ 王缉慈:《知识创新和区域创新环境》，《经济地理》1999 年第 1 期。

④ 王缉慈:《创新的空间——企业集群与区域发展》，北京大学出版社 2001 年版。

⑤ 刘俊杰、傅毓维:《基于系统动力学的高技术企业创新环境研究》，《科技管理研究》2007 年第 12 期，第 24—33 页。

策等方面展开。①

目前关于创新环境运行机制对企业创新的影响的理论研究取得了一定成果，多数的研究讨论了创新环境对创新主体影响的评价指标体系的设计（李婷，董慧芹②；霍研③），但基于实例进行实证分析的较少，尤其是把高校与科研机构作为研究对象，分析外部环境因素对高校与科研机构创新贡献程度的影响的实证研究缺乏。同时，对环境是否对合作创新造成消极影响，以及企业如何适应动态变化的环境调整创新模式方面有待深入开展。

5. 文献述评

产学研合作是创新主体协同创新的一大基础理论模块，早在熊彼特创新学说诞生的同时便被提出，在 1987 年弗里曼提出"国家创新系统"后成了学者们的研究焦点。对产学研合作的研究内容从早期的动因、机制、影响因素和作用意义逐渐转向合作模式的探究和绩效的评估，研究方法从单一的理论叙述发展为案例实证分析、模型运用和指标体系构建。创新主体协同创新理论大体可借用产学研结合理论，但产、学、研的协同并不能全面反映创新主体协同创新，学者还需将政府、中介服务机构纳入协同创新的研究范畴，分析政、产、学、研、商的协同创新。尽管国内外学者对协同创新的规范性研究取得了一定成果，但现阶段对协同创新的研究方面仍存在几点不足：第一，研究系统性方面。协同创新是各子要素及其关系组成的一个有机体，如果缺乏对各创新主体间互动关系的研究，就不可能完整地把握协同创新的状态和运行。从目前研究成果看，关于协同创新的研究仍处于探索研究阶段，规范的完善的理论体系尚未形成，对协同创新动力机制、运行模式、平台建设等

---

① 李双金、王丹：《网络化背景下的创新环境建设：理论分析与政策选择》，《社会科学》2010 年第 7 期，第 36 页。

② 李婷、董慧芹：《科技创新环境评价指标体系的探讨》，《中国科技论坛》2005 年第 4 期。

③ 霍研：《产学研合作评价指标体系构建及评价方法研究》，《科技进步与对策》2009 年第 26 期，第 15—128 页。

基本理论的研究不够成熟。学者们对协同创新主体和构成要素等研究较多，对协同创新机制的研究大多处在现状分析和总结归纳等表象认识阶段，对不同条件下，如何系统性地、动态性地、开放性地建立创新行为主体间的关系链条及其互动机制的研究还相对缺乏。第二，研究方法方面。当前大部分关于协同创新内在机制的学术成果还处于表层分析和特征认识阶段，缺乏结合具体案例，对协同创新动力机制、运行模式、绩效评价、利益分配等进行的实证分析。同时，研究大多以创新管理理论为视角，较少运用系统动力学、生态发展学、耗散结构等多学科理论对协同创新机理进行深入分析。

（二）协同创新中政府作用的研究现状

目前学术界基本认可政府在创新合作中的主体地位，政府凭借在社会管理、经济领域中的职能优势直接或间接地对协同创新产生影响。发达国家产学研合作经验表明，在发展成熟的市场经济体制中，市场经济的固有缺陷仍会影响合作创新的效率，因此重视政府对合作创新的调节作用。而在我国社会主义市场经济体制尚未完善的情况下，政产学研的协同创新往往会出现偏离市场需求、注重短缺效益、合作动力不足等问题，更加凸显了政府引导的重要性，这就决定了政府应该充当协同创新的组织者和服务者的角色，发挥着统筹、协调社会各方面资源的作用。

1. 协同创新服务

按市场经济中的政府角色而论，政府的主要职能是提供经济发展的基础条件、提供公共产品与服务、解决与调整团体冲突、维持竞争、保护自然资源、为个人提供获得商品和服务的最低条件、保持经济稳定。[①] 宋建元、王德禄指出各创新要素的职能定位和协作互动是创新系统绩效高低的关键，政府在社会经济结构改变，转化职能的过程中，既要遵循市场经济的发展规律，又要对市场机制进行

---

① 谢志平：《行政管理学》，经济科学出版社 2008 年版，第 22—24 页。

调整和监督。① 李丹、陈雅兰指出政府在创新合作中要准确定位自身的决策、管理、监督与服务的角色，做到不越权管理，也不放任发展。② 黄上国认为政府的定位应当是"市场的动态互补者"。为了达到这一目标，需要进一步转换政府职能、完善产学研合作的市场体系和专家评审制度来进一步规范地方政府的行为。③ 陶丹、程迪祥基于博弈分析，政府可以帮助产学研合作实现（合作，合作）的帕累托纳什均衡，政府在产学研合作中的管理、协同等职能对合作创新的效应有直接影响，因此需要产学研的顺利运行政府提供良好的环境支撑与制度保障。④ 陈明等认为政府作为合作创新的主体，现阶段政府推动产学研合作是政府的职能所在，是我国经济条件下的必然。同时也指出，政府的作用不是替代市场，随着我国市场机制的逐步完善，政府的干预应该在某些领域退出或减弱，并最后走向平等参与。⑤ 庄涛、吴洪基于三螺旋各主体行为，政府在产学研合作创新中的参与度不高，政府的引导作用没有发挥出来。因此政府应注重在协同创新中的带动作用，对合作创新的发展方向、技术短板、科技资源等信息准确把握，并及时反馈给企业中的创新组织以高校等创新主体，加强在三螺旋中的活跃性。⑥

　　综上所述，学界基本认可政府依靠履行自身职能来推动、组织、协调、激励和引导创新合作的必要性，政府在这方面的积极作为具有不可替代的作用。同时，也有学者注意到随着市场经济体制的不断完

---

① 宋建元、王德禄：《区域创新系统中的政府职能分析》，《科学学与科学技术管理》2001年第11期，第51—53页。

② 李丹、陈雅兰：《浅析我国政府在推进产学研合作中的角色扮演》，《引进与咨询》2003年第10期，第33—35页。

③ 黄上国：《产学研合作的信息难题与政府的定位》，《科技管理研究》2009年第1期，第50—51页。

④ 陶丹、程迪祥：《基于博弈分析的政府介入产学研合作研究》，《科技进步与对策》2009年第26期，第9—11页。

⑤ 陈明、郑旭、王颖颖：《关于产学研合作中政府作用的几点思考》，《科技管理研究》2011年第12期，第14—17页。

⑥ 庄涛、吴洪：《基于专利数据的我国官产学研三螺旋测度研究——兼论政府在产学研合作中的作用》，《管理世界》2013年第8期，第175—176页。

善，政府在合作创新的中的作用已应由早期的主导型逐渐向服务行型转变，政府作用弱化的转变将会使企业与高校、科研院所成为核心的创新主体。

2. 协同创新合作

大多数学者认为协同创新中有政府的支持和一定程度的参与是必要的，仅仅依靠市场机制往往难以调动创新主体合作的内在积极性，这就需要政府建立相应的法律机制、行政管理体制和融资机制等管理协调机制促进政产学研合作的实力进行。陈玉祥指出官产学研合作主体是一种互利互惠而又相互制衡的关系，官产学研的顺利进行需要法律驱动机制、利益互惠机制、激励导向机制、有效制衡机制、科学评估机制五大机制的保障。[①] 张力认为政府通过制定财政、金融、评估等多种政策可以促进协同创新的发展。如各地方根据自身科技创新的发展阶段，探索建立灵活、高效的政产学研创新联盟，政府对重大合作创新项目进行税收、科研经费的支持；在国家创新体系建设规划层面对具有条件建立协同创新联盟的高校和科研院所予以支持。[②] 姜昱汐等探讨了大学科技园协同创新中政产学研各主体的作用，认为政产学研各方作为不同的创新主体，借助大学科技园提供的信息、资源交流和综合服务的平台与协同管理机制，实现协同创新。[③] 王军华认为政府在协同创新中在协同创新政策推广、协同创新资金扶持、协同创新氛围营造以及协同创新梯队建设四个方面予以支持。[④] 袭著燕等指出政府在金融介入的"政产学研用"技术创新中扮演支持、引导、组织角色，

[①] 陈玉祥：《治理视野下的官产学研合作的机制分析》，《大学》（研究与评价）2009 年第 9 期，第 45—51 页。

[②] 张力：《产学研协同创新的战略意义和政策走向》，《教育研究》2011 年第 7 期，第 18—21 页。

[③] 姜昱汐、胡晓庆、林莉：《大学科技园协同创新中政产学研的作用及收益分析》，《现代教育管理》2011 年第 8 期，第 33—35 页。

[④] 王军华：《政府在协同创新中的作用研究》，《科技创业》2012 年第 8 期，第 6—9 页。

组织、协调"产、学、研、金、用"的合作，为协同创新提供资金支持及基础设施平台，同时充当用户，发挥示范作用，促进潜在用户转化为现实用户。[①]

以上研究表明，学者们对创新主体间的合作互动关系进行了探讨，强调了政府资金、制度、平台支持对创新合作的重大影响，但在不同合作阶段下政府所发挥的作用应由不同，结合具体案例对政府在合作创新不同阶段中的应发挥作用的定量分析较少，值得进一步研究。

3. 协同创新制度

目前学界已基本认同市场机制的固有缺陷在很大程度上需要依靠政府制定相应的创新政策来解决，创新政策不仅可以引导协同创新的发展方向，还可以化解创新活动中的致癌与矛盾，保障创新主体的在合作过程中的合法利益，起到降低创新中的风险及成本，提高对合作创新激励的作用。何淑明、邹小春认为政府在科技合作活动中主要发挥政策保障的作用，根据政策在合作创新中作用的不同，可以把政策分为激励型、引导型、保护型以及协调型四大政策类别。[②] 吕静等认为政府行为中的政策法规支持比资金支持对中小企业协同创新的影响更大。[③] 饶燕婷指出政府应在产学研协同创新过程中建立健全相关的法制制度、创新合作的资助与优惠政策，建立专门的产学研协调工作办公室，同时出台促进协同创新的金融、税收、人才流动、仪器设备共享等相关配套政策，为各方主体的紧密协作提供制度保障。[④] 李祖超、聂飒认为有力的政策扶持是保障政产学研协同创新的首要条件，

---

① 裘著燕、李星洲、迟考勋：《金融介入的政产学研用技术协同创新模式构建研究》，《科技进步与对策》2012 年第 29 期，第 91—24 页。

② 何淑明、邹小春：《论地方政府与区域创新》，《经济师》2002 年第 7 期，第 114—117 页。

③ 吕静、卜庆军、汪少华：《中小企业协同创新及模型分析》，《科技进步与对策》2011 年第 28 期，第 81—85 页。

④ 饶燕婷：《"产学研"协同创新的内涵、要求与政策构想》，《高教探索》2012 年第 4 期，第 29—32 页。

一方面要深入改革企业产权制度，突出企业作为技术创新主体的核心地位；二是深化科技体制改革，提升高校和科研机构合作创新的内在驱动力，以及在协同创新中的参与性；三是要逐步增加对科学研究及其成果转化的投入和扶持力度。[1] 张钦鹏认为政府为助推产学研协同创新所进行的机制构建是创新主体间合作的制度保障，政府引导机制包括利益实现机制、政策协调机制、风险控制机制、创新激动机制和绩效评估机制，所有机制构成一个引导系统，为产学研协同创新指明发展方向并提供持久动力。[2]

综上所述，目前的研究大多从科技创新的人事管理制度、考核评价制度、创新管理制度等宏观层面对合作创新中的政策进行了研究，但政府在协同创新中的政策如何影响协同创新效果及创新主体间合作的内在动力等问题的研究尚未形成体系，尤其是针对欠发达地区政府创新政策的研究较少。如何借鉴发达地区协同创新的成功经验，制定适用创新能力薄弱地区的创新政策，仍然是亟待解决的问题。

4. 文献述评

综上所述，学界对政府在协同创新中的优势及作用进行了比较深入的探讨，但目前对政府作用的研究基本是以技术创新理论为视角，紧密联系政府作用与协同创新的相关性进行全面研究的成果不多。现阶段存在的问题有：第一，研究系统性方面，学界在政府、高校、企业、研究机构是协同创新的核心要素问题上已取得共识，但政府在协同创新的不同阶段的角色应如何进行动态定位，创新政策如何调整方向等问题还没有明确的共识。第二，研究范围方面，大多数研究只对国家创新体系或发达地区的区域协同创新体系进行研究，对于与发达地区科技发展水平、人力资本与物质资本方面有较大差距的西部欠发

---

[1] 李祖超、聂飒：《产学研协同创新问题分析与对策建议》，《中国高校科技》2012 年第 8 期，第 24—27 页。

[2] 张钦鹏：《产学研协同创新政府引导机制研究——基于"2011 计划"实施背景》，《科技进步与对策》2014 年第 3 期，第 1—5 页。

达地区的创新体系研究成果较为零散，对发达地区政府在协同创新中发挥的作用是否也适用于西部欠发达地区的问题尚无定论，尤其缺乏政府在协同创新过程中的作用的实证研究。为更好地研究区域创新问题，应从宏观层面理解与构建协同创新的理论框架，本文将协同创新归纳为创新主体协同创新、产业协同创新与区域协同创新。在创新主体协同创新方面，鉴于有关学者较多关注企业、高校和科研机构，研究将政府纳入协同创新主体的研究范畴，并着重探讨政府在协同创新中的作用。

四 研究内容与方法

（一）研究内容

鉴于研究框架设计的内容构成及研究特点，本研究运用经济学、系统科学、管理学等学科与方向的基本理论和研究方法，力图实现规范分析与实证分析相结合，深入探讨北部湾经济区协同创新中的政府作用。

本论文将视线聚焦于北部湾经济区协同创新主体的中政府的作用研究。第一，在广泛研究国内外相关文献的基础上，从整体上把握协同创新的基本内涵，并明确与之相关的理论（创新理论、协同创新理论、政府职能作用理论等），特别是协同创新各主体及其相互之间的关系。第二，对目前北部湾经济区协同创新的现状及面临问题进行分析，为后续北部湾经济区协同创新的实证研究及对策建议做准备。第三，以复合系统协调理论为基础，建立政产学研协同创新系统协调度评价体系，从产业、高校、科研机构、政府四个方面对北部湾经济区 2008—2014 年创新主体的协同创新协调度进行测算，并从纵向分析北部湾经济区 4 市创新主体协同创新子系统内部的序参量变化和各子系统协调变化的趋势，讨论协同创新的发展程度、影响因素及各主体存在的问题。第四，根据评价结果，在加强协同创新的顶层设计、企业主体地位、人才激励机制、协同创新平台建设、金融体系等方面提出了提升北部湾经济区为协同创新能力的对策。

（二）研究方法

研究方法如图 1—1 所示。

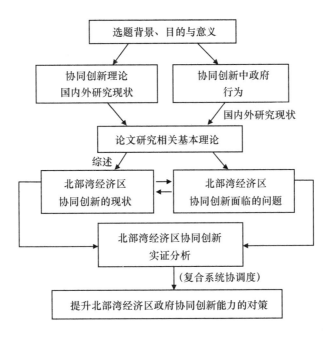

图 1—1　研究方法

基本概念界定与基本理论

一　协同创新的概念

"协同"一词是德国学者赫尔曼·哈肯（Hermann H.）在系统论中最早提出的概念，是指系统中诸多子系统的相互协调、合作的或同步的联合作用、集体行为，结果是可以产生 1 + 1 > 2 的协同效应。[①] 协同创新（Synergy Innovation）则是指不同创新子系统的创新要素有机配合，通过复杂的非线性互相作用产生单独要素无法实现

---

① ［德］赫尔曼·哈肯：《协同学》，上海译文出版社 2005 年版，第 10 页。

的整体协调效应的过程。20 世纪 60 年代美国著名战略管理学家安索夫（Igor A.）将协同理论引入企业管理领域，并把协同作为企业战略的四要素之一，指出这种使公司的整体效益大于各独立组成部分总和的效应就称为协同。[①] 此后这一思想被管理者用于企业产品开发领域，产品设计、制造、销售的资源共享，上下游企业的协作运营等方面。我国学者陈劲认为协同创新是将各个创新主体要素进行优化、合作创新的过程。[②] 但目前国内学术界还没有对于协同创新的基本定义达成共识。

本文认为，协同创新是指政府、高校、企业、科研机构之间的要素协调和合作创新，企业在其中处于核心地位，而政府主要发挥引导协同作用。但不同于开放式创新和单纯的产学研合作，协同创新的内涵更加丰富，是一项更为复杂的创新组织方式。协同创新机制的系统性可以很好地解决产学研合作中的自利性问题，它强调"政"在"产学研"中的主导作用，在宏观层面上对协同创新进行制度设计和政策引导，促进各创新主体的知识共享和资源的合理配置，最终实现整体利益的最大化。在本质上协同创新已经超越了以往技术、产学研、集群创新等创新模式，成为高度整合资源、提高创新效率的更有效途径。

二 协同创新的构成主体

创新主体间有效的联系和合作是协同创新高效运行的关键因素。目前学界对协同创新的定义虽未下定论，但对于协同创新的构成主体已取得广泛共识，即主要包括政府、企业、高校、科研机构及科技中介等，各创新主体凭借自身的创新优势与资源在协同创新中发挥着不可替代的

---

① ［美］安索夫：《新公司战略》，曹德俊、范映红、袁松阳译，西南财经大学出版社 2009 年版。

② 陈劲：《协同创新》，浙江大学出版社 2012 年版，第 13 页。

作用（见图 2—1）。

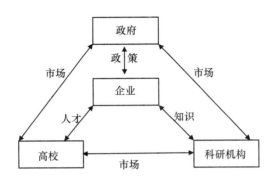

图 2—1　协同创新的构成主体

（一）政府：协同创新的政策创新主体

协同创新是在政府支持下，由企业、大学和科研院所组成的利益联合体，主要任务是促进企业技术进行改造与创新，以获得有自主知识产权的技术，进而推动技术成果的市场化。政府在其中充分发挥引导、协调作用，既积极参与到协同创新的具体环节中，又通过制定一系列政策对协同创新的发展进行调控，引导创新资本、技术、人才、知识等创新要素在市场经济中进行合理流动与配置。在遵循市场经济规律转变职能过程中，政府需要发挥两大作用，一是进行协同创新的机制设计，对诸多不适应协同创新发展的政策进行修善，确立符合时代发展并具有地区发展特色的科技创新制度与政策。通过财政、金融政策等调控手段保障科研资金顺利到位，制订科学的创新计划，对参与协同创新活动的创新主体进行有效的管理。二是协调协同创新的运行，政府由于处于经济社会管理及运行的中枢，往往掌握着大量并且关键的科技信息资源，因此要充分发挥管理的杠杆作用，从宏观上及总体上对协同创新主体的行为进行协调，并积极解决创新主体在合作过程中遇到的瓶颈及冲突，促进各方形成利益共识与合作达成。发达地区成功经验表明，企业与区域的经济社会发展不能单单凭借企业、高校、科研机构任何一方的力量，只有充分发挥政府在创新活动中的政策引导作用才能保证协同创新的顺利进行。

（二）企业：协同创新的技术创新主体

协同创新的根本目的是技术革新和技术应用，作为技术创新投入的主体，企业往往决定着技术创新的成败。原因在于，作为社会经济活动的直接行为主体，企业是知识与技术的应用者和最终产品服务的提供者，位于技术与经济的结合点，能快速、准确理解市场需求的变化趋势以及市场未来的走向，以此做出适当反应。一方面，企业能根据战略发展需要，针对性地吸收高校、科研机构的知识资源，提升自身创新能力与核心竞争力，推动产业链的上升。另一方面，企业还能根据市场的变动趋势，融入到大学的创新活动中，为大学的教学、研究指引方向，提升大学创新的社会价值以及专业水平。与此同时，企业的活动还能够提高区域内各组织的创新活动效率，减少合作活动的盲目性。作为协同创新过程中成果转化的主体，企业需要通过市场来检验合作创新的成果的价值，企业一旦通过技术成果的市场应用获利，就会吸引其他企业进行效仿学习，引导其他企业参与到创新成果的应用推广中，形成连锁反应，进而推动创新资源的经济效益和社会效益最大化。发达地区的成功经验显示，企业自主创新能力的提高对区域社会经济发展起着关键作用，对于后进地区更应该对企业技术创新予以重视，使企业在促进技术革新、产业升级、经济转型方面发挥助推器功能，突出其在协同创新中的核心地位。

（三）高校：协同创新的人才培养主体

高等院校的创新途径是以高素质人才培养和知识传播为主，对于协同创新发挥着重要的辅助作用。高校技术创新活动的本质是提升技术潜力，开发技术，为社会主要企业提供技术。高等学校具有智力优势、学术优势、多学科综合优势和人才培养优势，高等学校特别是研究型大学，在培养高层次专门人才的同时也是我国基础研究和高新技术研究的重要生力军。作为积累、传播、发现和创造知识的教学和科研的提升是高校在协同创新中的核心定位，获得经济收益只是次要目的和实现途径。高校各类学科、领域的高水平人才济济，人员更新流动快，学术氛围活跃，便于从事多学科交叉的基础研究与应用研究。凭借丰富的藏书及成果文献数据库，依托国家重点实验室、博士后工作站、先进的仪器设备等科研平台，能够产出高质量、有代表性的科研成果。同时，高校间的项目合作、学术访问、人才交流等活动一方面带动了企业的创新效益以及区域内优秀人才的聚集，优化了本地人才的数量与质量，使人才结构日趋合理；另一方面促进了知识的流动，使得知识通过学习和研究得以创新，对联合攻关经济社会的重大创新课题有重要作用。因此，高校是培养协同创新高层次人才的主要基地，在协同创新中起着人才与知识输送者的角色。

（四）科研机构：协同创新的知识创新主体

科研机构在协同创新中承担起了知识创新与知识传播的作用。科研机构在政府引导下，围绕市场与企业的需求，为企业提供有较强应用性的知识和技术，凭借在基础研究方面具有独特优势，在专业化方面有较深的研究积累，科研机构的活动多涉及战略性、前沿性，关乎国计民生的主要领域，并承担部分研究型人才的培育工作。一方面，科研机构的理论研究成果、技术创新成果构成了成果转化的理论基础，为企业的高技术成果转化提供了有力的理论支撑，拓展了企业的创新空间，对企业进行技术改造起了积极作用，同时有助于企业对合作创新的成果直接应用，进而提高企业自主创新能力和生产力水平；另一方面，科研机构与高校共同培养了一支由多个专业组成的科研和工程队伍，对提高全社会的素质、提高科技创新水平至关重要。此外，一些具有研发实力和经济实力的科研机构除了向企业提供技术咨询、项目承接、成果转化等服务外，还会改办成技术研发型的企业，成为创新市场的新鲜血液。科研机构长期以来通过承担国家、地方政府以及来自市场的各类研究任务，加之拥有专业化的设施平台和一定的知识工程化能力，以及相应的设施平台，从而成为构建协同创新体系的综合性创新主体。

三 协同创新的相关理论

（一）三重螺旋理论

三螺旋理论是 1996 年在荷兰阿姆斯特丹召开的"大学与全球知识经济"国际研讨会上提出的。其核心思想在于推动价值创新，大学、企业、政府在合作创新的过程中良性互动，是国家创新体系的重要组成部分。三螺旋理论的产学研合作不单是企业与大学间的单向交流，还强调了政府在其中的推动作用。该理论认为，政府、企业、高校及科研院所是创新要素诞生的必要环境，而政府、企业、高校及科研院所等环境因素必须与市场的需求相联系，从而形成一种相互影响、交叉互动的三螺旋关系。[①] 在三螺旋模式中，大学、企业以及政府依靠自身优势在合作创新中发挥不可替代的作用，三者之间保持互利共赢的关系。政府通过决策权力制定一系列政策，对企业和大学的经营、科研活动起导向作用；企业具有强大的经济和市场的影响力，通过其产品、经营、社会影响对政府政策及大学研发反馈效果和建议；大学和科研机构是人才培养与输送的主体，主要工作是教学与科学研究，即便是在参与产学研合作的过程中，大学依然肩负着培养人才和创造知识的特殊使命，二者通过在科学研究、成果转化方面的强大优势，与市场经济紧密相连，能够在区域经济中发挥作为创新源泉的技术向环境辐射的作用。由此可以看出，产学研间的合作要紧紧围绕企业需求，需要政府在宏观层面上进行协调，大学与科研院所要在合作创新中发挥人才培养和知识创新的作用，三者齐力发挥作用，三个创新主体间保持互相螺旋的状态才能使合作创新的效应最大限度发挥。

---

① 王成军：《大学—产业—政府三重螺旋研究》，《中国科技论坛》2005 年第 1 期，第 89—90 页。

（二）创新网络理论

20世纪80年代后期，随着技术创新的不断发展，人们发现技术创新是在内外部环境影响下创新子要素相互作用的过程，由于行业的分工限制创新主体分部在不同领域，而企业的创新不可能单凭某一方独立完成。因此，创新主体间的合作与交流就显得格外重要，创新网络的形成正是顺应了企业、大学、研究机构等创新主体间进行资源共享与技术合作的需求。率先将这一负责过程归纳为网络化模式的美国经济学家罗斯韦尔（Rothwell）指出，随着技术创新方式的变革、电子信息化对创新范式的影响，创新研究向网络化时代发展。[①] 创新网络可以看作是由政府、企业、大学、研究机构、科技中介等创新主体在长期的合作过程中形成的有相对稳定互动关系的组织系统。它具有市场的灵活机制，同时又十分注重网络组织的要素协同与创新特征和多赢的目标，并建立在社会、经济、技术平台等特点上的组织形态。[②] 创新网络理论关注的重点是创新资源如何流动的问题，网络组织的内部成员关注的焦点是创新资源如何利用；对于创新网络这个整体来说，网络成员间协同互动的好坏、资源共享与否等问题对创新网络整体效应的发挥有重大影响。由于企业技术创新处于一个不断变化发展的过程，技术研发组织也在随之改变，创新过程逐渐使用技术战略与企业间联系，即纵向的客户和供应商联系以及横向的战略伙伴联系，这样的联系加快了企业与外部信息的交换和协调，对创新具有重要作用。由此可以看出技术与知识在创新网络成员间的流动不仅丰富了本身的知识链，也加速了技术成果的市场化过程，产生了应有的经济价值，使参与成员受益。因此，产学研创新网络不仅加强了创新主体间

---

① Rothwell, R., "The Changing Nature of The Innovation Process: Implication for SMEs", In: Oaakey, R. (Ed.), *New Technology Based Firms in the 1990s*, London: Paul Chapman Publishing, 1994.

② 孙全福、王伟光、陈宝明等：《产学研合作创新：理论、实践与政策》，科学技术文献出版社2013年版，第8页。

深层次的交流与合作，在一定程度上也提升了组织成员的创新能力，为组织的长远发展奠定基础。

四　政府作用的含义及相关理论

（一）政府作用的含义

政府作用一般是指政府依法对国家以及社会公共事务进行管理时所具有的功能和作用，它关注的焦点在于什么事政府应该做、什么事不应该做。政府作用的发挥往往与市场机制紧密联系在一起，政府在协同创新过程中如何规避市场失灵，协调好创新主体在合作创新中的活动，对协同创新的成效起着决定作用。西方学界的研究成果表明：可以通过市场机制完成的事情，政府应该不管或少管；在市场机制失灵领域，政府一定要管好；而在充分的市场竞争中，参与主体都没有能力做好的事情，政府应该掌握主动权和控制权。

（二）政府作用的理论基础

重商主义的政府扶持介入论。政府在经济发展中应该发挥什么作用，这一问题早在资本原始积累阶段的重商主义晚期就出现了，那时候商业资本家要求政府鼓励出口、限制进口、统一国内市场、开拓海外市场、扮演积极的贸易保护角色，对国家经济实施干预。

政府"守夜人"理论。18世纪末工业革命的爆发使得资本家要求政府在社会经济管理中逐渐放松管制，应从国家干预转向自由资本主义。自由资本主义时期的政府作用理论以亚当·斯密的经济人假设为基础，一大特点是极力推崇市场机制这只"看不见的手"，不支持政府干预社会经济生活。因此这一时期的政府通常采取自由主义的管理方法，对新兴的资产阶级政权的巩固起"守夜人"的作用，政府管得越少，对经济发展越好。

国家干预主义。20世纪30年代资本主义社会发生了经济大危机，美国著名经济学家凯恩斯提出要全面增强政府作用，政府应该是经济社会的积极干预者，凯恩斯干预主义在西方兴盛一时。当时的美国总统罗斯福推行以政府干预为核心的"新政",有效化解了美国的经济危机,开创了国家强制干预经济社会的先例,结束了放任自由的资本主义时代。这一时期资本主义国家充分强化了政府组织统治的作用,加强了对经济领域的调控及干预,垄断代替了自由竞争,政府在经济社会中的作用被大大加强了。

当代政府作用理论。当代政府作用理论是建立在西方资本主义国家政府职能从放松到管制再到放松的来回反复,以及第三世界国家经济腾飞与经济危机的实践中总结而来。这一时期的政府作用已不再简单聚焦政府应不应该对经济进行干预,而在于在现实中政府应以何时、以何种方式及手段干预经济到何总程度的问题。这一时期的政府作用呈现出行政职能扩大,保持社会稳定的调节职能趋势加强,政府宏观调控、综合协调职能的强化与行政职能的社会化同步进行的趋势。[①] 政府通过把一部分职能出让给社会,让社会在某个领域代替政府进行管理,是当代政府作用发展的新特点。

北部湾经济区协同创新现状分析

一　北部湾经济区协同创新的现状

北部湾经济区创新主体是指在该区域从事协同创新的承担者,主要包括在北部湾经济区内的政府、企业、高校和科研机构。在政府的积极引导下,目前北部湾经济区初步形成企业、高院及科研机构协同创新的良好格局。

(一) 政府部门协同创新现状

政府部门在协同创新中起着统筹与协调的作用。在政府转换职能,向"服务型政府"转型的背景下,需要充分发挥市场机制的作用,一方面贯彻国家关于协同创新的宏观指导政策,制定促进当地协同创新发

---

① 夏书章:《行政管理学》,高等教育出版社 2003 年版,第 49 页。

展的科技创新计划；另一方面要结合本地的实际情况，积极转变行政职能，为协同创新提供良好的创新环境。

1. 政府财政投入情况

2013 年，自治区共安排科学研究与技术开发计划项目 1879 项，资助经费 5 亿元，组织验收项目（课题）共 1186 项。科技投入持续增加，全年全区研究与试验发展（R&D）经费支出共 1076789 万元，比上年增长 12%。按执行部门分组，科研院所、大中型企业、高等院校的 R&D 经费支出分别为 129585 万元、716419 万元和 82815 万元，占 R&D 经费支出总额的比重依次为 12%、66.5% 和 7.69%[①]。其他单位[②]承担项目科技经费 147970 万元，占 13.81%。如表 3—1 所示，北部湾经济区的科学技术拨款占省本级的近 1/2，说明科技创新活动得到了政府的大力支持，科学技术拨款主要用于技术研究开发方面。2014 年全年自治区安排科学研究与技术开发计划项目 1890 项，资助经费 5.31 亿元。其中，技术研究与开发经费 35900 万元；科技成果转化资金 10200 万元；自然科学基金 6500 万元；自治区主席科技资金 500 万元。[③] 科研项目的开展得到了较为充分的财政资金支持。从表 3—2 中也可看出北部湾经济区政府对科技技术的拨款逐年增加，近三年递增幅度都在 20% 以上。其中南宁市的科学技术拨款与地方财政支出与北部湾经济区其他三市相比差距明显。持续的财政支持改善了北部湾经济区重点实验室、产学研合作基地、工程技术中心等科技创新平台的环境，是政产学研得以顺利进行的物质保障。

[①] 广西科学技术厅：《2014 广西科技统计数据》，http：//www.gxst.gov.cn/zwgk/kjtj/tjsj/705687.shtml。

[②] 其他单位包括，（1）除科研院所、大专院校之外的其他事业单位；（2）政府部门；（3）各类中介机构、协会（学会）；（4）其他机构。

[③] 广西统计局：《2014 年广西壮族自治区国民经济和社会发展统计公报》，http：//www.gxtj.gov.cn/tjsj/tjgb/201504/t20150423_54862.html。

表 3—1　　2013 年北部湾经济区地方财政科技拨款与地方财政支出　单位：万元

城市	科学技术拨款	科学技术管理事务	基础研究	应用研究	技术研究与开发	科技条件与服务	社会科学	科学技术普及	科技交流与合作	科技重大专项	其他科学技术支出	地方财政支出
省本级	211390	2891	22186	49121	87786	9779	7375	5557	1181	—	25514	7049024
北部湾	99505	3270	32	1322	16373	805	1173	2459	36		4303	7100361
南宁	55203	1397	32	804	47526	288	999	1388	5		2764	3778000
北海	24391	497	—	473	22206	388	4	478			345	996343
防城港	6545	530	—	—	4716	20	166	228	24		861	901728
钦州	13366	846		45	11657	109	4	365	7		333	1424290

表 3—2　　　　2008—2014 年北部湾经济区科学技术经费支出　　单位：亿元

城市	南宁	北海	钦州	防城港	北部湾经济区
2008 年	1. 9202	0. 2223	0. 0099	0. 0509	2. 2033
2009 年	1. 7652	0. 2031	0. 1246	0. 0624	2. 1553
2010 年	2. 0311	0. 1791	0. 3106	0. 0733	2. 5941
2011 年	2. 8453	0. 2486	0. 1909	0. 1112	3. 396
2012 年	3. 6719	1. 4049	0. 7933	0. 2184	6. 0855
2013 年	4. 81	2. 0374	0. 9308	0. 4292	8. 2074
2014 年	5. 56	2. 57	1. 12	0. 97	10. 22

资料来源：广西统计年鉴（2008—2015）。

2. 政府科技体制改革情况

一方面，为了提高科技服务的效率，转变机关作风，提高行政效能，2007 年广西科技厅相继出台了《广西壮族自治区科学技术厅首问负责制度（试行）》、《广西壮族自治区科学技术厅行政过错责任追究办法（试行）》等制度，2012 年先后出台了《关于提高自主创新能力建设创新型广西的若干意见》、《关于深化科技体制改革、加快建设广西创新体系的实施意见》及 66 个配套文件。"2 + 66"文件体系是今后一个时期北部湾经济区深化科技体制改革、加快北部湾经济区协同创新建设的指引性文件，体现了政府科技服务职能的重大转变。另一方面，各级政府建立部区会商和厅市会商制度，集成区内外的创新资源，把重大创新计划放入议事日程，对项目实施加强领导，共同对经济社会发展中的重难点科技问题进行联合攻关。同时建立了科技部门之间的沟通与合作机制，对创新项目定期进行跟踪与考核，保证了各市创新计划按质按量完成。

3. 政府制定促进协同创新政策情况

目前，北部湾经济区 4 市已建立厅市会商工作制度，该制度是部区会商制度的重要延伸，从地方经济社会发展的重大科技需求出发，重点在科技工作思路、工作重点和工作措施三个方面对接，有效集成自治区和地市科技资源，发展各市重点产业、特色优势产业，提升地方科技工作的统筹和协调层次，整体推进地方科技工作发展，促进区域经济发展与和谐社会建设。同时自治区及北部湾经济区各市均出台了各自的科技创新政策法规，但基于北部湾经济区这一层面的区域创新顶层设计存在空白，如何根据北部湾经济区的发展定位和战略要求制定有区域特色的协同创新政策，仍值得有关部门继续探索。

第一，扩大融资方面的政策。2009 年，广西壮族自治区人民政府颁布《关于进一步支持中小企业融资的意见》，在落实国家支持中小企业的信贷政策、拓宽中小企业融资渠道、构建中小企业融资激励机制、完善中小企业融资外部环境四方面提出了建议。南宁市在《2012 年南宁市实施抓大壮小扶微工程方案》中提出，重点围绕一批 2011 年工业产值在 1500 万元左右的成长性好、有项目支撑的以及今年新建投产、产值有望进入规模口的中小企业，在申报国家和自治区中小企业专项发展资金、贷款贴息、融资服务等各方面给予重点支持，培育中小企业上规模。2014 年《广西壮族自治区科技型中小企业技术创新引导资金管理暂行办法》出台，标志着政府在鼓励金融机构等社会资本加大对科技型中小企业技术创新的支持力度，帮助科技型中小企业解决融资难题方面，向前迈进了一大步。

　　第二，技术创新方面的政策。2012 年至今，自治区政府新修订《广西壮族自治区高新技术产业开发区条例》、《广西壮族自治区科学技术进步条例》和《广西壮族自治区专利条例》三大条例，新制定《关于提高自主创新能力，加快建设创新型广西若干意见》、《广西壮族自治区人民政府关于开展全民发明创造活动的决定》和《广西壮族自治区人民政府关于加快高新技术产业开发区发展的若干意见》三大意见。《广西壮族自治区发明专利技术引进经费管理暂行办法》及《关于加强大学科技园建设的实施方案》等政策为促进技术创新合作增添了动力。同时北部湾经济区 4 市都制定了符合各自区情的市级创新计划，如《南宁市创新计划（2011—2015）实施方案》等，为地区"十二五"时期的协同创新发展提供了方向。其中，南宁市为加快创新城市建设，加强自主创新营造政策环境修订出台《南宁市科学技术奖励办法实施细则》，施行《南宁市人民政府关于贯彻落实广西开展全民发明创造活动的实施意见》、《南宁市发明专利倍增计划实施方案》。北海市《北部湾电子信息专业孵化器管理办法》和《电子信息产品测试中心管理办法》根据不同的创业主体，在租金、科技项目、投融资、税收、商务及科技服务等各方面制定了配套政策优惠，促进"政府引导、科技部门和经济园区密切联动、龙头企业积极参与"的合作推进局面，为中小企业发展营造良好的创业政策环境。钦州市出台了《钦州市高新技术产业服务中心优惠政策》，鼓励和扶持入孵企业创新产业。

　　第三，人才引进及激励政策。为解决北部湾经济区科技人才紧缺的问题，自治区制定下发了《关于加快吸引和培养高层次创新创业人才的意见》、《关于进一步加快广西北部湾经济区人才开发的若干政策措施》等人才引进相关文件，政策对引进人才的条件、职责、待遇、考核等方面做了详尽规定。新颁布的《广西壮族自治区科学技术奖励办法》规定在广西自治区设立自治区科学技术奖，鼓励民营企业进行科研开发与技术创新，授予在科学研究、技术创新和促进科学技术进步等方面做出突出贡献的公民、组织高额科研经费等措施，对激励北部湾经济区科研创新起了积极作用。《广西壮族自治区八桂学者专项资金管理暂行办法》以及《特聘专家制度试行办法》计划以千万、百万元的资金支持力度，在"十二五"末引进百名八桂学者和特聘专家带培人才团队。这些人才政策为北部湾经济区建立以八桂学者为带动、特聘专家为支撑、人才小高地创新团队为基础、海外高素质人才为补充的人才开发新格局提供了有力的制度保障。

（二）企业协同创新现状

作为科学技术的创造者和技术成果转化的实践者，企业既是研究的主体，又是生产的主体，它位于技术与经济的结合点，能快速、准确理解市场需求的变化趋势以及市场未来的走向，以此做出适当反应，因此在协同创新的过程中处于核心和主导地位，决定着协同创新运行的全过程。

1. 规模以上工业企业基本情况

北部湾经济区近年来工业发展迅速，企业已经意识到自主创新对于提高经济效益及产品竞争力的主要作用，对技术创新与研发的投入逐年增加。2014 年北部湾经济区规模以上工业企业有 1583 家（见表 3—3），规模以上工业总产值近 7000 亿元，规模以上工业企业属技术科研机构数 260 多家，规模以上工业企业 R&D 经费内部支出 12 亿元，反映出该地区工业运行整体情况良好。其中南宁市的规模以上工业企业数、规模以上工业企业属技术科研机构数、规模以上工业 R&D 经费内部支出 3 项指标均占北部湾经济区的近 60% 以上，反映出南宁市在北部湾经济区规模以上工业企业发展规模及创新投入方面领先于其他城市，北海、钦州、防城港对企业创新的投入不足。

表 3—3　　　　　2014 年规模以上工业企业基本情况

城市	规模以上工业企业数（个）	规模以上工业总产值（亿元）	规模以上工业企业属技术科研机构数（个）	规模以上工业 R&D 经费内部支出（万元）
南宁	946	2856.63	201	128324

城市	规模以上工业企业数（个）	规模以上工业总产值（亿元）	规模以上工业企业属技术科研机构数（个）	规模以上工业 R&D 经费内部支出（万元）
北海	190	1595.5	47	31725
钦州	285	1283.49	15	10214
防城港	162	1141.08	9	9273

资料来源：广西统计年鉴（2015）及各市科技局。

2. 以企业为主导的协同创新发展情况

第一，高新技术企业是指在特定的高新技术领域中进行技术创新以及成果转化，并拥有核心自主知识产权的企业。2015 年北部湾经济区共有高新技术企业 306 家，其中南宁 232 家，北海 27 家，钦州 35 家，防城港 12 家，占广西高新技术企业总数的 75.8%[①]。北部湾经济区高新技术产业逐步形成了电子信息、生物医药、机电一体化、有色金属新材料等高新技术产业集群，四个优势产业的高新技术企业总产值占所有高新技术企业的比例达 80%，已经成为北部湾经济区工业发展和经济发展的主要拉动力之一。

第二，创新型（试点）企业是自治区政府为引导企业进行自主创新和各类创新要素向企业集聚而开展的企业培育工作。从 2009 年起，自治区计划未来 5 年内在全区范围内按照不同行业、不同区域选择 100 家企业作为广西创新型试点企业，对获评企业自治区财政将给予 50 万元至 100 万元不等的奖励。2014 年，广西已认定自治区级创新型试点企业 122 家，自治区级创新型企业 74 家，其中南宁 19 家，北海 4 家，钦州 2 家，防城港 1 家，北部湾经济区创新型企业数占广西创新型企业总数的 35%，完整覆盖广西"14＋4"千亿元产业及北部湾经济区的特

---

① 广西科技信息网：《广西高新技术企业名单》，2016 年 6 月 16 日，http：//www. gxst. gov. cn/kjfw/kjzy/gxjsqy/gxgxjsqy/614220. shtml。

色、优势产业①。基本覆盖广西"14+4"千亿元产业及北部湾经济区的特色、优势产业。组织开展创新型企业培育攻关课题申报,共投入经费250万元,支持北部湾经济区近10家企业建设,涉及了食品、医药、电子信息、材料和有色金属等领域。

第三,产学研用一体化企业是为加快北部湾经济区创新体系建设,围绕"14+10"产业体系进行培养的创新意识、产品竞争力的技术研发型企业,产学研用一体化企业将在产学研用项目与开发新产品方面发挥带动作用。目前北部湾经济区已着手对区域内的29家产学研用一体化企业进行重点培育,其中南宁16家,北海5家,钦州和防城港各4家。这些项目主要分别在有色金属、食品、电子、机械制造、新材料新能源等北部湾经济区的特色行业,企业的需求项目通过与清华大学、哈尔滨工业大学、美国斯坦福大学、中科院等区外高等院校和科研院所合作,在一些关键技术和共性技术瓶颈上取得了突破,获得了良好的经济效益与社会效益。

3. 企业协同创新平台建设情况

第一,高新技术产业开发区建设。高新技术产业开发区是在本自治区行政区域内实行体制机制改革、集聚科技创新要素、发展高新技术和战略性新兴产业、辐射带动区域发展的特定区域。2014年北部湾经济区共有高新技术产业园区5家,其中南宁2家,北海、钦州、防城港各1家。2015年,南宁高新区完成全部工业总产值1000.84亿元,同比增长21.46%,规模以上工业总产值997.13亿元,同比增长21.51%,规模工业增加值289.57亿元,增长13.5%,进入广西千亿元产业园区之列。② 以高新区为核心,加快形成南宁综合保税区、北湖工业园区、相思湖高教科技园区等一批增长亮点,不断提升高新区的辐射力和带动

---

① 广西科学技术厅:《自治区级创新型企业》,http://www.gxst.gov.cn/kjfw/kjzy/cxx-qy/zzqjcxxqysd/index.shtml。

② 新华网:《南宁高新区召开2016年年度会议》,2016年3月23日,http://www.gx.xinhuanet.com/2016-03/23/c_1118418479.htm。

力，将带动企业和高校在科技创新中的领导作用。2015 年，南宁高新区新增市级企业技术中心 2 家，累计达 22 家；市级工程技术研究中心累计达 14 家；区级企业技术中心累计达 35 家；区级工程技术研究中心累计达 32 家；新增广西创新型（试点）企业 5 家，累计达 21 家；国家认可实验室（CNAS）累计达 9 家，广西院士工作站累计达 10 家；新增 1 家博士后科研工作站，累计达 5 家[①]，在生物工程、电子信息、机械制造三大特色主导产业领域拥有一批骨干企业。高新区每年对校企合作项目设立 100 万元的资助资金，积极开展与广西大学、广西科学院等高校、科研院所的科研合作，对科研成果的转化提供技术支持与服务。这对北部湾经济区探索建立大学科技园、"校区一体化"的协同创新模式，推进高校与企业的合作有积极的借鉴意义。

北部湾经济区高新技术产业带已初具规模，区域内已经形成电子信息、生物工程与制药、新能源新材料、机械制造为特色主导产业，以南宁、北海两市高新园区为带动，各类工业园区为共同发展的高新技术产业开发格局。2015 年北部湾经济区高新技术产业带内培育高新技术企业近 300 家。中国电子北海产业园的建成无疑是北海市电子信息产业发展的一个重要"里程碑"，对北海建设北部湾"硅谷"有重大意义。借助中国电子集团的强大实力和影响力，冠捷、朗科、三诺、惠科等电子行业的龙头企业纷纷落户北海工业园区，逐步形成产业集聚效应，2012 年园区工业总产值实现 285 亿元，电子信息产业产值达 257 亿元[②]。实施三年跨越发展工程以来，铁山港（临海）工业园区、北海工业园区、北海出口加工区、北海高新技术产业园区发挥了良好的产业集群效应，电子信息、新材料新能源、石油开采与冶炼三大产业成为园区经济发展的重要引擎。同年，国家软件与集成电路公共服务平台北部湾平台项目

---

① 中华人民共和国科学技术部：《南宁高新区》，2016 年 1 月 11 日，http：//www. most. gov. cn/ztzl/qgkjgzhy/2016/2016jlcl/2016gxq/201601/t20160111_ 123585. htm。

② 北部湾新闻网：《2012 年北海工业园电子信息产业产值同比增九成》，2013 年 3 月 6 日，http：//www. bh. chinanews. com/news/cj/20130114/95227. shtm。

在北海高新区建成，该平台将为北海市、北部湾地区乃至广西的软件和集成电路企业提供包括共性技术、人才培训、战略咨询等领域的公共服务。① 目前，北海高新区正在积极推进公共平台、技术平台、金融服务平台建设，为入驻园区的企业提供全方面的信息服务。

第二，科技合作基地建设。高新技术特色产业基地是由当地人民政府主导，依托骨干企业、中小企业群以及各类科技创新服务机构形成的具有一定规模、地方特色优势明显和科技创新能力强的产业集群。其建设和发展方式为：通过政策引导和规划实施，促进创新资源聚集，培育产业促进组织，加强创新载体建设，建立公共服务平台，形成创新网络，促进产业集群向创新集群发展。经确认的自治区级高新技术特色产业基地（含试点），自治区科技厅将在政策、科技计划项目、科技创新平台、申报国家项目等方面给予重点支持。目前，北部湾经济区共获得1个自治区级高新技术产业化基地的认定，即广西铝及铝金精深加工产业化基地。该基地积极组织实施重大科技专项，从铝金精深加工产品拓展到家电铝制部件、出口 IT 热传铝部件、加工隔热型材等应用行业，通过打造广西铝及铝金精深加工产业化基地、组建广西铝及铝加工技术创新联盟，带动了北部湾经济区铝加工产业的发展。

同时，积极组织建设南宁国家生物高技术产业基地。2013 年，南宁—东盟经济开发区国家生物产业基地生物制造核心区规划获准实施，基地建设重点在于生物产品研发、生物技术创新与成果转化等领域，逐步形成了生物制造产业链及研究发展基地，已成为开发区内食品加工、生物制造、轻纺制鞋三大工业产业集群发展的主要力量。同年底，南宁国家高技术生物产业基地生物制造核心区已引进广投集团维科特生物科技有限公司等企业 20 多家，年产值 20 多亿元，从业人

---

① 曾俊峰：《锻造北部湾科技园区发展新一极》，《广西日报》2012 年 7 月 11 日。

员约 3000 人。①

（三）高校协同创新现状

高校在协同创新过程中以科研成果为主导，依靠自身的知识优势与人才优势直接参与到企业的技术创新中，帮助企业进行成果转化，实现科技活动与经济活动的有机结合。同时，广西大学、广西民族大学、广西民族师范大学、广西医科大学等高校在北部湾经济区中还有着人才培养、知识创新的作用，这种作用是不可替代的。

1. 高校基本情况

北部湾经济区近年来高等教育建设情况良好，越来越多的高校开始利用自己的人才优势和科研优势与企业开展科学研究与技术创新合作，高校已经成为协同创新中的基础力量。2013 年北部湾经济区 R&D 项目的课题数、参加人员折合全时当量、经费内部支出占广西的近半数（见表 3—4），显示出该地区研究与试验发展（R&D）项目开展的活跃情况。其中南宁市在研究与试验发展（R&D）项目的人员、资金投入方面处北部湾经济区中领先地位。过半数 R&D 项目集中在高等院校，而 R&D 项目经费投入的主要力量是企业，政府依然要加大对高校进行科研的支持力度。2014 年，北部湾经济区共有普通高等学校 38 所（见表 3—5），普通高等学校专任教师 2.31 万人，普通高等学校在校生 40.04 万人，普通高等学校毕业生 10.51 万人。反映出南宁市高等教育建设和高素质人才数量在北部湾经济区中的明显优势，北海以及钦州的高等教育实力较弱，防城港市最弱。2012 年防城港成立第一所普通高等院校，防城港市普通高等学校在校生数占北部湾经济区普通高等学校在校生数的 0.85%。同时，北部湾经济区高等学校在校生数只占该区域总人口比例的 2.89%，反映出北部湾经济区高素质人才尚较为缺乏。

---

① 广西新闻网：《南宁国家生物产业基地生物制造核心区规划获准实施》，http://www.gxnews.com.cn/staticpages/20130625/newgx51c960db-7886111.shtml，2013-6-25。

表3—4   2013年北部湾经济区研究与试验发展（R&D）项目（课题）情况

城市	项目（课题）数（项）	项目（课题）参加人员折合全时当量（人年）	项目（课题）经费内部支出（万元）
广西	22576	36904.8	873334.5
北部湾	10986	14978.0	314814.5
南宁	10390	12760.1	172351.0
北海	211	1004.0	24372.6
钦州	358	647.7	66097.7
防城港	27	566.2	51993.2

资料来源：广西统计年鉴（2014）及各市统计局。

表3—5   2014年北部湾经济区普通高等学校基本情况

城市	普通高等学校数量（所）	普通高等学校专任教师数（万人）	普通高等学校在校生数（万人）	普通高等学校毕业生数（万人）	年末总人口（万人）
广西	70	3.768	70.19	17.41	5475
北部湾	38	2.31	40.04	10.51	1395.21
南宁	32	1.844	35.62	9.07	729.66
北海	3	0.193	2.18	0.74	169.31
钦州	2	0.112	1.9	0.7	402.00
防城港	1	0.161	0.34	0	94.24

资料来源：广西统计年鉴（2015）。

2. 高校为主导的协同创新发展情况

目前北部湾经济区的高校拥有了一批素质高、能力强、结构合理的人才队伍，具备一定的协同创新实力，在北部湾经济区的协同创新中发挥了基础性的作用。由于高校科研人员层次高、密度大，并具有学科交叉的优势，对科技含量高、创新难度大、需要联合攻关的科研课题有较强的研究能力。

第一，高层次人才培养情况。"十百千人才工程"人选的评选工作围绕广西经济社会发展的新形势新任务的要求，既是对学术技术带头人的培养，又是高层次人才工作的风向标，鼓励了一大批优秀专业技术人才脱颖而出。2014年，"新世纪十百千人才工程"共有30人入选，人才库规模达百余人，自治区财政对当选人员在科研、项目立项方面给予补助。广西高校人才小高地创新团队的遴选工作于2005年启动，采取项目资助的方式进行，每个团队建设期间自治区教育厅和学校投入一定的经费给予支持，主要用于人才队伍建设，旨在聚集和培养一批高层次人才和领军人物，推动广西高水平大学和重点学科建设。至2015年，广西共选聘自然科学类八桂学者100余名，在八桂学者聘期内可以享受税后岗位津贴、税后安家费等补助，每位八桂学者及其科研创新团队的科研配套经费，按自然科学类不低于500万元，其中启动经费自然科学类不低于200万元进行资助，很大程度上激发了八桂学者团队创新动力。这些高层次科技人才主要分布在工程机械、生物工程、临床医学、糖业、生态工程、现代农业、汽车制造、医药、中药材良种繁殖、作物学科以及软件、水牛、新材料研究开发等产业领域。

　　第二，与其他创新主体合作创新情况。北部湾经济区各高校能根据社会发展的需求，积极与政府、企业及科研机构进行政产学研项目合作，共同攻克科研项目中的重难点问题，在促进技术成果的市场化方面取得了良好成效。由自治区政府主办的"广西高校服务北部湾行"即是为进一步提高广西高等学校服务北部湾经济区新发展的思想认识和能力水平而开展的一项大型活动。区内30余所高校与北部湾经济区四市本着资源共享、合作双赢的原则，在教育、文化、科技、工业、农业、旅游、环境、医药等方面联合开展科研和产业化开发，共建政产学研协同创新的平台。根据协议，高校为各市培养经济社会发展急需的各类专业人才，提供各类专题性技术培训，可聘请各市具有丰富实践经验和具有较高理论水平的人员为兼职教师；各市人民政府可接收高校中层领导干部、技术骨干和优秀教师到有关部门挂职锻炼；高校可选派学生到各市有关单位进行专业实习；同时可向各市人民政府提供决策咨询、项目调研等智力支持服务。此外，2014 年广西大学、广西民族师范大学、广西医科大学等高校共承担国家自然科学基金和国家社会科学基金项目以及国家重大科技项目 500 余项，在克隆牛研究、控制牛性别技术、高大韧稻杂交水稻新品种等方面取得世界领先研究成果。其中，南宁市与广西大学实施市校科技合作科研课题 24 个，科技经费投入 628 万元。其中广西大学与南宁市科学技术情报研究所、广西医科大学、广西科学院、南宁新技术创业者中心签订"南宁市生物制药产业大型科学仪器与设备共享服务平台建设"合作项目，科技经费投入 200 万元。北海市宝珠林海洋科技有限公司、北海市宝珠林珍珠保健品有限公司与广西中医学院完成的"海水无核珍珠产业化养殖关键技术与应用"成功获得了广西科技进步奖一等奖。广西民族大学化学与生态工程学院与中亚石化科技有限公司举行产学研合作基地，广西民族大学是第一个在钦州港区建立产学研合作基地的高校。广西中医药大学与防城港常春生物技术开发有限公司申报共建的"广西食蟹猴医学应用工程技术研究中心"被列入第八批自治区级工程技术研究中心组建计划。

3. 高校协同创新平台建设情况

第一，大学科技园。大学科技园主要是以高校为依托，为高校与企业的技术成果转化、科技人才培养、创新企业孵化、政产学研项目合作提供交流平台的机构，是高新技术产业化、推动行业技术创新的源泉，是广西高等教育创新系统的重要组成部分。北部湾经济区目前共建立了 1 个自治区级大学科技园，即广西大学科技园，园区重点建设和发展生物技术、信息技术、精细轻化工、新材料、光机电一体化、现代医药技术等六个孵化平台和产业化基地，未来将整合周边高校资源，吸引更多高校入住，往"一园多校"模式发展，进一步提高自治区大学科技园的自主创新能力和发展水平，争取将自治区大学科技园建设成为国家大学科技园。同时，北海大学科技园、钦州大学科技园也正在筹建中，北海大学科技园重点孵化电子信息、生物与制药、新材料、节能环保等产业，钦州大学科技园重点孵化装备制造、电子信息、食品加工、材料及新材料、生物技术、现代服务业。

第二，国家重点实验室。目前北部湾经济区共有 37 个国家级和自治区级重点实验室，占自治区重点实验室的半数以上，重点实验室涉及北部湾经济区经济和社会发展密切相关的重点优势领域，如生物、医药、化学与化工、信息、材料、工程等学科。这些重点实验室以高校及科研机构为依托，专利产出效率远高于全区平均水平，取得了一批具有自主知识产权的原始创新成果，提升了北部湾经济区的创新能力。如广西亚热带生物资源保护利用国家重点实验室，是北部湾经济区第一个依托高校和科研院所建设的国家重点实验室，填补了中国亚热带地区无农业生物资源类国家重点实验室的空白，实验室在甘蔗、木薯和广西野生稻种质资源保护与利用等研究领域处于国内领先地位，在单精子显微受精的转基因水牛、转基因克隆水牛研究方面也处于世界领先水平①；广西药用资源化学与药物分子工程重点实验室在配合物型分子基材料领域获得系列科学发现和重要成果；广西地中海贫血防治重点实验室完成《广西地中海贫血的防治研究》，填补了国内外在地中海贫血的诊断、防治方面的空白；国家石油化工品检测重点实验室（广西钦州）成为我国西南地区第一家国家级石油化工品检测重点实验室。

第三，博士后科研工作站。我国的博士后制度于 1985 年开始创立，旨在促进产学研结合，提升企业科研实力和创新能力。目前，广西博士后站总数达到 53 个，包括博士后科研流动站 16 个、博士后科研工作站 37 个②，其中北部湾经济区共有博士后科研工作站近 20 个。博士后"两站"主要依托农业、制糖、机械制造、冶金、造纸等北部湾经济区重点产业和领域进行项目研究，已成为北部湾经济区科技创新和高层次人才培养的重要载体和平台。如广西农科院"杧果 ISSR 分子标记及果树 LFY 同源基因克隆"、"甘蔗固氮种质资源的筛选及相关应用基础"

① 陈江：《我区重点实验室建设连续实现零突破》，《广西日报》2011 年 4 月 8 日。
② 姚琳：《广西再添 7 家博士后科研工作站》，《广西日报》2013 年 9 月 27 日第 6 版。

等研究项目，为杧果、甘蔗等北部湾经济区优势、特色农产品种植方面提供了技术支撑，帮助农民增产增收。

（四）科研机构协同创新现状

科研机构是知识创新、知识传播的承担者。凭借在基础研究方面具有独特优势，在专业化方面有较深的研究积累，科研机构的活动多涉及战略性、前沿性，关乎国计民生的主要领域，并承担部分研究型人才的培育工作。科研机构对合作创新的内容与对象有重大影响，独立承担技术研发的风险，同时也享有利益分配的优势。

1. 科研机构基本情况

近年来北部湾经济区的科研机构建设与人员队伍建设取得快速发展。2014 年北部湾经济区科研机构的数量占广西的近 40%（见表 3—6），反映出该地区的科研机构建设达到一定规模，也反映出南宁市在R&D 人员、R&D 经费支出方面优势明显，显示出南宁具有良好的科研条件及能力，而钦州、防城港的科研机构建设缓慢。

表 3—6　　　　　　2014 年北部湾经济区科研机构基本情况

城市	机构数（个）	R&D 人员（人）	科技活动人员（人）	项目（课题）经费内部支出（万元）
广西	847	41208	107200	1119033
北部湾	316	8011	15036	338323
南宁	261	4004	8920	216123
北海	33	1108	1529	31700
钦州	9	1912	3107	10200
防城港	13	987	1480	80300

资料来源：广西统计年鉴（2015），各市统计局。

2. 科研机构主导的协同创新发展情况

在政府的有力支持下，北部湾经济区科研机构的科研经费逐年增加，科研环境和科研队伍建设取得了一定成绩。目前北部湾经济区共有广西科学院、广西科学院生物研究所、广西科学院应用物理研究所、广西农业科学院、广西农业科学院水稻研究所5家自治区级科研机构，其他200余家独立科研机构围绕食品、现代农业、机械制造、新能源、新材料、电子信息技术等领域建立了自己的实验室和科研基地，具有进行重难点科技攻关的实力。

第一，科研项目产出情况。2014年，全市通过自治区级科技成果登记112项（不含专利成果），同比增长8.7%。国际领先水平1项，国际先进水平2项，国内领先水平59项，国内先进水平46项，区内领先水平3项，其他1项。[1] 钦州全年R&D内部经费支出2.73亿元，完成市级以上科学研究与开发项目157项，获市（地区）级以上科技成果奖励2项，评定市本级科技成果奖励35项。[2] 防城港全年共组织实施科技项目109项，同比增加12项，项目总投资8.03亿元，科技经费投入7137万元。引进推广农业新品种26个，同比增加6个；研制开发工业新产品28个，同比增加9个；推广应用工业农业新技术、新成果30项，同比增加10项；完成科技成果鉴定12项，同比增加3项。[3]

第二，与其他创新主体合作创新情况。目前，北部湾经济区由科研机构为牵头组建单位的自治区级产业技术创新战略联盟18家，科研机构在带动企业之间的技术和人才的交流、产业科技成果的有效转化方面起了积极作用。2011年，广西壮族自治区粮食、奶水牛、松脂、茶叶四大产业技术创新战略联盟成立，北部湾经济区的30多家龙头企业与20多家科研机构对甘蔗、木薯、松脂、水牛奶产业发展中遇到的技术创新难题合理破解，该技术创新发展联盟有效整合了科研机构和企业的科技创新资源，对推动产业技术转移，提升产业核心竞争力有重要作

① 南宁科技网：《关于2014年南宁市科技成果登记的通报》，http://www.nnst.gov.cn/kjgl/kjtj/tjsj/201501/t20150107_242985.html，2014-12-31。
② 钦州市人民政府网站：《2014年钦州市国民经济和社会发展统计公报》，http://www.qinzhou.gov.cn/Item/45106.aspx，2015-8-7。
③ 中国统计信息网：《防城港市2014年国民经济和社会发展统计公报》，http://www.tjcn.org/tjgb/201508/28498_3.html，2015-8-3。

用。广西杧果产业技术创新战略联盟由广西水果生产技术指导总站、广西亚热带作物研究所、广西农业科学院园艺研究所、广西百色国家农业科技园区管委会等 10 余家广西区内科研单位、高等院校、企业共同组建，通过产学研合作、院地合作等多样化、多层次的自主研发与开放合作的联盟形式加强合作创新，实现联盟主体间科研信息、技术人员、设备仪器、技术成果、销售渠道等资源的共享，对杧果产业的技术难题进行联合攻关，加快研究成果的产业化。

3. 科研机构协同创新平台建设情况

第一，广西工程技术研究中心是以企业、科研机构、高校为依托，推动科技成果转产业化、培养工程技术研究人才、提升企业核心竞争力的重要平台，在加强科研开发、技术创新和产业化基地建设方面取得了良好的经济与社会效益。截至 2014 年，共组建广西工程技术研究中心 200 余个。北部湾经济区共有市级以上工程技术研究中心 70 家，其中南宁 57 家，北海 8 家，钦州 1 家，防城港 4 家，占广西工程技术研究中心总数的 41.9%，这些工程技术研究中心研究领域主要集中在石化、有色金属、机械、电子信息、生物制药、新材料、农业种养等北部湾经济区特色行业。如广西内燃机高温热交换工程技术研究中心攻克了铜质硬钎焊 CAC 中冷器耐 600 kPa 高压的世界级技术难题，使铜质硬钎焊工艺技术产品达到了既能承受 290℃ 工作温度又能满足 600 kPa 工作压力的柴油机中冷器必要的双重技术条件要求，使我国的耐高压热交换器技术实现了历史性突破，并到达世界领先水平。

第二，国家科技成果转化服务（南宁）示范基地是集成国家科技成果数据库中的科研成果、科研机构与人才资源，以科技成果转化为目标，围绕生物技术、现代农业、机械制造领域搭建的专业化技术创新综合信息服务平台。2012 年 8 月，南宁市获批建设国家科技成果转化服务（南宁）示范基地，继厦门市、济南市之后第二批国家科技成果转化服务示范基地城市，也是自治区首个国家科技成果转化服务基地。目前基地完成国家科技成果转化服务（南宁）信息服务平台框架构建任务，引进国家科学技术奖励成果 75 项、项目成果 118 项，重点筛选出适合南宁市企业转化应用的现代农业、生物与制药、机械与装备等 3 个重点领域科技成果，与企业进行对接。

第三，农业科技园建设。目前广西北海国家农业科技园区已有中国水产科学研究院，中国科学院南海海洋研究所，国家海洋局第一、三海洋研究所，清华大学生命学院，南京大学演化生物学研究所，广西水产研究院等 11 家在国内占据海洋科研领军地位的海洋科研机构同时入驻建设科研基地，通过集聚国内外顶尖海洋（水）产业科研机构和高新技术企业，对北海市海洋水产苗种业、南珠产业、海洋生物医药、红树林研究与开发利用等四大领域的技术创新项目进行合作，在关键性技术方面取得了一些成果，推动了北海市海洋产业发展。

二　北部湾经济区协同创新面临的问题

目前地方政府虽然在推动政产学研协同创新方面取得了一定成绩，开创了有地方特色的政产学研合作的模式和内容，但由于制约创新主体协同创新的因素很多，北部湾经济区受历史因素影响，科技力量薄弱，经济发展不平衡，尤其是创新资源分布不均，政府在促进协同创新中发挥的作用难免有限，各级地方政府在促进政产学研协同创新发展的过程中往往遇到不少的问题和困难。

（一）协同创新机制尚未真正形成

北部湾经济区区域间协同创新层级落差明显，南宁作为核心城市无论是在创新投入及产出上远远高于北部湾其他城市，科研机构与高层次人才高度集中，与其他城市在科研合作、技术创新对接方面存在困难，导致微观层面创新主体间的创新分工协作缺乏现实基础及有效通道，政府尚未促成有效的协同创新机制。第一，由于企业自身对技术创新的知识程度不够，加之企业产权制度改革没有到位，企业在协同创新中的核心地位没有完全确立，一方面影响了技术的研发和转化，另一方面减少了企业与其他创新主体进行合作创新的动力。第二，科技体制改革尚未完成，对与高校和科研机构利益相关的知识产权保护、科研经费管理、技术成果分配、科技人员流动、项目绩效考评等政策没有细化和根据经济发展进行调整，二者的科研成果没有直接反映市场的需求，技术成果市场化存在困难，创新主体进行协同创新的利益驱动机制没有形成，影响了高校与科研机构参与政产学研合作创新的积极性。

（二）企业自主创新能力不强

虽然近年来北部湾经济区规模以上工业企业创新实力逐渐增强，但企业自主创新能力整体上不强。具体表现在：第一，在企业技术创新的体制和机制不健全、基础设施建设及各种风险较大的情况下，重模仿引进和短期利益，轻自主研发和人员培训，缺乏技术创新投入主体和研发主体的意识，对技术创新及政产学研合作的需求不足。第二，企业对技术创新与研发的投入较少，规模以上技术开发投入占销售收入的比例远低于国内同类型经济区的水平，使技术成果转化和产业化存在较大的资金缺口。第三，拥有自身所属技术科研机构的企业少，2014 年在北部湾经济区 1583 个规模以上工业企业中，有企业属技术科研机构的企业仅占全部规模以上企业比重的 15.6%，缺乏一批技术研发能力强、辐射带动效益好的高新技术企业。这意味着企业必须转变自身意识，多渠道增加科研投入，建立现代企业体制，加强创新主体间的协同创新，进一步推进企业成为北部湾经济区协同创新的核心主体。

（三）创新资源整合存在障碍

北部湾经济区的科技基础条件整体上较为薄弱，科技基础设施普遍比较落后，在协同创新中要进行创新资源的整合存在一定障碍。具体表现在：第一，北部湾经济区许多科研院所的科研设备、仪器、重点实验室等都各自把持，且主要集中在南宁高校及科研院所，没有对社会进行开发，资源的利用率不高。如广西大学、广西医科大学等高校就拥有一些先进的大型科研仪器设备以及国家重点实验室，其中有一部分处于闲置状态，而校外的研究机构和人员却无法对其加以利用，更无法承担购买费用，影响了技术创新的产出。第二，由于政产学研各方分属政治和经济两大板块，管理体制、职责任务的差别使各主体间的融合存在困难，各单位所积累的科技文献、创新数据、技术成果不能进行共享，影响了科技成果的产出。第三，当前北部湾经济区的政产学研协同创新主要靠政府推动，缺乏一个能调动创新主体积极性的集成联动机制，使政府、企业、高校、科研机构在创新合作过程中找到利益契合点，有效集成各创新主体的科技资源。

（四）高层次人才缺乏

一直以来，广西专业技术人才数量上远低于国家平均水平，北部湾经济区在协同创新的过程中出现科技人才断层现象突出，急需的高层次人才缺乏。具体表现在：第一，高层次人才整体数量少。北部湾经济区高等学校在校生数只占总人口比例的2.89％，反映出北部湾经济区高素质人才尚较为缺乏，其中大量科技人才集中在南宁，钦州、防城港对高层次人才吸引力弱。第二，人才结构不合理。某些专业的人才供过于求，而在某些领域的学科带头人不多，企业科技人员占总人员比例少，从事创意产业、农业技术应用与推广的技术人员不多，专利代理人缺乏，人才结构性矛盾突出。第三，人才引进力度不够。与东部发达地区相比，人才是第一生产力的观念没有普及，北部湾经济区在人才引进与管理方面的政策改革力度不大，对科技人才的薪酬绩效、发展平台、经费支持、户籍档案、评奖评优等方面的优惠政策未落到实处，阻碍了人员在区域内的自由流动，制约了区域经济社会的发展。

（五）融资渠道不畅

北部湾经济区协同创新技术产业化和市场化的一大瓶颈在于资金不足。具体表现在：第一，科技投入不足。由于广西资本市场尚未发展成熟，以及民间投资不活跃等原因，北部湾经济区尚未形成，以财政投入为引导、企业投入为主体、金融投入为支撑的多元化科技投融资体系，钦州、防城港等市的科研投入远未达到自治区 R&D 经费占 GDP 的 2.2％ 的要求。第二，北部湾经济区高校与科研机构的科研资金普遍短缺，许多政产学研合作项目的主要依靠企业自身筹集的资金开展，而北部湾经济区内又以中小企业居多，能够用于研究开发的经费很少，用于政产学研合作创新的资金就更加有限。第三，缺乏完善的风险投融资机制，北部湾经济区现有的风险投资机构有很大一部分是由政府管理的，存在市场化运作能力不强、管理体制僵硬等问题，不能根据企业的创新需求及时、便捷地给予资金支持，而银行为避免遭受风险损失往往对企业贷款进行严格的资格审查，企业作为协同创新的主体在筹集资金过程中陷入了一个尴尬境地，直接影响了政产学研合作的正常开展。

北部湾经济区协同创新的复合系统协调度研究

一 实证分析的框架

本文研究北部湾经济区协同创新中的政府作用，以复合系统协调理论为基础，建立政产学研协同创新系统协调度评价体系，通过构建子系统有序度与系统协同度模型来评价北部湾经济区政产学研协同创新的协同程度，以此来衡量该地区的创新主体协同发展的水平及存在问题，反映出政府作用的发挥状况。首先，从产业子系统、高校子系统、科研子系统、政府子系统四个方面对北部湾经济区 2008—2014 年协同创新的协调度进行测算，得出北部湾经济区成立以来至今协同创新的发展程度及其影响因素。其次，纵向分析北部湾经济区 4 市创新主体协同创新子系统内部的序参量变化和各子系统协调变化的趋势，得出北部湾经济区 4 市各自政、产、学、研四大主体存在的问题。最后，根据评价结果，找出地方政府职能作用的定位与行为规律，为政府针对性地发挥作用提供科学的依据和可操作的对策。

二 指标体系的设计

根据协同创新体系建设中各创新主体的表现形式与作用功能，设计出一套用于评价北部湾经济区协同创新发展水平的指标体系。通过对北部湾经济区协同创新整体协调度以及该区域内不同城市协同创新发展现状的评价，找出协同创新中各创新子系统的不足和协同创新体系建设的薄弱环节，为政府更好地发挥作用提出建议。

（一）指标体系的功能

评价指标体系的建立是要把协同创新体系建设中所涉及的各创新主体的功能作用简单化，获取量化的指标数据，为地方级政府了解促进地区协同创新体系的建设提供科学的评判依据。同时，完整的评价指标体系还应对协同创新体系建设的各个方面发生的变化趋势及程度进行客观反映，由此发现阻碍和影响协同创新的消极因素，分析其内在原因并采取适当的应对措施，为实现协同发展的目标提供评价、监控和预测等功能。

第一，评价功能。通过指标体系，可以评价区域协同创新的整体协调情况，以及在该区域内不同城市影响其协同创新的因素和各创新主体存在的问题，从而找出地方政府职能作用的定位与行为规律，为政府针对性地发挥作用提供科学的依据和可操作的对策。

第二，监控功能。通过对创新主体在协同创新体系建设中功能作用一定时期内持续的分析和整理，可以从不同的角度反映协同新体系建设中政府作用发挥对和协同创新体系运行效果的影响、变动趋势，实现监控功能。

第三，预测功能。根据协同创新体系各组成主体的评价结论进行分析处理，就能够预测其发展变化的走向，使政府可以对协同创新活动进行短期预测分析，便于对协同创新休系建设进行动态管理。

（二）指标体系的构建

结合已有研究成果（张序萍[①]；付俊超等[②]），本文侧重从政府支持、产业发展、高等教育、科研水平对政产学研协同创新系统的影响来构建指标体系。鉴于政产学研协同创新系统的微观组成要素复杂，在实

---

① 张序萍：《区域技术创新能力的指标筛选及评价研究》，《经济研究导刊》2010 年第 30 期，第 137—140 页。

② 付俊超、杨雪、刘国鹏、鲍杰：《产学研合作运行机制与绩效评价研究》，中国地质大学出版社有限责任公司 2011 年版。

践调研中部分地市的科研数据不易大量获得，本着科学性、实用性和可操作性的原则，筛选出一些具有代表性的指标来反映北部湾经济区协同创新的协调程度，建立了政产学研协同创新系统协调度评价体系，包括了政府子系统、产业子系统、高校子系统、科研子系统四大子系统，每一子系统包含三个评价指标，以此来衡量该地区的创新主体协同发展的水平，如表4—1所示。

表4—1 政产学研协同创新系统协调度评价体系

子系统	评价指标	指标说明
政府子系统	教育支出（亿元）	反映政府对高校子系统的投入
	科学技术支出（亿元）	反映政府对科研子系统的投入
	全社会固定资产投资额（亿元）	反映政府对产业子系统的投入
产业子系统	规模以上工业企业数量（个）	反映产业子系统的发展水平
	规模以上工业企业利润总额（亿元）	反映产业子系统的收益量
	规模以上工业总产值（亿元）	反映产业子系统的总量
高校子系统	普通高等学校数量（个）	反映高校子系统的教育实力
	普通高等学校专职教师数量（万人）	反映高校子系统的人力投入水平
	普通高等学校毕业生数量（万人）	反映高校子系统的输出量
科研子系统	政府部门属科学研究及技术开发机构数量（个）	反映科研子系统的发展规模
	政府部门属研究与开发机构课题数（项）	反映科研子系统的输出量
	专利申请受理数量（项）	反映科研子系统的技术创新水平

其中，政府子系统代表着一个地区的政府对科技创新的支持力度。政府部门通过调整政府预算、制度建设，统一规划、加大对创新的政策支持，构筑统一的信息化知识共享平台，营造各主体间协同创新的良好环境。产业子系统代表着一个地区的经济发展水平。企业政产学研协同创新中直接接触市场的主体，能准确、快速地了解市场需求，并将这种需求与高校和科研机构的技术成果完美结合，转化成生产力，满足市场

与顾客的需求，是政产学研协同创新的主要执行者。高校子系统代表着一个地区的高等教育发达程度。高校通过教育和创新双重途径为创新主体的协同创新提供理论和技术支持，其丰富的人才资源和高水平的科技专家是提高企业创新能力的主要因素。科研子系统代表着一个地区的科学技术水平。科研机构主要从事具有较强公共属性的科学知识与技术知识的生产与传播，能够分摊部分科技创新的成本和风险，其目的是为企业、高校、中介机构的协同创新和整个社会协调发展提供知识储备。

（三）指标权重的赋值

由于在指标体系中所有指标都是定量的，本文采用变异系数法来确定权重，它是一种客观赋权的方法，可以在一定程度上避免主观因素的影响。在指标体系中，指标取值差异越大，说明该指标越难以实现，这类指标能很好地反映被评价单位的差距。首先需要计算各项指标的变异系数来消除指标的不同量纲对计算的影响，以反映各项指标取值的差异程度。各项指标的变异系数的计算公式为：

$$V_i = \frac{\sigma_i}{x_i} \quad (i = 1,2,\cdots,n) \quad\quad\quad (4\text{—}1)$$

式中：V_i 是第 i 项指标的变异系数，也被称为标准差系数；σ_i 是第 i 项指标的标准差；$\overline{x}_i$ 是第 i 项指标的平均数。

由此可得各项指标的权重计算公式：

$$W_i = \frac{V_i}{\sum_{i=1}^{n} V_i} \quad\quad\quad (4\text{—}2)$$

三 数据的采集与处理

本文数据来自广西北部湾经济区 2009 年成立以来至 2014 年间的广西统计年鉴，南宁、北海、钦州、防城港四市的统计年鉴，以及广西科技信息网、自治区统计局信息网、各市统计局及科技局的相关数据（见表 4—2）。

表4—2　北部湾经济区政产学研协同创新系统原始数据

地区	年份	教育支出（亿元）	科学技术支出（亿元）	全社会固定资产投资额（亿元）	规模以上工业企业数（个）	规模以上工业企业利润总额（亿元）	规模以上工业企业总产值（亿元）	普通高等学校数量（个）	普通高等学校毕业生数（万人）	普通高等学校专任教师数（万人）	政府部门属科学研究与技术开发机构数（个）	政府部门属研究与开发机构课题数（项）	专利申请受理数（项）
南宁	2008	14.29	1.9202	693.44	1035	47.2	864.96	28	5.26	1.27	223	467	953
	2009	18.07	1.7652	1043.91	1117	41.14	981.65	30	6.74	1.39	259	540	1199
	2010	22.86	2.0311	1483.02	1236	112.56	1288.69	31	7.4	1.52	267	569	1452
	2011	30.88	2.8453	2018.95	914	153.72	1725.29	31	7.2	1.6	274	653	2225
	2008	14.29	1.9202	693.44	1035	47.2	864.96	28	5.26	1.27	223	467	953
	2012	36.72	3.9473	2585.18	940	176.02	2100.37	31	30.4	1.674	281	724	3700
	2013	40.39	4.81	2475.01	969	166.85	2557.13	31	33.3	1.758	406	766	5702
	2014	43.23	5.56	2933.87	946	195.54	2856.63	32	35.62	1.8441	381	823	6132
北海	2008	3.55	0.2223	200.31	173	4.72	253.36	4	1.31	0.079	7	10	114
	2009	4.61	0.2031	321.85	190	6.8	236.47	4	1.59	0.084	7	10	107
	2010	6.22	0.1791	485.36	236	33.23	365.9	4	2.27	0.087	7	13	179
	2011	7.38	0.2486	603.19	161	65.61	550.66	4	2.64	0.141	7	17	265
	2012	9.15	1.4049	725.36	175	86.07	1026.2	4	2.43	0.142	7	11	605
	2013	9.03	2.0374	674.9	187	105.66	1284.91	3	1.65	0.079	7	130	748
	2014	10.19	2.57	797.71	190	101.04	1595.5	3	2.18	0.193	7	135	887

续表

地区	年份	教育支出（亿元）	科学技术支出（亿元）	全社会固定资产投资额（亿元）	规模以上工业企业数（个）	规模以上工业企业利润总额（亿元）	规模以上工业企业总产值（亿元）	普通高等学校数量（个）	普通高等学校毕业生数（万人）	普通高等学校专任教师数（万人）	政府部门属科学研究与技术开发机构数（个）	政府部门属研究与开发机构课题数（项）	专利申请受理数（项）
钦州	2008	3.28	0.0099	248.91	289	1.6	256.15	2	2.28	0.077	8	13	70
	2009	5.54	0.1246	374.65	384	4.9	271.45	2	2.2	0.09	9	10	125
	2010	5.43	0.3106	451.62	462	1.5	483.31	2	1.9	0.083	9	16	153
	2011	9.51	0.1909	558.34	231	-34.75	940.56	2	1.7	0.082	9	16	211
	2012	14.02	0.7933	652.59	251	-6.96	1093.36	2	1.3	0.083	9	14	410
	2013	15.34	0.9308	609.72	269	6.85	1130.58	2	1.54	0.093	9	52	590
	2014	16.5	1.12	726.95	285	-9.04	1283.49	2	1.9	0.112	9	157	1148
防城港	2008	2.37	0.0509	146.05	129	1.41	227.18	0	0	0	5	25	31
	2009	3.41	0.0624	254.1	136	6.04	342.21	0	0	0	6	65	47
	2010	4.03	0.0733	376.84	166	52.76	463.08	0	0	0	8	63	54
	2011	4.96	0.1112	491.27	149	67.32	635.32	0	0	0	11	53	109
	2012	7.05	0.2184	550.39	153	45.14	766.93	1	0.178	0.027	16	77	335
	2013	5.48	0.4293	475.45	168	39.68	964.41	1	0.33	0.161	20	97	595
	2014	4.63	0.97	499.91	162	27.31	1141.08	1	0.34	0.161	13	109	1169

资料来源：广西统计年鉴（2008—2015），各市统计局数据。

四　协同创新复合系统协调度模型的建立

复合系统理论认为，协调度是指系统或系统组成要素在动态发展中保持一致的程度，在整个过程中采取的调节措施所遵循的规律和准则即为系统的协调机制（孟庆松，韩文秀）[1]。协同创新指的是政府、企业、高校、科研机构、中介机构等合作方以资源整合或优势互补为合作基础，以成果共享、风险共担为合作原则，为完成一项科技创新所进行的分工协作过程。协同创新系统的建立是根据各创新主体在系统中及现实中的不同功能，将其划分为政府子系统、产业子系统、高校子系统、科研子系统四大系统。首先构建政产学研协同创新的理论模型，并依据孟庆松、韩文秀建立的系统协调度模型，构建子系统有序度与系统协同度模型，对北部湾经济区政产学研协同创新的协同程度进行评价。[2]

复合系统由 $S = \{S_1, S_2, \cdots, S_K\}$ 表示，其中 S_j 为第 j 个子系统。本文 S 代表政产学研协同创新系统，S_j（$\{j=1, 2, 3, 4\}$），分别代表政府子系统、产业子系统、高校子系统、科研机构子系统。在复合系统中，各子系统通过相互影响、相互制约构成复合系统 S，表示为：

$$S = f(S_1, S_2, \cdots, S_K) \tag{4—3}$$

其中 f 称为复合系统 S 的复合因子。由于政产学研协同创新系统是各系统在内外环境下相互作用而形成的综合系统，f 呈非线性状态。

设政产学研用协同创新系统 S_j，j = [1, k]，设该子系统 S_j 在发展中的序参量为 $e_j = (e_{j1}, e_{j2}, \cdots, e_{jn})$，$n \geqslant 1$，$e_{ji}$ 的最小值由 β_{ji} 表示，e_{ji} 的最大值由 α_{ji} 表示，$\beta_{ji} \leqslant e_{ji} \leqslant \alpha_{ji}$，$i = i \in [1, n]$。当 e_{ji} 为正向指标时，取值越大，系统有序度越高，取值越小，系统的有序度越低；当 e_{ji} 为负向指标时，取值越小，系统有序度越高，取值越大，系统的有序

---

[1] 孟庆松、韩文秀：《复合系统协调度模型研究》，《天津大学学报》2000 年第 33（4）期，第 444—446 页。

[2] 同上。

度越低。政产学研协同创新子系统 S_j 的序参量 μ （e_{ji}）有序度为：

$$\mu\ (e_{ji})\ = \begin{cases} \dfrac{e_{ji}-\beta_{ji}}{\alpha_{ji}-\beta_{ji}}, i \in\ [1,\ \iota] \\[4mm] \dfrac{\alpha_{ji}-e_{ji}}{\alpha_{ji}-\beta_{ji}}, i \in\ [\iota+1,\ n] \end{cases} \qquad (4\text{—}4)$$

在上式中，μ（e_{ji}）$\in$ $[0,\ 1]$，μ（e_{ji}）的值越大，说明 e_{ji} 对系统有序度的直接影响越大。在实际的运算中，要注意 e_{ji} 的取值应集中在某个恒定的范围，不宜偏大或偏小，可以通过对取值区间 $[\beta_{ji},\ \alpha_{ji}]$ 的调整，使其有序度定义符合以上假设。

由此可知，通过 μ（e_{ji}）的集成可以实现序参量 e_{ji} 对子系统 S_j 有序度的总体贡献。因此，政产学研协同创新系统的整体效应不但受各序参量数值的大小的影响，还应注意各序参量之间的组合方式的影响。本文采用几何平均法与线性加权和法进行集成，即：

$$\mu\ (e_{ji})\ = \Big[\ \prod_{i=1}^{n} \mu_j\ (e_{ji})\ \Big]^{\frac{1}{n}} \qquad (4\text{—}5)$$

$$\mu\ (e_{ji})\ = \sum_{i=1}^{n} \lambda_i u_1\ (e_{1i}),\ \lambda_i \geqslant 0,\ \sum_{i=1}^{n} \lambda_i = 1 \qquad (4\text{—}6)$$

由公式（4—5）可知，μ（e_{ji}）$\in$ $[0,\ 1]$，μ（e_{ji}）的数值越大，则 e_j 对系统有序的作用越大，系统有序的程度就越好，反之则越低。在运用线性加权和法进行计算时，权系数 λ_i 表示 e_{ji} 在维持系统有序运转中所发挥的作用。确定权系数 λ_i 要充分考虑两个方面的问题：一是 λ_i 要能反映系统当时的运行情况；二是指向系统某一阶段内的任务目标。

设初始为时刻 t_0，政产学研协同创新系统子系统 S_j 各个子系统序参量的系统有序度为 μ_j^0（e_j），当复合系统不断发展到时刻 t_1，则子系统 S_j 序参量的系统有序度为 μ_j^1（e_j），其中 $j=1,\ 2,\ \cdots,\ n$，则政产学研协同创新系统 SIS（Synergy of Inonvation System）在 t_0-t_1 时段内复合系统协调度为：

$$\text{SIS} = \theta \left\{ \left| \prod_{j=1}^{k} \left[\mu_j^1 (e_j) - \mu_j^0 (e_j) \right] \right| \right\}^{\frac{1}{k}} \tag{4—7}$$

$$\text{其中,} \theta = \frac{\min \left[\mu_j^1 (e_j) - \mu_j^0 (e_j) \right] \neq 0}{\left| \min \left[\mu_j^1 (e_j) - \mu_j^0 (e_j) \right] \neq 0 \right|}, j = 1, 2, \cdots, k \tag{4—8}$$

公式(4—7)中,$\mu_j^1 (e_j) - \mu_j^0 (e_j)$ 为复合系统子系统 S_j 从 $t_0 -$ t_1 时段内序参量的有序度变化幅度,$\text{SIS} \in [-1, 1]$,数值的大小与复合系统协调发展程度成正比。当且仅当 $\mu_j^1 (e_j) - \mu_j^0 (e_j) > 0$,$j \in$ $[1, k]$,复合系统才有正的协调度;当 $j \in [1, k]$,$\mu_j^1 (e_j) - \mu_j^0$ $(e_j) > 0$,,说明在 $t_0 - t_1$ 时段内,复合系统的各子系统是协调发展的;若 $\text{SIS} \in [-1, 0]$,说明其中至少有一个子系统的有序度未与其他子系统的有序度同步提高,并向无序方向发展,则可以判断在 $t_0 - t_1$ 时段内,整个系统处在非协调状态。

由此可知,该公式是对复合系统动态变化趋势的整体把握,可以检验现实中政产学研协同创新系统在测算时期内的协调程度的特征以及发展趋势。

为了定性描述子系统的协调状态,在借鉴相关文献基础上(彭荣胜[①];单莹洁,苏传华[②]),本文将政产学研协同创新协调度评价等级划分如表4—3所示。

表4—3 　　　　　　　　　政产学研协同创新协调度评价等级

协调值	0.00—0.30	0.31—0.70	0.71—1.00
协调等级	不协调	初级协调	良好协调

① 彭荣胜:《区域经济协调发展的内涵、机制与评价研究》,博士论文,河南大学,2007年。

② 单莹洁、苏传华:《基于耦合协调度的区域创新系统绩效评价研究——以河北省为例》,《科技管理研究》2011年第22期,第67页。

五　协同创新复合系统协调度评价

（一）北部湾经济区政产学研协同创新系统整体协调性评价

由于各个指标观测单位不同，为了消除量纲影响，本文在实证分析前需对表4—2中的原始数据进行标准化后代入公式（4—4），计算政产学研协同创新系统子系统序参量的有序度，所取有序度都为正向指标，其值越大，有序度越高。公式（4—5）计算政产学研协同创新系统子系统的有序度，序参量的有序度越高，对子系统有序度的贡献越大。公式（4—6）（4—7）计算政产学研协同创新系统发展过程中某个时间段的系统协调度，用以分析系统构成主体在发展时期相互合作的协同情况。具体操作使用SPSS19.0软件计算实现，可得出2008—2014年广西北部湾经济区政产学研协同创新系统子系统的有序度和复合系统的协调度，如表4—4、表4—5所示。

表4—4　2008—2014年北部湾经济区政产学研协同创新系统子系统有序度

年份	政府子系统	产业子系统	高校子系统	科研子系统
2008	0.061601805	0.059671778	0.016889188	0.051569879
2009	0.145425573	0.117630059	0.25024442	0.138253896
2010	0.252354268	0.445219864	0.36941678	0.182138158
2011	0.421447835	0.516889849	0.482834915	0.280132892
2012	0.682331383	0.692734506	0.608807491	0.463448282
2013	0.78924845	0.80929832	0.754089154	0.818451262
2014	0.955344582	0.874965082	0.984724339	0.964530697

表4—5　2009—2014年北部湾经济区政产学研协同创新复合系统协调度

年份	2009	2010	2011	2012	2013	2014
协调度	0.0995646	0.24120971	0.3638273	0.5563460	0.74519468	0.89576685
协调度	不协调	不协调	初级协调	初级协调	良好协调	良好协调

　　由表4—4和表4—5的数值可以绘制出广西北部湾经济区政产学研协同创新系统子系统的有序度发展趋势图及政产学研协同创新系统协调发展趋势图，如图4—1、图4—2所示。

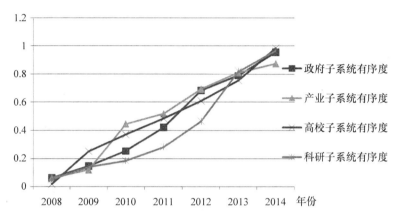

图4—1　政产学研协同创新子系统2008—2014年有序度发展趋势

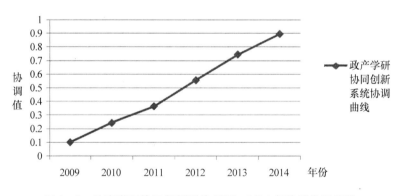

图4—2　政产学研协同创新系统2009—2014年协调发展趋势

　　由图4—2可知，北部湾经济区政产学研协同创新系统2009—2014年的协调曲线呈平滑上升趋势，说明该复合系统的协调性经历了一个由不协调到逐渐协调的发展过程。2008年，北部湾经济区开发开放正式上升为国家战略，得益于国家和自治区对北部湾经济区发展建设有力的财政及政策支持，2009—2014年北部湾经济区政产学研协同创新系统协调度呈现大幅提高状态。通过计算，2009—2014 年北部湾经济区政产学研协同创新系统的平均协调度为 0.48365155，位于初级协调等级，说明总体上北部湾经济区政产学研协同创新程度不高，与 2014 年《中国区域创新能力报告》"广西的创新能力处于全国下游水平"的结论基本相符。

从北部湾经济区政产学研协同创新系统的协调发展趋势与子系统内部各序参量的变化来看，政产学研协同创新政府子系统有序度在 2009 年以前增长较为平缓，2010—2012 年期间上升幅度较大，2012 年以后逐渐平缓，说明政府对政产学研协同创新的支持力度逐年加大。教育支出和科学技术支出序参量稳步上升，而全社会固定资产投资额序参量有序度表现出小幅波动，表明近年来政府对政产学研协同创新经费投入越来越重视，但政府对政产学研协同创新环境的建设仍要继续加强。

政产学研协同创新产业子系统有序度在 2009 年以前增长较为平缓，2010—2012 年期间上升幅度较大，2012 年以后逐渐平缓。其中，规模以上工业企业数序参量的有序度在经历了 2011 年大幅回落后也呈现逐年回升趋势，但峰值仍未超过 2010 年（0.108776），规模以上工业企业利润总额和规模以上工业总产值序参量的有序度在 2009 年后均增幅强势，致使政产学研协同创新政府子系统整体呈现有序度从平缓到直线上升的发展趋势。规模以上工业利润总额序参量对子系统有序度发展的贡献较大，规模以上工业总产值序参量和规模以上工业企业数序参量次之，说明今后仍应通过技术创新、产业升级加大对规模以上工业企业的建设，产业结构从增量扩能为主转向调整存量、做优增量并举，提高企业利润。

政产学研协同创新高校子系统有序度在 2009 年以后增长幅度强劲。其中，普通高等学校专任教师数序参量和普通高等学校在校生数序参量的有序度增长幅度逐年加大，使政产学研协同创新高校子系统整体呈现有序度上升的态势。普通高等学校专任教师数序参量对子系统有序度发展的贡献最大，普通高等学校在校生数序参量和普通高等学校数序参量次之，说明今后仍应加大对普通高等学校人力资本和基础设施的投入。

政产学研协同创新科研子系统有序度保持上升势头。政府部门属科学研究及技术开发机构数序量、政府部门属研究与开发机构课题数序参量、专利申请受理数序量逐年稳步上升，使政产学研协同创新高校子系统整体出现有序度平滑上升的趋势。其中，专利申请受理数序参量对子系统有序度发展的贡献较大，市属部门科研机构科技活动项目数序参量、市属部门科学研究及技术开发机构数序参量次之，反映出科研机构队伍人才建设及研究能力培养方面有待加强。

（二）北部湾经济区四市政产学研协同创新系统协调性评价

选取 2008—2014 年广西北部湾经济区南宁、北海、钦州、防城港 4 市政府子系统、产业子系统、高校子系统、科研子系统的序参量指标数据，根据公式（4—1）（4—2）计算 4 市 12 个序参量的变异系数及政产学研协同创新子系统的变异系数，根据公式（4—4）（4—5）（4—6）（4—7）测算 2014 年北部湾经济区 4 市政产学研协同创新子系统有序度和复合系统协调度 SIS，如表 4—6、表 4—7 所示。

表 4—6　北部湾经济区 4 市 2014 年政产学研协同创新子系统有序度

城市	政府子系统	产业子系统	高校子系统	科研子系统
	0.892194	0.644164	1.44512	1.359437
南宁	0.990055	0.951191	0.9894367	0.968465
北海	0.313683	0.433832	0.1096041	0.098672
钦州	0.266559	0.204164	0.0834123	0.084617
防城港	0.14128	0.395316	0.0676541	0.123514

表 4—7　北部湾经济区 4 市 2014 年政产学研协同创新复合系统协调度

城市	南宁	北海	钦州	防城港
协调度	0.974652	0.195866	0.139996	0.14698

由表4—6、表4—7的数值可以绘制出2014年北部湾经济区4市政产学研协同创新系统子系统的有序度发展趋势图及政产学研协同创新系统协调发展趋势图，如图4—3、图4—4所示。

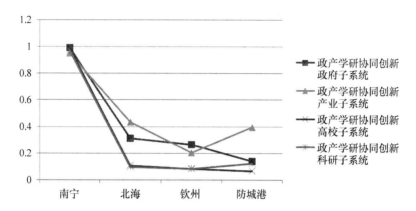

图4—3　北部湾4市2014年政产学研协同创新子系统有序度发展趋势

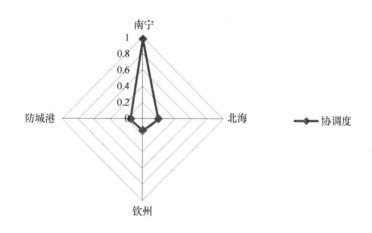

图4—4　北部湾4市2014年政产学研协同创新系统协调度雷达图

从图4—4可知，横向来看，南宁市的协调度值明显高于其他3市，位于中间区间协调度的城市少，南宁市的垄断性强，北海、钦州、防城港3市虽然具有正的协调度，但协调度值过低，说明这3城市的政产学研协同创新系统仍处于不协调发展阶段，北部湾经济区的政产学研协同创新由南宁市发挥主导作用，具有城市间发展不均匀的特征。

根据北部湾经济区政产学研协同创新子系统变异系数可以看出，高校子系统和科研子系统的变异系数较大，二者均在1.0以上，产业子系统变异系数最小。说明4个城市在高校和科研建设方面的差异最大，政府资金投入方面差异较小，产业发展差异最小。

从北部湾经济区政产学研协同创新子系统有序度来看，南宁市的政府子系统、产业子系统、高校子系统、科研子系统的有序度远远高于其他城市，说明南宁市在政产学研协同创新系统中的有序度较高，主要原因是科学技术支出、全社会固定资产投资额、规模以上工业利润总额、普通高等学校毕业生数、市属部门科学研究及技术开发机构数等序参量的有序度较高，与其他城市差异巨大，这是南宁市重视政产学研协同创新组织、环境建设，积极支持政产学研协同创新投入的结果。

北海市政产学研协同创新政府子系统和产业子系统有序度较高，得益于北部湾经济区成立后经济发展速度快和良好宽松的投资环境，北海市电子信息业、临港新材料、石油化工等高科技产业的迅速崛起，使规模以上工业利润总额和全社会固定资产投资额序参量较高。2014年北海的科学技术支出达2.57亿元，占公共财政支出的3.39%，高于南宁1.78%、钦州1.39%、防城港1.57%的比重，对政产学研协同创新政府子系统的贡献最大，科技的投入进而带动了电子企业的快速发展，为政产学研协同创新的科技创新活动提供了良好的物质基础。

钦州市政产学研协同创新政府各子系统有序度普遍偏低。产业子系统有序度为四市最低，规模以上工业企业利润总额序参量过低是主要原因。高校和科研子系统有序度对政产学研协同创新系统的贡献值偏低，主要受普通高等学校教师数和政府部门属研究与开发机构课题数序参量偏小影响。反映出该市产业发展仍以依靠资源和低成本劳动力等要素投入的方式为主，企业产品附加值不高，协同创新存在教育人才匮乏、科学研究发展水平不高的问题。

防城港市政产学研协同创新协调度的特点在于产业子系统对协同创新的贡献较大，但排名置底的原因是防城港市高校子系统有序度和政府子系统有序度对政产学研协同创新系统的贡献值过低。至 2012 年，防城港市只成立一所普通高等院校，使普通高等学校数量、普通高等在校生数、普通高等学校专任教师数序参量过小，直接导致高校子系统有序度偏低。这反映出政府财政投入力度不足，教育资源及创新环境建设不到位的问题。

由此可知，北部湾经济区 4 市的产业子系统有序度和政府子系统有序度对政产学研协同创新系统的贡献最大，说明创新主体间的协同创新效应主要靠企业发展及政府的资金投入带动。科研子系统和高校子系统有序度对政产学研协同创新系统的贡献小，说明高校、科研机构并不是政产学研协同创新的主要资金、技术投入者，没有在政产学研协同创新中发挥积极作用，特别是各市在高校和科研机构建设方面差异巨大，是政产学研协同创新系统不协调发展的主要因素和创新主体协同创新中的薄弱环节。

提升北部湾经济区政府协同创新能力的对策

坚持创新、协调、绿色、开放、共享的"五大发展理念"，是今后北部湾经济区协同创新的方向和要求。抓住北部湾经济区上升为国家战略，新一轮西部大开发战略实施和"中国—东盟自由贸易区"建成的重大历史机遇，我区将全面深化对外开放的程度与水平，在更多领域全面参与国际科技交流与合作。未来市场会充分发挥资源配置的基本作用，促使政府作用在经济调控、市场监督以及社会服务方面发生变化。北部湾经济区作为欠发达地区，市场经济和社会发展还不够成熟，应该采取以政府主导、重视与市场相结合的发展模式，加强政府与各创新主体的配合与协调，按照总揽全局、协调各方的原则，进一步发挥政府在协调创新主体、资源、市场中的作用，在北部湾经济区特色产业具有关键性、前瞻性技术、战略性资源利用技术的开发与应用方面加强协同创新。在扩大开放中，借鉴发达地区推进协同创新的成功经验，主动接受粤港澳等沿海发达地区的经济辐射，通过对重点的技术引进创新，提高北部湾经济区的自主创新能力。同时，根据北部湾经济区协同创新的现状，政府应在风险利益分配、成果转化、税收优惠等方面制定符合经济发展要求、适用性强的实施细则，以调节创新主体各方的积极性，促进协同创新的纵深发展。

一　做好区域协同创新的顶层设计

北部湾经济区要协同各创新主体进行合作创新，首先应建立适合政产学研协同创新的政策和法制环境，政府应在政策上引导协同创新，在制度设计上保障合作创新主体各方的利益。第一，深化社会主义市场经济体制改革，转变政府职能，以推进现代企业制度为重点，发展多种形式的集体经济，尤其是在高新技术企业发展的过程中，要逐步建立市场导向、责权分明、政企分开、管理科学的企业制度，以发挥其支持政产学研协同创新的重大作用。第二，加快科技体制的改革。完善科技工作会商机制，主要是建立和完善部区会商和厅市会商制度，集聚国家和自治区的创新资源，共同协商、攻克北部湾经济区经济社会发展中的重大科技问题。发挥政府协调作用，把高校与科研机构的技术研发、科技成果转化与企业协同创新等情况纳入领导考核体系，对科研院所与企业联合申报的应用性科技项目与科技研发经费予以优先审批。针对北部湾经济区科研自发、分散、封闭的问题，通过科技体制改革使科技研发以市场为导向，使企业积极寻求与其他主体进行合作创新，推进科研成果的产品化及产业化。第三，营造创新氛围，完善协同创新相关政策和法律法规。政府在政策制度层面规范科技创新奖励制度，以推动政产学研协同创新为目标，针对北部湾经济区科技基础薄弱的现状，在区域层面制定合理的创新计划、科技成果转化、科技人员流动、知识产权保护、科研经费管理、技术成果分配、政产学研合作项目绩效考评制定，同时完善相关的财税、金融、就业、户籍等配套政策，引导创新资本、技术、人才、知识等创新要素向高新技术产业、政产学研项目聚集，促进协同创新的利益驱动机制的形成，为创新主体的合作提供有力的制度保障。

二　强化企业在协同创新中的核心地位

当前，北部湾经济区的创新主体由区域内的政府、企业、大学和科研机构组成，在协同创新过程中应充分发挥各行为主体的创新作用，强化企业在协同创新中的核心地位。地方政府应充分认识到自身作用的局限性，在企业发展中逐渐积累一定的市场经验，待市场和市场制度发育初步成熟后，应逐步退出大范围的协同创新直接干预活动，把创新的主角让渡给企业。否则，政府的行为，包括促进协同创新的政策，有可能因为强化了协同创新系统的弱点，或引入了不适合系统运行的机制而阻碍创新。目前，虽然产业子系统有序度对政产学研协同创新系统的贡献较大，但北部湾经济区距离真正的以企业为主体的政产学研协同创新体系还有非常大的差距，最大的瓶颈还是企业创新不理想，基本上还不是创新的主体。在鼓励企业技术创新的体制和机制不健全、基础设施建设及各种风险较大的情况下，企业还缺乏技术创新投入主体和研发主体的意识，对通过技术创新来提高企业的核心竞争力还缺乏危机感和紧迫感。今后建设以企业为创新主体、以市场为创新导向的协同创新体系，将是北部湾经济区协同创新发展的新趋势和新任务。因此，推进协同创新必须加强体制改革支持企业成为技术创新的主体，把提升企业的自主创新能力作为核心工作，把技术研发与创新作为首要的社会责任，只有树立了创新意识，在发展战略层面才会把技术创新作为企业发展的终极动力。北部湾经济区应围绕地方特色优势产业发展，在石油化工、有色金属、电子信息、新材料新能源、生物制药、农产品及海产品加工、对外贸易、旅游经济等优势特色行业通过合作项目加强与区外高等院校和科研院所等交流，使企业与科研院所、高等院校通过创新成果转化、项目共建、人才培养等多种方式开展多方位的政产学研合作。同时加快生产力促进中心、科技服务中心、知识产权代理机构等专业化的公共科技服务平台的建设，为提高中小企业技术创新能力提供良好环境。

三 推进协同创新平台建设

多渠道集成科技信息、人才、技术等创新资源，构建公共服务科技创新平台。围绕自治区"14 + 10"产业，加强北部湾经济区高等院校与企业的知识共享及技术开发平台的建设，如中国—东盟科技合作与技术转移平台、企业"1 + 1 + 1"联合创新平台、产业技术创新联盟和公共技术服务平台等一体化载体建设。第一，不断完善北部湾经济区科技服务平台和载体的建设。积极推进产业园区建设，加快"三城两中心"（广西工业设计城、广西软件城、南宁广告产业城、广西创意中心、中国—东盟科技交易中心）项目开展。在既有大学科技园、产学研结合基地的基础上，大力发展自治区级工程研究中心、工程实验室、产业工程院、大型科学仪器协作共享平台等协同创新平台，通过政策引导、鼓励有能力的高校与企业共建国家重点实验室、工程技术研究中心等高水平的科研平台，对仪器设备购置、场地租用、人员培训予以一定财政支持。①尤其是加快钦州市和防城港市的创新平台建设，在石油化工、有色金属等行业建立一批技术研发实力强的技术改成中心，逐步形成政产学研项目为载体，高度集成科技资金、科技信息、高层次技术人才、技术交易市场的创新平台发展模式。第二，拓展现有合作创新平台的功能，逐步提高创新平台的市场反应能力，完善创新平台在技术研发、产品设计、工艺流程、成果转化、产品销售网络、企业管理制度等方面的服务，满足企业、高校、科研机构多层次、多样化的科技服务需求。如对广西科协专家数据库，对生产力促进中心、科技企业孵化器、科技信息网、中小企业网等网络平台的服务能力进行优化和提升，重点推进科

---

① 荣先恒：《突出市场和应用向导，加快广西产学研用一体化企业发展》，《广西经济》2010 年第 10 期，第 22—25 页。

技文献共享平台和"三农"科技信息网的完善与建设，对网页内容积极更新，丰富技术推荐、科技信息等板块的内容，使网站贴近市场需求。

四　优化人才培养激励体系

根据自治区对产业发展工业需求的估算，北部湾经济区在"十二五"末期对临港工业、会展服务、生物工程、电子信息等九大重点产业的人才用工需求缺口达 170 万人，涉及北部湾经济区多个特色学科领域。北部湾经济区要加快建设区域层面的人才管理机构，积极探索北部湾经济区在高层次人才引进、培养、激励与流动的管理新举措，努力争取国家支持将北部湾经济区纳入全国人才改革发展实验区。抓住国家"2011 高等学校创新能力提升计划"、自治区政府引进"八桂学者"、建设高校"百人计划"平台及自治区级人才小高地平台引才项目的机遇，推进"广西高校服务北部湾行"活动项目，推动学术界与产业界智力要素的对接。第一，加强高校、科研机构等科研条件的建设，强化吸纳科技人才的载体建设和开展知识、技术创新的基础条件。加快筹建北部湾大学，鼓励高等院校结合区域发展水平及围绕特色产业发展的需要，建设有区域特色的学科专业目录，针对性地为企业发展提供人才。督促大学把推动政产学研协同创新纳入学校科研工作的计划当中，鼓励企业在高校设立奖学金、助学金，促成高校为企业定向培养专业化人才。第二，建立政产学研协同创新人才联盟数据库，对学科带头人、技术带头人等愿意到北部湾经济区工作的高层次人才，实行弹性工作制度，允许其跨地区兼职及流动。探索聘请企业工程技术人员担任兼职教师、教师参与到政产学研合作项目的生产一线工作的制度。在博士服务团和西部学者选派的过程中，对北部湾经济区进行倾斜，多渠道、全方面地引进外部人力资源。第三，建立科学的评价体系。对高校及科研机构建立科学的评价制度，把服务、贡献、成果转化纳入科研院所及高校的工作评价体系中，一方面在重点学科及学位点申报、人才计划、人事分配制度改革方面进行改革和完善，形成促进政产学研协同创新的激励机制；另一方面，企业、高校与科研机构在促进科技成果产业化的过程中，要合理界定科技人员与合作方的专利保护、产业化收益、技术转让与技术入股等方面的利益分配，提高科研人员成果转化收益分享比例。

五　建立多元化投融资体系

科研经费短缺是制约我国政产学研协同创新发展以及技术成果产业化的一大瓶颈，企业没有能力或不愿意承担风险大的项目，而北部湾经济区尚处在国内经济发展落后地区，研发和建设资金紧张成为制约政产学研用协同创新的一大难题。因此，协同创新投入要建立包括企业筹资为主、政府投资、金融贷款、民间集资、海外引资等多渠道、多层次、全社会的科技投融资体系。[①] 第一，发挥政府各类投资平台的融资功能，通过企业债券、银行信贷、资本市场等途径进行融资，支持有条件的科技企业上市融资或发行债券，鼓励北部湾经济区电子信息、生物制药、临港新材料等高新技术企业通过创业板上市融资。发挥广西北部湾银行为区域内中小企业融资、贷款提供便利的作用，探索建立股权抵押贷款制度，引导资金向企业聚集。同时政府要放松资本市场的准入条件，鼓励有实力的投资者进入北部湾经济区进行投资，特别是基础设施以及高新技术产业领域。第二，建立以企业为主体的科技投入新机制。引导企业加大 R&D 经费的投入，使企业科研经费向核心技术开发以及高新技术产业化项目倾斜。利用政府采购等手段引导企业增加科技投入，支持大型企业集团内建立技术开发保障基金，鼓励企业投资设立政产学研协同创新的专项经费，使投入合作经费享受研发投入的优惠政策。设立政产学研合作项目专项资金，重点扶持企业自筹研发经费进行政产学研合作的项目，同时落实合作创新研发费用税前加计抵扣政策，以及科技企业在增值税和产品所得税方面的优惠。第三，借鉴发达地区

---

① 阳震青、彭润华：《广西科技创新公共服务创新平台构建研究》，《市场论坛》2010年第 3 期。

的成功经验，创造条件设立北部湾经济区风险投资基金。吸收社会资本对风险创业进行投资，积极利用创新金融工具对有技术发展前景、有市场竞争力的创新合作项目加大投入力度，逐步建立起力量雄厚、抗风险能力强的股份制风险投资公司。

六　完善利益风险平衡体系

政产学研协同创新具有高风险和高收益同时并存的特点，而利益分配问题向来是多主体进行合作创新所面临的主要问题。目前北部湾经济区出现"学校热企业冷"现象的根本原因在于尚未形成政产学研协同创新互利互惠的利益机制和良性循环的创新主体合作链条。因此，合理的利益风险分配是协同创新顺利进行的纽带。政产学研协同创新的利益风险平衡体系应符合两个原则：一是互惠互利原则，在创新主体协同合作的过程中尊重和保障各合作方的自主利益；二是风险利益对称原则，创新主体的利益分配应与承担风险相对称，对技术开发风险和生产经营风险予以区分并赋予不同权重，同时有相应的风险补偿政策来增强创新主体的合作信心。具体的做法有：第一，可以采取分阶段、分层次、多主体分解风险责任，其中按股利分配的已被认为是一种较为有效的合作模式。在这种分配方式中，各创新主体持一定比例入股，共同参与产品的研发、生产及销售，合作的成败与自己利益紧密相连，体现了"利益共享、风险共担"的原则。第二，拓宽风险基金的筹集渠道，设立广西壮族自治区省级创业风险投资引导基金，对政产学研合作项目中的资金、人员、技术的跟踪管理，对项目中的管理成本、机会成本、沉没成本做出合理估算并提前做好应对措施。[①] 尤其是针对协同创新中创新主体出现信息失衡的情况要积极进行沟通，保证创新主体对技术创新成果有正确的技术预期及市场预期。第三，政府加强法制建设，建立健全

---

① 程永波：《科技创新的新范式——政产学研协同创新》，《光明日报》2013 年 12 月 28 日。

知识产权保护制度，通过建立科学的投资要素的评价体系以及科技成果转化价格评估体系，来实施合同约束。解决协同创新中的利益分配问题，还要以市场为手段，完善监督机制，如规范技术成果定价方法，提高现有评估机构的资质，建立要素评估机制，真正使创新主体的利益分配实现科学化、规范化和制度化。

七 大力发展科技中介机构

目前北部湾经济区的科技中介主要是官办性质，数量少，功能弱，竞争意识不强。因此，要利用市场手段整合资源，在政府引导下培育一些满足企业需求、服务功能完善、效益好、规模大的龙头科技中介，产生聚集效应，提升北部湾经济区科技中介的发展水平。第一，加强科技中介机构的基础建设。北部湾经济区各市应根据自身产业发展特点，在大力发展各市级生产力促进中心、科技企业孵化器、广西产业技术创新战略联盟等各种中介服务机构的基础上，重点发展特色化的科技经纪、科技会展、资产评估、投资服务、技术转移等中介服务机构。如南宁根据生物工程与医药产业的优势，建设南宁高新区生物工程及制药技术中心；北海市可突出电子制造产业，建立北海高新技术产业园区创业服务中心，依托中国电子（北海）产业园创建知识产权代理公司。第二，不断完善科技中介服务机构的制度建设，对科技中介机构的职责、业务范围、经营模式、组织管理等进行规范，重点健全技术转移的法律法规，实行高新技术及高新技术企业、成果等的资质互认，通过实体科技中介机构以及网上技术市场提高创新成果技术转移的效率。第三，树立科技中介机构的良好信誉。在市场竞争、法律约束与行业自律的影响下，良好的信誉及优质的服务是科技中介机构生存的根基，作为政产学研协同创新的中介，必须恪守信誉，规范操作。政府应制定有关科技服务机构的服务准则、资质认证等行业管理制度，依托行业协会对中介建立信誉评价体系，定期对科技中介机构的业务、管理、满意度等进行评价并公示，才能真正使其成为政产学研协同创新顺利进行的润滑剂。

结论与展望

研究的目的在于探讨协同创新中政府应发挥的作用，协同创新机制的系统性可以很好地解决创新主体合作中的自利性问题。它强调"政"在"产学研"中的主导作用，在宏观层面上对协同创新进行制度设计和政策引导，促进各创新主体的知识共享和资源的合理配置，最终实现整体利益的最大化。在分析北部湾经济区协同创新现状的基础上，以复合系统协调理论为基础，建立政产学研协同创新系统协调度评价体系，从产业、高校、科研机构、政府四方面对北部湾经济区2008—2014年创新主体的协同创新协调度进行测算，讨论北部湾经济区协同创新的发展程度、影响因素及各主体存在的问题，从而找到地方政府职能作用的定位与行为规律，为政府针对性地发挥作用提供科学的依据和可操作的对策。

一　研究结论

通过对国内外关于协同创新的现有文献进行梳理，重新归纳了协同创新的概念，即协同创新是指政府、高校、企业和科研机构之间要素进行优化、合作创新的过程，其中大学、企业、研究机构为核心创新主体，以政府、科技中介及金融机构为共同参与主体的协同互动网络创新模式。协同创新机制的系统性可以很好地解决产学研合作中的自利性问题，它强调"政"在"产学研"中的主导作用，在宏观层面上对协同创新进行制度设计和政策引导，促进各创新主体的知识共享和资源的合理配置，最终实现整体利益的最大化。

以复合系统协调理论为基础，从产业、高校、科研机构、政府四方面对广西北部湾经济区2008—2014年创新主体的协同创新协调度进行测算，并从纵向分析北部湾经济区4市创新主体协同创新子系统内部的序参量变化和各子系统协调变化的趋势。结论如下：

第一，北部湾经济区政产学研协同创新系统整体协调性分析结论。
2009—2014 年北部湾经济区政产学研协同创新系统的协调性经历了一
个由不协调到逐渐协调的发展过程，但总体上协同创新程度不高。从北
部湾经济区政产学研协同创新系统的协调发展趋势与子系统内部各序参
量的变化来看，各子系统有序度均保持平滑上升的趋势。政产学研协同
创新政府子系统中，教育支出和全社会固定资产投资额序参量稳步上
升，而科学技术支出序参量的有序度表现出小幅波动，表明近年来政府
对政产学研协同创新环境的建设越来越重视，但对科学技术的资金投入
还不能与政府对全社会固定资产投资的投入同步；政产学研协同创新产
业子系统中，规模以上工业利润总额序参量对子系统有序度发展的贡献
较大，规模以上工业总产值序参量和规模以上工业企业数序参量次之，
说明今后仍应通过技术创新、产业升级加大对规模以上工业企业的建
设，提高规模以上工业总产值；政产学研协同创新高校子系统中，普通
高等学校在校生数序参量对子系统有序度发展的贡献最大，普通高等学
校专任教师数序参量和普通高等学校数序参量次之，说明今后仍应加大
对普通高等学校人力资本和基础设施的建设及投入；政产学研协同创新
科研子系统中，专利申请受理数序参量对子系统有序度发展的贡献较
大，市属部门科研机构科技活动项目数序参量、市属部门科学研究及技
术开发机构数序参量次之，反映出科研机构队伍人才建设及研究能力培
养方面有待加强。

第二，北部湾经济区 4 市政产学研协同创新系统协调性分析结论。
横向来看，南宁市的协调度值明显高于其他 3 市，位于中间区间协调度
的城市少，南宁市的垄断性强，北海、钦州、防城港 3 市虽然具有正的
协调度，但协调度值过低，说明这 3 个城市的政产学研协同创新系统仍
处于不协调发展阶段，北部湾经济区的政产学研协同创新由南宁市发挥
主导作用，具有城市间发展不均匀的特征。同时，北部湾经济区 4 市的
产业子系统有序度和政府子系统有序度对政产学研协同创新系统的贡献
最大，说明创新主体间的协同创新效应主要靠企业发展及政府的资金投

入带动。科研子系统和高校子系统有序度对政产学研协同创新系统的贡献小，说明高校、科研机构并不是政产学研协同创新的主要资金、技术投入者，没有在政产学研协同创新中发挥积极作用，特别是各市在高校和科研机构建设方面差异巨大，是政产学研协同创新系统不协调发展的主要因素和协同创新中的薄弱部分。

最后，根据评价结果，提出了做好协同创新的顶层设计、建立健全现代企业制度、优化人才培养激励机制、推进协同创新平台建设、建立多元化投融资体系、完善利益风险平衡体系、大力发展科技中介机构等提升北部湾经济区政府协同创新能力的对策。

二　研究展望

协同创新体系是一个受内部与外部、社会经济与自然文化相互影响的复杂系统，如何正确评价某区域协同创新协调度的发展水平及创新主体间存在的问题存在一定难度，也就决定了基于协同创新的不同阶段，政府应如何针对性发挥作用仍受一些不确定性因素的影响。由于研究能力及数据可得性等其他因素的制约，本文还存在一些不足，在以下几方面还需要不断完善。

第一，本文构建的"政产学研协同创新系统协调度指标体系"是建立在大量科技创新资料和统计数据的基础上，由于部分城市的科技创新数据难以取得，一些指标不能充分反映评价目标，只能用次优的指标来进行测算和评价。因此该指标体系仍需要进一步优化和改进。

第二，横向评价的范围有待进一步扩大。由于时间与空间的限制，以及地级市的创新数据难以取得，对北部湾经济区政产学研协同创新系统整体协调性的评价未与国内其他同类型的经济区进行比较分析，评价结果不能直接反映北部湾经济区协同创新在国内经济区中的水平。今后随着市级部门逐渐配合公开科技创新数据，可加大调研的力度与范围，对珠三角、长三角等沿海发达经济区的协同创新系统整体协调性进行比较分析，从而找出差距认清问题，完善对北部湾经济区协同创新的认识。

第三，评价方法的适用性有待进一步探讨。复合系统协调度理论是讨论不同属性的子系统复合而成的系统间及各种要素间协调关系的评价方法，但对政产学研协同创新是否可应用复合系统协调度来分析各创新主体子系统之间的"协调度"的可行性论证不够充分，期待将来的实证研究在这一方面进行完善。

参考文献

［1］［美］约瑟夫·熊彼特：《经济发展理论》，商务印书馆 1990 年版。

［2］张满银、温世辉、韩大海：《基于官产学研合作的区域创新系统绩效评价》，《科技进步与对策》2011 年第 28（11）期。

［3］祖廷勋、罗光宏、陈天仁、刘澈元、杨生辉：《构建高校产学研合作机制的制度范式分析》，《生产力研究》2005 年第 8 期。

［4］范太胜：《基于产业集群创新网络的协同创新机制研究》，《中国科技论坛》2008 年第 7 期。

［5］李俊华、汪耀德、程月明：《区域创新网络中协同创新的运行机理研究》，《科技进步与对策》2012 年第 7 期。

［6］徐静、冯锋、张雷勇、杜宇能：《我国产学研合作动力机制研究》，《中国科技论坛》2012 年第 7 期。

［7］程亮：《论我国产学研协同创新机制的完善》，《科技管理研究》2012 年第 12 期。

［8］姚威：《产学研合作创新的知识创造过程研究》，浙江大学，2009 年。

［9］Chesbrough H. , *Open Innovation：The New Impeerative for Creating and Profiting for Technology*, Harvard Business School Press, Cambridge, MA, 2003.

［10］Etzkowita H. , *The Triple Helix：University-industry-government Innovation in Action*, London and New York：Routledge, 2008.

［11］陈晓红、解海涛：《基于"四主体动态模型"的中小企业协同创新体系研究》，《科学学与科学技术管理》2006 年第 8 期。

［12］王英俊、丁堃：《"官产学研"型虚拟研发组织的结构模式及管理对策》，

《科学学与科学技术管理》2004 年第 4 期。

[13] 王雪原、王宏起、刘丽萍：《产学研联盟模式及选择策略研究》，《中国高校科技与产业化》2006 年第 11 期。

[14] 李莉平、陈芳柳：《国内外产学研合作的比较研究及其启示》，《沿海企业与科技》2007 年第 2 期。

[15] 吴绍波、顾新、刘敦虎：《我国产学研合作模式的选择》，《科技管理研究》2009 年第 5 期。

[16] 唐丽艳、王国红、张秋艳：《科技型中小企业与科技中介协同创新网络的构建》，《科技进步与对策》2009 年第 20 期。

[17] 何郁冰：《产学研协同创新的理论模式》，《科学学研究》2012 年第 2 期。

[18] 胡军燕、朱桂龙、马莹莹：《开放式创新下产学研合作影响因素的系统动力学分析》，《科学学与科学技术管理》2011 年第 32（8）期。

[19] 郑刚：《基于 TIM 视角飞技术创新过程中各创新要素全面协同机制研究》，博士学位论文，浙江大学，2004 年。

[20] 夏凤：《基于平衡记分卡的校企合作绩效评价模型》，《职教论语》2008 年第 5 期。

[21] 张万宽：《高新技术领域的产学研技术联盟绩效研究——基于资源依附和交易成本的分析视角》，《科技进步与对策》2008 年第 6 期。

[22] 金芙蓉、罗守贵：《产学研合作绩效评价指标体系研究》，《科学管理研究》2009 年第 3 期。

[23] 曹静、范德成、唐小旭：《产学研结合技术创新绩效评价研究》，《科技进步与对策》2010 年第 4 期。

[24] 解学梅：《中小企业协同创新网络与创新绩效的实证研究》，《管理科学学报》2010 年第 13（8）期。

[25] 刘颖、陈继祥：《生产性服务业与制造业协同创新的自组织机理分析》，《科技进步与对策》2009 年第 26（15）期。

[26] 马莹莹、朱桂龙：《影响我国产学研合作创新绩效的行业特征》，《科技管理研究》2011 年第 4 期。

[27] 李梅芳、赵永翔、唐振鹏：《产学研合作成效关键影响因素研究——基

于合作开展与合作满意的视角》,《科学学研究》2012 年第 12 期。

[28] Toshihiro K., "The Role of Intermediation and Absorptivecapacity in Facilitating University-industry Linkages: Anempirical Study of TAMA in Japan", *Research Policy*, No. 37, 2008.

[29] Nastase C., Kajanus M., "The Role of the Universities in a Regional Innovation System: A Comparative A'WOT-Analysis", *Amfiteatru Economic*, Vol. 10, No. 23, 2008.

[30] 李廉水:《论产学研合作创新的组织方式》,《科研管理》1998 年第 19(1) 期。

[31] 郭斌:《知识经济下产学合作的模式、机制与绩效评价》,科学出版社 2007 年版。

[32] 姜昱汐、胡晓庆、林莉:《大学科技园协同创新中政产学研的作用及收益分析》,《现代教育管理》2011 年第 8 期。

[33] 全利平、蒋晓阳:《协同创新网络组织实现创新协同的路径选择》,《科技进步与对策》2011 年第 9 期。

[34] BOSCO M. G., "Innovation, R&D and Technology Transfer: Policies Towards a Regional Innovation System: The Case of Lombardy", *European Planning Studies*, Vol. 15, No. 8, 2007.

[35] Bellandi M., Caloffi A., "An Analysis of Regional Policies Promoting Networks for Innovation", *European Planning Studies*, Vol. 18, No. 1, 2010.

[36] 王缉慈:《创新的空间——企业集群与区域发展》,北京大学出版社 2001 年版。

[37] 李双金、王丹:《网络化背景下的创新环境建设:理论分析与政策选择》,《社会科学》2010 年第 7 期。

[38] 李婷、董慧芹:《科技创新环境评价指标体系的探讨》,《中国科技论坛》2005 年第 4 期。

[39] 刘俊杰、傅毓维:《基于系统动力学的高技术企业创新环境研究》,《科技管理研究》2007 年第 12 期。

[40] 张颖、段维平:《技术创新扩散环境的 BP 神经网络评价模型研究》,《科技进步与时策》2007 年第 11 期。

［41］〔德〕赫尔曼·哈肯：《协同学》，上海译文出版社 2005 年版。

［42］〔美〕安索夫：《新公司战略》，曹德俊、范映红、袁松阳译，西南财经大学出版社 2009 年版。

［43］陈劲：《协同创新》，浙江大学出版社 2012 年版。

［44］徐涵蕾：《区域创新系统中地方政府行为定位与作用机理研究》，博士论文，2008 年。

［45］李兆友：《技术创新主体论》，东北大学出版社 2003 年版。

［46］吕春燕、孟浩、何建坤：《研究型大学在国家自主创新体系中的作用分析》，《清华大学教育研究》2005 年第 5 期。

［47］Etzkowitz Henry, "The Triple Helix of University-industry-government Relations: A Laboratory for Knowledge-based Economic Development", *EASST Review*, Vol. 14, No. 1, 1995.

［48］周静珍、万玉刚、高静：《我国产学研合作创新的模式研究》，《科技进步与对策》2005 年第 3 期。

［49］孟庆松、韩文秀：《复合系统协调度模型研究》，《天津大学学报》2000 年第 33（4）期。

［50］张序萍：《区域技术创新能力的指标筛选及评价研究》，《经济研究导刊》2010 年第 30 期。

［51］张颖慧、吴翠红：《基于创新过程的区域创新系统协调发展的比较研究——兼析天津市区域创新复合系统协调性》，《情报杂志》2011 年第 30（8）期。

［52］彭荣胜：《区域经济协调发展的内涵、机制与评价研究》，河南大学博士论文，2007 年。

［53］单莹洁、苏传华：《基于媾合协调度的区域创新系统绩效评价研究——以河北省为例》，《科技管理研究》2011 年第 22 期。

［54］程永波：《科技创新的新范式——政产学研协同创新》，《光明日报》2013 年 12 月 28 日。

［55］顾菁、薛伟贤：《高技术产业协同创新研究》，《科技进步与对策》2012 年第 29（22）期。

后　　记

　　本书是在完成广西高等学校人文社会科学研究重点项目——广西北部湾经济区协同创新战略研究（项目编号：SK13ZD001）和广西大学"中国—东盟经贸合作与发展研究学科群"211 工程四期软科学研究科研基金资助重点项目——广西北部湾经济区协同创新战略研究（项目编号：MYJY201203）以及广西马克思主义理论研究和建设基地立项课题——加快北部湾经济区协同创新研究（项目编号：12MJ10）的基础上，对上述研究成果进行整理撰写而成，并得到中国—东盟区域发展协同创新中心、广西大学中国—东盟研究院 2015 年开放性课题招标重大项目（项目编号：CWZD201510）的出版资助。

　　本研究在资料收集、现场调研、专题咨询、评审鉴定、专著撰写过程中，先后得到中国—东盟区域发展协同创新中心、中共广西壮族自治区委员会宣传部、广西哲学社会科学规划领导小组办公室、广西壮族自治区教育厅、广西壮族自治区社会科学界联合会、广西壮族自治区发展和改革委员会、广西壮族自治区科学技术厅、广西北部湾经济区和东盟开放合作办公室、南宁市人民政府、北海市人民政府、钦州市人民政府、防城港市人民政府、广西大学中国—东盟研究院、广西大学社会科学处、广西大学科技处、广西大学商学院、广西大学土木建筑工程学院、广西大学公共管理学院、广西大学城市发展研究中心、南宁市规划局、南宁市规划设计院、南宁市规划服务中心、广西西大城市发展研究院、广西房地产及住宅研究会、广西益江环保科技有限责任公司等有关单位的大力支持、指导与帮助，中国社会科学出版社责任编辑王茵女士为本书的出版付出了辛勤的劳动，在此一并表示衷心感谢！同时，在研究过程中，参考和吸取了有关参考文献的研究成果，特向有关作者深表谢意！

　　本书由广西大学张协奎教授负责整体策划、组织协调与具体实施、专著撰写，并对全书进行统稿、修订与审定；广西大学土木建筑工程学院陈伟清教授、南宁市城市规划局林剑教授级高级工程师参加整体策划、专题研究、资料数据处理与专著撰写；广西大学商学院和公共管理学院林冠群、徐苗、兰秋蓬、邬思怡、张婧参加现场调研、资料数据处理、论文与专著初稿撰写。他们为上述课题研究和本专著撰写做了许多艰苦细致的工作，付出了辛勤的劳动，使上述课题研究和本专著终于得以顺利完成。在此，向所有为上述课题研究、成果鉴定、论文发表、专著出版付出艰辛劳动和聪明智慧的同志以及匿名评审专家表示衷心的感谢！

　　虽然在长达四年的研究过程中，我们倾注了大量心血，根据课题立项要求不断修改完善，尽最大努力完成了上述课题研究工作并撰写成书，但是由于知识水平与实践经验所限，本书仍然存在不少缺点与不足之处，敬请各位专家与读者批评指正。

张协奎

2016 年 9 月于广西大学